PRÉCIS

DE LÉGISLATION

ET

D'ÉCONOMIE COLONIALE

Du même auteur.

Les associations ouvrières, iu-8º. Paris, 1864, 467 pages, Guillaumin, éditeur. *Ouvrage couronné par l'Académie de Lyon.*

Les assurances populaires. Commentaire de la loi du 11 juillet 1868, in-8º, 156 pages, 1869. Paris, Guillaumin.

Les invalides du travail à Lyon, vieillards et incurables, in-8º, Lyon, 70 pages, 1875. Mongin-Rusand, éditeur.

La liberté commerciale, les douanes et les traités de commerce, in-8º, 734 pages, 1879. Paris, Guillaumin.

Les conditions du travail en France et les syndicats professionnels, in-8º, 32 pages, 1879, Paris, Guillaumin.

L'assistance à domicile. Le Dispensaire général de Lyon, grand in-8º, 80 pages, 1887. Paris, Guillaumin.

Les sociétés de secours mutuels du Rhône. Leur situation, les progrès et réformes qu'elles ont à réaliser, in-8º, 1889. Lyon, Mongin-Rusand, imprimeur.

L'économie politique à Lyon. Les Économistes lyonnais, 1750-1890, in-8º, Lyon, 1890, 300 pages. Paris, Guillaumin.

Les femmes dans les sociétés de secours mutuels, 60 pages, grand in-8º, 1893. Lyon, Rey, imprimeur.

Etc., etc.

PRÉCIS

DE LÉGISLATION

ET

D'ÉCONOMIE COLONIALE

PAR

J.-C. Paul ROUGIER

PROFESSEUR A LA FACULTÉ DE DROIT DE LYON
AVOCAT A LA COUR D'APPEL

PARIS

LIBRAIRIE
DU RECUEIL GÉNÉRAL DES LOIS ET DES ARRÊTS
ET DU JOURNAL DU PALAIS

L. LAROSE, ÉDITEUR
22, RUE SOUFFLOT, 22

1895

IMPRIMERIE

CONTANT-LAGUERRE

BAR-LE-DUC

PRÉCIS
DE LÉGISLATION
ET D'ÉCONOMIE COLONIALE.

LIVRE PREMIER.
PRINCIPES.

CHAPITRE PREMIER.
DÉFINITIONS, CLASSIFICATION DES COLONIES.

1. Il est difficile de donner en quelques mots une définition générale et suffisamment compréhensive des colonies.

Il en existe, en effet, de différentes sortes avec des caractères qui leur sont propres, suivant les motifs qui ont déterminé leurs fondateurs à quitter leur pays d'origine; le but qu'ils se sont proposé; la nature des contrées qu'ils ont abordées; enfin suivant les institutions qu'ils apportaient de la mère-patrie.

Ainsi s'explique la variété des définitions qu'on en a donneés.

2. On les a définies : « Un établissement fondé par les citoyens d'un pays, en dehors des limites actuelles de leur patrie, dans un territoire non encore approprié et destiné, dans leur pensée, à devenir leur patrie nouvelle (*Nouveau dict. d'Econ. polit.*). » On a dit encore : « Les colonies sont des contrées séparées d'un État à la domination duquel elles se rattachent et ordinairement soumises à un régime particulier. » Cette définition, que nous avons adoptée dans notre cours, se rapproche de celle un peu plus brève, donnée récemment dans le *Répertoire* de M. Ed. Fuzier-Herman (v° *Colonie*, n° 1).

3. Les colonies remontent aux premiers temps de l'histoire. Elles eurent des causes et des effets très divers.

La 1re *cause* fut un *besoin matériel d'extension*. Devenus trop nombreux, se trouvant à l'étroit dans leurs moyens d'existence, les hommes n'ont pu continuer à vivre ensemble sur le même point du globe. Cette impossibilité s'est manifestée pour eux en des temps et des lieux bien divers.

Dans l'antiquité, comme de nos jours on a vu, et on voit encore, des populations agglomérées sur un espace trop restreint, ou mal cultivé, ou mal partagé sur lequel par exemple un petit nombre de propriétaires concentrant le sol entre leurs mains, y substitue les pâturages au labourage, s'en aller loin du territoire natal pour chercher des champs nouveaux.

C'est ce même sentiment qui, dans un autre ordre de faits, déterminait le départ de ces essaims qui se détachaient des sociétés taisibles, quand les familles devenaient trop nombreuses sur un même domaine.

Les diverses époques de l'histoire nous montrent des effets analogues résultant de l'insuffisance des moyens d'existence sur un point déterminé.

Ainsi sous la pression d'une même nécessité se constituent des centres nouveaux plus ou moins dominés par le pays d'origine, plus ou moins séparés de lui, et dont quelques-uns deviennent le berceau de populations et de nations nouvelles qui deviennent ensuite distinctes de la mère-patrie.

4. 2me *cause*. Le *désir d'indépendance et d'ambition* explique aussi les tentatives de formation de sociétés plus conformes au goût, au génie, aux besoins d'activité et de liberté des émigrants, lesquels entendent d'ailleurs conserver des relations et communications diverses avec la métropole.

Dans l'antiquité la fondation des villes de Thèbes, d'Argos, d'Athènes, n'ont pas d'autre origine. En d'autres temps l'oppression de certaines classes, ou de certaines sectes fit naître un semblable désir. Ainsi agirent, par exemple, nombre d'aventuriers dont le nom est resté plus ou moins célèbre et dont les tentatives furent aussi plus ou moins prospères.

5. 3me *cause* : L'*esprit de conquête* eut aussi son influence. Le besoin d'appropriation de terres nouvelles, et de domination sur d'autres peuples crée des conflits entre des sociétés distinctes. Le peuple vainqueur se partage les terres conquises et disperse ou asservit les vaincus; ou bien il construit chez eux ou fortifie des villes qu'il peuple de ses soldats ou de ses excédants de population. Ainsi firent la Grèce et Rome qui semait Rome partout.

6. 4me *cause* : L'*esprit commercial* a créé des colonies qui ont répondu à une double nécessité : 1° avant l'invention de la boussole, les navigateurs ne pouvaient se hasarder trop loin des côtes. Il leur fallait des retraites sûres, des lieux d'abri, des points de repaire; 2° il était indispensable aussi de créer des entrepôts, des comptoirs où se fît le trafic avec l'intérieur des pays nouvellement explorés. C'est là seulement que les vaisseaux pouvaient opérer leurs échanges.

Ainsi dans l'antiquité se sont fondées les colonies d'Afrique,
de Sicile et d'Espagne. Les Phéniciens, les Phocéens, ont
créé Carthage et Marseille.

Ces créations offrent une analogie avec les comptoirs que
nous voyons s'établir au moyen âge, et dans les temps modernes sur des rivages lointains. De nos jours, sous d'autres
formes, les besoins du commerce inspirent de semblables
entreprises. La nécessité de trouver de nouveaux placements
aux capitaux qui demeurent sans emploi et dont la rémunération disparaît presque sur le continent européen ; l'ambition de faire fortune ailleurs stimulent à leur tour l'expansion des entreprises coloniales.

7. Toutes ces causes ont agi surtout depuis le xve siècle
jusqu'à nos jours, mais quelques-unes surtout ont prévalu.
C'est l'esprit de commerce, de conquête, d'ambition, qui
ont poussé les Hollandais dans les Indes orientales, les Espagnols en Amérique, les aventuriers français au Canada, et
sur les côtes d'Afrique.

8. Partout l'esprit de déprédation fut le même, on voulut
exploiter les pays explorés, on en tirait tous les avantages
possibles : d'abord par la force brutale puis par des procédés
tyranniques en soumettant les établissements nouvellement
créés à des conditions commerciales exceptionnelles. Les
expédients se succédèrent, souvent au hasard, sans direction
méthodique en dehors de tout sentiment de justice. Parfois,
suivant les entraînements d'un égoïsme aveugle. Comme il
fallait lutter contre des conditions de climat, de sol, inconnues, on s'explique que les métropoles aient laissé d'abord
les explorateurs aux prises avec les difficultés ; on comprend
qu'ensuite elles soient intervenues à l'aide de règlements
oppressifs, tantôt par des concessions à des compagnies privilégiées, tantôt par une action directe, subordonnée aux
incidents et aux surprises de la politique continentale.

9. La science de la colonisation ne pouvait être qu'une
œuvre d'expérience, de sang-froid. Aux procédés violents

l'observation seule a démontré la nécessité de substituer des tutelles habiles, modérées, s'atténuant progressivement, et devant cesser à propos. C'est ainsi que le procédé des protectorats est d'invention récente.

On s'explique donc les vicissitudes des colonies, leur enfance tourmentée qui dure quelquefois des siècles, et déconcerte ou lasse les esprits impatients et irréfléchis.

10. Il y a aujourd'hui une science de la colonisation. Elle s'est lentement formée par les recherches et les travaux de tous ceux qui en ont abordé l'étude depuis Adam Smith jusqu'à M. Paul Leroy-Beaulieu dont le livre, sur la *Colonisation des peuples modernes*, peut être considéré comme le traité le plus complet sur la matière. Nous ferons différents emprunts à ces auteurs au point de vue de l'histoire, des lois et des faits. Pour se rendre un compte exact de ce qu'a été de ce qu'est actuellement, et peut être la colonisation dans notre pays, il faut en effet, eu retracer l'histoire, et en examiner l'organisation légale et économique. Tel sera le plan naturel de notre précis qui n'est que la reproduction de notre enseignement sur la législation et l'économie coloniales.

11. La nécessité d'un tel enseignement dans les Facultés de droit et ailleurs, s'affirme plus que jamais. Il y a environ vingt ans on l'eût considéré comme un anachronisme. La colonisation n'était le souci que d'un petit nombre. On l'abandonnait à la Grande-Bretagne comme le monopole d'une puissance maritime. Peu à peu l'opinion est revenue de cette indifférence. On a pensé que la moitié du monde, encore à l'état sauvage, sollicitait non pas seulement le zèle de l'évangélisation, mais une action méthodique et persévérante des peuples civilisés.

Nous justifierons plus loin l'utilité de la colonisation. Quelle qu'elle soit, les grandes nations ne s'en désintéressent pas et veulent y prendre leur part. Notre pays ne pouvait rester étranger à ce mouvement. C'est donc à un moment opportun que l'étude de la colonisation est venue prendre sa place dans l'enseignement.

12. L'observation fait naître une question primordiale que n'ont pu se poser les colonisateurs du passé. Quel est le genre de colonies qui est le plus approprié aux ressources, aux mœurs, au génie de la mère-patrie?

Le moindre coup d'œil sur l'histoire coloniale nous montre que les colonies se divisent en trois classes nettement tranchées, qui correspondent à des aptitudes distinctes.

Sans doute, plusieurs classifications ont été proposées par des historiens et des économistes. Mais, on reconnaît qu'il y a trois types irréductibles entre lesquels il ne peut y avoir aucune confusion : 1º les colonies, ou comptoirs de commerce; 2º les colonies agricoles ordinaires ou de peuplement ; 3º les colonies de plantation ou d'exploitation. Précisons leurs caractères distinctifs.

13. 1º *Colonies de commerce.* Ce sont des comptoirs, ou factoreries, c'est-à-dire suivant Littré, le siège des bureaux des facteurs d'une compagnie de commerce à l'étranger. Ces comptoirs s'établissent d'ordinaire dans une contrée déjà peuplée, et offrant des ressources, mais primitive encore, où le commerce n'est qu'à l'état d'enfance et a besoin de débouchés. De telles colonies ne peuvent être fondées avec succès que par un peuple possédant des moyens d'expansion, c'est-à-dire avancé commercialement, ayant une marine marchande et militaire d'une certaine importance. La science économique montre quel lien étroit unit la marine militaire, la marine marchande et les colonies.

La première condition de succès de ces colonies est dans leur situation. Il importe peu qu'elles comprennent des terres, pourvu qu'elles aient un bon port, placé sur le parcours des grandes voies maritimes. Une émigration considérable ne leur est pas nécessaire. Elles n'emploient qu'un personnel restreint, en comparaison des capitaux qu'elles occupent et font fructifier. Les stations des Portugais en

Afrique et en Asie, des Hollandais dans la mer des Indes, des Anglais en Orient, des diverses maisons françaises sur la Côte d'Ivoire en sont des exemples.

Rien n'est simple comme cette colonisation. Elle naît spontanément de l'initiative privée et des relations commerciales qui s'imposent à certains peuples maritimes.

Les deux autres catégories de colonies sont bien plus complexes et réclament une étude plus attentive.

14. 2° Les colonies *agricoles* ou de *peuplement* sont soumises à deux conditions : *a)* Elles ne peuvent s'établir, d'ordinaire, que dans des pays vacants ou peu habités, comme l'était le Canada pour nos premiers explorateurs français. Elles supposent des conditions de climat à peu près analogues à celles de la nation colonisatrice. *b)* La métropole doit être importante et peuplée de manière à fournir une émigration abondante et variée. S'il en est autrement, les colonies à peine nées lui échappent et tombent aux mains d'autres peuples, qui leur fournissent un courant plus dense d'émigration et de peuplement.

La croissance des colonies agricoles est lente. Il faut des années pour y développer successivement les industries diverses. Elles sont l'œuvre de plusieurs générations et ont besoin d'être longtemps soutenues par la mère-patrie, qui doit les pourvoir d'un double élément, savoir : un personnel agricole et un autre composé de savants, d'artisans, de commerçants, d'agents de transport, ainsi que l'a très bien démontré Wakefield dans son *Essai sur l'art de la colonisation*. Nous verrons plus loin combien ce double élément a manqué à notre colonisation du Canada.

Une fois arrivées à l'aisance, les colonies de peuplement, images de la mère-patrie, tendent à s'éloigner d'elle à mesure qu'elles n'ont plus besoin d'en recevoir les éléments de vitalité. Se recrutant par le mouvement de leur propre population, d'autant plus rapide qu'elles ont devant elles plus d'espace, elles marchent à l'indépendance, surtout si la mère-patrie leur fait trop durement subir son joug. Elles réalisent cette parole que faisait entendre Turgot, trente ans avant l'indépendance des États-Unis d'Amérique : « Les colonies sont comme des fruits qui ne tiennent à l'arbre que jusqu'à leur maturité; devenues suffisantes à elles-mêmes, elles font ce que fit jadis Carthage, ce que fera un jour l'Amérique. » Le moyen pour les métropoles de retarder le moment où se brisera le lien qui retient à elles leurs colonies agricoles et de peuplement, est de se les rattacher, à la fin seulement, par un lien nominal et volontaire.

15. 3° Les *colonies de plantation* ou *d'exploitation* ont une physionomie spéciale. Ce sont celles qui, par la nature de leur sol et de leur climat, ont la faculté de produire des denrées d'exportation et qui, dès lors, s'adonnent d'une manière particulière, si ce n'est exclusive, à la culture de certains produits destinés au commerce extérieur. Il en est ainsi de nos colonies de la Guadeloupe, de la Martinique, de la Réunion, de toutes les terres tropicales qui fournissent au vieux monde le sucre, le café, le cacao, etc.

Ces colonies, on le comprend, diffèrent notablement des précédentes. Elles réclament de grands capitaux et semblent, dès leur enfance, avoir besoin d'une organisation artificielle de travail, c'est-à-dire d'une main-d'œuvre peu exigeante et peu chère. Elles ont été amenées à se la procurer soit par l'esclavage, soit par l'émigration avec engagement, comme l'émigration des coolies, c'est-à-dire des travailleurs de l'Inde et de la Chine, qui vont s'engager à bas prix; soit par la déportation des criminels, comme à la Guyane et à la Nouvelle-Calédonie.

Les colonies de plantation ou d'exploitation arrivent bien plus promptement que les autres à l'aisance et à la prospérité, mais elles sont soumises à beaucoup plus de crises économiques et climatériques. Elles ont un état social particulier, souvent plein de périls, par suite de l'inégalité des conditions entre les colons et ceux qu'ils emploient.

16. Ces trois types de colonies ont une physionomie et un caractère très distincts. Mais, en fait, ils ne s'offrent pas toujours à l'état pur, et plusieurs d'entre eux peuvent se combiner sur un même point, ainsi que nous le verrons plus loin. On ne les a donc discernés qu'avec le temps et l'expérience, parfois même à raison des fautes qui ont été commises. Aujourd'hui, il est indispensable de les distinguer, parce que les conditions de leur développement diffèrent en raison de leurs caractères propres.

CHAPITRE II.

UTILITÉ DES COLONIES.

17. L'œuvre qui consiste à porter à des peuples nouveaux les bienfaits de la civilisation, la connaissance des arts utiles, ne saurait laisser la mère-patrie indifférente. Il y va de son

intérêt et de son honneur. Elle ne peut se désintéresser de
l'exportation d'hommes et de capitaux que comportent les
tentatives de ses nationaux. On doit donc se demander ce
qu'il faut penser de la colonisation.

Faut-il l'encourager, ou l'entraver? est-elle utile et légitime? est-elle condamnable en soi, ou même relativement?
vaut-elle les sacrifices qu'elle coûtera à la métropole en
hommes et en argent?

18. Les opinions ont été, sont encore très partagées sur
ces questions. De nos jours on a vu J.-B. Say, Richard Cobben,
et d'autres, combattre les entreprises coloniales. Tandis que
Ad. Smith, John Stuart Mill, M. Paul Leroy-Beaulieu les ap-
prouvent et les soutiennent.

On met en discussion leur utilité, même leur légitimité.
Des esprits élevés en affirment la nécessité dans l'intérêt de
la civilisation, de la justice, de l'expansion des vérités
morales. Il faut, dit-on, amener à nous les peuples barbares,
créer au loin des sociétés nouvelles aussi policées et évangé-
lisées et capables de faire le bien, que nous-mêmes; capables
aussi de vivre dans les conditions de bien-être matériel, moral, intellectuel dont jouissent les peuples civilisés.

Mais volontiers aussi on traite d'illuminés et de théoriciens,
les partisans de la colonisation. Le bonheur de l'humanité,
dit-on, est une utopie; le bien-être universel dans l'ordre
matériel et moral est une chimère. On en arrive, pour juger
la question, à la poser en ces termes : « Combien telle entreprise rapportera-t-elle à notre pays? »

19. Voyons donc, sur quels motifs s'appuient ceux qui
préconisent le mouvement colonial. Ils invoquent d'abord des
considérations d'intérêt général, pour le genre humain.

Adam Smith y voit un progrès de l'espèce humaine. Il
expose avec le plus grand soin les « motifs pour établir de
nouvelles colonies » et « les bienfaits que l'Europe a retirés
de la découverte et des colonies d'Amérique, et du passage
aux Indes par le cap de Bonne-Espérance. » Il énumère les

avantages généraux, que l'Europe considérée comme un seul et vaste pays, a retirés de ces grands événements, et les *avantages particuliers*, que chaque pays a obtenus des colonies qui lui appartiennent (*Richesses des nations*, liv. II, chap. VII). Il constate que la vie en devient plus facile même dans les contrées qui ne se sont en rien associées aux efforts de la colonisation, et il conclut que, indépendamment des métropoles, l'humanité tout entière doit s'applaudir de ce résultat.

20. M. Paul Leroy-Beaulieu estime que le bon marché des matières premières exotiques, utiles, et même aujourd'hui indispensables à nos industries, est une conséquence du développement des colonies, et que ce bon marché agit à la façon d'une invention nouvelle, d'une machine, d'un progrès. L'effet en est général et universel; et puis, l'expansion des races européennes sur le reste du monde est une loi naturelle et providentielle : c'est le remède à l'encombrement de la population; c'est la solution de beaucoup de questions difficiles chez le vieux monde; c'est l'enrichissement de l'humanité par la mise en valeur de pays nouveaux. Au point de vue moral et social, la colonisation n'est pas autre chose que l'action rationnelle méthodique des peuples organisés sur les peuples ou les races dont l'organisation plus ou moins défectueuse est incomplète et défectueuse.

Après les considérations d'intérêt général, qu'il ne nous paraît pas nécessaire de développer davantage, viennent celles de l'utilité particulière pour chaque métropole.

21. Nous y avons déjà fait allusion en citant l'opinion d'Adam Smith qu'il a basée sur des faits précis, tels qu'il avait pu les constater en son temps.

Les avantages que peuvent activer des entreprises coloniales, les métropoles qui en supportent les dépenses sont d'ordre matériel, moral et politique.

Au point de vue *matériel*, quatre avantages attirent tout d'abord l'attention : La colonisation soulage la métropole d'un excès de population; — elle lui offre un débouché pour les produits nationaux; — elle lui fournit un trafic rémunérateur pour sa marine, et en assure la prospérité. L'Angleterre en est un exemple; — elle lui assure la consommation des produits coloniaux.

Cependant sur le premier point, une restriction s'impose. Il ne faut pas attendre de la colonisation un exutoire d'un effet absolu pour une population trop dense. Ce qu'on voit c'est le bateau qui part et emmène un certain nombre de passagers qu'on n'aura plus à nourrir; mais il est constaté que la population allégée augmente de nouveau et d'autant plus vite qu'il s'est produit des vides plus considérables. Ce n'est donc ni à l'émigration, ni à la colonisation que le vieux monde peut demander un remède contre l'excédant des naissances (ce que d'ailleurs en France nous n'avons pas à craindre puisque nous occupons le dernier rang dans la natalité européenne). — C'est au travail, et à l'extension des moyens de subsistance, par l'activité et le commerce C'est là ce qui remédie bien plus que la transplantation de la population à son défaut d'équilibre.

22. C'est donc bien plus par les relations commerciales, et les échanges avec la mère-patrie que la colonisation pourra être utile à celle-ci et étendre ses ressources. A ce point de vue, l'utilité matérielle des colonies est incontestable. Entre tant d'exemples qui s'offrent à l'esprit, il suffira de rappeler un célèbre discours de Burke, sur les relations de la Grande-Bretagne avec l'Amérique, dans lequel, devant la Chambre des communes, il démontrait que de 1807 à 1875, le seul commerce que l'Angleterre entretient avec ses colonies d'Amérique est aussi important que tout le commerce que l'Angleterre faisait en 1807 avec le monde entier. « Ainsi, disait-il, en un espace de temps qui tient dans la vie d'un seul homme, nous avons conquis autant de terrain que dans les 1700 ans qui avaient précédé. »

En fait, d'ailleurs tous les peuples ont apprécié le profit matériel que les métropoles retirent du commerce avec leurs colonies, c'est pourquoi, comme nous le verrons plus loin, ils ont tenu à se les réserver, et même à les multiplier d'une manière exagérée et factice au moyen de réglementations excessives. Nous avons autre part fait l'historique des luttes de tarifs et à main armée par lesquelles pendant plus de trois siècles, les États européens se sont disputés les possessions lointaines en vue du profit matériel qu'en attendaient les métropoles[1].

Qu'en concluons-nous? c'est que la démonstration est faite de l'importance extrême que, de tout temps, tous les peuples ont attaché au commerce colonial, et à son influence sur les moyens d'existence, l'aisance, et la prospérité des métropoles.

23. Toutefois, ce qu'on peut se demander c'est, si on a plus d'intérêt à vendre aux colonies, qu'à leur acheter, question qui a préoccupé beaucoup d'esprits, mais qu'on ne peut résoudre, *à priori*, et sans consulter les faits. C'est l'intérêt du moment, ce sont les besoins, et les moyens d'action qui, suivant les cas, fourniront la réponse, c'est-à-dire, ndiqueront s'il vaut mieux donner la préférence à l'achat sur la vente, ou à la vente sur l'achat.

La question n'est pas nouvelle. Montesquieu se l'était posée (*Esprit des lois*, XXI, 7), et la résolvait par cette considération : nous ne faisons le commerce avec les Indes que par l'argent que nous y envoyons. « Les Romains y envoyaient toutes les années environ 50 millions de sesterces, qui étaient convertis en marchandises qu'ils rapportaient en Occident. Tous les peuples qui ont négocié aux Indes y ont toujours porté des métaux, et en ont rapporté des marchandises. Les Indiens ont leurs arts qui sont adaptés à leur

---

[1] Voy. notre ouvrage : *La liberté commerciale, les douanes et les traités de commerce*. Paris, Guillaumin, éditeur, in-8°, 734 p., 1879, dont M. Maurice Block a bien voulu publier un compte-rendu étendu dans le *Journal des débats* du 16 avril 1879.

manière de vivre; notre luxe ne saurait être le leur, ni nos besoins être leurs besoins. Leur climat ne leur demande ni leur permet presque rien de ce qui vient de chez nous... Ils n'ont besoin que de nos métaux qui sont les signes des valeurs, et pour lesquels ils donnent des marchandises que leur frugalité, et la nature de leur pays leur procurent en abondance. Les Indes ont été, les Indes seront ce qu'elles sont à présent; dans tous les temps ceux qui envoient aux Indes y porteront de l'argent et n'en rapporteront pas. »

Cela peut être vrai, — ajouterons-nous, — mais qu'importe. Si on achète c'est qu'on a plus besoin des marchandises que du numéraire avec lequel on les paye.

24. On objecte que pour atteindre les mêmes résultats il n'est pas nécessaire d'avoir des colonies en propriété; — que les colonies, sauf les colonies de plantation, s'émancipent un jour ou l'autre et que l'entrée en devient accessible au commerce de tous les peuples; — que les pays neufs qui depuis le commencement du siècle se sont accrus d'éléments Européens, se civilisent et offrent, par leurs relations avec le vieux continent, autant d'avantages que les colonies propres.

La conclusion serait donc qu'il nous vaudrait mieux développer nos industries d'exportation, et nous orientant dans le sens de la liberté commerciale, acheter, ou vendre là où nous aurions intérêt à le faire. A quoi bon, dès lors, dépenser nos ressources pour nous créer très chèrement des colonies quand de celles créées par d'autres nous pourrions obtenir les mêmes avantages. La république de la Plata, par exemple, entretient avec les pays d'Europe un commerce énorme dont tout le monde profite.

25. Ces arguments contre la colonisation sont spécieux, bien loin d'être décisifs. Il faut remarquer que les colonies, même émancipées, continuent d'entretenir des relations très étroites avec les pays de qui elles émanent. On peut citer les États-Unis qui font un gros chiffre d'affaires avec l'Angleterre leur ancienne métropole et les pays de l'Amérique espagnole

qui sont en rapport suivis avec l'Epagne et le Portugal, le
Cap, quoique passé sous la domination anglaise ayant un
mouvement actif d'échanges avec la métropole à qui il a dû
ses premiers éléments de civilisation.

Quant au commerce avec les nations jeunes et indépendantes, si la concurrence s'y exerce bien plus aisément et
efficacement que dans les anciennes colonies, cela dépend
des consuls, de l'activité et de l'initiative des nations européennes; on ne peut donc prétendre y réussir à coup sûr et
l'emporter sur les rivaux. Il en est autrement vis-à-vis des
colonies, même séparées de leur mère-patrie. Il est rare que
son influence, son esprit n'y subsistent pas, et que les
affaires ne s'y fassent pas avec plus de confiance et de
sûreté qu'avec les étrangers.

26. De même, les capitaux métropolitains ne sont-ils pas
plus en sûreté dans les colonies nationales qu'ailleurs? N'est-
on pas fondé à dire, avec M. P. Leroy-Beaulieu, qu'ils y sont
exposés à moins de surprises, de subterfuges, de pertes d'intérêts? Il estime même à près de cent millions en revenus et
à deux milliards en capital les sommes dont nos nationaux
ont été spoliés dans des placements en pays lointains étrangers. « En eût-il été de même si ces capitaux avaient été
engagés par des capitalistes français dans des colonies françaises, où ils eussent rencontré les garanties de la loi française? » Enfin, les capitaux, employés dans les entreprises
coloniales nationales, n'exercent-ils pas une action utile sur le
marché intérieur, par la perspective et la possibilité de placements nouveaux, à un moment où le grand outillage, créé
chez nous et nos voisins dans la seconde moitié de ce siècle,
laisse les capitaux européens en quête d'emplois.

27. Les avantages matériels de l'expansion coloniale ne
peuvent donc être niés, mais ce qu'on exige c'est qu'ils soient
immédiats. On ne veut pas attendre, on manque de patience,
on oublie que pour le développement normal d'une colonie il
faut des siècles. On ignore les vicissitudes, les luttes, les

spoliations, les fautes qui ont compromis les entreprises du passé.

Pour la France, plus particulièrement peut-être, est-il vrai de dire que l'histoire de ses colonies est indispensable pour l'éclairer sur tout ce qu'elle aurait pu garder et qu'elle a perdu par défaut de patience, d'entente, de méthode, et par des exigences hâtives. C'est ce que, plus loin, sans parti-pris, et par l'étude impartiale des faits, nous nous efforcerons de mettre en lumière.

28. Les avantages d'ordre *moral* et *politique* sont, peut-être encore, plus considérables et ils ont, d'ailleurs, un effet direct sur les avantages d'ordre matériel. « Ce qui fait une nation puissante et respectée la fait généralement prospère » (Chailley-Bert, *Nouveau diction. d'Économie politique*). Les hommes d'État anglais, auxquels on ne peut dénier des vues pratiques et intéressées, considèrent presque aussi volontiers l'intérêt futur de la race anglo-saxonne que l'intérêt présent de la Grande-Bretagne. N'est-il pas évident que l'Empire du monde appartiendra aux races, non seulement les plus actives, mais les plus expansives, à celles qui auront le plus et mieux exporté et colonisé?

Appartient-il à la France qui, d'année en année, restreint chez elle si misérablement son action prolifique, de se confiner sur son sol, de s'isoler, de se renfermer dans un cercle étroit de tarifs douaniers, de compter sur son goût si vanté, sur ses articles de luxe, pour se croire dispensée de rayonner au dehors et de coloniser?

L'action colonisatrice, l'histoire le montre, est celle qui exerce le plus d'influence sur le monde; elle est l'affirmation la plus virile, la plus incontestable de la puissance, du travail et du génie. Devons-nous rester à l'écart? Nous verrons plus loin quelle part nous avons dû prendre dans les conventions de 1885 et 1890 avec les grandes puissances. Voulons-nous nous en retirer et les laisser agir? N'avons-nous pas (comme d'autres peuples), des esprits aventureux, incapables de discipline, turbulents, des déclassés dont il conviendrait, dans leur intérêt propre comme dans l'intérêt général, de tourner les vues vers des régions dont les réglementations sont moins strictes, où il y a plus de latitude pour se mouvoir et tenter fortune? L'Australie n'a-t-elle pas été, pour l'Angleterre, une soupape de sûreté et un champ d'expérience, au point de vue moral, social et économique? L'act Torrens, ce procédé nouveau de transfert de la propriété foncière, qui se présente si timidement dans les pays civilisés, que la Tunisie et l'Algérie auront expérimenté avant la France, n'a-t-il pas fait son apparition dans cette région lointaine par une assimilation avec les conventions maritimes en usage pour la vente des navires ?

Notre conclusion est celle de M. P. Leroy-Beaulieu : « Dans la période d'histoire que nous traversons, dit-il (v° *Colonisation, Nouveau diction. d'Écon. politique*), un grand État prévoyant et riche ne peut absolument se désintéresser de la colonisation. Elle rentre dans la mission des grands États occidentaux. »

Quels sont les moyens d'accomplir cette grande tâche? Est-ce l'initiative individuelle? l'action des grandes compagnies? l'action militaire? l'action des missions religieuses? l'action directe de l'État? Pour nous, aucun de ces moyens n'est à exclure, c'est l'histoire, c'est l'expérience qui nous éclaireront sur leur utilité successive, et parfois simultanée.

LIVRE II.

L'HISTOIRE. — LES COLONIES FRANÇAISES AVANT LE XIXe SIÈCLE.

~~~~~~~~~

CHAPITRE PREMIER.

COLONIES FRANÇAISES DE L'AMÉRIQUE DU NORD.

———

1. Expansion de la France dans la colonisation antérieure au xixe siècle.
2. Premières tentatives au xive siècle.
3. Nouvelles exploration au xvie siècle. — Le Canada.
4. La colonisation sous Henri IV. — Champlin véritable fondateur de la colonie française du Canada.
5. Compagnies de colonisation sous Richelieu et Colbert.
6. Leur tâche complexe.
7. Historique de la colonie du Canada. — Lenteur de l'immigration. — Constitution féodale de la propriété au Canada.
8. Vices de l'attribution privilégiée des terres. — Insuffisance de travailleurs agricoles.
9. Recherche regrettable des profits immédiats.
10. Jugement d'Ad. Smith sur le Canada français.
11. Absence de libertés provinciales et municipales. — Rivalités et conflits entre les fonctionnaires.
12. Passion désordonnée des aventures. — Constitution de la « nouvelle France ».
13. Développement du Canada et de la Louisiane après la suppression des compagnies privilégiées.
14. Belles perspectives pour la colonisation française en 1755.
15. Rivalité de l'Angleterre. — La France lui cède l'Acadie. — Nouvelles prétentions de l'Angleterre.

1. La France tient dans l'histoire de la colonisation une place infiniment plus grande que celle qu'elle occupe dans l'État actuel de l'expansion coloniale.

D'une part, nos trafiquants et nos chasseurs ont pénétré partout dans le continent américain; ils se sont établis dans es solitudes les plus reculées parmi les tribus sauvages. Ils ont devancé de deux siècles les colonisateurs anglais, et, suivant divers témoignages, sur les rives des plus grands cours d'eau qui traversent l'Amérique du Nord on découvre des villages où « l'aspect et les usages sociaux des habitants forment un contraste frappant avec les mœurs anglo-américaines, et révèlent une origine française » (Merival).

2. D'autre part, d'après Jules Duval[1], nos premières créations coloniales en Afrique remonteraient au règne de Charles V, c'est-à-dire au xive siècle. Des marins dieppois, en 1364, auraient fait voile vers les Canaries, déjà découvertes, seraient arrivés au Cap-Vert en Sénégambie, auraient parcouru la côte et échangé leurs marchandises contre de l'or, de l'ivoire et du poivre. L'année suivante, devançant les Gênois, les Portugais, les Espagnols, des marchands de Rouen et de Dieppe se seraient dirigés jusqu'à la Côte d'Or (aux rivages actuels du Dahomey).

Nous aurions donc été les pères de la colonisation moderne. Il faut en rabattre en ce sens que des voyages de découverte, des comptoirs fondés pour l'échange des marchandises, de simples escales, des dénominations françaises données au pays ne suffisent pas pour constituer des colonies. Le pavillon

---

[1] *Les colonies et la politique de la France*, p. 4.

Français d'ailleurs, dès 1410, ne reparaît plus sur la côte d'Afrique jusqu'en l'année 1488 où le capitaine Cousin renoua des relations commerciales avec le Sénégal et la Guinée.

3. Cependant au commencement du xvie siècle, nos pêcheurs bretons poursuivent la morue jusqu'à l'île de Terre-Neuve, et Paulmier de Gonneville, marin de Honfleur, double le cap de Bonne-Espérance et se voit jeté par la tempête en Australie. Vingt-cinq ans plus tard les frères Parmentier débarquent à Sumatra, visitent les Moluques et reviennent à Dieppe avec une riche cargaison.

Ces entreprises isolées, sans suite et sans plan, ont entretenu l'activité de nos marins, mais n'ont donné aucun territoire à la France.

Après une vaine tentative sous François Ier qui fit visiter par Verazzano, explorateur florentin, les régions du Nord de l'Amérique, Jacques Carlier de Saint-Malo, en 1535, débarque de nouveau à l'île de Terre-Neuve, aborde le continent, remonte le Saint-Laurent, et prend, au nom de la France, possession de ses deux rives. De ce jour le Canada devint terre française. Mais nos guerres civiles et religieuses devaient détourner les particuliers, aussi bien que la royauté, des entreprises coloniales. Si nous mentionnons les généreux efforts de Coligny qui fit visiter la Guyane, le Brésil et la Floride, nous devons constater que ses vues qui tendaient à fonder avec les réformés une France protestante au_delà des mers, échouèrent devant l'indifférence de la noblesse calviniste, et l'abstention de la couronne.

4. Sous Henri IV une nouvelle expansion est donnée à la colonisation. Une seconde fois on visite le Brésil, on découvre ce qui plus tard sera la Louisiane, mais nos explorateurs ne s'y fixent pas et leurs efforts se portent plus au nord. En 1598, Henri IV nomme le sieur de Laroche lieutenant-général, ès pays de Canada et autres; en 1604, il confère des privilèges étendus au sieur de Mentz qui fonde, sur la côte de l'Acadie, une petite colonie dont les privilèges excessifs font naître des conflits avec les pêcheurs basques et rochellois, et amènent l'échec de l'entreprise. Une nouvelle expédition est tentée sur le Canada sous la conduite de Champlin, gentilhomme de Saintonge, qui éleva Québec et fut le vrài fondateur de la colonie du Canada.

Sans négliger les pêcheries et le commerce des pelleteries, il s'efforça d'y attirer les agriculteurs, mais il se heurta à des difficultés de toutes sortes, notamment à l'opposition de Sully qui voyait avec peine une désertion d'hommes et d'argent dans les pays du Nouveau-Monde dont il estimait qu'on ne devait rien espérer au delà du 40e degré de latitude. La mort de Henri IV plongea ces nouveaux établissements dans un abandon dont Richelieu veut les tirer. Sa pensée constante fut, comme celle de Colbert, de doter la France de puissantes colonies. Mais le rude climat du Canada n'exerçait qu'une faible attraction sur les Français bien plus séduits par la beauté des Antilles.

5. On s'explique que l'intervention de l'État sous Richelieu et Colbert se soit manifestée, selon les idées du temps, par la création de compagnies pourvues de privilèges extraordinaires. Nous en voyons douze créées avant Colbert pour la colonisation du Canada, de l'Acadie, de Sumatra, de Java, des Moluques, des Indes orientales, de Madagascar, de la Guinée, du Cap-Vert. Sous Colbert c'est une recrudescence de privilèges. Quatorze compagnies principales s'établissent de 1664 à 1718 sous les dénominations de compagnies des Indes orientales, occidentales, du Nord, du Levant, du Sénégal, de la Guinée, de l'Acadie, de Saint-Domingue, de la baie d'Hudson, de la Chine, du Canada; la plupart d'entre elles disparaissent, puis se reconstituent avec quelques modifications, jusqu'à la Cie du Mississipi qui de 1718 à 1720 sous l'administration du banquier Law fit ouvrir les yeux, et dissipa bien des illusions.

6. La création ou le maintien de compagnies privilégiées ne continua pas moins, et l'abbé Morellet, en 1769, en comp-

tait 55, la plupart françaises, qui avaient complètement
échoué. Il faut voir dans l'onvrage de Caillet (*Histoire de
l'administration de Richelieu*) quelle tâche complexe on
assignait d'ordinaire à ces compagnies. Elles devaient entreprendre des voyages, faire des découvertes, fonder des colonies, négocier, trafiquer en tous pays qui ne seraient pas
ennemis déclarés de la commune. Mais les directeurs n'ac-
ceptaient ces beaux programmes qu'avec la pensée de tirer
parti des monopoles pour quelques objets seulement, en vue
de réaliser de gros bénéfices immédiats. Les esprits éclairés
déploraient le caractère exclusif et tyrannique des privilèges,
et leurs funestes résultats. Champlin, l'illustre propagateur
de la colonisation française au Canada, s'en plaignait. Bien
plus tard, Adam Smith en a condamné les excès.

Nous en examinerons plus loin, dans un chapitre spécial, les résultats complexes, ainsi que les enseignements
qu'il faut en tirer pour l'époque actuelle.

7. Plusieurs causes expliquent la perte de notre colonie
du Canada, nous devons en présenter le rapide aperçu.

Le fait primitif et dominant fut la lenteur de l'immigration. Pour y remédier il était dit dans la charte de la compagnie créée en 1628 que seraient régnicoles, c'est-à-dire
jouissant de tous les droits des nationaux, tous les descendants des colons français, tous les indigènes qui se conver-
tiraient au christianisme. On voulait favoriser l'émigration et
le peuplement par toutes sortes de faveurs.

Mais une erreur capitale devait entraver le mouvement :
des gentilshommes recevaient à titre de seigneuries d'é-
normes étendues de terre qu'ils rétrocédaient par parcelles
à des paysans moyennant des charges et redevances féodales,
et sous condition même de retrait ultérieur de la propriété
en certains cas. Or, comme l'a très bien indiqué Adam Smith
(*Recherches sur la richesse des nations*, liv. IV, ch. VII) :
« Si une partie quelconque d'un bien noble ou tenu à titre
de fief, reste assujettie pendant un certain temps à un droit

de retrait ou de rachat, soit envers l'héritier du seigneur, soit envers l'héritier de la famille, tous les plus gros domaines sont tenus en fiefs, ce qui gêne nécessairement les aliéna- tions... La quantité et le bon marché des bonnes terres, comme on l'a observé, sont les principales sources de la prospérité rapide des colonies nouvelles. Or, la réunion des terres en grandes propriétés détruit cette quantité et ce bon marché. »

8. Il résulta de la constitution féodale de la propriété ter- ritoriale au Canada que la classe des paysans cultivateurs ne s'y constitua que très tard. La production agricole était donc très faible, et l'on fut obligé souvent, comme en d'autres colonies françaises, ainsi que nous le verrons, de faire venir des vivres de France.

Sans ce système privilégié d'attribution des terres, il est probable qu'aux xvii⁰ et xviii⁰ siècles on aurait pu recruter chez les paysans français un bon nombre de colons pour le Canada.

9. Les compagnies ne songeaient pas d'ailleurs à déve- lopper l'agriculture, elles s'appliquaient à obtenir des profits immédiats par tous les moyens possibles. Elles n'importaient souvent que des produits européens de qualité inférieure qu'elles prétendaient faire payer très cher par les colons, et par les indigènes, et elles achetaient à aussi bas prix que possible les produits que la colonie pouvait fournir.

10. Adam Smith a justement appliqué cette observation au Canada. « La colonie française du Canada, dit-il (en 1780), a été pendant la plus grande partie du dernier siècle, et une partie de celui-ci sous le régime d'une compagnie exclu- sive. Sous une administration aussi nuisible, les progrès furent nécessairement lents, en comparaison de ceux des autres colonies; mais ils devinrent beaucoup plus rapides lorsque cette compagnie fut dissoute après la chute de ce qu'on appelle l'affaire du Mississipi. »

11. L'absence de libertés provinciales et municipales a

été aussi signalée comme une entrave à l'essor de notre colonie du Canada. L'institution des intendants dont M. de Tocqueville a si bien décrit le despotisme souple et artificieux dans son livre l'*Ancien régime et la Révolution*, avait passé les mers. Jamais les colons n'étaient consultés et bien que ce gouvernement autoritaire donnât plus d'unité et de régularité à l'administration de la colonie, il n'y eut nulle part autant de divisions et de rivalités parmi les fonctionnaires d'ordres différents. Au milieu des rivalités de l'autorité administrative et militaire aucun plan n'était suivi dans la direction des affaires, dont les dépenses étaient hors de proportion avec les résultats (V. Gameau, *Histoire du Canada*, t. III, p. 80 et 282, et M. P. Leroy-Beaulieu, p. 190 et suiv.).

12. Enfin la passion des armes et des aventures chez les colons les entraînait hors de la production agricole (V. Gameau, t. II, p. 179). Le Canada regorgeait d'aventuriers et manquait d'agriculteurs (P. Leroy-Beaulieu, *loc. cit.*). L'attention se portait de préférence, dans la mère-patrie, sur les voyages d'exploration, les découvertes, les conquêtes sur les Indiens non encore soumis. La population se dispersait ainsi sur des milliers de lieues. Les découvertes successives de Frontenac, remontant au centre de l'Amérique septentrionale au delà des grands lacs d'où sort le Saint-Laurent, celles en sens inverse de Cavelier de la Salle suivant le cours du Mississipi jusqu'au golfe du Mexique, et la prise de possession par lui de cette contrée que du nom de Louis XIV il appela la Louisiane, enflammèrent les esprits, c'était une « nouvelle France » qu'on voulait relier par des postes militaires, depuis le golfe du Mexique jusqu'aux rives du Saint-Laurent. Mais pour soumettre, appréhender, peupler cette étendue, à peine avions-nous plus de dix mille colons, et il aurait fallu défricher les forêts, cultiver les terres, fonder des villes. Les ambitions généreuses, hardies étaient illimitées, les moyens presque nuls. Malgré ces vices de la colonisation française dans le nord de l'Amérique, il ne faut pas

moins admirer ces tentatives et constater les résultats obtenus.

13. Comme nous l'enseigne le témoignage d'Adam Smith, d'accord avec les faits, c'est après la chute de Law, avec la suppression des privilèges de la compagnie, que le Canada commença à grandir, et il le fit rapidement. En 1759, il comptait plus de 80 mille colons, mais son commerce était resté faible. La Louisiane n'avait commencé aussi à prospérer que lorsque la compagnie qui l'exploitait la retrocéda au gouvernement.

Telles furent les fautes économiques dont les résultats auraient pu, avec le temps, grâce à la suppression des privilèges, et à l'extension de la liberté du commerce, s'atténuer et faire place à une ère nouvelle de progrès réel et de prospérité. Il nous faut rappeler les faits politiques qui nous ont enlevé ce magnifique empire colonial de l'Amérique du Nord.

14. En 1755 la France était dans un état relatif de prospérité. On avait, par quelques années de paix, cicatrisé les plaies des guerres précédentes. Notre marine avait été régénérée par un ministre habile Machault, nos colonies des Antilles, de Bourbon et Maurice, comme nous le verrons, étaient en bonne voie. La Louisiane et le Canada donnaient des espérances. Dupleix, nous le verrons aussi, s'efforçait de faire de nos possessions de l'Inde le noyau d'un grand empire. Jamais la France n'avait eu de plus belles perspectives comme puissance coloniale.

15. Mais l'Angleterre, en même temps qu'elle arrêtait nos progrès dans les Indes, émettait les prétentions les plus ardentes en Amérique, d'abord pour la possession de quelques-unes des Antilles, puis pour la fixation des limites de nos territoires au-dessus du Saint-Laurent avec ses propres colonies. Cependant déjà dans cette région nous lui avions cédé la presqu'île de l'Acadie par les traités d'Utrech (1713) et d'Aix-la-Chapelle (1748).

Les limites de l'Acadie semblaient fixées par la nature,

R.

2

l'Angleterre prétendit les étendre jusque sur le Saint-Laurent, pour se donner la navigation du fleuve et cerner le Canada.

Les Français avaient découvert le Mississipi, déclaré qu'ils prenaient possession de tout son bassin, et établi des forts sur l'Ohio.

Les Anglais prétendirent que cette rivière appartenait à leurs colonies de la Nouvelle-Angleterre. On négocia. Mais le ministère anglais envoya quatre corps d'armée en Amérique, fit sortir 18 vaisseaux à la poursuite de l'escadre du Canada, et lança ses corsaires sur toutes les mers pour surprendre les navires marchands français qui naviguaient tranquillement sur la foi des traités. En quelques semaines deux frégates de notre escadre et trois cents bâtiments de commerce furent capturés. La Chambre des communes elle-même déclara ces prises illégitimes comme entachées de piraterie, et faites hors d'une guerre déclarée. Mais le ministère dirigé par Pitt se garda bien de les rendre.

16. Pendant ce temps s'allumait entre la France et la Prusse alliée à l'Angleterre la guerre de *sept ans*.

Nous eûmes d'abord sur l'Océan de brillants succès qui vengèrent les surprises brutales dont nous avions été victimes. La flotte anglaise de 17 vaisseaux commandée par l'amiral Bing était battue près de l'Ile Minorque par l'amiral français La Galissonnière (28 juin 1756). Mais par suite de nos revers sur le continent nos colonies se trouvaient abandonnées à leurs propres forces. Un homme du plus haut mérite, l'illustre marquis de Montcalm, était chargé de défendre le Canada. On sait qu'avec 4,000 hommes il battit 20,000 anglais près du lac Saint-Georges. Mais il ne put empêcher la prise du fort Duquesne sur l'Ohio, ni celle de Louisbourg (27 juillet 1758).

Les désastres maritimes qui nous survinrent alors ne nous permirent d'envoyer aucun secours au Canada. Notre flotte de Toulon s'égarait vers le détroit de Gibraltar (17 août 1759). Notre flotte de Brest de 21 vaisseaux essuyait près de Belle-Isle (30 novembre) une douloureuse défaite due à l'impéritie de l'amiral Conflans. Pendant ce temps les Anglais envoyaient à leur aise des renforts dans le Canada. Ils y mirent sur pied jusqu'à 40 mille hommes, tandis que leurs bâtiments prenaient ou chassaient les vaisseaux français.

Montcalm, sur ce théâtre obscur, avait déployé des talents de premier ordre. Abandonné par la métropole, il chercha des ressources chez les indigènes. Mais il devait succomber. Dix mille Anglais assiégeant Québec il leur livra bataille avec 4,000 hommes, fut battu et tué (10 sept. 1759). Québec dut se rendre : ce petit nombre de Français, resserré dans Montréal fut contraint à capituler. Le Canada était perdu pour nous.

Nous avions encore la Louisiane, mais elle fut cédée à l'Espagne par le traité de Paris de 1763.

17. Il nous restait encore dans l'Amérique du Nord l'archipel de Saint-Pierre et Miquelon, derniers vestiges de notre domination au Canada. L'industrie de la pêche y était exercée avec succès par nos colons et les marins bretons. On y employait, paraît-il, plus de 200 bâtiments. Pendant la guerre de l'Indépendance, alors que la France était allée porter des forces et des secours aux colons révoltés contre la Grande-Bretagne, les Anglais s'emparèrent de Saint-Pierre et Miquelon dont ils détruisirent les constructions de fond en comble forçant les habitants, au nombre de 1,200, à se réfugier en France.

Le traité de paix conclu à Versailles, en 1783, nous les rendit en toute propriété, en reconnaissant nos droits de pêche sur la côte de Terre-Neuve (French-Shore), du cap Saint-Jean à la côte Est, et jusqu'au cap Rouge à l'extrémité Sud-Ouest. Les habitants qui avaient été forcés de quitter la colonie y furent ramenés aux frais de l'État, au nombre de 1,223 et l'année suivante plus de 318 navires prenaient part à la pêche sur les bancs de Terre-Neuve. Cette prospérité ne devait malheureusement pas durer. Deux fois encore, en 1793, et 1803, les Anglais s'emparèrent de ces îles, qui nous furent définitivement rendues en 1814 par le traité de Paris, lequel stipulait en outre que les droits de pêche sur les côtes de Terre-Neuve nous appartiendraient dans les mêmes conditions qu'en 1783.

L'archipel comprend avec Saint-Pierre, la grande, et la petite Miquelon, et les îles de Langlade, l'île aux Chiens, le grand et le petit Colombier, l'île Massacre, l'île aux Vainqueurs, etc. Depuis 1816 les expéditions de pêche ont pour nous repris une grande activité. Quant à la pêche dans les eaux de l'île de Terre-Neuve, qui appartient à l'Angleterre, la France prétend l'exercer. Les négociations encore pendantes avec la Grande-Bretagne sur nos prétentions, semblent liées aujourd'hui, ainsi que nous l'exposerons plus loin, à une question douanière qui intéresse l'Angleterre en Tunisie.

CHAPITRE II.

LES ANTILLES FRANÇAISES AVANT LE XIXᵉ SIÈCLE.

18. Situation et division des Antilles.
19. Découverte des petites Antilles par Colomb.
20. Leur prise de possession par la France. — Création de compagnies privilégiées.
21. Vaines entreprises de l'Angleterre. — Dissolution de la compagnie et retour à la coutume.
22. Désir d'enrichissement hâtif par la culture exclusive des produits d'exportation. — L'esprit d'aventures.
23. Histoire de Saint-Domingue. — Boucaniers et flibustiers français.
24. Intervention de la Couronne. — Succès de la colonie française de Saint-Domingue. — Témoignage d'Ad. Smith.
25. Abus de la main-d'œuvre servile. — Soulèvement des gens de couleur.
26. Traité de 1814. — Reconnaissance des droits de la France. — Négociations infructueuses.
27. Traité de 1825 : perte de Saint-Domingue pour la France. — Indemnité stipulée pour les colons.
28. Peuplement des petites Antilles.
29. Heureuse influence du clergé.

18. Dans l'Océan atlantique, avant de pénétrer dans le golfe du Mexique, entre les deux grandes Amériques du Nord et du Sud existe un archipel qui se divise en deux groupes : 1° les grandes Antilles comprenant principalement l'île de Cuba, aujourd'hui aux Espagnols, Haïti ou Saint-Domingue, jadis française, aujourd'hui partagée en deux républiques indépendantes, la Jamaïque aux Anglais, Porto-Rico aux Espagnols; 2° les petites Antilles comprenant l'île Saint-Thomas aux Danois, la Guadeloupe, chef-lieu Basse-Terre, la Martinique, chef-lieu Fort-de-France, toutes deux aux Français, puis autour de la Guadeloupe ses satellites, les îles de Marie-Galante, de la Désirade, des Saintes et quelques petits îlots. Les petites Antilles forment presque toutes le groupe des îles du Vent, au Sud desquelles sont les îles sous le Vent qui comprennent les petites îles plus rapprochées des côtes de la Guyane.

19. *Découverte des petites Antilles.* Dans la nuit du 27 octobre 1493 la vigie de la corvette Maria-Galanda sur laquelle Christophe Colomb effectuait son deuxième voyage signala une terre à l'avant du navire, on l'appela la Dominica, le jour qui venait de se lever étant un dimanche. Bientôt une autre île apparut; Christophe Colomb l'appela du nom de son navire Maria-Galanda (Marie-Gracieuse), dont nous avons fait Marie-Galante. Le 4 novembre suivant il abordait à l'île de Turu-

quéra peuplée de Caraïbes qu'il appela du nom du couvent
de N.-D. dè Guadalupe dans l'Estramadure. Quelques jours
plus tard il découvrait l'île Madiana à laquelle il donna le
nom de Martinico (Saint-Martin) d'où l'on a fait : la Martinique, puis un petit archipel qu'en souvenir de la Tous-
saint il appela les Saintes.

20. Déjà maîtres d'un continent immense les Espagnols
ne pensèrent pas à fonder dans ces îles de nouveaux établissements. Cent ans plus tard nous y voyons les Français. En
1624 un petit gentilhume de Normandie, Pierre Belcain,
sieur d'Enambuc, s'établit dans l'une des petites Antilles
(Saint-Christophe) qu'il quitta pour apparaître à la cour de
France avec un faste extraordinaire (1626). Il déterminera
Richelieu a créer la compagnie des îles d'Amérique pour la
propriété et le commerce exclusif pendant vingt années de toutes
les îles du nouveau monde qu'on mettrait en valeur. Successivement la compagnie mit la main sur la Martinique et la
Guadeloupe (1630-1635), mais ne retirant pas de l'exercice
de ses privilèges les avantages qu'elle avait espérés, elle se
décida à vendre ses îles. Elles furent achetées au prix de
60,000 l'une, en 1640, par Dyel Duparquet, neveu de d'Enambuc qui en devint ainsi propriétaire et seigneur. A sa mort,
ensuite des désordres survenus dans ces îles dont presque
tous les indigènes avaient été massacrés ou expulsés, la Cour
résolut de les donner à une compagnie nouvelle. Rachetées
aux héritiers de Duparquet elles devinrent la propriété de la
compagnie des Indes occidentales, pourvue du droit exclusif
de commerce et de navigation pendant quarante ans dans les
mers d'Amérique (1664).

21. La guerre qui éclata en 1665 entre la France et
l'Angleterre détermina, de la part de nos ennemis, des tentatives de mainmise sur la Martinique, victorieusement re-
poussées en 1667, 1674 et 1693, par le courage des colons
français. Au cours de ces hostilités la compagnie en décadence
fut dissoute par un édit du mois de décembre 1674 qui

attribua à la couronne la propriété de toutes nos îles des
Antilles désormais accessibles sans distinction à tous les Français qui viendraient s'y fixer.

22. Jusque-là la compagnie avait usé de tous ses privilèges pour réussir; des faveurs nombreuses étaient accordées aux nobles qui pouvaient y entrer sans déroger, et
aux artisans auxquels était accordée de plein droit la maî-
trise pour l'exercice de leur métier en France après un séjour
aux colonies. Mais ni le commerce, ni l'agriculture ne tentaient les colons. On n'avait qu'un désir, celui de s'enrichir
hâtivement par la culture des denrées d'exportation, en dé-
laissant les cultures vivrières, c'est-à-dire celle des subsis-
tances. Plus d'une fois, des navires étrangers, surtout hollandais, au mépris des droits exclusivement accordés à la
compagnie, durent ravitailler les îles en leur portant des
approvisionnements de vivres européens. La compagnie réclamait, elle prétendait seule faire le commerce et pourvoir aux
besoins de la colonie, mais la cupidité de ses associés exigeait
une exploitation rapace du sol, qui comprimait l'essor de la
colonisation. Les petits gentilshommes français, normands ou
picards, étaient surtout en quête d'aventures et de renommée;
c'est à eux, notamment à Duparquet, à l'Olive, à du Plessis
et autres, qu'échut l'œuvre de soumission ou plutôt de destruction des indigènes; c'est à eux aussi que l'on dut la résistance courageuse, souvent héroïque, aux agressions des
Anglais et des Espagnols.

23. Il faut voir aussi comment, à une certaine époque,
Haïti ou Saint-Domingue fut occupé par les Français. Christophe Colomb en avait fait la découverte le 4 décembre 1492.
La splendeur du climat, la fertilité du sol auraient pu déterminer la création d'une colonie espagnole opulente. Mais les
compagnons et plus tard les successeurs de Christophe Colomb cherchaient de l'or et non de la terre. Ils se montrèrent
tels que les vit bientôt le continent américain. Leur avidité
insatiable poussa au désespoir les indigènes, qui essayèrent

d'opposer la force à la violence, une partie d'entre eux fut exterminée dans cette lutte inégale; le reste succomba rapidement aux travaux et aux misères dont ils furent accablés après leur soumission. Leur race entière disparut en moins d'un siècle. Les destructeurs méritaient une punition qui ne se fit pas attendre.

L'île, d'abord ravagée par une expédition anglaise, fut bientôt conquise par des aventuriers sortis des ports de la Grande-Bretagne et de la France. C'étaient les *flibustiers*, enfants perdus de l'Europe qui, eux aussi, dédaigneux des richesses naturelles du sol, passaient leur vie à chasser et, au cours de leurs expéditions, se réunissaient pour boucaner, c'est-à-dire faire sécher à la fumée, selon le procédé des sauvages, les bœufs qu'ils avaient tués. De là le nom de boucaniers qu'ils reçurent; mais ces hardis chasseurs s'aperçurent que la piraterie et la contrebande leur seraient d'une ressource plus grande que la poursuite du bétail sauvage. Ils s'adonnèrent avec succès à cette industrie nouvelle et en reçurent le nom de flibustiers. Cette vie irrégulière exerçait une vive attraction sur des natures indépendantes. Deux troupes, arrivées par des côtés opposés, convinrent de garder le terrain qu'elles avaient parcouru; elles firent des alliances offensive et défensive pour s'en garantir mutuellement la possession. Mais, après des luttes et vicissitudes diverses entre Français, Espagnols et Anglais, nos compatriotes seuls se maintinrent dans la plus grande partie de l'île.

24. La France entrevit alors les avantages que pouvait offrir Saint-Domingue à raison de sa situation et de ses produits. La couronne intervint et voulut donner une administration régulière à la partie française de l'île qui reçut, en 1665, son premier gouverneur.

Successivement le territoire fut cédé, avec force privilèges, à deux compagnies, qui ne surent pas tirer parti de ses richesses naturelles. Malgré leurs revers, malgré les attaques du dehors, des révoltes à l'intérieur, des fléaux climatériques, des maladies qui emportèrent une partie de la population, malgré l'incapacité des administrateurs, Saint-Domingue arriva, au XVIIIe siècle, à une prospérité qui lui fit décerner le titre de Reine des Antilles. Adam Smith a constaté ce succès de notre colonie de Saint-Domingue : « Fondée, dit-il, par des pirates et des flibustiers qui y demeurèrent longtemps sans recourir à la protection de la France et même sans reconnaître son autorité ; et quand cette race de bandits eut assez pris le caractère de citoyens pour reconnaître l'autorité de la mère-patrie, pendant longtemps encore il fut nécessaire d'exercer cette autorité avec beaucoup de prudence et de circonspection. Durant cette période, la culture et la population de la colonie prirent un accroissement relativement rapide. Quoique l'oppression de la compagnie exclusive à laquelle elle fut soumise avec toutes les autres colonies françaises ait retardé son avancement, elle n'a pu l'arrêter entièrement. Délivrée de cette oppression, elle reprit aussitôt le cours de sa prospérité. De toutes les colonies à sucre des Indes occidentales, elle est aujourd'hui la plus importante et on dit que son produit vaut seul plus que celui de toutes les colonies anglaises à sucre prises ensemble. Toutes celles qui appartiennent à la France sont, en général, dans un état de prospérité » (Adam Smith, liv. IV, chap. VII, p. 105 et 106, édition en 2 vol. in-8°, 1788).

25. L'illustre économiste anglais aurait pu, pour compléter ce tableau, ajouter que le bas prix de la culture était un des éléments de la prospérité qu'il signale, et il était dû à la traite et à l'esclavage qui régnaient à Saint-Domingue avec une extrême rigueur.

En 1791, un cri d'indépendance et d'égalité y parvint de la métropole et eut un immense retentissement. Il y eut un soulèvement terrible des noirs, mais surtout des mulâtres libres auxquels on refusait des droits politiques. Les incendies ravagèrent les plantations, les massacres décimèrent les colons. Ceux qui échappèrent à ce bouleversement y trouvèrent une ruine complète. En 1802, une expédition française fut confiée au général Leclerc, dans le but de rétablir l'ordre et d'assurer la sécurité des colons. Elle tourna contre ceux-ci. Le nègre Toussaint-Louverture se mit à la tête des noirs et eut de nouveau recours à l'incendie et aux massacres. La retraite de l'armée française, en 1803, consomma la misère des colons.

26. Cependant le traité de paix conclu sur le continent, le 30 mai 1814, reconnut à la France ses droits sur Saint-Domingue. Des envoyés du gouvernement français tentèrent de traiter, en 1816, avec les dominateurs de l'île. Ils la trouvèrent divisée en deux États dont l'un, sous forme de République, reconnaissait pour chef le président Petion; l'autre, sous forme de monarchie, était tyrannisé par le nègre Christophe. Les négociations des envoyés français ne purent aboutir.

Cependant en 1816 une nouvelle révolution réunit sous un même gouvernement tout le territoire autrefois occupé par la France et celui qui, jusque-là, était resté fidèle à la domination espagnole. L'île entière ne forma plus qu'une seule souveraineté sous le nom de la République d'Haïti. Ce nouvel état de chose favorisa la reprise des négociations. Souvent interrompues, elles ne purent aboutir que le 17 avril 1825 au résultat suivant : a) Le gouvernement français renonçait à tous ses droits sur l'île de Saint-Domingue et concédait à ses habitants l'indépendance pleine et entière de leur gouvernement; b) une indemnité de 150 millions payable, en cinq versements, était stipulée en faveur des anciens colons français dépossédés; c) les ports seraient ouverts au commerce de toutes les nations; d) les droits perçus à l'entrée ou à la sortie des navires seraient uniformes pour tous les pavillons, mais réduits de moitié pour les navires français.

27. Le gouvernement haïtien accepta ces conditions le 1er septembre 1825. Tel est l'acte par lequel la France, se contentant d'une indemnité au profit d'un certain nombre de particuliers et de droits différentiels en faveur de sa marine marchande, abandonna sa souveraineté sur la Reine des Antilles.

Ce traité ne satisfit même pas les intérêts qu'on avait voulu sauvegarder. Une loi française du 30 avril 1826 fut nécessaire pour régler la répartition de l'indemnité entre les colons dépossédés de leurs biens-fonds immobiliers et refusa tout droit aux propriétaires d'établissements industriels tout aussi bien ruinés que les premiers. Des difficultés surgirent encore sur le règlement et la répartition de l'indemnité. Un traité intervint à ce sujet entre la France et la République d'Haïti le 12 février 1838, une autre loi fut rendue le 18 mai 1840 sur les formalités à remplir par les colons créanciers. De nombreuses questions s'élevèrent enfin sur les droits respectifs des créanciers, des légataires, des donataires, des colons, et tout s'est terminé par des arrêts de la Cour de cassation relatés au *Répertoire* de Dalloz (vᵒ *Organisation des colonies*, nᵒˢ 922 à 941).

28. Cet épisode de notre domination trop passagère sur la plus belle île des Antilles étant exposé, nous devons revenir à nos autres îles et retracer leur situation jusqu'au XIXᵉ siècle.

Le peuplement des petites Antilles fut pour nous infiniment plus rapide que celui du Canada. Toutes les classes de la nation y eurent des représentants : la noblesse, le clergé, la bourgeoisie, les artisans.

Les cadets de famille, qui n'avaient pu faire fortune dans la mère-patrie, qui fuyaient leurs créanciers, ou étaient poursuivis pour duels ou autres pécadilles, apportèrent l'esprit de spéculation, d'aventure, et le courage pour se créer un sort dans notre colonie : « Grâce à ces émigrations, dit Jules Duval (*Les colonies et la politique coloniale de la France*, p. 142), et à ces alliances (mariages entre des nobles et des créoles dont la beauté et la richesse avaient séduit les gentilhommes à la Cour de France) il n'y avait guère, au siècle dernier, de famille en France qui n'eût son représentant aux colonies. »

29. A ce premier élément qui se caractérisait par l'entrain et l'audace souvent trop affranchis de scrupules, venaient s'en joindre d'autres qui « tempéraient, par un heureux alliage, l'esprit général de la société coloniale » (P. Leroy-Beaulieu,

p. 160). Le clergé se montrait plein d'activité et d'intérêt pour les progrès de la culture, l'amélioration de l'industrie, l'extension du commerce. Dominicains et Jésuites se pliaient à de nombreuses industries bienfaisantes et rémunératrices, construisaient des églises, des forts et des écoles, faisaient l'office d'ingénieurs, de géomètres, architectes, mécaniciens, planteurs, etc. La faillite même du P. Lavalette, préfet apostolique de la Martinique, en 1762, est une preuve de l'impulsion que le clergé cherchait à donner à l'industrie et à la culture. Bien antérieurement le P. Labat, célèbre dominicain, écrivait au supérieur de la mission de la Guadeloupe qui avait scrupule de se servir d'un luthérien, natif de Hambourg, de le lui envoyer bien vite à la Martinique, parce qu'il lui était indifférent que le sucre qu'il ferait fût luthérien ou catholique, pourvu qu'il fût bien blanc.

La canne à sucre de l'île de Batavia avait été importée à la Martinique et aux Antilles par un juif Benjamin Dacosta, venu du Brésil. L'esprit de tolérance réunissait dans un même élan les efforts de tous, et après l'édit de Nantes, nombre de calvinistes firent pénétrer dans les îles françaises, une activité sévère et scrupuleuse. On se montrait tout aussi accueillant envers les juifs qui, à la suite de Dacosta, firent en grand nombre à la Martinique de grandes dépenses pour la culture des terres.

La bourgeoisie, composée de négociants et artisans, qu'entravait dans la métropole l'organisation étroite des corporations, apporta aussi aux Antilles l'esprit de prudence, de patience pratique, de laborieuse persévérance, de parcimonie bien entendue.

Il y avait enfin des engagés blancs recrutés en France parmi les domestiques congédiés, les paysans las de la corvée, les cadets déshérités dans les villes et les campagnes. Leur recrutement devint une industrie régulière à Dieppe, au Hàvre, à Saint-Malo, qui créa un courant continu d'émigration de 1626 à 1774.

30. On peut donc affirmer que la prospérité de nos Antilles fut une œuvre d'initiative privée émanant de toutes les classes de notre population, bien plus qu'elle ne fut due à l'influence des compagnies.

Ici vient se placer logiquement une observation d'Adam Smith qui n'a pas moins bien jugé nos possessions aux Antilles que celles du Canada.

« Le capital qui a servi à améliorer les colonies à sucre de la France, — dit-il, — et en particulier la grande colonie de Saint-Domingue, est provenu presque en totalité de la culture et de l'amélioration progressive de ces colonies. Il a été presque en entier le produit du sol, et de l'industrie des colons, ou, ce qui revient au même, le prix de ce produit graduellement accumulé par une sage économie, et employé à faire naître toujours un nouveau surcroît de produit. Le capital qui a servi à faire naître et à améliorer les colonies à sucre de l'Angleterre a été en grande partie envoyé d'Angleterre, et ne peut nullement être regardé comme le produit seul du territoire et de l'industrie des colons. *La prospérité des colonies à sucre de l'Angleterre a été en grande partie l'effet des immenses richesses de l'Angleterre*, dont une partie, débordant pour ainsi dire de ce pays, a reflué sur les colonies; mais la *prospérité des colonies à sucre de la France est entièrement l'œuvre de la bonne conduite des colons, qui doit par conséquent l'avoir emporté de quelque chose sur celle des colons anglais*; et cette supériorité de bonne conduite s'est, par dessus tout, fait remarquer dans leur manière de traiter les esclaves. » On ne peut, dit à ce propos M. P. Leroy-Beaulieu (p. 162), mieux rendre justice à la vitalité des colonies des Antilles.

31. Comme on le voit, cette prospérité ne fut nullement attribuée par Adam Smith à l'action des compagnies. Celles-ci furent oppressives, et entravaient l'initiative individuelle. La première constituée par Richelieu, la seconde par Colbert, toutes deux sous la dénomination de compagnie des Indes, présentèrent le même caractère réglementaire et exclusif. Bien que Colbert estimât, comme il l'avait manifesté pour le Canada, que des Français même ne faisant pas partie de la société fussent admis à la qualité de colons, la compagnie usa de ses privilèges avec vigueur. Plus d'une fois elle exaspéra les colons en abusant de son monopole pour leur vendre les marchandises deux tiers plus cher que ne le faisaient les Hollandais. Les colons de Saint-Domingue, nous l'avons vu, s'étaient ouvertement révoltés, ceux de la Martinique et de la Guadeloupe menaçaient de le faire. Leurs instances obtinrent de Colbert un arrêt du conseil autorisant tout navire français à faire le commerce des Antilles avec la permission de la compagnie et moyennant un droit.

32. C'est que, d'autre part, par un déplorable aveuglement, les planteurs se renfermaient dans la culture des produits d'exportation, tabac, cacao, indigo qui leur donnaient plus de profits immédiats que les cultures alimentaires, et qui s'adaptaient mieux à la moyenne et à la petite propriété, alors très divisée.

L'introduction de la canne à sucre donna lieu à une industrie encore plus lucrative qui transforma les cultures individuelles en grandes exploitations. La prospérité s'en accrut, les planteurs s'enrichirent, mais au point de vue moral et social les conditions de la colonisation se pervertirent. De grands capitaux et la main-d'œuvre servile devenant nécessaires pour la production à bon marché, on eut recours à l'esclavage et à la traite qui fut approuvée par Louis XIV. Il en était partout de même dans les colonies de plantation. On vit la servitude s'y établir de toutes parts, les nègres remplacer les « petits Blancs » engagés volontaires, et ces vastes ateliers établis dans les campagnes sous le nom d'habitations, « prisons sans murailles — dit M. Augustin Cochin dans son histoire de l'*abolition de l'esclavage,* — manufactures odieuses produisant du tabac, du café, du sucre, et consommant des esclaves. »

33. L'agriculture proprement dite se restreignit encore

pour faire place aux plantations de denrées exotiques.
La charrue que les émigrants français avaient introduite
à l'origine disparut devant la traite des noirs et la main-
d'œuvre à vil prix. « Du jour où le rang social se mesura au
nombre des nègres que l'on possédait, le dédain de tout autre
instrument que la houe de l'esclave devint à la mode pendant deux cents ans (Jules Duval, *Les colonies de la France*,
p. 155).

Cependant suivant un passage d'Ad. Smith, cité plus haut,
les colons français montrèrent une humanité toute spéciale
envers leurs esclaves, et ils en recueillirent les fruits, car l'illustre auteur, confirmant plus loin son témoignage après
avoir démontré avec une précision toute britannique le profit
que l'on a à traiter, avec modération, ses bestiaux aussi bien
que ses esclaves, ajoute : « c'est une chose, je crois, généralement reconnue, que du côté des bons traitements envers leurs
esclaves les planteurs français l'emportèrent sur les anglais, »
et suivant lui : « l'administration des colonies françaises a
toujours été conduite avec plus de douceur et de modération
que celle des colonies espagnoles et portugaises. Cette supériorité de conduite est conforme au caractère de la nation
française... (Ad. Smith, édition de 1788, citée ci-dessus, t. II,
p. 123).

34. Les colonies des Antilles devinrent donc d'immenses
fabriques dont le but était de produire à outrance des denrées
d'exportation en vue du profit présent. Mais leur prospérité
dépendait des débouchés qui leur seraient ouverts. Ils étaient
limités aux marchés français, mais en retour ce marché leur
était garanti par des droits différentiels qui frappaient les produits étrangers. C'était ce même système de pacte colonial qui
existait entre l'Angleterre et ses colonies, dont nous étudierons
plus loin (à l'occasion du régime général des douanes) les
pernicieux effets. Ce pacte aurait inévitablement conduit à la
ruine les Antilles françaises en les bornant au marché de la
métropole.

A partir de 1717, un revirement se manifesta dans l'administration coloniale sous les auspices de Law. Un règlement
libéral affranchit de tous droits les marchandises françaises
destinées aux îles. Ce même règlement diminua les droits sur
les marchandises des îles destinées à la consommation française, et autorisa, ce qui valait encore mieux pour les colonies, les denrées des îles, amenées en France à en ressortir
moyennant un droit de 3 p. cent (Voir P. Leroy-Beaulieu, p.
167 et s.).

35. Enfin, le monopole des compagnies fut radicalement
aboli. Aussi rien n'a égalé, depuis cette époque jusqu'à la fin
du siècle, la prospérité des Antilles françaises. Il fut même de
mode en Angleterre de vanter leurs relations avec leur
métropole, et nous nous expliquons qu'Ad. Smith, comme
nous l'avons déjà indiqué, préférât la situation de nos îles à
celle des colonies anglaises. Enfin, sous divers rapports, les
règlements de la France devinrent moins restrictifs que les
règlements d'Angleterre. La conséquence fut, selon M. Augustin Cochin, que même après la perte du Canada, le mouvement
de nos opérations coloniales l'emportait sur celui de tous les
États Européens, y compris celui de l'Angleterre (Voir pour les
détails et les chiffres à l'appui, P. Leroy-Beaulieu, p. 169 et
170).

Cette situation due à un régime économique plus libéral,
est d'autant plus remarquable que nos îles des Antilles
avaient eu à subir, dans l'ordre politique, de redoutables
épreuves.

36. Réunie au domaine de l'État par la suppression de la
compagnie des Indes occidentales en 1675, la Guadeloupe
avait été placée sous la dépendance de la Martinique, siège
du gouvernement civil et militaire des Antilles. Associée aux
vicissitudes politiques de la métropole, assaillie par les Anglais
en 1691 et 1703, elle était tombée sous leur puissance en 1759
pendant quatre années, et nous avait été rendue par le traité
de paix de 1763. Peu après le gouvernement métropolitain

l'avait constituée en colonie indépendante de la Martinique, mais après 1793, la guerre ayant été déclarée par la France à l'Angleterre, la Guadeloupe nous échappa en 1794; reprise par nous sur les Anglais elle retomba sous leur puissance en 1810, et nous fut restituée par le traité du 30 mai 1814, mais ne rentra définitivement sous la domination de la France que le 25 juillet 1816.

La Martinique, exploitée sans succès comme nous l'avons vu par deux compagnies, fut réunie en 1675 au domaine de l'Etat et tous les Français sans distinction eurent la liberté de s'y fixer. La France, dépouillée en 1713, par le traité d'Utrech de Terre-Neuve, de l'Acadie et de Saint-Christophe, avait reporté toute sa sollicitude sur les colonies d'Amérique qui lui restaient, particulièrement sur la Martinique qui avait reçu sous sa dépendance tout l'archipel de nos Antilles, et grâce à sa situation et à la sûreté de ses ports devint le marché général de ces îles.

Prise par les Anglais le 13 février 1762, elle nous avait été restituée par eux avec la Guadeloupe en juillet 1763. Mais les Anglais s'en emparèrent le 3 février 1794 et la gardèrent jusqu'à la paix d'Amiens (1802). Reprise par eux le 24 février 1809, elle nous a été définitivement rendue en 1815.

Nous étudierons plus loin la situation des Antilles françaises au XIXe siècle.

CHAPITRE III.

LA GUYANE JUSQU'EN 1818.

37. Bien qu'appartenant au continent de l'Amérique du
Sud, la Guyane française par sa proximité se rattache aux
Antilles ses voisines. Mais combien différentes ont été ses
destinées.

La partie du territoire américain comprise entre le fleuve
des Amazones et celui de l'Orénoque avait été visitée en 1498
par Christophe Colomb qui la laissa dans sa solitude sauvage.

Cent ans plus tard, la Guyane était reconnue pour la première fois par le breton la Revardière, et après lui par
divers navigateurs normands sans qu'ils y aient fondé d'établissement durable. Les aventuriers qui cinglaient vers
l'Amérique du Sud étaient plutôt attirés vers les régions du
Pérou, et les montagnes des Andes au pied desquelles l'imagination rêvait le pays de l'or, *el dorado*.

38. Cependant une compagnie fut créée à Rouen par
Richelieu avec un droit exclusif de commerce et de navigation dans les pays arrosés par l'Orénoque et le fleuve des
Amazones, ainsi nommé sur les récits fabuleux de nos premiers explorateurs. Mais cette compagnie échoua misérablement par la folie de son chef, Poncet de Bretigny qui, au
lieu de coloniser, terrorisa sa propre troupe par la tyrannie
et guerroya contre les indigènes qui le massacrèrent.

Une nouvelle compagnie se fonda à Paris sous le titre
de « France équinoxiale, » elle fut subrogée dans tous les
droits et privilèges de la première; mais l'expédition comprenait un contingent de 7 à 800 hommes, mal commandée
par son chef de Royville qui fut massacré par les siens, se

perdit dans les compétitions violentes de chefs improvisés et par la résistance exaspérée des indigènes.

39. La Guyane fut abandonnée par les colonisateurs européens jusqu'en 1653. Des Hollandais s'y installèrent, et plus habiles, plus industrieux, plus patients y introduisirent la culture de la canne à sucre et de l'indigo. La Guyane vit se fonder son commerce et s'accroître sa population. Colbert alors accorda en 1663 à une nouvelle société française érigée comme la seconde sous le nom de « France équinoxiale » les mêmes droits qu'aux précédentes. Celle-ci plus heureuse sous la direction de de la Barre, et avec le concours de Trouville-Tracy, gouverneur des Antilles, traita avec les indigènes, et s'établit dans le pays, mais elle eut à lutter contre les colons hollandais installés sur le littoral à l'Ouest; la Hollande était alors en guerre avec la France. Deux fois la ville de Cayenne fut prise par les Anglais d'abord (1668), et par les Hollandais.

40. Rentrée en 1676 sous la domination française, la Guyane fut désormais gouvernée au nom du roi par ses officiers comme les autres provinces du royaume; elle perdit une partie de son territoire, ainsi que ses droits de navigation sur le fleuve des Amazones réservés aux Portugais maîtres du Brésil, tandis que d'autre part les Hollandais s'étaient solidement implantés sur la rive gauche de l'Orénoque. Comme colonie la Guyane était languissante. L'Etat y faisait de vastes concessions de terrain gratuitement, mais sans limites précises et à titre provisoire : La propriété était ainsi dépourvue de sécurité, et l'administration imposait aux concessionnaires les cultures de profits immédiats et de produits d'exportation, dans l'intérêt de la métropole à laquelle ils étaient réservés de préférence aux cultures vivrières. Il en résultait d'extraordinaires anomalies. La Guyane très riche en pâturages n'en tirait pas parti et recevait de la France la viande qui devait nourrir ses colons. Sous un régime moins anti-économique, la Guyane eût pu alimenter une population nombreuse, et même approvisionner pour partie les Antilles. Comme colonie agricole elle manqua donc son but.

Comme colonie de plantation elle resta médiocre, à défaut de travaux d'assainissement du sol que les colons négligeaient peu encouragés à les faire sur leurs propriétés dépourvues de garanties.

41. C'est alors que le duc de Choiseul imagina une tentative de colonisation qui devait dépasser en importance toute les expéditions antérieures. Il rêvait d'un grand établissement militaire et agricole. On n'embarqua pas moins de quinze mille colons embrigadés sous les noms divers de seigneurs, vassaux et manants; ils furent dirigés sur un point de la côte d'ailleurs bien choisi, Kourou, plage sablonneuse et boisée, l'une des plus salubres de la colonie; mais où ne se trouvaient ni abris pour les recevoir, ni magasins pour les approvisionnements. Il fallut se réfugier en partie dans les bois, les vivres s'altéraient, les maladies, les épidémies, et la disette survinrent, les violences suivirent. Le plus grand nombre des émigrants périt, ceux des derniers convois échappèrent au désastre en se sauvant dans les îlots du Diable qui, dès cette époque, reçurent et ont gardé le nom d'îles du Salut. Le surplus se retira dans l'intérieur. Vingt ou trente millions avaient été engloutis dans cette lugubre aventure qui jeta sur la colonie un sinistre renom.

42. Cependant sous le règne de Louis XVI étaient instituées les assemblées coloniales par l'initiative de Turgot et de Necker. La Guyane reçut avec enthousiasme cette innovation heureuse. En même temps le gouvernement envoyait M. de Malouet, commissaire général pour organiser le développement de la colonie. Il faut constater qu'à côté de la Guyane française qui végétait misérablement, la Guyane hollandaise acquérait chaque jour plus d'importance. Malouet eut la pensée d'étudier les procédés économiques de cette dernière colonie pour les appliquer à la nôtre. Mais il eût fallu modifier le mode d'appropriation des terres, entreprendre des travaux d'assainissement, et de défrichement, tirer un sage parti des immenses savanes si propres à l'élève du bétail, et adapter les plaines à la culture du blé. Malouet concevait admirablement le plan qui eût pu faire de la Guyane tout à la fois une colonie agricole et une colonie de plantation, mais il eût fallu comme il demandait qu'on le fît, à l'exemple des Anglais, au lieu de céder gratuitement des terres sous des conditions arbitraires, à des gens misérables, les vendre à un prix modique à des colons sérieux projetant des établissements durables. Malheureusement Malouet était seul de son avis au milieu de l'ignorance, de la routine, et des âpres calculs qui se portaient vers les cultures de profits immédiats, et même vers la recherche et l'exploitation aléatoire des mines d'or. Malouet dut revenir en France. La Guyane dévoyée fut replacée sous la pitoyable administration d'un de ses anciens gouverneurs Bessner qui échoua dans l'exécution de ses plans aventureux et chimériques, et mourut au bout d'un an blâmé par le Ministre des colonies.

43. La Révolution de 1789 éclatait dans ces circonstances. Trois races étaient en présence dans la Guyane, les Européens, les Indiens indigènes, les Noirs transplantés de la côte d'Afrique. En même temps il y avait trois classes : les maîtres, les affranchis, les esclaves. Les Européens constituaient une sorte d'aristocratie à deux degrés : les grands Blancs planteurs fabricants de sucres; les petits Blancs commerçants, petits propriétaires, trafiquants, artisans. Des discussions prirent naissance, à l'occasion de la loi du 9 août 1790, qui avait concédé sans distinction les droits politiques aux habitants âgés de 25 ans. Vint ensuite le décret de la Convention qui abolissait l'esclavage (4 janvier 1794). Les moyens d'existence manquaient aux noirs affranchis, et les moyens de culture aux propriétaires de plantations. On dut imposer aux noirs l'obligation de travailler et de mettre en culture des domaines que les maîtres avaient abandonnés. L'esclavage fut réta-

bli; plusieurs de ces ferments de discorde troublèrent la
colonie, les Portugais y firent diverses tentatives de débarquement plutôt dans un but de pillage que de conquête.
Plusieurs fois repoussés ils réussirent en 1809. La Guyane
française fut occupée par eux jusqu'au mois de novembre 1817.
La colonie avait passé huit ans sous la domination étrangère.
Nous étudierons plus loin les tentatives nouvelles de colonisation dont elle fut l'objet, sa situation actuelle, et ce qu'il est
possible d'en espérer.

CHAPITRE IV.

ANCIENNES COLONIES DE COMMERCE. SÉNÉGAL. ILES DE MADAGASCAR ET DE BOURBON. ILE DE FRANCE.

44. Le caractère des colonies de commerce.
45. Fondation de comptoirs français sur la côte occidentale de l'Afrique.
— Premiers établissements français au Sénégal.
46. Compagnies diverses. — Éléments et prospérité de leur trafic au siècle
dernier.
47. Vicissitudes politiques des établissements du Sénégal de 1758 à 1817.
48. L'île de Madagascar ou île Dauphine. — Premières tentatives des marins français.
49. Exploitation tentée par la compagnie des Indes orientales (1664). —
Causes d'insuccès, malgré les ingénieux efforts de La Case.
50. L'île Sainte-Marie, cédée à la France par les indigènes.
51. L'île Bourbon, et l'Ile de France. — Leur caractère comme colonies
de plantation.
52. Leur séparation de la France après 1789.
53. Leur réintégration en 1803. — Administration du général Decaen. —
Invasion anglaise. — Perte de l'Ile de France (île Maurice) en 1814.

44. Nous avons vu que les colonies de commerce ont
pour but le trafic avec les indigènes. Elles ne poursuivent
donc pas la formation de sociétés de colons; le mode d'appro-

priation du sol, les lois, les libertés n'ont ici qu'une importance secondaire. Dans les colonies anciennes de ce genre,
notre nation ne réussit guère mieux que dans les colonies
agricoles. « Là encore, dit P. Leroy-Beaulieu, nous avons à
enregistrer, après quelques succès à l'origine, un échec définitif. » Cependant, dans cette douloureuse histoire, il faut
tenir compte des fautes économiques et des événements politiques.

45. C'est sur la côte occidentale de l'Afrique que les
marins de Dieppe firent d'abord connaître le nom français; ils
y devancèrent les Portugais et fondèrent, ainsi que nous
l'avons déjà mentionné, quelques comptoirs vers la seconde
moitié du xive siècle. Mais les guerres civiles et étrangères
qui désolèrent la France dans les siècles suivants arrêtèrent
en Normandie l'essor des entreprises maritimes. Les comptoirs
français devinrent la proie des Portugais, des Anglais, des
Hollandais, des Espagnols.

C'est seulement en 1626 que naît le Sénégal comme colonie
française. Sans aucune concession, sans autre encouragement
qu'une approbation tacite de Richelieu, une association fut
formée par quelques marchands de Rouen et de Dieppe, sous
le nom de *Compagnie normande.* Dans un îlot situé à l'embouchure du Sénégal elle fonda un établissement, qui devint
plus tard la ville de Saint-Louis. La prospérité de ce comptoir ne cessa de croître, mais les Hollandais, dont la puissance maritime était considérable, déjà maîtres de plusieurs
points du littoral (Gorée, Arguin, Rufisque), surveillaient
au nord et au sud l'embouchure du Sénégal. Pour la défendre,
il fallait une organisation plus puissante que celle de la com-
gnie normande. En 1664, elle vendit ses établissements à la
Compagnie des Indes occidentales, qui venait d'être créée au
capital de 7 millions de livres, avec le privilège exclusif de
faire le commerce sur toutes les côtes de l'Océan Atlantique,
depuis le Canada jusqu'au cap de Bonne-Espérance.

46. A partir de ce moment nous voyons les compagnies de

colonisation, en Afrique, se transformer, disparaître, et se multiplier dans le but louable, d'ailleurs, de concentrer plus spécialement leurs efforts sur un point déterminé. C'est ainsi que se forment, par voie de cession, ou autrement, la compagnie du Sénégal (1672), celles du cap Vert, du cap Blanc, de Guinée, et enfin la compagnie des Indes fondée par Law. Les opérations de celle-ci furent très habilement dirigées par son directeur, André Brüe et ses successeurs. Malheureusement ils ne songèrent pas à tirer parti de leurs explorations nombreuses pour s'asseoir solidement dans le Sénégal et à prendre possession du sol. Ils firent le trafic de la gomme, de l'ivoire, de la cire, des cuirs, de la poudre d'or et des esclaves, moins cependant que les Portugais qui, des côtes de Loanda, fournissaient de noirs le Brésil et les colonies d'Amérique. Nous voyons, dans les notices officiellement publiées sur les colonies françaises, sous la direction de M. Louis Henrique, qu'en une année, avec 900,000 livres consacrées aux achats, la compagnie gagnait 7,200,000 livres, c'est-à-dire 800 pour 100. Il est à remarquer, en outre, que les opérations commerciales étaient bien plus fructueuses que le commerce des esclaves (sur 4,500 esclaves achetés au prix de 202,400 livres, 3,000 seulement, soit les 2/3, arrivaient aux îles d'Amérique ou de la mer des Indes et y étaient revendus 400 livres l'un, soit, ensemble, 1,200,000 livres, chiffre auquel il fallait ajouter la gratification de 10 livres que la couronne accordait par tête de nègre importé dans les colonies françaises).

47. En 1758, les Anglais s'emparèrent du Sénégal et de l'île de Gorée. Le traité du 10 février 1763 nous rendit seulement l'île de Gorée; mais, le 30 janvier 1779, les Français reprirent le Sénégal de vive force et le traité de paix du 3 septembre 1783 nous en confirma la possession. La guerre déclarée à l'Angleterre le 8 février 1793, par la Convention, eut pour résultat de faire renaître les prétentions des Anglais, qui prirent l'île de Gorée en 1800, recommencèrent les hostilités après la rupture de la paix d'Amiens, contraignirent la ville de Saint-Louis à capituler malgré une défense héroïque (1807) et s'emparèrent de tout le Sénégal (1809).

Le traité de Paris, du 30 mai 1814, nous restitua tous les établissements que nous possédions au 1er janvier 1792 sur la côte occidentale d'Afrique, c'est-à-dire le bassin du Sénégal et le littoral compris entre le cap Blanc et l'embouchure de la Gambie. Ce n'est que le 25 juin 1817 que nous en reprîmes la possession effective. Nous reviendrons à cette région dans l'étude ultérieure de nos colonies au siècle actuel. Nous allons examiner nos expéditions coloniales à l'est de l'Afrique et dans les Indes. Trois compagnies furent successivement créées sous Henri IV et Richelieu pour l'exploitation de ce lointain marché. On jeta d'abord les yeux sur Madagascar.

48. Au commencement du xvie siècle des navires portugais se rendant aux Indes furent poussés vers les côtes de Madagascar, grande île à laquelle Marco Polo avait le premier donné ce nom. Une tentative de colonisation par les Portugais n'eut aucun succès. Elle ne découragea pas les marins dieppois qui, sous la conduite du capitaine Bigault, l'un d'eux, créèrent dès 1635 une société, sous la dénomination de *Compagnie de l'Orient*. Ils obtinrent de Louis XIII, le 24 juin 1642, des lettres patentes leur concédant Madagascar, désignée sous le nom d'île Dauphine, pour y ériger des colonies avec le privilège d'y faire exclusivement le commerce pendant dix ans.

49. Cette compagnie fit place, en 1664, à celle des Indes orientales, qui fut créée avec toutes les faveurs et le retentissement possibles. Discours pompeux prononcé par l'académicien Charpentier, célébrant les richesses de l'Orient, la gloire et l'opulence qui nous y attendaient; souscriptions nombreuses provoquées chez les courtisans et les gens en place; publicité officielle à laquelle coopérèrent par ordre les agents du gouvernement, des provinces et des villes; subventions royales qui devaient mettre les associés à l'abri de tout risque, tout fut employé pour donner l'éclat et, on l'espérait du moins, des bases solides à la nouvelle compagnie. Elle devait jouir, pendant 50 ans, du privilège du commerce et de la navigation dans les Indes orientales et dans toutes les mers de l'Orient et du Sud. Elle obtenait à perpétuité la concession de toutes les terres, places et îles qu'elle pouvait conquérir, y compris Madagascar.

Ce pompeux programme n'aboutit pour cette région qu'à de tristes résultats. Divers chefs d'expédition et aventuriers déployèrent autant d'audace que d'intrépidité pour se rendre maîtres de Madagascar, mais ils se heurtèrent à des obstacles qu'on n'avait pas prévus. C'était d'abord la résistance d'un peuple nombreux et guerrier, l'insalubrité des côtes, la difficulté de navigation sur des cours d'eau barrés à leur embouchure par des bancs de sable et qui auraient exigé pour être rendus navigables des travaux patients, prolongés et coûteux; c'était des forêts immenses difficilement pénétrables. Il fallait conquérir l'île lentement, et habilement sur les indigènes et sur la nature. Cependant des postes furent successivement créés à Fort-Dauphin qui devint le siège principal des opérations et des quelques établissements créés sur la côte, à Sainte-Luce, à Autongil, Tamatave, Foulpointe, Tintingue, etc. Un instant on put espérer prendre pied dans l'île grâce à l'ascendant que l'aventurier La Case, originaire de la Rochelle, s'acquit sur les populations malgaches en épousant une princesse du pays qui fut déclarée souveraine à la mort de son père. Mais son succès fit naître d'odieux sentiments d'envie chez ses compatriotes qui mirent sa tête à prix. Le désordre et la confusion ne cessèrent de régner parmi les Français. Le massacre des blancs à Fort-Dauphin, et divers événements malheureux déterminèrent la compagnie des Indes orientales à renoncer à ses droits sur Madagascar qui par arrêt du conseil du 4 juin 1686 fut annexée à la couronne. « Si l'on considère les causes des échecs de la colonisation française à Madagascar — dit un auteur —

sans s'arrêter à l'incurie qui fit presque toujours correspondre l'arrivée des envois de la Métropole avec la saison des fièvres, on voit qu'il faut les attribuer au mauvais choix des gouverneurs...

« En somme, il n'y eut qu'un seul homme dont la capacité soit hors de conteste, c'est La Case. Si, lorsqu'il se révéla, la compagnie avait suivi ses idées, nul doute que la colonisation eût réussi » (Louis Pauliat, *Madagascar*, Paris, C. Lévy, 1884).

50. L'île Sainte-Marie située sur la côte orientale dont elle est séparée par un bras de mer de quelques kilomètres, avait été cédée à la France par les indigènes. Fort-Dauphin fut relevé par les ordres du ministre Choiseul mais la situation de nos établissements n'en devint pas plus prospère. Ils furent pour la plupart délaissés. En 1789-90 nous n'occupions plus que Tamatave.

51. L'île Bourbon ou de la Réunion à l'est de Madagascar avait été appréhendée au nom du roi par la compagnie des Indes orientales en 1643. Elle reçut en 1649 son nom d'île Bourbon. La colonie y acquit une certaine importance, mais elle manquait d'un port. L'attention se porta sur une autre île voisine successivement occupée puis abandonnée par les Portugais et les Hollandais qui lui avaient donné le nom d'île Maurice. Une colonie toute spontanée composée de Français et de créoles, la plupart de l'île Bourbon, s'y fixa en 1712. Elle fut occupée au nom du roi par la compagnie des Indes et reçut le nom d'Ile de France. Les deux îles eurent alors comme colonies françaises de sérieux succès. Elles se couvrirent de plantations de cannes à sucre, d'épices et de café. Il se produisit le même fait qu'aux colonies de plantation des Antilles : presque toutes les terres destinées d'abord à l'élevage ou à la production du riz, furent peu à peu transformées en plantations plus lucratives, de sorte que les habitants durent compter sur le dehors pour leurs vivres. C'est Madagascar qui, par suite de la prospérité et de l'abondance du bétail et du riz, eût été le lieu d'approvisionnement le plus naturel. Mais on se heurta aux difficultés, et à la mauvaise administration qui, ainsi que nous l'avons vu, firent échouer la colonisation dans l'île Malgache.

Les îles de Bourbon et Maurice furent toutes deux rétro-cédées à la couronne par la compagnie en 1767. Délivrées du monopole de celle-ci, elles atteignirent une prospérité réelle.

52. La révolution qui éclata en France eut une influence considérable sur l'Ile de France et l'île Bourbon laquelle reçut le nom d'île de la Réunion. Une assemblée coloniale dont les noirs devenus libres pouvaient faire partie, déposa le gouverneur siégeant à Bourbon et le remplaça par un gouvernement local qui se substitua complètement à l'auto-rité de la métropole.

53. Jusqu'en 1803 la colonie se gouverna elle-même. A cette époque, sous la main du premier consul, les deux îles rentrèrent sous l'obédience de la métropole et reçurent une nouvelle organisation. Le gouvernement en fut confié au capitaine général Decaen; Bourbon prit en 1805 le nom d'île Bonaparte.

En 1810, toutes deux furent appréhendées par les Anglais, qui ensuite du traité de paix du 30 mai 1814 ont gardé Mau-rice et nous ont restitué seulement l'île de la Réunion qui reprit son nom d'île Bourbon.

Cependant le gouvernement impérial avait _affirmé les droits de la France sur l'île de Madagascar. Le capitaine général Decaen avait déclaré par ordre de l'empereur, Tama-tave chef-lieu de nos possessions à Madagascar. Le traité de Paris du 30 mai 1814 a de nouveau reconnu les droits de la France sur Madagascar. C'est de là que nous affirmons notre souveraineté ou tout au moins nos droits de protectorat sur cette île ainsi que sur l'île Sainte-Marie qui, occupée par les Anglais en 1810, nous a été rendue par le même traité de 1814.

Nous verrons plus loin nos droits confirmés en 1885 et notre situation actuelle.

De l'autre côté (septentrional) de la grande île de Madagascar existe l'archipel des Comores parmi lesquelles les îles
Mayotte et Nossi-Bé. Elles nous appartiennent mais ne nous
ont été acquises, comme nous le verrons, que dans le courant de ce siècle.

CHAPITRE V.

L'INDE FRANÇAISE.

54. Les relations de l'Europe avec l'Inde devaient rester
difficiles et intermittentes tant qu'elles n'auraient lieu que par

la voie de terre. Elles n'ont pu prendre un caractère commercial qu'à dater du jour où Vasco de Gama ouvrit, pour y accéder, une voie maritime (17 mai 1498). Encore les premières tentatives donnèrent-elles bien des mécomptes.

La France et l'Angleterre furent devancées par les Portugais et les Hollandais. Elles ne songèrent sérieusement à exploiter le commerce des Indes orientales qu'au commencement du XVIIe siècle. Presque simultanément on vit une charte accordée par la reine Elisabeth à une association de marchands anglais, et un privilège octroyé par Henri IV à une société de négociants français (1604). Leur origine fut aussi modeste pour les deux compagnies rivales qui, plus tard, pendant deux cents ans, se sont disputé la possession des Indes.

Les premières expéditions de la compagnie française des Indes ne sont que des voyages d'exploration. Des Rouennais s'avancèrent jusqu'à Java sans résultats pratiques, de même que les Dieppois s'étaient arrêtés à Madagascar sans trouver profit à s'y maintenir.

55. C'est Colbert qui, en 1664, soumet à Louis XIV un plan raisonné. Une « nouvelle compagnie des Indes orientales » reçut un privilège exclusif pour cinquante ans avec divers avantages :

a) Les étrangers qui prenaient dans la compagnie un intérêt de 20,000 livres devenaient *régnicoles*, c'est-à-dire jouissaient des mêmes droits que les Français (comme au Canada) sans se faire naturaliser.

b) Aux mêmes conditions, les officiers étaient dispensés de la résidence, sans rien perdre des prérogatives et gages de leurs places.

c) Tous objets de constructions, d'armement, de ravitaillement des vaisseaux, étaient exempts de toutes taxes d'entrée et de sortie.

d) Des primes étaient accordées, de 50 livres par chaque tonneau de marchandises porté de France aux Indes, et de 75 livres par tonneau rapporté de l'Inde en France.

e) Le service de la compagnie était assimilé à celui du roi, et devait rapporter à ceux qui s'y distingueraient des honneurs et des titres héréditaires.

Ces avantages considérables s'expliquent : il fallait soutenir le commerce national dans ses efforts naissants. Nous avons vu que les premiers efforts se portèrent, chemin faisant, sur Madagascar, de là sur la côte de Malabar où on espérait se créer des ressources immédiates. Un premier comptoir fut fondé à Surate par Caron, chef de la compagnie. Puis il enleva aux Hollandais la baie de Trinquemalé dans l'île de Ceylan; mais ceux-ci s'y réintégrèrent, c'était des efforts perdus.

Caron passa alors à la côte de Coromandel où il s'empara, en 1672, de Saint-Thomé, ancienne ville portugaise, dont il fut délogé en 1674.

Après ces essais infructueux, la ruine de la compagnie était imminente. Elle fut conjurée par l'habileté d'un de ses agents François Martin, demeuré justement célèbre.

56. Actif et entreprenant, il rallia quelques Français, débris des expéditions de Ceylan et de Saint-Thomé et vint se fixer sur la même côte de Coromandel dont il obtint la cession du souverain de Beidjapour (1683). Cette petite colonie devint florissante, la situation de la compagnie se raffermit et François Martin fut nommé gouverneur de Pondichéry. Il obtint du grand Mogol des firmans l'autorisant à faire le commerce dans les provinces du Bengale, de Bahar, et d'Orissa. La compagnie fonde de nouveaux comptoirs et acquiert Chandernagor sur la rive d'Hougly (1688), mais les Hollandais prennent ombrage de ces progrès rapides ; ils s'emparent de Pondichéry qu'ils fortifient. Le traité de Riswick (1696), conclu sur le continent, les obligent à en faire la restitution à la compagnie et François Martin est de nouveau nommé gouverneur.

Fondateur de la colonie, il y donna tous ses efforts et la conduisit à une grande prospérité, mais vinrent sur le continent des vicissitudes politiques. La guerre de la succession d'Espagne eut un retentissement fâcheux sur la compagnie qui, de plus, faillit être entraînée dans la chute du système de Law (1721).

57. Elle se releva sous le ministère du cardinal Fleury et acquit Mahé sur la côte de Malabar (1726).

A partir de 1735, l'administration de Dumas, gouverneur, jeta un aussi vif éclat que celle de François Martin. Ayant obtenu du grand Mogol l'autorisation de battre monnaie, il réalisa un bénéfice de 4 à 5 millions. En 1739, il fit l'acquisition de Karikal et de son territoire. La compagnie s'étend, et a des comptoirs importants à Ayanoum et à Balassor. Ses établissements à Dakna, Patna, Cassimbazzar, Calicut, Mahé, Surate, rivalisent d'activité avec Chandernagor et Pondichéry.

D'autre part, La Bourdonnais nommé gouverneur des îles Mascareignes, avec l'esprit d'initiative et les vues d'un homme supérieur, s'efforce de faire de l'île Bourbon et de l'Ile de France des étapes de toute sûreté et de grand profit entre la métropole et les établissements indiens.

58. Les affaires de la compagnie française des Indes étaient donc en grande prospérité. La dernière impulsion leur fut donnée par Dupleix, le génie colonial le plus complet peut-être que l'on rencontre dans l'histoire.

Fils d'un ancien directeur de la compagnie et né en 1696, il est chargé en 1730 d'administrer le comptoir de Chandernagor; il en fait un des premiers marchés du Bengale. Ses talents lui valent un peu plus tard le gouvernement de Pondichéry avec le titre de directeur général des établissements français de l'Inde (1742). Il rêve des projets d'agrandissement; il expédie des vaisseaux à Siam, au Cambodge, en Cochinchine. Il organise l'armée et la renforce en y faisant entrer l'élément indigène. Malheureusement l'horizon va s'assombrir et les difficultés s'accroître.

La guerre éclate sur le continent entre la France et l'Angleterre (1744). Le ministère français propose au cabinet anglais que les colonies respectives des belligérants restent en dehors des hostilités, mais l'Angleterre, jalouse de nos

succès dans les Indes, refuse et la flotte anglaise menace Pondichéry. Ici survient le plus lamentable désaccord entre Dupleix et La Bourdonnais, commandant général des forces navales. Celui-ci équipe une escadre de six navires; il rencontre
et disperse la flotte anglaise (6 juillet 1746); il délivre Pondichéry, met le blocus devant Madras, principal établissement
de la compagnie anglaise sur la côte de Coromandel et force
cette ville à capituler. Ici commit-il une faute? Devait-il rui-
ner Madras? Il ne le crut pas et lui concéda la faculté de se
racheter moyennant une rançon de 10 millions 700 mille
livres.

59. Mais Dupleix intervient; il se prévaut de son titre de
directeur général, il désavoue La Bourdonnais, il annule la
capitulation et livre Madras au pillage et à l'incendie. Il fait
plus : il dénonce La Bourdonnais comme prévaricateur.

La Bourdonnais, destitué de son commandement après
avoir perdu une partie de ses vaisseaux dans une violente
tempête, revient en France pour se justifier. Il subit une cap-
tivité préventive de plus de trois ans à la Bastille. Son innocence fut reconnue, mais il mourut de chagrin.

Dupleix, pendant ce temps, poursuit avec succès le cours de
ses audacieuses entreprises. Les Anglais avec le nabab d'Arcate marchent sur Madras pour la reprendre sur les Français
qui les mettent en déroute. Mais les Anglais avec une escadre
de 32 bâtiments et près de 5,000 hommes auxquels se joi-
gnent les contingents indiens, parviennent à rentrer dans
Madras et assiègent Pondichéry. Dupleix les oblige enfin à
battre en retraite (1748).

60. La paix d'Aix-la-Chapelle met fin aux hostilités, et
Dupleix peut reprendre son œuvre grandiose de colonisation.
Son but est d'asseoir la suprématie de la compagnie française
sur la possession d'un vaste territoire. Pour se rendre maître
de la partie méridionale de l'Indoustan il s'immisce adroite-
ment dans les querelles politiques des provinces et les compétitions locales. D'un prétendant qu'il soutient il obtient un

tribut considérable et des territoires étendus autour de Pondichéry et de Karikal. Parmi les lieutenants qui le secondent,
nous devons mentionner le marquis de Bussy.

Cette période marque l'apogée de notre domination dans
l'Inde. En quelques années, la France y a conquis un degré
de puissance auquel ses rivaux n'arriveront qu'après quarante ans d'efforts et de victoires. Elle règne, directement ou
indirectement, de l'assentiment du grand Mogol (par le régime, que Dupleix avait pressenti, des protectorats), sur un
tiers de l'Inde.

Nous occupions ainsi 200 lieues de côtes, et notre commerce
pouvait compter sur un revenu net de 20 millions de francs.

61. Que faut-il, à ce moment, reprocher à Dupleix? Fut-il
enivré par son succès, par les titres de nabab et de rajah
qu'il avait obtenus? Par le luxe de la cour dont il s'était
entouré? M. P. Leroy-Beaulieu lui reproche son insatiable
ambition, son désir effréné de fonder un vaste empire colonial
quel qu'en fût le prix. C'est qu'en effet pour soutenir son faste
de souverain oriental, et étendre à l'infini ses ressources, il
s'engage dans de colossales spéculations, et y emploie les
fonds de la compagnie. Aux actionnaires qui s'attendaient à
d'énormes dividendes, il fait annoncer un déficit de deux
millions et il leur demande de les combler par des versements nouveaux.

Par suite des mécontentements et des intrigues de cour
entretenues à Paris par l'or anglais, on lui expédie au lieu
de renforts l'ordre d'entrer dans des voies pacifiques, et en
1754 on le rappelle brutalement alors que son lieutenant de
Bussy parcourait l'Inde en vainqueur. Dupleix dut revenir,
il se débattit pendant neuf ans contre les refus de la compagnie de lui rembourser 7,580,000 livres qu'il avait avancées,
et à l'exemple de Law, dont, sur un autre théâtre, le crédit et
la puissance avaient presque égalé les siens, il mourut dans
la détresse en 1763.

62. Le départ de Dupleix avait été funeste à la colonie.

Pour maintenir la paix, le gouvernement fit de déplorables concessions aux Anglais dans l'Inde. Un traité préparé à Londres fut signé portant les conditions suivantes : a) interdiction pour les deux compagnies d'intervenir dans la politique intérieure de l'Inde, leur but devant être exclusivement commercial; b) renonciation de leurs agents, à toutes dignités, charges et honneurs conférés par les princes du pays; c) restitution au grand Mogol de la plupart des places et territoires occupés par les deux nations; d) égalité de territoire et de revenu entre les possessions des deux compagnies.

C'était pour nous un marché de dupes : l'Angleterre cédait quelques bourgades, la France renonçait à un empire. La compagnie française déchue de son influence, de ses possessions, était vouée à la ruine. La compagnie anglaise sut bientôt prendre sa place en profitant de l'expérience du passé.

63. Sur ces entrefaites, la guerre de sept ans éclatait sur le continent. Les deux compagnies stipulèrent entre elles la neutralité. Mais nonobstant cette convention, lord Clive, sur les ordres du gouvernement Anglais, assiégea, prit, et détruisit Chandernagor (1757). Il étendit sa domination sur le Bengale, fit déposer et périr le souverain du pays qu'il remplaça par son premier ministre créature des Anglais et qu'il installa comme souverain des provinces du Bengale, de Bahor, et d'Orissa.

On venait d'élever au gouvernement général de l'Inde française le comte Lally-Tollendal. Irlandais d'origine au service de la France, homme d'honneur, d'une loyauté et d'un courage incontestables, mais hautain, impatient de toute observation, incapable de se plier aux nécessités de la guerre et de la politique coloniales. En même temps, le gouvernement français, bien qu'il dût réserver toutes ses ressources pour la guerre continentale, envoya deux mille hommes aux Indes avec une escadre commandée par le comte d'Aché. Les navires anglais furent battus, et Lally-Tollendal enflammé d'orgueil et d'es-

pérance s'écriait déjà : « plus d'Anglais dans la Péninsule. »
Il oubliait que le succès ne peut être obtenu que par la bra-
voure unie à l'habileté, à la souplesse des chefs, et au dévouement des troupes. Détesté de ses subordonnés habitués à la
licence et au pillage, dur et inflexible vis-à-vis d'eux, il
amoncela contre lui des haines qui le conduisirent à la défaite
et amenèrent en partie la perte de nos possessions.

64. Abandonné par d'Aché, mal obéi par ses troupes, il
était allé assiéger Madras, qu'après trois mois d'efforts il dut
abandonner. Il continua à lutter avec une violence croissante
contre la licence, la lâcheté, la trahison qu'il voyait autour
de lui. Les colons lui refusaient des secours, ses soldats se
révoltèrent, le gouvernement le laissait sans vaisseau, sans
renforts. D'Aché après deux combats inutiles contre la flotte
anglaise s'était retiré à l'Ile de France. Lally n'en put obtenir
aucun aide. Les Anglais, battirent ses troupes à Wandabachi,
s'emparèrent d'Arcate, investirent Pondichéry, qui après une
défense héroïque, n'ayant plus que 700 hommes contre 22
mille, se rendit à discrétion (10 janvier 1760).

Les vainqueurs détruisirent les murs, les forts, les édifices
de la capitale de l'Inde française, ne laissant debout que les
cabanes indiennes. Lally emmené prisonnier en Angleterre
obtint du gouvernement anglais de se rendre en France pour
se disculper de ses défaites. A son arrivée il fut jeté à la
Bastille sous l'inculpation de trahison. Il se présenta devant
le parlement de Paris, fort de son innocence. Après un procès,
qui couvre d'opprobre ses juges il fut condamné à mort et
conduit au supplice un baillon à la bouche. Son fils, aidé de
Voltaire, fit en 1778 réhabiliter sa mémoire.

65. Le traité de Paris du 10 février 1763 mit fin aux hostilités entre la France et l'Angleterre et à la guerre de Sept-
Ans. Par ce traité, la France renonçait à devenir une puissance
commerciale et maritime. Elle cédait aux Anglais, en Amérique, ainsi que nous l'avons vu, l'Acadie ou nouvelle Écosse,
le Canada, le fleuve et le golfe du Saint-Laurent, les îles de

Sainte-Lucie, de la Dominique et de Tabago qui jusqu'alors avaient été indivises entre les deux peuples.

Elle cédait la Louisiane à l'Espagne pour la dédommager de la Floride que l'Espagne donnait aux Anglais moyennant la restitution de Cuba et des Philippines. Nous cédions encore aux Anglais les rives du Sénégal (*vid. sup.*, n° 47). Nous ne gardions nos colonies de l'Inde qu'à la condition de ne pas les fortifier, et de les laisser sans garnison.

66. Quelle responsabilité de ce traité désastreux faut-il attribuer au gouvernement français ? L'auteur d'un ouvrage récent très documenté, M. Léon Deschamp (*Histoire de la question coloniale*, 1 vol. in-8°, Plon et Nourrit, édit., Paris, 1891), répond en ces termes (p. 233) : « Louis XV porte dans l'histoire la responsabilité de notre ruine coloniale. On accuse son insouciance, son ignorance, celle de ses ministres. On aime à citer le mot de Berryer à Bougainville demandant, en 1759, des secours pour le Canada : « Eh, monsieur, quand le feu est à la maison on ne s'occupe pas des écuries. » On tire même du traité de Paris des conséquences générales et l'on dit que les Français ont cessé d'être colonisateurs après la perte de leurs colonies.

« Cette opinion nous semble mal fondée. Qu'on accuse la politique européenne de Louis XV ; qu'on flétrisse la lâcheté d'un gouvernement avili ; nous n'avons garde de contredire. Mais nous ne pouvons admettre, même pour Louis XV, l'accusation d'ignorance ou d'indifférence dans l'action coloniale. Louis XV et ses ministres, pas plus que le Régent et Louis XVI n'ont à aucune époque dédaigné ou ignoré les avantages des colonies. Ils ont, au contraire, brillamment suivi, puis hardiment réformé le système de Colbert et de Louis XIV. Le traité de Paris, si déplorable qu'il soit, n'est pas plus répréhensible que le traité d'Utrecht. A ces deux dates, l'intérêt commercial et colonial a dû être sacrifié à l'intérêt continental mal engagé, voilà tout. Or, combien de fois depuis, et notamment sous l'Empire, la France ne s'est-elle pas trouvée dans

R.   4

une semblable alternative? à l'*heure actuelle même, beaucoup d'hommes politiques n'agiraient-ils pas,* le cas échéant, *comme Louis XV ?* Le découragement dont on a parlé a si peu été provoqué par l'acte de 1763 qu'à aucune époque on n'a montré, dans la pensée et dans l'action, une activité plus féconde au profit des colonies qu'entre les années 1763 et 1789. »

67. Quoi qu'il en soit et en résumé, suivant M. P. Leroy-Beaulieu, la faute commune aux ministres, aux gouverneurs, aux chefs d'entreprises coloniales, a été de rechercher non pas les résultats féconds pour le commerce et l'industrie, non pas le développement pratique de notre trafic mais les profits immédiats, les aventures, les conquêtes et la gloire. « En repassant notre histoire coloniale au Canada, à la Louisiane, à Madagascar, aux Indes, en voyant combien de nobles et grandes intelligences, combien de vies et de forces ont été inutilement gaspillées dans ces vastes entreprises... nous ne pouvons que nous écrier : le principal obstacle au succès et à la grandeur de la France, c'a été l'esprit exagéré d'aventure, l'impatience des résultats progressifs et lents, la dissémination des forces sur un territoire trop indéfini. »

Ces observations ne doivent-elles pas, de nos jours encore, être sérieusement méditées?

D'autre part, suivant un historien économiste, M. Levasseur : « la nation française n'avait pas encore des mœurs propres au grand commerce : elle ne connaissait pas la puissance de l'association. « Vous m'alléguez, écrivait Colbert, les Anglais et les Hollandais qui font dans le Levant pour 10 ou 12 millions de commerce, ils le font avec de grands vaisseaux. Messieurs de Marseille ne veulent que des barques afin que chacun ait la sienne, et ainsi l'un réussit et l'autre non. La nation manquait non seulement de l'esprit de suite et d'économie, chacun voulait s'enrichir en un jour sans s'assujettir à de longs labeurs. On mettait à la tête des compagnies des administrateurs que la faveur plus que leur expérience portait à ces postes élevés » (Levasseur, *Hist. des classes ouvrières*, t. II, p. 229).

De tels témoignages éclairent de vives lueurs le passé de nos colonies, mais ils sont aussi de grands enseignements pour le présent, aussi doit-on tenir compte de cette dernière réflexion de M. Paul Leroy-Beaulieu constatant que notre domaine colonial singulièrement agrandi à l'heure présente est encore en voie d'agrandissement : « C'est contre les mêmes obstacles que nous aurons à lutter. la faiblesse de l'esprit d'association parmi nos compatriotes et le défaut de persévérance aussi bien chez l'État que chez les particuliers » (p. 181, en note).

LIVRE III.

ORGANISATION CIVILE DES COLONIES.

~~~~~~~~

CHAPITRE PREMIER.

APERÇU HISTORIQUE SUR LE GOUVERNEMENT ET LA LÉGISLATION DES COLONIES.

———

1. Observation générale. — Diversité inévitable dans la législation des colonies.
2. 1re *période*. — Les compagnies privilégiées. — Leurs privilèges et leurs droits de souveraineté.
3. Puissance gouvernementale et administration intérieure. — Droits réservés à la royauté. — Les gouverneurs lieutenants-généraux.
4. Administration de la justice. — Juridictions de premier degré : *a*) amirautés pour les affaires maritimes; *b*) sièges royaux pour les affaires civiles.
5. Juridiction de second degré, en matière civile, commerciale et criminelle : *a*) Conseils souverains; *b*) Tribunal terrier. — Pouvoirs des intendants.
6. Attributions spéciales des conseils souverains en matière de police.
7. 2e *période*. — Gouvernement royal direct. — Effets divers de la suppression des compagnies.
8. 3e *période*. (1789-1825). — Situation constitutionnelle des colonies réglée par décret du 24 septembre 1791. — Institution d'assemblées coloniales électives. — Leurs fonctions successives.
9. Constitution du 5 fructidor an III. — Idée nouvelle : Assimilation des colonies à la métropole.
10. Constitution du 22 frimaire an VIII : abandon du principe d'assimilation. — Administration et lois spéciales.

1. Nous avons vu l'historique des colonies françaises dans le passé, jusqu'au XIXᵉ siècle, leur développement économique, les causes de leurs insuccès, les fautes commises, les événements qui ont modifié, transformé, amoindri notre empire colonial. Nous abordons l'étude de leur organisation civile, c'est-à-dire la législation coloniale.

Une observation générale domine cette matière, dans le

passé comme dans le présent : les colonies ne peuvent pas, comme leur métropole, être assujetties à un régime uniforme, toujours légal, toujours régulier. La distance à laquelle elles sont placées, les dangers auxquels elles sont exposées pendant la guerre maritime, les conditions intérieures de leur existence diffèrent. On doit tenir compte aussi de leur climat, de leurs variétés géologiques, topographiques, des éléments de leur population, de leurs besoins. Ces circonstances si diverses ont fait de tout temps considérer pour elles, comme une nécessité, l'établissement de règles particulières.

Il faut donc distinguer dans la législation des colonies les règles générales qui peuvent leur être communes, les règles particulières propres à chacune et qui complètent leur physionomie.

Pour les unes et les autres on a procédé par voie d'essai. Ainsi avant, comme depuis 1789, les mesures prises pour les Antilles, et pour la Réunion, c'est-à-dire pour celles qu'on appelle les grandes colonies, ont été plus ou moins étendues à nos autres possessions. C'est ce que nous préciserons en étudiant les règles générales. L'examen ultérieur de nos diverses colonies nous permettra, en signalant leur état actuel, d'indiquer sommairement les lois absolument spéciales qui répondent plus directement à leurs conditions économiques.

L'histoire de la législation et du gouvernement des colonies s'impose tout d'abord à notre attention.

2. Les colonies furent d'abord soumises à l'autorité fort arbitraire des compagnies. Celles-ci fonctionnaient sous le contrôle de l'autorité royale, mais dans cette mesure elles jouissaient d'une très large indépendance.

Les édits de mai et d'août 1664 qui ont créé les deux compagnies : 1º des Indes orientales concernant les possessions d'Amérique, les Antilles, la Guyane ; 2º des Indes occidentales concernant le privilège de navigation et de colonisation dans la mer des Indes, et la mer du Sud et un droit exclusif sur Madagascar et les îles voisines reconnaissaient à toutes deux la propriété, la seigneurie de ces contrées et le droit d'y rendre la justice.

Les autres compagnies furent constituées et régies par des édits ou déclarations analogues.

3. Le roi se réservait le droit de se faire représenter par un vice-roi, ou un lieutenant-général qui avait surtout dans ses attributions les pouvoirs militaires. L'administration intérieure était confiée aux gouverneurs que la compagnie d'ordinaire désignait à la nomination royale.

Nous voyons aux Antilles le roi envoyer deux gouverneurs lieutenants-généraux, l'un pour les iles du Vent, l'autre pour les iles sous le Vent (*vid. sup.*). Il leur était défendu de connaître de l'exercice de la justice, afin de respecter le principe de la séparation du pouvoir souverain et du pouvoir judiciaire (Arrêt du Cons. d'État du 21 mai 1769, et Ord. du 1er févr. 1766). Ils avaient sous leurs ordres comme agents d'exécution des commandants en seconds et des commandants de quartiers, chargés les premiers de la mise à exécution des ordonnances royales et des arrêtés des gouverneurs ou lieutenants-généraux; et les seconds de l'exécution des ordres du gouverneur. Ces deux sortes d'agents exerçaient aussi les fonctions municipales relatives aux chemins, aux corvées, aux recensements.

Au point de vue militaire, la direction et la discipline des corps d'armée appartenaient entièrement au gouverneur lieutenant-général, qui avait, en outre, en matière de police, des pouvoirs assez étendus.

Le roi intervenait encore indirectement dans les affaires des compagnies en leur nommant parfois des directeurs de son choix, mais souvent aussi son autorité fut contestée et subit quelques échecs.

4. L'administration de la justice était confiée à des juges désignés par les compagnies, mais nommés par le roi.

On distinguait en première instance deux juridictions : a) les amirautés connaissant, au premier degré, de tous actes passés pour le commerce de mer et pour la navigation; *b*) des sièges royaux ayant compétence en matière civile, c'est-à-dire statuant sur les règlements de police, tous conflits autres que ceux nés pour le commerce de mer et la navigation.

5. Pour rendre la justice au second degré, Louis XIV institua des conseils souverains placés sous la direction d'intendants. Les causes civiles et commerciales en appel et la juridiction criminelle leur étaient confiées.

Exceptionnellement, certaines matières (clauses de concession, réunion de domaines, distribution des eaux, servitudes, chemins, ponts, passages, etc.), étaient dévolues en appel à un tribunal terrier qui était composé du gouverneur lieutenant-général, de l'intendant président du conseil souverain, et de trois membres du même conseil nommés par le conseil lui-même.

Ces divers tribunaux devaient juger conformément aux lois et ordonnances du royaume et conformément à la coutume de Paris (Edit de 1664).

6. Le conseil souverain n'était pas seulement un tribunal de second degré, il avait une part de souveraineté en matière de police. Ainsi il délibérait et ordonnait des mesures générales de police et de justice, avec liberté de suffrages, et à la pluralité des voix (Règlement du 4 nov. 1641 sur les colonies). Mais les gouverneurs, en tant qu'ils étaient chargés de la police générale, pouvaient prendre des arrêtés pour les cas urgents, n'admettant ni trève, ni délais (Ord. de 1766).

7. Aux compagnies privilégiées a succédé le gouvernement royal direct. La suppression, à diverses dates, des compagnies privilégiées, eut un double effet : 1º de rendre à tous les métropolitains la liberté du commerce avec les colonies, et 2º de réunir au *domaine du roi* la pleine propriété et seigneurie des îles. Elles étaient dès lors la propriété du roi, et cette situation plus théorique qu'effective déjà jusqu'à la constitution de 1840 qui déclara les colonies *territoires français*.

Mais les édits de suppression des compagnies déclaraient

confirmer toutes délibérations, ordonnances, ordres, mande-
ments, etc., faits jusqu'à ce jour (Edit de déc. 1674). Les
conseils souverains subirent des modifications dans leur composition. Les intendants partagèrent, à certains égards avec le
gouverneur, la direction administrative. Ces mesures man-
quant d'ensemble ont fait naître des confusions de pouvoirs
et des conflits qui ne furent pas étrangers aux revers dans
lesquels nous avons perdu l'Inde et le Canada. De nouvelles
ordonnances (1764, 1766, 1781) furent rédigées après la suppression des compagnies, pour mieux préciser les pouvoirs
des procureurs, des intendants, des conseils souverains, et
éviter les conflits d'attribution.

Tel fut le système général de l'administration des colonies
avant 1789.

8. Une troisième période doit être distinctement envisagée.
Elle s'étend de 1789 à 1825. A la nouvelle des événements
qui suivirent 1789, les colonies s'étaient soulevées et avaient
tenté de se donner une organisation indépendante. C'est notamment, comme nous l'avons vu, ce que réalisa la Réunion.
L'Assemblée constituante estima qu'une assimilation absolue
des colonies avec la métropole n'était pas possible. Elle décida,
par une première loi (8 mars 1790), qu'elles émettraient elles-
mêmes leurs vœux sur leur constitution et leur législation, et
provoqua dans ce but l'élection d'assemblées coloniales.

Plus tard, l'Assemblée constituante déclara que la Constitution du 3 septembre 1791 ne leur serait pas applicable,
elles n'étaient donc pas admises à envoyer des représentants
à l'Assemblée législative.

Leur situation constitutionnelle fut déterminée par un décret du 24 septembre 1791, qui donna aux assemblées coloniales l'initiative des lois à proposer au Corps législatif de
France. Mais ces assemblées, cherchant à dépasser les pouvoirs qui leur étaient reconnus, des commissaires civils furent
envoyés pour rétablir l'ordre dans diverses colonies (Décrets
des 28 mars, 22 juin, 2 juill., 17 août 1792).

9. La constitution républicaine du 4 fructidor an III inaugura un autre ordre de choses, avec la pensée d'assimiler les colonies au territoire de la République une et indivisible, elle les soumit à la même loi constitutionnelle que le territoire métropolitain. Une loi du 12 nivôse an VI régla leur organisation politique, administrative et judiciaire, et, notamment, les divisait en départements.

10. Au contraire, avec le gouvernement consulaire, et la constitution du 22 frimaire an VIII, le principe d'assimilation fut abandonné. L'article 91 décide que le régime des colonies françaises sera déterminé par des lois particulières. C'était un retour aux premières idées de la Constituante.

En exécution de cette disposition, on organisa pour les colonies une administration qui avait, avec la précédente, une certaine affinité. Il fut établi dans chacune d'elle (par un trait de ressemblance avec le gouvernement consulaire), un capitaine général ayant les pouvoirs des anciens gouverneurs, lieutenants-généraux, un préfet colonial, chargé de l'administration et de la haute police, un commissaire de justice, ou grand juge chargé de l'inspection et de la grande police des tribunaux.

Les lois et règlements régissant la métropole étaient exécutoires aux colonies, avec ce tempérament qu'il pouvait être sursis à leur application par le capitaine général après délibération avec le préfet colonial et le grand juge (Arrêtés 22 germinal an IX, 6 prairial an X, 13 pluviôse an XI). Une loi du 20 floréal an X (20 mai 1802) laissant au gouvernement un pouvoir discrétionnaire vis-à-vis des colonies, y maintint l'esclavage et décida que « nonobstant toutes lois antérieures le régime des colonies est soumis pendant dix ans aux règlements qui seront faits par le gouvernement. »

11. Ce régime resta celui de l'Empire, qui d'ailleurs oublia les colonies, ou ne s'occupa d'elles qu'au point de vue statistique; aussi les documents législatifs de cette époque sont-ils peu nombreux. Cependant quelques arrêtés du capitaine général Decaen, dans la Réunion, font encore loi dans cette colonie.

12. A l'exemple de l'Assemblée et du Gouvernement du Consulat et de l'Empire, la charte de 1814 (art. 73) dispose que les colonies seront régies par des lois et règlements particuliers. En conséquence, une ordonnance du 12 décembre 1816 rétablit le régime antérieur à 1789 des gouverneurs, des intendants, et des conseils supérieurs.

13. Mais en 1825 le Gouvernement estima lui-même que ce régime était suranné, peu en rapport avec le régime constitutionnel institué par la Charte. Déjà, d'ailleurs, des gouverneurs armés de pouvoirs très larges avaient par arrêtés promulgué plusieurs des lois nouvelles : le Code civil aux Antilles (6 et 7 brum. an XIV), à la Guyane (1er vendém. an XIV), à la Réunion (23 oct. 1805) et dans l'Inde (6 janv. 1819), et le Code de procédure civile à la Réunion (20 juill. 1808) et dans l'Inde (6 janv. 1819). On se proposa donc de donner aux principales colonies une législation uniforme, autant que le permettaient leur situation, leur importance et les éléments de leur population.

14. Les ordonnances organiques de 1828 et des années suivantes font entrer les colonies dans une voie nouvelle qui forme comme une quatrième période jusqu'en 1852. Ces ordonnances sont : pour l'organisation administrative, du 9 février 1827 (Antilles), celles du 21 août 1825 (Bourbon), du 27 août 1828 (Guyane) et pour l'organisation judiciaire, celles du 30 septembre 1827 (Bourbon), du 24 septembre 1828 (Antilles), du 21 décembre 1828 (Guyane), du 26 juillet 1833. C'est dans cette période que se place aussi la promulgation dans plusieurs colonies du Code pénal et des Codes d'instruction criminelle et de procédure civile. D'autres ordonnances ont été aussi rendues sur des matières de détail ; contentieux administratif, enregistrement, successions vacantes, hypothèques, exercice de la profession d'avocat, etc.

Cependant la Charte de 1830 supprimant le mot « règle-

ment » qui se trouvait dans la Charte de 1814, disposait que
les colonies seraient régies par des lois particulières, et
M. Dupin aîné, rapporteur, caractérisait en ces termes l'esprit de cette modification : « Nous sommes rentrés dans la
légalité en disant que les colonies seront régies par des lois
particulières. »

Mais cette disposition ne pouvait être absolue, car soumettre les colonies au régime législatif, même pour les intérêts les plus minimes, eût été abusif. C'est pourquoi la loi
du 24 avril 1833 intervint, et eut pour objet d'améliorer le
régime législatif des colonies en réservant au législateur
métropolitain certaines matières déterminées (art. 2), et en
plaçant les autres sous le régime d'ordonnances royales (les
conseils coloniaux ou leurs délégués étant entendus) et de
décrets rendus par le conseil colonial, sur la proposition du
gouverneur, ou même par le gouverneur seul. On donnait
ainsi aux colonies une certaine autonomie par la création de
conseils coloniaux ayant pouvoir de légiférer.

Mais il faut remarquer que cette loi du 24 avril 1833 ne
fut appliquée qu'aux quatre grandes colonies : la Martinique,
la Guadeloupe, l'île Bourbon, la Guyane. Les autres colonies
restaient placées comme précédemment sous le régime des
ordonnances (art. 25).

15. Il en résulte que la loi de 1833 inaugurait une distinction des colonies en deux catégories : celle des *grandes*
ou *anciennes* colonies et celle des *petites* ou *nouvelles* colonies. C'est ce qui nous explique encore que les colonies de
la seconde catégorie ont été l'objet de plusieurs ordonnances,
de 1833 à 1848 savoir : relativement à l'organisation administrative les ordonnances du 23 juillet 1840, pour les établissements de l'Inde; des 26 juillet 1833, 6 août 1835 et
28 septembre 1844, pour Saint-Pierre et Miquelon; 27 mars
1844 et 4 décembre 1847, pour l'organisation judiciaire du
Sénégal; 30 septembre 1843 sur l'instruction publique dans
les établissements de l'Inde; sur le régime hypothécaire et

l'administration à Saint-Pierre et Miquelon, 18 septembre 1844.

16. Le régime des ordonnances appliqué aux petites colonies ou colonies nouvelles s'explique d'autant plus à cette époque que c'est sous le gouvernement de Juillet que se sont créées nos colonies des îles Marquises, des îles de la Société, de Mayotte et Nossi-Bé, pour lesquelles diverses ordonnances ont dû être rendues (Dalloz, voy. *Org. des colonies*, n° 19).

Ici, rentrant pour un instant dans l'historique de notre mouvement colonial, nous croyons utile de faire connaître en quelles circonstances ces possessions nous ont été acquises.

17. Les îles Marquises, comprises dans les établissements français de l'Océanie ont été occupées pour la France en 1842 par l'amiral Dupetit-Thouar, sans opposition de la part des habitants.

Les îles de la Société appartenaient à la reine Pomaré qui pour se soustraire aux difficultés suscitées à son gouvernement par les résidents ou missionnaires anglais demanda, le 9 septembre 1842, le protectorat de la France. Une convention passée avec l'amiral Dupetit-Thouars fut ratifiée par le gouvernement français en mars 1843. Des difficultés survenues à ce sujet avec l'Angleterre se lient à l'histoire politique civile et judiciaire de cette colonie sur laquelle nous reviendrons plus loin.

Mayotte, dans le canal Mozambique, fait partie de l'archipel des Comores. Presque ignorée des Européens elle était, en 1840, l'enjeu de plusieurs prétendants indigènes qui s'en disputaient la souveraineté. L'un d'eux alors en possession du pouvoir la céda à la France (23 avril 1841) moyennant une rente (5,000 fr.) et le droit de faire élever deux de ses enfants à la Réunion. La prise de possession, ratifiée par les Chambres le 10 février 1843, devint définitive le 13 juin.

Nossi-Bé, bien plus rapprochée de Madagascar, tire de ce voisinage sa principale importance. Envahie par les Saka-

R. 5

loves indigènes de Madagascar chassés par les Hovas, elle se voyait encore menacée de leurs incursions. La reine de Nossi-Bé pour s'y soustraire réclama le protectorat de la France. Par convention du 14 juillet 1840, elle nous céda tous ses droits de souveraineté sur le Bouerie, province de la côte Nord-Ouest de Madagascar et sur les îles qui en dépendent : Nossi-Bé, Nossi-Cumba, Nossi-Faly, Nossi-Mitzion, dont la prise de possession eut lieu pour nous le 5 mai 1841. Diverses ordonnances furent rendues sur ces possessions nouvelles.

18. Nous arrivons à 1848. Un des premiers actes du gouvernement provisoire fut l'abolition de l'esclavage, vainement tentée après 1790 dans quelques colonies. Si louable qu'elle fût au point de vue de l'humanité, cette mesure devait avoir de graves conséquences. Tout d'abord elle détermina la suppression des conseils coloniaux. On ne pouvait y admettre les esclaves affranchis qui y auraient acquis une prépondérance dangereuse, ni les en écarter ce qui leur eût donné des motifs de résistance et d'opposition. En compensation on donne aux colonies, avec le suffrage universel, le droit d'avoir des représentants au Parlement. La concession de droits politiques aux nègres à peine sortis de l'esclavage était un autre écueil. Il fallut divers décrets pour organiser le travail, l'instruction, les caisses d'épargne, pour réprimer la mendicité, le vagabondage, frapper d'un impôt les spiritueux, réglementer l'expropriation forcée, la saisie immobilière, créer des établissements de crédit.

La constitution du 4 novembre 1848 (art. 109) déclarait en outre territoires français les colonies, qui jusqu'alors avaient été considérées comme appartenant au domaine royal, ce qui entraînait pour le souverain le droit de les aliéner.

19. Une *cinquième période* s'ouvre de 1852 à 1870. La Constitution du 14 janvier 1852 institua, en effet, un régime nouveau pour les colonies. D'abord elle leur enleva leur représentation au Parlement, considérée comme prématurée, et déclara (art. 27) que leur Constitution serait déterminée par un sénatus-consulte. En attendant, plusieurs décrets furent rendus pour l'application de diverses lois aux colonies (Décr. des 27 janv. 1852, 15 janv., 19 mars, 27 avr. 1853); pour l'organisation de la justice à Mayotte, Nossi-Bé, Sainte-Marie (30 janv. 1852); le régime commercial du Sénégal (8 févr. 1852); l'immigration des travailleurs libres (13 févr., 27 mars 1852); le régime de la presse (20 févr., 30 avr. 1842); la répression des délits d'attroupements (5 mars 1852); les livrets d'ouvriers (4 sept. 1852); l'assistance judiciaire à la Martinique, la Guadeloupe, la Réunion (16 janv. 1854).

20. Le sénatus-consulte promis par la Constitution du 14 janvier 1852 fut rendu le 3 mai 1854. Il donna une constitution à la Martinique, à la Guadeloupe, à la Réunion. Les autres colonies, parmi lesquelles désormais se trouvait la Guyane, restaient soumises au simple régime de décrets rendus par l'Empereur. C'était maintenir la division signalée plus haut, des colonies en deux catégories, grandes et petites, division inaugurée en 1833. Toutefois ce sont des sénatus-consultes qui ont étendu à toutes les colonies les lois de la métropole sur certaines matières (Exp. pour utilité publique, S.-C. 3 mai 1856; transcription, 7 juill. 1856; Code de justice militaire, 4 juin 1858; désaveu de paternité en cas de séparation de corps, 7 mars 1883, etc.).

21. Cette distinction entre les grandes et les petites colonies s'explique par plusieurs considérations : la population principale des grandes colonies a une origine européenne, tandis que chez les autres l'élément indigène tient une plus large place; les unes sont plus anciennes et peuvent être considérées comme des colonies faites; chez d'autres, la colonisation est encore à faire, etc. Mais on comprend combien la distinction risque d'être arbitraire, aussi la législation qui la consacre a déjà reçu et recevra plus d'une dérogation.

22. Le caractère général de la législation du second Empire consiste dans l'émancipation des colonies, et leur assimilation progressive à la métropole.

La loi du 3 juillet 1861 détruit les vestiges de l'ancien pacte colonial qui subordonnait si étroitement les intérêts des colonies à celui de la métropole. On espérait que sous l'influence de la liberté commerciale on verrait se rétablir la fortune des colonies diminuée par l'émancipation des esclaves, et la concurrence du sucre indigène.

Les colonies avaient usé avec modération des droits que leur accordait le sénatus-consulte de 1854. Il semblait juste de les appeler à prendre une part plus grande à la discussion de leurs propres intérêts. On a pensé aussi qu'en les laissant maîtresses des tarifs de douanes applicables aux produits étrangers, elles pourraient trouver des combinaisons propres à augmenter leurs ressources sans apporter des entraves à leur consommation.

23. En conséquence, un sénatus-consulte du 4 juillet 1866 a augmenté largement les attributions de leurs conseils généraux et en a fait une sorte de législature locale. Il leur donne le pouvoir de voter, sous la dénomination d'*octroi de mer*, des tarifs de douane sur les produits étrangers, sauf l'approbation de l'autorité supérieure. Enfin, il fait une nouvelle répartition des dépenses des colonies, en mettant les principales d'entre elles à la charge de la métropole.

En exécution de l'article 3 du sénatus-consulte du 4 juillet 1866, un décret du 4 août suivant détermine le mode d'approbation des délibérations prises par les conseils généraux.

Dans les colonies qui sont restées placées sous le régime des décrets impériaux, des progrès analogues ont été réalisés.

Le second Empire se préoccupe aussi d'améliorer la législation coloniale sur divers points, notamment sur l'émigration (Décr. des 13 févr., 27 mars 1852, 10 août 1861); sur les successions vacantes (Décr. 27 janv. 1855); sur le régime hypothécaire (Décr. 7 juill. 1856); sur le service financier (Décr. 31 mai 1862).

24. Enfin, dans la même période, la France s'est enrichie des colonies suivantes : la Nouvelle-Calédonie, dans l'Océanie, dont la prise de possession eut lieu sans résistance des naturels; la Cochinchine, conquise en 1858-1859 dont, plus loin, nous étudierons le développement.

25. *Une sixième période s'étend de* 1870 *à* 1893. Depuis 1870, le mouvement d'assimilation des colonies à la métropole s'est progressivement accentué. Nous nous bornons ici à en signaler, en ce sens, les dispositions législatives les plus caractéristiques. Presque toutes les colonies ont un conseil général pour gérer leurs affaires locales. La loi municipale du 5 avril 1884 a été appliquée à la moitié d'entre elles. Le Code pénal métropolitain a remplacé presque partout les dispositions particulières qui les régissaient en matière criminelle. Les gouverneurs ont vu restreindre les pouvoirs qui leur étaient conférés sur les colons et les fonctionnaires par les ordonnances organiques de 1825 et des années suivantes. La législation métropolitaine sur la presse est appliquée à la presse coloniale.

26. Il y a lieu de remarquer que, jusqu'en 1880, c'est le gouvernement qui, par des décrets, étend aux colonies le bénéfice des lois métropolitaines antérieures. Depuis 1880, le législateur prend soin, par des articles spéciaux insérés dans les lois civiles, commerciales ou pénales qu'il rend, de les déclarer exécutoires dans les colonies. Dans les cas où il n'a statué que pour les grandes colonies, des décrets ont étendu les lois nouvelles aux petites colonies, toutes les fois qu'elles ont paru susceptibles de leur être appliquées (Voy. Fuzier-Herman, v° *Colonie*, n°s 42 et 43). On conçoit que des dispositions spéciales continuent à régir nos établissements coloniaux, à raison des éléments complexes de leur population, de leur éloignement, de leur climat et de leurs mœurs. L'assimilation à la métropole se heurtera toujours à des différences irréductibles. On ne peut uniformiser les besoins de tant de territoires dissemblables. D'ailleurs, la variété de leurs aptitudes est un élément même de richesse pour notre domaine colonial.

CHAPITRE II.

RÉGIME LÉGISLATIF DES COLONIES.

---

27. Questions relatives au régime législatif des colonies.
28. 1º Quel est le pouvoir compétent pour édicter des dispositions législatives applicables aux colonies. — Pouvoir législatif dans l'ancien droit.
29. Pouvoir législatif de l'Assemblée nationale, des assemblées coloniales et des gouverneurs après 1789. — Pouvoir législatif vis-à-vis des colonies jusqu'en 1833.
30. Loi du 24 avril 1833. — Pouvoirs du Parlement, du roi et des conseils coloniaux.
31. Régime transitoire en 1848.
32. Sénatus-consulte du 3 mai 1854. — Pouvoirs législatifs du Sénat, du Corps législatif et de l'Empereur.
33. Régime actuel. — Souveraineté du Parlement depuis 1870.
34. Matières pour lesquelles subsiste le décret de 1854.
35. 2º Comment la loi métropolitaine devient-elle applicable aux colonies? — Ancien régime.
36. Constitutions postérieures à 1789.
37. 3º Comment la promulgation doit-elle être faite. — Ancien régime : transcription sur les registres des conseils souverains.
38. Après 1789 promulgation par les autorités locales.
39. Décret du 15 janvier 1853. — Promulgation par insertions dans le *Journal officiel* local et, à défaut, par le gouverneur, suivant des délais de distance.
40. Circonstances exceptionnelles. — Publication par affiches ou à son de trompe.
41. Appréciation par l'autorité locale de l'opportunité de la publication intégrale et même d'une nouvelle publication des actes déjà publiés en France.
42. Règles spéciales pour certaines colonies. — Décrets de 1874 et 1883 concernant la Nouvelle-Calédonie et la Cochinchine.
43. Décret du 27 mars 1823 concernant la Tunisie.
44. Promulgation en Algérie. — Ordonnances des 1er septembre 1834, 16 avril 1845, et arrêtés des 14 janvier 1861 et 27 décembre 1876.

27. L'étude du régime législatif des colonies comporte l'examen des questions suivantes : 1° à qui appartient le pouvoir législatif vis-à-vis des colonies? 2° comment la loi métropolitaine y devient-elle applicable? 3° par qui et de quelle manière doivent être faites aux colonies la promulgation et la publication des lois, décrets ou règlements? 4° quelle est la situation des colonies tombées momentanément sous une domination étrangère? 5° quelles lois sont applicables aux colonies en voie de formation?

28. Sous l'ancien régime, le pouvoir législatif appartenait au roi dans les colonies comme en France[1].

Pendant la période des compagnies privilégiées, la législation coloniale se compose : 1° des ordonnances, lettres patentes, édits du roi; 2° des déclarations des directeurs des compagnies; 3° des édits du gouvernement général; 4° des arrêts de règlement des conseils supérieurs qui visaient surtout l'organisation intérieure de chaque colonie (*Vide sup.*, liv. III, n° 6).

Après la suppression des compagnies, les règlements émis par leurs directeurs restèrent momentanément en vigueur (Édit de déc. 1674 sur la suppression de la comp. des Indes occidentales. Le gouverneur général et les conseils souverains conservèrent leurs attributions réglementaires, mais elles se trouvèrent amoindries par l'extension des pouvoirs, des intendants (*Vid sup.*, liv. III, n°s 5 et 7 et ci-après, liv.

---

[1] Nous nous bornons à exposer les principes en cette matière; pour les documents divers et les décisions de jurisprudence, V. Fuzier-Herman, *Rép.*, v° *Colonie*, n°s 36 et suiv. Voyez aussi Dalloz, *Org. des colonies*, n°s 31, 32 et s.

IV, n° 6), on s'explique les conflits d'attributions qui s'élevèrent entre les gouverneurs généraux, les conseils souverains
et les intendants (V. *sup.*, liv. II, n° 11 et liv. III, n° 7). D'a-
près les édits du 24 mars 1763, et 1er févr. 1766 pour les Antilles et 26 sept. 1766 pour les îles de France et de Bourbon,
le gouverneur général devait avoir le dernier mot, mais l'intendant ou le conseil supérieur avaient le droit de faire parvenir au Roi leurs observations (V. Fuzier-Herman, n° 49).

29. Après 1789, le pouvoir législatif, d'abord concentré
aux mains de l'Assemblée nationale, fut ensuite délégué par
elles pour certaines matières aux assemblées coloniales qui
avaient été créées, on s'en souvient, par l'initiative de Turgot
et de Necker, et qui désormais devenaient complètement électives (V. *sup.*, liv. II, n° 42). En fait, elles abusèrent de
leurs pouvoirs réglementaires. Les commissaires civils envoyés aux colonies à partir de 1792 (Décr. 22 mars et 15 juin
1792. V. *sup.*, liv. III, n° 8), et après eux les agents du Directoire, eurent la faculté de suspendre les arrêtés des assemblées coloniales qu'ils jugeaient excessifs, sauf recours au
pouvoir législatif métropolitain.

Sous le gouvernement consulaire et le gouvernement impérial, le pouvoir législatif fut exercé vis-à-vis des colonies
par le chef de l'État, mais la plupart des règlements émanè-
rent dans chaque colonie du capitaine général (V. *sup.*, liv.
III, n° 11).

Après 1814 bien que le droit de légiférer continuât à
appartenir au chef de l'État, les gouverneurs exercèrent un
pouvoir qui bientôt fut reconnu exorbitant (V. le rapport
qui précède l'ordonnance du 21 août 1825, *Moniteur* du 25
août), aussi les ordonnances organiques dont nous avons déjà
parlé (V. *sup.*, liv. III, n° 14), rendues en 1825, 1827, 1828,
enlevèrent aux gouverneurs le droit de faire des règlements
si ce n'est en matière de police et d'administration. Le pouvoir législatif appartint aux Chambres et au Roi. Il fut plus
explicitement organisé par la loi du 24 avril 1833.

30. Désormais les Chambres étaient appelées à faire :
1° les lois sur l'exercice des droits politiques ; 2° les lois civiles et criminelles concernant les hommes libres ; 3° les lois
pénales déterminant les cas de peine capitale contre les personnes non libres ; 4° les lois sur les pouvoirs spéciaux des
gouverneurs en matière de haute police et de sûreté générale ; 5° les lois sur l'organisation de la justice ; 6° les lois
sur le commerce, les douanes, la répression de la traite des
noirs, les relations entre la métropole et les colonies (art. 2.
Pour le texte, V. Dalloz, v° *Org. des col.*, p. 1094).

En second lieu, il devait être statué par *ordonnances royales*
(les conseils coloniaux ou leurs délégués étant préalablement
entendus) sur l'organisation administrative, excepté le régime municipal ; — sur la police de la presse ; — l'instruction publique ; — le service des milices ; — sur les recensements, les affranchissements ; — l'amélioration du sort des
esclaves ; — les peines non capitales qui leur étaient appliquées ; — l'acceptation des dons et legs aux établissements
publics (art. 3).

En troisième lieu, des *décrets* pouvaient être rendus par le
conseil colonial (que la même loi dans son titre II substituait
au conseil général, V. *sup.*, liv. III, n° 14), sur les matières
que les articles 213 de la loi de 1833 n'avaient pas réservées
aux lois de l'État, et aux ordonnances. Ce régime législatif ne
s'appliquait qu'aux grandes colonies. Celui des ordonnances
royales subsistait pour les autres.

31. Les commissaires généraux substitués aux gouverneurs en 1848 reçurent leurs attributions et en outre la faculté de statuer sur les matières réservées aux conseils coloniaux, désormais supprimés (Décr. 27 avril 1848). D'autre
part, comme nous l'avons dit, les colonies étaient admises à
se faire représenter par des députés au Parlement.

32. Sous le second Empire, le sénatus-consulte du 3 mai
1854 forme la base du régime législatif des Antilles et de la
Réunion (Pour le texte, V. Dalloz, n° 63). Le pouvoir de lé-

giférer se partage désormais entre le Sénat, le Corps législatif, et l'Empereur.

Le Sénat a le pouvoir de statuer seul sur : 1º l'exercice des droits politiques, 2º l'état civil des personnes, 3º les droits de propriété, 4º les contrats et les obligations en général, 5º les transmissions de propriété par successions, donations, testaments, contrats de mariage, vente, échange, prescriptions, 6º l'institution du jury, 7º la législation criminelle, 8º le recrutement des armées de terre et de mer (art. 3).

Le Corps législatif vote les lois, se référant au régime commercial.

L'Empereur statue soit par simples décrets, soit par décrets rendus en la forme des règlements d'administration publique. Il en devait être ainsi dans les matières suivantes : 1º civile, criminelle, et de simple police (sauf les attributions réservées au Sénat par l'art. 3), 2º l'organisation judiciaire, 3º l'exercice des cultes, 4º l'instruction publique, 5º le mode de recrutement, 6º la presse, 7º les pouvoirs extraordinaires à conférer aux gouverneurs, 8º l'administration municipale, sauf les cas réservés au Sénat, 9º le domaine public, 10º le régime monétaire, le taux de l'intérêt, les établissements de crédit, 11º les pouvoirs administratifs, 12º le notariat, 13º l'administration des successions vacantes.

Par simples décrets, l'Empereur statue sur : 1º les milices locales, 2º la police municipale, 3º la grande et la petite voirie, 4º la police des poids et mesures, 5º et toutes autres matières qui ne sont attribuées ni au Sénat, ni au Corps législatif, ni soumises à des décrets rendus en Conseil d'État.

Les petites ou nouvelles colonies restaient soumises au régime des décrets simples et des arrêtés des gouverneurs.

33. Depuis 1870, le sénatus-consulte de 1854 a perdu son caractère constitutionnel. Le Parlement est souverain aujourd'hui pour légiférer sur toutes les matières intéressant les colonies. Cependant le régime des décrets subsiste sur tous les points qu'ils ont réglés, tant qu'une loi n'intervient pas, pour les régler à nouveau, en abrogeant les dispositions en vigueur. Ainsi le sénatus-consulte de 1854, permettait de modifier l'organisation judiciaire des grandes colonies, par décret rendu en Conseil d'État (art. 6). Or, la loi des 15-16 juin 1890, ayant reconstitué l'organisation judiciaire, il ne peut plus y être apporté de modifications à l'avenir que par une loi nouvelle.

Par application du même principe, le Parlement a pu déposséder les conseils généraux des pouvoirs que le sénatus-consulte du 4 juillet 1866 leur avait attribué de statuer sur le commerce extérieur. Nous verrons plus loin, à cet égard, la loi du 11 janvier 1892, rendue sur le tarif douanier.

34. Mais les matières qui, aux termes du sénatus-consulte du 3 mai 1854 peuvent être réglées par des décrets rendus en Conseil d'État, ou même par de simples décrets, restent soumises à ce régime tant que le Parlement ne se les est pas appropriées par une loi.

Donc les matières que le sénatus-consulte de 1854 attribuait au pouvoir législatif ne pouvaient lui être soustraites pour être réglées par de simples décrets. Telles seraient par exemple les modifications apportées à des lois criminelles, dans les grandes colonies. Ainsi la substitution du Code pénal métropolitain au Code pénal colonial dans les grandes colonies n'a pu être édictée que par une loi (L. du 8 janvier 1877), tandis qu'un décret a suffi pour les petites.

De même, les matières simplement correctionnelles ou de simple police n'ayant pas été attribuées au pouvoir législatif par le sénatus-consulte de 1854, peuvent encore être réglées par de simples décrets dans toutes les colonies.

Enfin, lorsque le domaine colonial comprend une contrée nouvelle, le commandant militaire est considéré comme exerçant le pouvoir exécutif et législatif, et ses décisions ont la même valeur que les simples décrets ou les arrêtés des gouverneurs qui régissent les petites colonies.

35. Une seconde question est celle de savoir comment les lois métropolitaines sont rendues applicables aux colonies.

Avant 1789, les colonies furent d'abord soumises aux lois et ordonnances du royaume à dater du moment où le roi y établissait des tribunaux (Merlin, *Répertoire*, v° *Colonies*, § 1, n° 4). En matière civile, les juges devaient suivre la coutume de Paris.

Plus tard, il fut défendu aux tribunaux des colonies d'appliquer les lois métropolitaines tant que les conseils supérieurs n'auraient pas reçu l'ordre de les enregistrer (Ord. de 1766 et 1771 concernant l'île Bourbon et l'Ile de France).

36. Après 1789 la Constituante considérant qu'on ne peut assujettir les colonies à des lois qui pouvaient être incompatibles avec leurs convenances locales et particulières décréta que chaque colonie serait autorisée à faire connaître son vœu sur la Constitution, la législation et l'administration qui conviennent à sa prospérité (Décr. du 8 mars 1790).

Toutes les constitutions postérieures ont proclamé ce principe que les colonies ne peuvent être régies par les lois, ordonnances et règlements de la métropole en vertu des seuls arrêtés des gouverneurs sans que le droit de les promulguer leur ait été conféré.

Ainsi, si les Codes ont été rendus exécutoires dans les colonies, sous le premier empire, c'est qu'il y a été pourvu par les capitaines généraux qui, ainsi que nous l'avons vu, avaient alors le pouvoir législatif.

Le même principe a été consacré implicitement par la Constitution de 1875, et nous avons vu plus haut (liv. III, n° 26) que c'est le gouvernement qui étend par des décrets l'application des lois métropolitaines aux colonies, et que depuis 1880, lorsque le Parlement estime qu'il y a lieu de rendre des lois générales applicables aux colonies, il a soin de leur en étendre le bénéfice par une déclaration expresse. Ainsi les lois métropolitaines ne peuvent être de plein droit applicables aux colonies.

37. Comment la promulgation doit-elle être faite?

On sait qu'en France sous l'ancien régime l'enregistrement, c'est-à-dire la transcription des lois et ordonnances sur les registres du Parlement, tenait lieu de promulgation, et nous avons vu qu'aux colonies l'enregistrement s'opérait sur les registres des conseils supérieurs.

Pour les colonies qui n'avaient pas de conseil supérieur il suffisait que l'enregistrement eût été fait dans la métropole, généralement au Parlement de Paris.

38. Après 1789, l'enregistrement devint un simple moyen de publication. Les autorités locales des colonies, furent chargées de la promulgation (Décr. 5 nov. 1789). Cette règle a été maintenue, nonobstant l'application du Code civil, par les ordonnances organiques des 21 août 1825 (art. 63) et 9 février 1827 (art. 66).

39. Actuellement depuis le décret du 15 janvier 1853 (D. 53. 4. 98), la promulgation a lieu par l'insertion de l'acte législatif dans le *Journal officiel* local. Là où il n'en existe pas, elle se fait de la façon que détermine le gouverneur (art. 3). Les actes promulgués sont obligatoires dans le chef-lieu de la colonie le jour même de l'insertion au *Journal officiel*; partout ailleurs dans les délais déterminés par un arrêté du gouverneur proportionnellement aux distances (même Décr., art. 3, et Décr. 14 janv. 1865).

40. Dans les circonstances exceptionnelles si l'autorité locale juge nécessaire de hâter la mise à exécution des actes législatifs en les faisant parvenir par voie accélérée dans les localités, ces actes y sont exécutés le lendemain du jour où ils auront été publiés à son de trompe ou par affiches (Décr. 11 janv. 1865, art. 2).

41. Enfin, la publication intégrale des textes législatifs déjà publiés en France n'est pas indispensable. L'arrêté de promulgation portant que le texte obligatoire sera celui qui résulte de telle loi sera suffisant. C'est à l'autorité locale chargée de la promulgation qu'il appartient de décider si les actes, déjà publiés en France, doivent être l'objet, dans la colonie, d'une nouvelle publication (V. Huc, *Commentaire théorique et pratique du code civil*. Paris, Pichard, éditeur, 1892, t. Ier, p. 53).

42. Ces règles sont applicables à toutes les colonies, sauf à tenir compte des dispositions relatives à une colonie déterminée et qui peuvent être différentes. Ainsi pour la nouvelle Calédonie le décret du 12 déc. 1874 (art. 72, § 1er), décide que la promulgation par le gouverneur résulte de l'inscription dans la feuille officielle, et que les actes législatifs sont exécutoires au chef-lieu *le lendemain* de cette insertion. Il en est de même pour la Cochinchine (Déc. 3 oct. 1883, art. 4, Conf. Déc. 14 janv. 1865).

43. Quelquefois une loi nouvelle contiendra elle-même une règle spéciale pour sa propre exécution; ainsi la loi du 27 mars 1883, relative à l'organisation de la justice en Tunisie porte (art. 19) qu'elle sera exécutoire dans les *trois jours* après son insertion dans le *Journal officiel* du gouvernement de Tunis (Huc, p. 54).

44. En ce qui concerne l'Algérie le fait seul de la conquête a eu pour résultat d'y rendre le Code civil exécutoire sans promulgation spéciale. Il en est de même de toutes les lois françaises antérieures à l'ordonnance du 1er septembre 1834 qui a réglé pour l'avenir le mode de publication des lois en Algérie.

A partir de cette date, les lois métropolitaines n'ont pu devenir exécutoires en Algérie qu'en vertu d'une promulgation spéciale. Il en est autrement des lois qui ont eu seulement pour but de modifier d'autres lois en vigueur antérieurement. Elles n'ont pas besoin pour être exécutoires d'une promulgation spéciale. Donc toute modification législative du Code civil est de plein droit exécutoire en Algérie sans qu'une promulgation spéciale soit nécessaire. La Cour de cassation en a toujours ainsi décidé (pour les arrêts voir Huc, n° 43).

L'ordonnance précitée, du 1er septembre 1834, a été depuis

longtemps confirmée par une ordonnance du 16 avril 1844 et
par les arrêtés des 14 janvier 1861 et 27 décembre 1876. Il en
résulte que les actes législatifs (lois, décrets, arrêtés) ne
deviennent exécutoires en Algérie que par la publication qui
en est faite au *Bulletin officiel* des actes du gouvernement
(Huc, *loc cit.*).

45. On sait qu'il existe entre la promulgation et la publication des lois une différence profonde qui empêche de les
confondre. La promulgation atteste officiellement l'existence
d'un texte législatif avec ordre de le faire exécuter. La publication, au contraire, a pour objet la détermination du moment précis où la loi est réputée connue de tous et par conséquent obligatoire. Cette distinction trouve son application
en Algérie, ainsi la loi du 26 juillet 1873, relative à l'établissement et à la conservation de la propriété en Algérie, offre
l'exemple d'un cas où la publication se détache nettement
de la promulgation. L'article 31 de cette loi déclare en effet
qu'elle ne sera provisoirement appliquée qu'à la région du
Tell algérien, et que, en dehors du Tell des décrets spéciaux
détermineront successivement les territoires où elle deviendra
exécutoire (Huc, n° 43).

46. Quelle est la situation au point de vue législatif des
colonies tombées momentanément sous une domination étrangère? On comprend que cette importante question se soit
posée vis-à-vis de nos colonies qui après les vicissitudes politiques que nous avons exposées (V. *sup.*, liv. II) ont été restituées à la France en suite du traité de Paris de 1814.

La question s'est élevée non seulement à l'égard des actes
législatifs mais des décisions de justice émanant de la puissance étrangère pendant sa domination temporaire.

Il est hors de doute que l'occupation de fait par l'étranger
n'a opéré aucun changement de nationalité pour les habitants; ils restent les sujets de la puissance momentanément
exclue. Il a été jugé aussi que les colonies pendant l'occupation de fait ont conservé en principe la loi française. Cepen-

dant le retour en possession de la métropole n'efface pas d'une manière absolue les actes d'autorité et de justice résultant de la domination étrangère (V. Dalloz, v° *Lois*, n°ˢ 108 et suiv.).

Il a été jugé que les lois et règlements promulgués par l'occupant étranger sont valables s'ils ne portent pas atteinte à des droits antérieurement acquis et s'ils sont justifiés par un intérêt général de sécurité et de justice. Il en est de même des décisions judiciaires rendues dans l'intérêt privé des particuliers (V. les nombreux arrêts à l'appui, Dalloz, v° *Org. des colonies*, n°ˢ 31, 32, 34, 35, 42 et Fuzier-Herman, v° *Colonie*, n°ˢ 127 et suiv.).

Ces décisions seraient encore applicables si, en cas de guerre, une colonie française tombait momentanément au pouvoir de l'ennemi.

47. 5° Quelles sont les lois applicables aux colonies en voie de formation?

Nous avons vu que lorsqu'une contrée nouvelle s'ajoute au domaine colonial, le commandant de la force armée est considéré comme investi de tous les pouvoirs et par conséquent du pouvoir législatif et réglementaire.

Mais à défaut d'arrêtés fixés par les chefs des troupes d'occupation, et à défaut de lois spéciales concernant ces possessions nouvelles, lorsque plus tard des tribunaux sont institués quelles lois doivent-ils appliquer?

Il a été jugé que les indigènes conservent leur législation civile tant qu'elle n'a pas été abrogée par le nouveau souverain (Cass., 16 mars 1841, S. 41. 1. 505).

La Cour de cassation a décidé en outre que les lois françaises destinées à protéger nos nationaux dans leur personne et leurs propriétés sont devenues obligatoires par le seul fait de la conquête et de l'occupation, dans la mesure où les circonstances le permettent, sans qu'on puisse opposer le défaut de promulgation locale (Cass., 17 nov. 1875, S. 66. 1. 267 et D. 66. 1. 95). — Il en serait ainsi même pour les lois administratives (Cass., 14 déc. 1846, S. 47. 1. 49).

CHAPITRE III.

DE LA LÉGISLATION EN VIGUEUR DANS LES COLONIES. — LOIS CIVILES.

———

48. La législation en vigueur aux colonies se compose : 1° des Codes métropolitains qui y ont été promulgués ; 2° du sénatus-consulte du 3 mai 1854 ; 3° de toutes les lois, ordonnances et décrets légalement promulgués dans le territoire respectif de chaque colonie, soit avant, soit après l'acte cons-titutionnel de 1854, et enfin des arrêtés et règlements rendus par les gouverneurs dans les limites de leurs pouvoirs.

49. § 1ᵉʳ. Personnes régies par la loi française. — Il y a aux colonies trois catégories de personnes : des Français d'origine, des indigènes, des étrangers. Leur situation au point de vue des lois qui leur sont applicables est nécessairement différente.

Les *Français* naturellement sont régis par la loi française sous réserve des modifications qu'elle comporte dans chaque colonie, et de certaines règles concernant leur domicile légal.

Les *indigènes* des colonies françaises bien que sujets français, en principe ne sont pas soumis aux lois de la métropole. Ils gardent leurs lois propres et leurs coutumes. Le statut personnel résultant de ces coutumes doit être respecté à l'égal d'une loi française, et sa violation donnerait ouverture à cassation (Cass., 6 juin 1866, D. P. 66. 1. 295). La circonstance que le statut indigène serait contraire à l'ordre public établi en France ne ferait même pas obstacle à son application aux indigènes dans la colonie (même arrêt). Il en serait autrement pour l'indigène qui se trouverait hors de la colonie à laquelle il appartient.

Les indigènes des colonies françaises, nonobstant le statut personnel conforme à leurs lois et coutumes dont on leur maintient le bénéfice, ont la qualité de sujets français, mais non de *citoyens* français; ils n'ont pas la jouissance des droits politiques. Il en est autrement de ceux qui ont renoncé à leur statut. Ils deviennent alors citoyens français et peuvent exercer leurs droits civils et politiques soit dans la métropole soit dans toute colonie (Cass., 29 juillet 1889 et 18 juin 1890, D. 89. 1. 457). Toutefois dans quelques colonies, comme nous le verrons plus loin, bien que gardant leur statut, ils jouissent dans une certaine mesure d'un droit de représentation.

50. Les *étrangers de race européenne* jouissent des mêmes droits qu'en France conformément à l'article 11 du Code civil. Ils sont soumis aux obligations imposées aux étrangers dans la métropole, et aux lois pénales françaises, mais ils peuvent être expulsés par les gouverneurs en cas d'infraction aux conditions de séjour (L. 29 mai 1874, D. 75. 4. 8). Enfin les étrangers ne jouissent des droits électoraux ni dans les élections législatives, ni dans les élections au conseil général ou aux conseils locaux, sauf exceptions particulières (V. Fuzier-Herman, n° 158). Les *étrangers* de *race asiatique* ont en Indo-Chine une situation spéciale q'' nous indiquerons plus loin.

51. Enfin les esclaves *affranchis* et les gens *de couleur* ne subissent aucune restriction dans leurs droits conformément à l'article 1er de la loi du 24 août 1833 portant que « toute personne née libre ou ayant acquis légalement la liberté, jouit dans les colonies : 1° des droits civils; 2° des droits politiques, dans les conditions prescrites par les lois.

52. § 2. LÉGISLATION CIVILE. — *Code civil.* — Le Code civil ayant été promulgué dans toutes les colonies, il n'y a lieu d'indiquer que les modifications qui y ont été apportées par suite de considérations locales, ou par application de lois nouvelles.

A. *De la naturalisation dans les colonies.* — La Martinique, la Guadeloupe, la Réunion ont été soumises à l'application des lois de 1849 et 1867 en vertu d'une loi spéciale du 10 juin 1874. D'autre part, elles sont également régies par la loi du 26 juin 1889 en vertu d'un des articles de cette loi. L'île Saint-Barthélemy a été rétrocédée par la Suède à la France, et rattachée à la Guadeloupe par un traité du 10 août 1877. Par suite, les sujets suédois domiciliés dans l'île sont devenus français, mais ils ont pu conserver la nationalité suédoise par une déclaration faite dans l'année qui a suivi la prise de possession.

53. Quant aux autres colonies, la même loi du 26 juin 1889 déclare (art. 2) : « Continueront de recevoir leur application le sénatus-consulte du 14 juillet 1865 et les autres dispositions spéciales à l'*Algérie*. » Nous traiterons de la naturalisation en Algérie dans l'étude consacrée plus loin à cette colonie.

La loi du 26 juin 1889 déclare en outre qu'un règlement d'administration publique déterminera les conditions auxquelles ses dispositions seront applicables aux colonies autres que la Martinique, la Guadeloupe, la Réunion. Quels sont donc les textes qui actuellement régissent chez elles la naturalisation ?

54. *Inde française.* — Les indigènes des établissements français de l'Inde présentent cette particularité qu'ils demeurent soumis aux lois et coutumes de leur caste (Règlement du 23 févr. 1878), mais ils sont français et jouissent du droit de vote dans l'Inde, qui leur a été reconnu en 1848 et 1849 (Huc, I, n° 242), cependant ils ne sont pas éligibles.

Il ne peut être question à leur égard de naturalisation puisqu'ils sont français, mais ils peuvent renoncer à leur statut personnel (Décr. du 21 sept. 1881). Même avant 1881 les natifs de l'Inde avaient la faculté d'adopter les lois françaises par des actes de leur libre volonté notamment par le mariage contracté devant l'officier de l'état civil français.

55. *Cochinchine, Annam et Tonkin.* — L'indigène annamite né et domicilié en Cochinchine est français; néanmoins il continue à être régi par les lois annamites. Il peut, sur sa demande, à partir de 21 ans, être appelé à jouir des droits de citoyen français, en vertu d'un décret rendu, le Conseil d'État entendu. Le bénéfice du décret s'étend à la femme et aux enfants mineurs.

Les étrangers établis en Cochinchine peuvent être naturalisés français s'ils demeurent depuis trois ans dans le pays, et s'ils parlent la langue française. Le délai de la naturalisation pour les natifs des pays de l'Extrême-Orient placés sous le protectorat de la France est réduit à un an, et tout stage peut être supprimé en cas de services rendus aux intérêts français (Huc, I, n° 244).

Les mêmes règles ont été édictées par décret du 29 juillet-28 août 1887, en ce qui concerne la naturalisation en Annam et au Tonkin (Dalloz, 1887. 4. 81).

56. *Nouvelle-Calédonie.* — De même les étrangers établis en Nouvelle-Calédonie depuis trois ans peuvent obtenir la naturalisation à partir de 21 ans (Décr. 10 nov. 1882).

57. *Pays protégés :* Tunisie et Indo-Chine. — Aux termes de deux décrets du 29 juillet 1887, peuvent être admis à jouir des droits de citoyens français : — 1° l'étranger qui justifie de trois années de résidence soit en Tunisie, soit en France ou en Algérie et en dernier lieu en Tunisie ; — 2° l'étranger qui justifie de trois ans de résidence soit en Annam ou au Tonkin, soit en Cochinchine et en dernier lieu en Annam ou au Tonkin ; — 3° le sujet tunisien qui, pendant le même temps aura servi dans les armées de terre ou de mer, ou qui aura rempli des fonctions ou emplois civils rétribués par le Trésor français ; — 4° l'indigène annamite ou tonkinois qui sera dans le même cas. Il est statué sur la demande par un décret (Dalloz, 87. 4. 80).

58. *Taïti.* — D'après la loi du 30 décembre 1880 la nationalité française est acquise de plein droit à tous les anciens sujets du roi de Taïti.

Quant aux étrangers, la même loi dispose que ceux qui sont nés dans les anciens États du protectorat ainsi que les étrangers qui y sont domiciliés depuis une année au moins peuvent demander la naturalisation. Mais il est dit (art. 4) que « les demandes doivent être adressées aux autorités coloniales dans le délai de un an à partir du jour où la présente loi sera exécutoire dans la colonie. » D'où il résulte que la naturalisation à la Taïti n'a été qu'une mesure temporaire, prise en vue d'une certaine catégorie de personnes, et limitée à l'année qui a suivi le jour où la loi a été rendue exécutoire (Huc, I, 247).

59. *Autres possessions françaises.* — Les autres possessions françaises pour lesquelles il n'est intervenu aucun décret spécial, et auxquelles les lois de la métropole sur la naturalisation n'ont pas été déclarées applicables, se trouvent par la force des choses soustraites à la pratique de la naturalisation. Les étrangers qui y sont domiciliés ne peuvent donc l'obtenir quelle que soit la durée de leur résidence et le caractère de leurs titres.

60. Au sujet des dispositions que nous venons sommairement de rappeler, M. Huc présente les observations suivantes (I, n° 249) : 1° la naturalisation obtenue dans les colonies peut être invoquée partout, même dans la métropole, et y produit ses effets entiers (Rapport de M. Delangle au Sénat sur le S.-C. du 14 juillet 1865), or la naturalisation est bien plus facile à obtenir dans les colonies qu'en France. 2° Sauf en ce qui concerne l'Algérie depuis la loi de 1889 qui y est applicable, la naturalisation confère tous les droits d'un citoyen français d'origine sans condition ultérieure d'un stage supplémentaire. « Par conséquent un étranger naturalisé en Nouvelle-Calédonie, dans l'Indo-Chine, en Tunisie, en Cochinchine, deviendra immédiatement électeur et éligible en France, tandis qu'un étranger naturalisé en France ne deviendra éligible qu'après dix ans de résidence. On comprendrait à la rigueur la situation inverse, un étranger naturalisé dans les colonies prénommées n'offrant pas les mêmes garanties qu'un étranger naturalisé en France. »

61. B. *Actes de l'état civil.* — Dans nos trois grandes colonies, et au Sénégal les actes de l'État civil sont dressés comme en France par les maires conformément aux règles du Code civil.

Pour l'Algérie nous indiquerons plus loin la législation spéciale relative aux actes de l'état civil des indigènes.

Dans nos établissements de l'Inde un décret du 24 avril 1880 a déclaré applicable aux indigènes le titre II du livre 18 du Code civil sous certaines modifications et réserves. Ainsi les déclarations de naissance doivent être faites dans les dix jours de l'accouchement, — les déclarations de décès dans [les huit jours. — Le mariage célébré selon le culte brahmanique doit être déclaré dans les quinze jours de la célébration.

Parmi les dispositions nouvelles relatives à l'état civil citons encore : 1° le décret (12 février 1874) qui charge le directeur de l'administration pénitentiaire de la Nouvelle-Calédonie de tenir l'état civil des condamnés; 2° un autre décret (3 oct. 1883, D. 84. 4. 77) relatif à l'état civil des Annamites en Cochinchine; 3° un décret du 28 juin 1889 (*Off.* du 29 juin) attribuant les fonctions d'officiers de l'état civil, à des officiers, ou agents désignés par le commissaire du gouvernement.

62. C. En matière de *domicile*, le domicile réel est au lieu du principal établissement et le domicile élu au lieu choisi expressément dans un acte. Les usages ne sauraient porter atteinte à ce principe. Ainsi le Français qui vient habiter les colonies n'est pas par cela seul réputé y avoir transféré son domicile s'il est établi par les circonstances qu'il avait l'intention de rentrer en France et d'y conserver son domicile.

En sens inverse, le colon qui est momentanément en France, ne peut être distrait de ses juges naturels, c'est-à-dire du tribunal de son domicile colonial. On ne saurait l'assimiler à un étranger et invoquer l'article 14 du Code civil pour l'assigner en France devant le tribunal du demandeur (Jurisp. Conf., Dalloz, v° *Org. des colonies*, n° 181).

63. Un colon contre lequel aucune condamnation n'a été prononcée peut, dans les Antilles françaises, être expulsé de sa résidence par mesure de police. Une telle décision ne doit être prise par le gouverneur qu'en conseil privé avec l'adjonction à ce conseil de deux membres de la Cour d'appel et avec une majorité de six voix sur huit. L'exclusion ne peut être que temporaire à l'égard de ceux qui ont dans la colonie des intérêts de famille ou de fortune. En tout cas, l'expulsé conserve son domicile (Huc, I, n° 377. Voy. Ord. des 9 févr. 1827 et 22 août 1833).

Un pouvoir analogue a été reconnu au résident général en Annam et au Tonkin (Cons. d'État, 8 août 1888, S. 90. 3. 55).

64. D. En ce qui concerne *le mariage*. L'éloignement de la France rendait impossible le strict accomplissement des formalités exigées par le Code. Aussi les gouverneurs ont reçu le droit d'accorder les dispenses dans les cas prévus par les articles 145 et 164 du Code civil (Ord. du 21 août 1825, 9 févr. 1827, 27 août 1828, citées plus haut; — Décrets des 12 déc. 1874 et 17 déc. 1885).

De même le gouverneur est investi de pouvoirs spéciaux qui lui permettent d'habiliter à se marier les immigrants d'origine inconnue, ou dont la famille n'est pas constituée.

Quant aux étrangers immigrants appartenant à des Etats où la famille est constituée, un sénatus-consulte du 20 juillet 1867 les autorise, s'ils sont mineurs et sous puissance de parents, à justifier de leur capacité et du consentement de leurs parents suivant les règles de leur statut personnel (art. 4), et, s'ils sont majeurs et non en puissance, à établir seulement par un acte de notoriété leur âge, leur aptitude, l'impossibilité de rapporter le consentement de leurs parents (art. 5).

65. E. *L'adoption dans les colonies.* — Les Français habitant les colonies sont soumis, quant à l'adoption, aux règles du Code civil. Il n'y a d'observation à faire que relativement aux indigènes qui ont conservé leur statut personnel.

En *Algérie* la question de savoir si l'adoption, telle que l'entend la loi française, existe en droit musulman, est controversée. Le Koran fait à peine mention d'enfants adoptifs. En tout cas, il ne saurait être question pour les indigènes que de l'adoption filiale, c'est-à-dire de l'acte par lequel un individu en reconnaît un autre pour son enfant, ou de l'adoption ordinaire pratiquée en faveur de celui qui n'a ni père ni mère (V. Huc, III, n° 152).

Pour l'*Annam*, le précis de législation annamite rédigé en exécution de l'article 3 du décret du 3 octobre 1883 contient sur l'adoption des règles empruntées à la fois au Code civil et à la législation locale. Nous nous bornons à résumer succinctement ces règles exposées par M. Huc dans son *Commentaire du Code civil* (t. III, n° 153).

Il est permis d'adopter : 1° en vue de se créer une postérité ; 2° pour recueillir et élever de jeunes enfants, mais ce genre d'adoption n'est pratiqué que par les hommes, les femmes n'ayant intérêt, d'après les traditions religieuses annamites, ni à adopter, ni à être adoptées.

L'adoption pour continuer la postérité n'est permise que si l'adoptant est marié depuis dix ans et n'a point de fils. Lorsque l'époux meurt sans avoir institué sa postérité, sa veuve peut, au nom et dans l'intérêt du mari défunt, et avec l'assistance des trois principaux parents de celui-ci, choisir une personne pour lui servir de postérité. L'adopté entre dans la famille de l'adoptant dont il prend le nom et perd tous droits dans la sienne. La déclaration d'adoption se fait devant l'officier de l'état civil de l'adoptant et doit être homologuée par le tribunal civil à la diligence du procureur de la République.

Le même précis de législation annamite réglemente ce qu'il appelle l'*adoption officieuse*. Elle consiste dans la faculté pour tout individu majeur de vingt-cinq ans d'adopter un mineur de l'un ou l'autre sexe avec le consentement des parents sous l'autorité desquels il est placé, des administrateurs de l'hospice ou de la municipalité.

S'il s'agit d'un enfant abandonné de moins de trois ans, il passe dans la famille de l'adoptant et en prend le nom. S'il s'agit d'un enfant ayant une famille il en garde le nom, et y conserve ses droits. L'adoption, qui se fait par une déclaration, en présence de deux notables devant l'officier de l'état civil, est subordonnée à la ratification qui en sera faite par l'adopté dans l'année après sa majorité. Elle est immédiatement définitive pour les enfants abandonnés de moins de trois ans.

Dans les possessions de l'*Inde française*, l'adoption est admise pour les natifs sur des bases analogues à celles qui viennent d'être indiquées pour l'Annam (Voy. arrêtés locaux des 6 janv. 1819, 26 mai 1827, 29 déc. 1855. Huc, III, n° 153).

66. F. La *tutelle* chez les Annamites est réglée suivant les principes formulés au titre X du précis de législation annamite rédigé en exécution du décret du 3 octobre 1883. La tutelle est exercée sous la surveillance et l'autorité du chef de famille (Truong-toé) soit par le père ou la mère, soit par un tuteur testamentaire ou un tuteur datif désigné par un conseil de famille. Les principales règles du Code civil sur la composition du conseil de famille, les obligations du tuteur, etc., ont été adaptées aux besoins de la population indigène (Huc, III, n° 366).

La tutelle en Algérie pour les indigènes qui ont conservé leur statut personnel est régie par la coutume arabe conformément à la jurisprudence musulmane, qui, suivant M. Huc, est elle-même fortement pénétrée des principes du droit romain. On y retrouve la tutelle légitime du père (dans certains cas de la mère), la tutelle testamentaire, la tutelle dative, la tutelle judiciaire du Cadi. Les pouvoirs du tuteur sur la personne et les biens du mineur reposent sur les distinctions admises par le droit romain et le droit français (Huc, *loc. cit.*).

67. La loi du 27 février 1880 sur l'administration des meubles incorporels appartenant aux mineurs a été, par son article 11, déclarée applicable à l'Algérie, aux Antilles et à la Réunion. Un décret du 8 avril 1880 l'a également étendue à la Guyane, au Sénégal, aux établissements français de l'Inde et de l'Océanie, à la Cochinchine, à la Nouvelle-Calédonie, à Saint-Pierre et Miquelon, Mayotte, Nossi-Bé et au Gabon. Les délais, quand il y aura lieu, seront augmentés des délais supplémentaires fixés, à raison des distances, par la loi du 3 mai 1864.

68. G. L'*émancipation.* — D'après le précis de législation annamite, les mineurs annamites sont émancipés de plein droit par le mariage, ou par une déclaration faite par le père ou la mère devant le chef du canton, ou devant deux notables. Le conseil de famille peut également accorder l'émancipation au mineur.

En Algérie, la jurisprudence musulmane et les coutumes admettent, pour l'individu qui a encore son père, une émancipation de fait à l'époque de la pleine puberté. Il y a, en outre, l'émancipation expresse par le père, confirmée par jugement du Cadi, et l'émancipation par le tuteur testamentaire ou le tuteur que le Cadi a nommé d'office.

69. H. *Conseil judiciaire et interdiction.* — Le précis de la législation annamite n'admet l'interdiction ni pour cause de démence, ni pour cause de prodigalité. Il se borne à décider que le défendeur ne pourra accomplir certains actes qu'avec l'assistance d'un conseil, qui devra être désigné par le tribunal.

La partie publiée du précis de législation annamite s'arrête à cet objet.

En Algérie, le droit musulman ne connaît pas l'institution du conseil judiciaire, mais il applique le principe de l'interdiction à l'individu en état de démence ou reconnu incapable d'administrer, ou atteint de maladie mortelle, au failli, enfin à la femme en puissance de mari. Selon les auteurs arabes, la prodigalité rentre dans les cas ci-dessus (Huc, III, n° 560).

70. I. *Propriété mobilière.* — *Objets mobiliers placés dans le domaine de l'État par la loi du 30 mars* 1887. — On sait que la loi dont il s'agit a eu pour objet de prescrire certaines mesures pour assurer la conservation des objets d'art ayant un intérêt historique ou artistique.

D'après l'article 8 de cette loi, il doit être fait, par les soins du ministre de l'instruction publique et des beaux-arts, un classement des objets mobiliers appartenant à l'État, aux départements, aux communes, etc., dont la conservation présente, au point de vue de l'histoire ou de l'art, un intérêt national. Les objets classés, appartenant dès lors à l'État, sont inaliénables et imprescriptibles. Les articles 16 et 17 étendent ces dispositions à l'Algérie et aux pays de protectorat. On en comprend aisément l'utilité. Il y a en Algérie, il peut y avoir au Cambodge et dans l'Annam un grand nombre d'objets d'art, bas-reliefs, statues, médailles, vases, colonnes, etc., existant sur le sol ou dans le sol des immeubles concédés à des établissements publics ou dans des terrains militaires, et dont il importe d'assurer la conservation. Déjà des dispositions analogues avaient été édictées pour la Tunisie par un décret du 7 mai 1886.

71. J. *Domaine public.* — *Cours d'eau « pas géométriques. »* — D'après le Code civil, les cours d'eau navigables et flottables font seuls partie du domaine public. La législation coloniale, par dérogation à l'article 538 du Code civil, y fait rentrer même les petites rivières qui, sous l'ancien régime, étaient considérées comme appartenant au roi. Ainsi, on écarte l'application aux cours d'eau non navigables ni flottables de l'article 644 du Code civil, qui permet aux riverains de s'en servir à leur passage pour l'irrigation de leur propriété. Dans les colonies, cette faculté est enlevée aux riverains, les cours d'eau dont il s'agit étant considérés comme appartenant au domaine public (Voir les décisions, en ce sens du Conseil d'État, citées par Fuzier-Herman, v° *Colonie*, n° 186).

En France, les rivages de là mer font partie du domaine public. Dans les colonies, le roi s'était réservé, en outre, une bande de terrain dite des « cinquante pas du roi. » Quel en était le motif? A la Réunion cette réserve se justifiait par les besoins de la défense et pour les pacages et parcours d'animaux. Aux Antilles, on se proposait à la fois de faciliter la défense et de fournir aux artisans les moyens de se loger sur ces terrains temporairement cédés. Quoi qu'il en soit, cette réserve a été maintenue après la Révolution, et elle fait partie du domaine public (En ce sens : Cour de la Martinique, 14 avril 1874; Fuzier-Herman, voy. les arrêtés et ordonnances à l'appui, n°s 191 et 192). Sur la réserve des cinquante pas, l'État peut consentir des concessions, qui sont précaires et révocables sans indemnité. La dimension de ces pas géométriques a varié. Les anciennes ordonnances la fixaient, au maximum, à trois pieds et demi pour chaque pas. A la suite d'un arrêté du capitaine général Decaen (5 mars 1807) elle fut fixée, à la Réunion, à cinq pieds pour chaque pas, ce qui donnait 859 mètres pour la totalité.

72. K. *Biens vacants* et *successions vacantes*. — Une législation spéciale a existé de tout temps aux colonies, relativement aux *successions vacantes*. Les mesures édictées par le Code civil (art. 811 à 814) seraient insuffisantes pour protéger les intérêts des héritiers qui habitent la métropole. Un édit du 24 novembre 1781 avait confié l'administration des successions vacantes à des curateurs en titre d'office. Aujourd'hui, les fonctions de curateurs sont remplies, dans chaque arrondissement, par un receveur de l'enregistrement, désigné par le ministre de la marine et des colonies. Leurs fonctions ont été réglementées par un décret du 27 janvier 1855, édicté pour les grandes colonies; mais il a été successivement étendu à la plupart des autres par des actes postérieurs et a été définitivement rendu exécutoire dans toutes les colonies (Décr. du

14 mars 1890). Quand les biens vacants n'ont pas été réclamés par les ayants-droit dans les cinq ans, à compter du jour où le curateur en a pris l'administration, la succession est réputée en déshérence, la curatelle prend fin, le curateur rend ses comptes et remet les biens à l'administration du domaine. Mais la possession de ceux-ci n'est encore que provisoire. Trente ans seulement après le décès, les droits des héritiers sont éteints et les biens deviennent la propriété de la colonie ou de l'État, suivant que le défunt était domicilié dans la colonie ou au dehors (art. 26, Décr. de 1855).

Dans la Guyane et la Nouvelle-Calédonie c'est l'administration pénitentiaire qui est chargée de gérer les successions et biens vacants des condamnés (V. Huc, V, n° 255).

En Algérie, la curatelle des successions vacantes des Français, des israélites algériens, et des étrangers a été organisée sur des bases analogues par l'ordonnance du 16 décembre 1842 qui, d'ailleurs, en règle avec soin les plus petits détails (V. Huc, V, n° 256).

Les successions des musulmans, arabes, kabyles ou étrangers sont d'ailleurs régies par la loi musulmane (Convention du 5 juill. 1830). L'article 7 de la loi du 8 août 1833, confirmant les dispositions antérieures, déclare : « Qu'il n'est pas dérogé au statut personnel ni aux règles de succession des indigènes entre eux (Conf. Décr. du 10 sept. 1886 pour les musulmans résidant en Algérie, non admis à la jouissance des droits de citoyens français. — Il en est de même pour les indigènes de la Kabylie (Décr. du 29 août 1874).

Dans les *établissements de l'Inde*, la transmission des biens est régie par le Code civil qui y a été déclaré applicable par arrêté local du 6 janvier 1819, mais cette législation est modifiée et complétée par les lois et coutumes hindoues que l'administration locale a maintenues et que les tribunaux appliquent journellement.

73. L. L'*expropriation pour cause* d'utilité publique a été réglementée dans les grandes colonies par le sénatus-consulte du 3 mai 1854 qui reproduit les dispositions de la loi du 3 mai 1841 en abrégeant toutefois la procédure d'expropriation. Les règles sur la matière postérieurement appliquées aux autres colonies diffèrent peu de celles du sénatus-consulte de 1854 (V. pour Saint-Pierre et Miquelon, Décr. 6 juin 1863 ; la Cochinchine, Décr. 16 févr. 1878 ; le Sénégal, Décr. 21 avr. 1880 ; établissements de l'Inde, Décr. 14 sept. 1880 ; la Guyane, Décr. 2 juin 1881 ; les établissements d'Océanie, Décr. 18 août 1890). Ces décrets suppriment la formalité préalable du décret déclaratif d'utilité publique et confèrent aux gouverneurs le pouvoir de constater et de déclarer, en conseil privé, l'utilité publique après une enquête administrative. Les tribunaux prononcent ensuite l'expropriation, et un jury de cinq membres reste chargé de fixer les indemnités.

En Algérie l'expropriation a fonctionné assez longtemps par simple voie de fait ou prise de possession opérée par l'administration sans formalités protectrices de la propriété privée. Un système régulier d'expropriation donnant des garanties suffisantes y a été ensuite institué par un arrêté du 9 décembre 1841, et une ordonnance du 1er octobre 1844 (Huc, IV, n° 103).

74. M. *Du droit d'accession à l'égard des ouvrages faits au-dessous du sol.* — Les droits du propriétaire sur le sous-sol de son terrain sont limités en Tunisie par un décret du 7 mars 1888 d'après lequel nul ne peut faire des fouilles à l'effet de rechercher des antiquités même sur son propre terrain sans en avoir obtenu l'autorisation par écrit de l'administration (art. 75). Les objets d'art ou d'antiquités découverts dans les fouilles peuvent devenir la propriété de l'État si l'administration les revendique dans un délai de six mois. Dans tous les cas, le propriétaire doit être indemnisé, suivant une expertise, dans des formes déterminées (art. 33).

75. N. *Législation minière.* — La législation métropolitaine sur les mines a dû subir des modifications dans les colonies.

Dans la Nouvelle-Calédonie, le régime des mines avait d'abord été fixé par un arrêté du gouverneur du 13 septembre 1873, qui avait organisé deux modes d'obtention du droit d'exploiter les mines, la *prise de possession*, et l'*acte de concession*. Il paraît que ce système amena un trafic nuisible à de sérieuses exploitations. On a tenté de porter remède aux abus par un décret du 22 juillet 1883 dont l'application jugée peu efficace a été suspendue par un autre décret du 30 juin 1885.

Pour les *établissements de l'Inde*, un décret du 25 novembre 1884 a reproduit les principales dispositions de la loi métropolitaine du 21 avril 1810.

Au *Tonkin*, le régime des mines fait l'objet d'un décret du 16 octobre 1888. Elles s'acquièrent par *occupation* ou par *adjudication publique*. Les sujets ou protégés français peuvent seuls devenir propriétaires de mines, possesseurs ou exploitants.

En *Algérie* les mines, minières et carrières sont, d'après l'article 5 de la loi du 16 juin 1851, régies par la loi française de 1810, et celles qui ont pu, ou peuvent la modifier. Ont été spécialement promulguées en Algérie les lois sur la matière, des 6 mai 1866 et 27 juillet 1880, et le décret du 25 septembre 1885.

76. O. Le *régime hypothécaire* institué par le Code civil n'avait été appliqué aux colonies que sous certaines restrictions, notamment en ce qui concerne l'expropriation forcée. La conservation des hypothèques avait été cependant organisée comme en France, aux Antilles, à la Guyane, à la Réunion, à Saint-Pierre et Miquelon (Ordonn. des 14 juin et 22 nov. 1829, 26 juill. 1833). La commotion qui se produisit dans la fortune des planteurs après l'émancipation des noirs en 1848 rendit nécessaire le décret du 27 avril de la même année, qui déclare exécutoires les titres du Code civil concernant les hypothèques et l'expropriation forcée, et les dispositions du Code de procédure civile relatives à la saisie immobilière. Depuis lors, toutes les lois se rattachant au régime hypothécaire, lois sur la transcription, sur l'aliénation des biens des mineurs ou interdits, sur l'hypothèque légale de la femme mariée ont été déclarées applicables aux colonies. Nous indiquerons plus loin le caractère et le fonctionnement des banques coloniales qui intéressent également le crédit foncier des colonies.

77. P. D'ailleurs presque toutes les *lois qui ont modifié ou complété le Code civil* ont été rendues applicables aux colonies (Voy. leur énumération dans le *Répertoire*, Fuzier-Herman, v° *Colonie*, n° 238).

78. Le *Code de procédure civile* a été mis en vigueur dans les différentes colonies par une série de dispositions qui se succèdent à partir de 1819 jusqu'en 1892 (V. Dalloz, v° *Org. des col.*, n° 119, et Fuzier-Herman, n° 263). Elles se rattachent aussi à celles qui règlent l'organisation judiciaire des colonies que nous exposerons plus loin.

Ont été promulguées aux colonies les lois suivantes : 25 mai 1838 sur les justices de paix; — 2 juin 1841 sur les ventes judiciaires avec quelques modifications; — 24 mai 1842 relative à la saisie des rentes constituées; — 21 mai 1858 sur les saisies immobilières; — 2 juin 1862 sur les délais des pourvois en cassation; — 2 juin 1881 modifiant l'article 693 du Code de procédure; — 23 octobre 1885 facilitant les ventes judiciaires d'immeubles.

La loi du 2 mai 1855 modifiant l'article 17, loi du 25 mai 1838 sur les justices de paix, a été étendue aux grandes colonies, à la Guyane et aux établissements de l'Inde (Décr. 2 juill. 1862).

CHAPITRE IV.

LÉGISLATION COMMERCIALE ET INDUSTRIELLE.

———

79. Promulgation dans les colonies du Code de commerce et des lois
    complémentaires.
80. Législation sur les brevets d'invention.
81. Lois sur les magasins généraux et les ventes publiques de marchan-
    dises en gros.
82. Autres matières commerciales. — Renvoi.

79. Le Code de commerce a été appliqué aux grandes colonies par des arrêtés locaux à partir de 1819 sauf à la Martinique par une étrange omission; il a été de nouveau l'objet
d'une promulgation dans toutes les colonies avec les modifications qu'il avait reçues en France (L. du 7 déc. 1850). Mais
dans certaines colonies il ne reçoit pas son exécution en ce
qui touche les tribunaux de commerce qui n'y existent pas
encore, ainsi que nous le verrons plus loin. Depuis 1850 le
Code de commerce a été appliqué à nos nouvelles colonies :
Cochinchine, Gabon, Nouvelle-Calédonie, établissements d'O-
céanie, Guinée française.   —

Ont été également étendues aux colonies toutes les lois qui
depuis la même époque ont modifié le Code de commerce,
savoir, les lois du 17 juillet 1856, sur les concordats par abandon d'actif; 17 juillet 1856, supprimant l'arbitrage forcé;
décret du 9 août 1864 étendant aux grandes colonies la loi
du 23 mars 1863, sur le gage et les commissionnaires; loi
du 14 juin 1865, sur les chèques; 24 juillet 1867 et décret
du 22 janvier 1868, sur les sociétés; 17 février 1872, sur les
articles 450 et 550 du Code de commerce et décret du 6 septembre 1892; loi des 15 juin 1872, et 3 août 1880, concernant

les titres au porteur; loi du 10 décembre 1874, et 10 juillet
1885, sur l'hypothèque maritime et décret du 6 août 1887; loi
du 11 avril 1888, modifiant les articles 105 et 108 du Code de
commerce, et décret du 9 juillet 1890; loi du 4 mars 1889 et
4 avril 1890 sur les faillites et les liquidations judiciaires et
décret du 9 juillet 1890; loi du 3 mai 1890 modifiant la loi du
23 juin 1857 sur les marques de fabrique, et décret du 12
juin 1890; loi du 24 mars 1891 modifiant les articles 435 et
436 du Code de commerce et décret du 6 septembre 1892.

80. La loi du 5 juillet 1844 sur les brevets d'invention a
été rendue applicable aux colonies par un arrêté du président
du Conseil des ministres du 21 octobre 1848.

Il a été jugé que les brevets d'invention obtenus en France
sont valables aux colonies sans qu'il soit nécessaire d'y
accomplir les formalités prescrites par l'arrêté susdit du 21
octobre 1848 pour les brevets qui sont pris aux colonies... ni
même que les brevets y aient été publiés dans les formes
prescrites par les lois et décrets rendus dans la métropole
(Réunion, 2 août 1858, et Cass., 25 févr. 1861, S. 61. 1. 427,
D. 61. 1. 272).

81. La création de magasins généraux et la vente publique
de marchandises en gros ont été réglementées en France par
deux lois du 28 mai 1858, et un décret du 12 mars 1859,
nous n'avons pas à en rappeler les dispositions. Cette législation a été rendue exécutoire à la Réunion par un décret du
27 avril 1867 sous certaines modifications quant aux formalités à remplir (V. Dalloz, *Rép.*, v° *Org. des colonies*,
n° 508).

82. Nous pourrions rattacher à la législation commerciale
les textes édictés en ce qui touche les banques et sociétés de
crédit. Nous consacrons plus loin une étude spéciale à cette
matière importante.

De même nous traiterons plus loin ce qui concerne les relations commerciales des colonies avec la métropole et le
régime douanier édicté par la loi du 11 janvier 1892.

CHAPITRE V.

LÉGISLATION CRIMINELLE.

---

83. Ancien droit criminel aux colonies. — Promulgation du Code d'ins-
    truction criminelle.
84. Promulgation du Code pénal. — Loi du 8 janvier 1877.
85. Lois postérieures.
86. Exécution des peines. — Dispositions spéciales aux colonies.
87. Pouvoirs du gouverneur.
88. Répression spéciale de certains délits. — Délit de mendicité et vaga-
    bondage. — Décret du 13 février 1852.
89. Conversion des frais et amende en journées de travail.
90. Sanctions données aux règlements du gouverneur.
91. Délits forestiers.

83. Jusqu'à la promulgation des Codes d'instruction criminelle et pénal, la justice et la procédure criminelles aux
colonies ont été régies par l'ordonnance de Colbert de 1670.
Les Codes nouveaux y sont devenus applicables au fur et à
mesure de leur promulgation. Il en a été ainsi pour le *Code
d'instruction criminelle* successivement à la Réunion (Ord.
19 déc. 1827); aux Antilles (Ord. 12 oct. 1828); à la Guyane
(Ord. 10 mai 1829); au Sénégal (Ord. des 29 mars 1836 et
14 févr. 1838); à la Guinée française (Décr. 4 mai 1892).
Pour lesdites colonies la promulgation a été explicite et formelle.

Pour les autres colonies, la promulgation y est résultée implicitement du fait que les ordonnances organiques y ont été
étendues par des arrêtés locaux ou des décrets. Cette promulgation a soulevé diverses difficultés pour lesquelles nous
renvoyons en tant que de besoin notre lecteur au *Répertoire*

de Dalloz (v° *Org. des colonies*), n°ˢ 517, 522, 584, 628, 776, 856, 874, 902.

Depuis lors, les diverses lois qui ont apporté des modifications au Code d'instruction criminelle ont été rendues applicables soit à toutes les colonies, soit seulement aux grandes colonies. Quant à cette distinction, V. Fuzier-Herman, n°ˢ 286, 287 et *infrà, Organisation jud. des colonies*).

84. *Le Code pénal* de 1810 n'a pu être promulgué aux colonies qu'avec les modifications que nécessitait le régime exceptionnel de l'esclavage. Elles étaient donc régies en matière pénale par un Code spécial dit *Code pénal colonial* (V. les ordonnances organiques des 30 déc. 1827, 29 oct. 1828, 15 févr. 1829 concernant nos grandes colonies).

Une loi du 8 janvier 1877 complétée par trois décrets des 6 mars et 1ᵉʳ juin a promulgué dans les colonies le Code pénal alors en vigueur dans la métropole. On en a conclu que toutes les lois qui avant 1877 ont modifié le Code pénal, se trouvent étendues aux colonies, alors même qu'elles n'y auraient pas été régulièrement promulguées.

85 Quant à celles qui sont postérieures au 8 janvier 1877, elles ne sont applicables aux colonies qu'en vertu d'une disposition formelle. C'est ce qui a eu lieu pour les lois ou décrets rendus sur les matières suivantes : associations non autorisées (Déc. 29 mars 1880); la récidive (Loi 14 août 1885); l'espionnage (Loi 18 avr. 1886); fraude dans le commerce des beurres (Loi 14 mars 1887); diffamation par correspondance ouverte (Loi 11 févr. 1887); fraudes sur les engrais (Loi 4 févr. 1888); circonstances atténuantes (Loi 26 octobre 1888); protection des enfants maltraités (Loi 29 juillet 1889), mais cette loi n'est pas applicable aux indigènes qui n'ont pas été naturalisés. — Sursis à l'exécution des peines (Loi Bérenger, 26 mars 1891); fraude dans le commerce des vins (14 août 1889 et 11 juillet 1891). Imputation de la détention préventive sur la durée des peines (Loi 15 novembre 1892).

86. La législation pénale des colonies diffère surtout de celle de la métropole, quant à l'exécution des peines, et à la répression de certains délits.

Le régime des prisons est modifié à raison soit des conditions matérielles de leur installation, soit de l'utilisation possible pour la colonie du travail des condamnés. On a admis ce principe que l'administration, quand elle le juge nécessaire, peut toujours faire subir au condamné sa peine hors de la colonie, c'est-à-dire dans une autre colonie, ou dans la métropole, sauf à rapatrier gratuitement le libéré, et à comprendre dans la durée de sa peine, le temps de son voyage. Ainsi pour les colonies qui n'ont pas de maisons de réclusion leurs habitants condamnés à cette peine sont envoyés en France.

D'autre part, les condamnés de toute catégorie, sauf aux Antilles et à Saint-Pierre et Miquelon, peuvent être employés à travailler hors la prison pour les travaux publics ou pour le nettoyage des villes, ou même comme ouvriers dans les ateliers privés, et même comme domestiques. M. Dislère (*Traité de légis. coloniale*, n° 702), critique ces mesures comme présentant tantôt une aggravation tantôt une trop grande atténuation de la peine.

La peine des travaux forcés prononcée dans les colonies doit, en principe, être subie à la Guyane ou en Nouvelle-Calédonie, mais pour les petites colonies la peine peut, suivant la décision de l'autorité locale, être subie soit dans la colonie où elle a été prononcée, soit dans les établissements pénitentiaires affectés aux travaux forcés (Décr. 10 mars 1855, 15 oct. 1879). Nous étudierons plus loin le régime des colonies pénitentiaires, à la Guyane, et dans la Nouvelle-Calédonie et à Obock.

87. En matière criminelle, le gouverneur de chaque colonie peut seul ordonner, en conseil privé, l'exécution de l'arrêt de condamnation ou prononcer le sursis lorsqu'il y a lieu de recourir à la clémence du chef de l'État. Le sursis est de droit pour la peine capitale, lorsqu'il est demandé par deux membres du conseil (Ord. 21 août 1825, art. 9, et 9 févr. 1827, art. 50). Les grâces et commutations de peine pour les condamnés qui subissent leurs peines aux colonies sont accordées par décret sur rapport du ministre de la justice et du ministre chargé des colonies (Décr. 15 déc. 1848).

88. La répression de certains délits a un caractère spécial dans les colonies.

Le décret du 27 avril 1848 supprimant l'esclavage donnait aux esclaves avec la liberté le titre et les droits de citoyens; ils devenaient électeurs et éligibles. (V. le rapport et l'instruction qui accompagnait le décret, D. 48. 4. 80). Mais il fallait leur assurer des moyens d'existence, et prévenir les abus qu'ils feraient de leur liberté. Plusieurs décrets du même jour établirent la formation d'ateliers nationaux; les conditions d'admission, de travail, et de salaire des ouvriers, et enfin des dispositions répressives de la mendicité et du vagabondage. Les mendiants, gens sans aveu, et vagabonds devaient être mis à la disposition du gouvernement pour un temps variant de trois à six mois, afin d'être employés dans des ateliers de discipline à des travaux publics au profit de l'État.

Ces mesures furent jugées insuffisantes. Il fallait élargir la définition du vagabondage pour atteindre les gens dangereux que punit le texte de droit commun (art. 270, C. p.) qui définit les vagabonds ou gens sans aveu, « ceux qui n'ont ni domicile certain, ni moyen de subsistance et qui n'exercent habituellement ni métier ni profession, » confondant, ainsi que le fait observer M. Garraud (*Traité de droit pénal*, IV, n° 103), deux catégories de gens que notre ancien droit et le droit intermédiaire avaient toujours distingués.

Pour atteindre ce but, un décret du 13 février 1852 ajoute : « ceux qui ne justifient pas d'un travail habituel, par un engagement d'un an, ou par leur livret. » L'article 12 rendait le livret obligatoire. On voit que désormais ce qui constituait le délit de vagabondage était désormais l'absence d'un engagement d'un an, ou d'un livret. La loi du 8 janvier 1877 a maintenu cette disposition, et prescrit que les individus condamnés pour vagabondage, ou mendicité seront dans les ateliers de discipline réputés des condamnés de droit commun et ne porteront pas de costume distinctif (art. 4).

Le décret du 13 février 1852 n'a été déclaré applicable qu'aux Antilles, à la Réunion et à la Guyane. Dans les autres colonies la répression du vagabondage s'opère donc d'après les mêmes dispositions que dans la métropole.

89. Le décret du 13 février 1852 avait prononcé en outre que les amendes et frais de condamnation seraient, de droit, à défaut de paiement, convertis en journées de travail, au profit de la colonie ou des communes. Cette disposition a été abrogée par la loi du 15 avril 1890, mais maintenue par décret du 13 juin 1887, pour la Guyane où d'ailleurs le principe de cette conversion est général et s'applique à toutes les infractions (Décr. 16 août 1854). Cette mesure s'explique très bien pour cette colonie où les travaux de voirie et d'assainissement sont d'une si grande urgence.

A Mayotte et à Nossi-Bé la conversion des frais et amendes en journées de travail, en cas d'infraction aux règlements sur l'immigration, est facultative pour les tribunaux (Décr. 2 oct. 1885).

90. En matière de simple police des dispositions spéciales ont paru nécessaires pour sanctionner les règlements des gouverneurs. Dans le dernier état du droit, la loi du 8 janvier 1877 et les décrets des 6 mars et 1er juin 1877 font une distinction.

Les infractions aux arrêts locaux de police sont assimilées à des contraventions de simple police et punies comme telles. Les infractions aux arrêtés pris sur les matières d'administration, ou pour l'exécution des lois, décrets, ou règlements peuvent être punies de 15 jours de prison, à 100 francs d'amende au maximum.

Mais si les peines édictées par les gouverneurs dépassent

celles du droit commun en matière de contraventions, le gouverneur doit faire sanctionner dans un délai de quatre mois, par un décret du chef de l'État, le règlement qu'il a ainsi édicté. Ce délai a été porté à six mois pour la Cochinchine, Mayotte et Nossi-Bé, et à huit mois pour les colonies du Pacifique (Décr. 20 sept. 1877).

91. La législation forestière de la métropole n'a pas été étendue aux colonies. Presque toutes se trouvent régies par des arrêts locaux. Nous verrons cependant l'essai qui a été fait du Code forestier métropolitain en Algérie et les graves difficultés qui nécessitent l'adaptation d'une législation forestière spéciale à cette colonie.

Une loi du 14 février 1872 a permis au conseil général de la Réunion de légiférer sur cette matière, ce qu'il a fait par règlement du 25 février 1874.

Un décret du 25 février 1873 a conféré le même pouvoir au conseil général de la Martinique, et un autre décret du 12 décembre 1889 a édicté diverses dispositions pénales pour les forêts de cette colonie.

LIVRE IV.

ORGANISATION POLITIQUE, ADMINISTRATIVE ET MUNICIPALE DES COLONIES.

~~~~~~~

CHAPITRE PREMIER.

ORGANISATION INTÉRIEURE.

———

1. A leur origine les colonies étaient administrées par les vice-rois ou gouverneurs lieutenants-généraux.

Sous le régime des compagnies souveraines, l'administration se partage entre leurs agents et le gouverneur général.

Sous le gouvernement direct de la royauté, l'administration est confiée au gouverneur lieutenant-général, aux gouverneurs particuliers, aux intendants. Parfois les plus notables habitants prenaient part au vote des impôts (V. *infrà*, n° 20).

Les conseils supérieurs (*vid. sup.*, liv. III, ch. II, 28) étaient investis du pouvoir de faire des règlements de police et ils exerçaient, ou s'étaient attribué un droit de remontrance ou représentation qui formait un contre-poids dans les conflits très fréquents entre le gouverneur investi de la puissance politique et administrative, et l'intendant chargé de l'administration civile et judiciaire, la confusion de leurs attributions était un écueil et fut le motif de la suppression des intendants (Ord. des 13 août 1817 et 11 mars 1818). Dès lors, le gouverneur réunit dans ses mains les pouvoirs civils et militaires.

2. Mais ce cumul de pouvoirs n'était pas sans danger. D'une part le gouverneur, choisi d'ordinaire dans les armées de terre et de mer, pouvait ne pas avoir l'habitude ni les connaissances nécessaires pour expédier les affaires d'ordre purement civil. D'autre part, il était entravé par des détails d'administration. Il fut remédié à cet état de choses par une ordonnance du 21 août 1825, et par les ordonnances de 1827 et 1828.

3. L'ordonnance du 21 août 1825 détermina les fonctions du gouverneur et lui en facilita l'exercice en plaçant sous son autorité immédiate trois chefs d'administration : 1° un commissaire-ordonnateur chargé, sous les ordres du gouverneur de l'administration de la guerre et de la marine, de la direction générale des travaux et de la comptabilité générale (Ord. de 1825 complétée par ord. du 9 févr. 1827); 2° un directeur de l'intérieur, chargé de l'administration intérieure de la colonie, de la police générale et de l'administration des contributions directes et indirectes; 3° un chef du service judiciaire (infrà, liv. V, n° 6).

4. Ces rouages ont paru trop compliqués. Actuellement depuis 1882 (Décr. des 15 sept. et 3 oct.), les fonctions du commissaire-ordonnateur ont été supprimées et transférées pour les services civils au directeur de l'intérieur et pour les services militaires et maritimes à l'officier du commissariat le plus élevé en grade. Ce dernier prend le titre de chef du service administratif de la marine. L'administration coloniale est donc aujourd'hui dirigée sous l'autorité du gouverneur par deux chefs d'administration, au-dessous desquels se trouvent des chefs de services et des employés subalternes qui varient suivant les colonies (Décr. des 2 mars et 13 nov. 1880).

5. La direction générale n'appartient pas moins au gouver-

neur, c'est l'ordonnance du 21 août 1825 qui a déterminé ses fonctions et fixé, quant aux détails, la répartition des pouvoirs entre les chefs immédiatement placés sous ses ordres. Les fonctions de celui qui gouverne les colonies varient d'ailleurs, aussi bien que son titre, suivant leur caractère, leur importance, leur situation.

Ainsi, nos principales colonies (Antilles, Guyane, Réunion, Sénégal, établissements de l'Inde et de l'Océanie, Guinée française, Diégo-Suarez), sont placées sous l'autorité d'un gouverneur.

D'autres sont sous l'autorité d'un commandant (Saint-Pierre et Miquelon, Obock et Mayotte).

D'autres encore, trop étendues pour qu'un gouverneur y exerce directement des pouvoirs, sont dirigées par des lieutenants-gouverneurs, commandants particuliers. Ainsi le gouverneur du Sénégal est représenté pour le territoire des Rivières du sud par un lieutenant-gouverneur sous l'autorité duquel sont placés des résidents dans les établissements de la Côte-d'Or et du golfe du Bénin (Décr. 1er août 1889).

Les territoires du Gabon et du Congo français forment une seule colonie sous l'autorité d'un commissaire général qui a sous ses ordres un lieutenant-gouverneur du Gabon (Décr. 11 déc. 1888).

L'Indo-Chine a un gouverneur général qui administre les protectorats du Tonkin, de l'Annam et du Cambodge, et par l'intermédiaire d'un lieutenant-gouverneur la colonie de la Cochinchine. Tous ces fonctionnaires sont nommés ou révoqués par décrets, aucune condition d'âge ou de capacité n'a été déterminée par la loi pour ces nominations.

6. *Pouvoirs du gouverneur.* — Ils sont déterminés en principe, nous venons de le dire, par l'ordonnance du 21 août 1825 et successivement pour les diverses colonies par les ordonnances organiques[1], rendues à diverses dates et dont les premières

---

[1] V. le texte des ord. organiques de 1825, 1827 au *Répertoire* de Dalloz, v° *Organisation des colonies*, p. 1027 et s.

remontent à la Restauration, savoir : Bourbon, Ord. précitée du 21 août 1825; — Antilles, Ord. 9 févr. 1827; — Guyane, 27 août 1827; — Inde française, 23 juillet 1840; — Sénégal, 7 sept. 1840; — Saint-Pierre et Miquelon, 18 sept. 1844; — Cochinchine, Décr. 10 janvier 1883, 20, 29 oct., 12 nov. 1887, 21 avril 1891; — Nouvelle-Calédonie, 12 déc. 1874; — Etablissements de l'Océanie, 28 déc. 1885; — Gabon, 11 déc. 1888; — Guinée, 17 déc. 1891; — Diégo-Suarez, 1ᵉʳ juillet 1890.

7. Le gouverneur est le chef de toute l'administration coloniale. Il représente le président de la République, il est le dépositaire de son autorité (Décr. 21 janvier 1888), mais, de même qu'un préfet des départements, il est l'agent chargé d'exécuter les décisions prises par le conseil général ainsi que nous l'expliquerons.

8. *Pouvoirs militaires du gouverneur.* — C'est la partie délicate de sa tâche, et la source de conflits et de malentendus. Aussi ses pouvoirs ont-ils été restreints. D'après les ordonnances organiques de 1827, il pouvait prendre le commandement supérieur des forces de terre ou de mer, qu'il fût, ou non, investi d'un grade dans l'armée. Aujourd'hui le décret du 21 janvier 1888 fait des distinctions :

Le commandement militaire est actuellement exercé par un officier général ou supérieur nommé par décret à l'emploi de commandant en chef, ou commandant militaire. Si le gouverneur est titulaire dans l'armée d'un grade égal ou supérieur à celui du commandant militaire, il peut prendre le commandement des troupes et exercer les pouvoirs militaires. Dans le cas contraire, le gouverneur ne peut plus prendre le commandement des troupes, ni exercer les pouvoirs militaires (art. 4 et 5 du décret).

Le commandant militaire relève d'ailleurs hiérarchiquement du gouverneur même civil. Celui-ci a le pouvoir de déclarer ou lever l'état de siège en prenant (sans être tenu de s'y conformer) l'avis du conseil de défense qu'il préside et qui est composé du commandant militaire, du chef du service administratif de la marine, du commandant des forces navales, et des officiers chargés de la direction de l'artillerie et du génie (Décr. 15 sept. 1882).

9. *Pouvoirs administratifs du gouverneur.* — Il promulgue les lois et décrets. Il a le contrôle de tous les services de la colonie. Il rend exécutoires les rôles des contributions directes et statue sur les demandes en dégrèvement, etc. Enfin il fournit au gouvernement tous les renseignements utiles sur la colonie (V. plus amplement le texte de l'ordonnance du 9 févr. 1827 toujours en vigueur).

10. *Pouvoirs du gouverneur quant à l'administration de la justice.* — Il veille à l'administration de la justice en se faisant rendre par le procureur général des comptes périodiques qu'il transmet au garde des sceaux. Il pourvoit au remplacement des magistrats absents (V. n° 10). Il veille à l'observation de la séparation des pouvoirs, et peut élever le conflit (V. l'ordonnance du 9 févr. 1827 complétée par décret du 28 oct. 1858).

11. *Pouvoirs du gouverneur sur les fonctionnaires coloniaux.* — Il a la *haute* surveillance sur les magistrats, et a sous son autorité tous les fonctionnaires et agents du gouvernement. Ceux-ci sont nommés par l'administration supérieure, mais le gouverneur peut, en cas d'urgence, faire des nominations provisoires sans conférer cependant aux intérimaires le grade ni le titre des fonctions qu'il leur confie. Il nomme de plus à tous les emplois auxquels le chef de l'Etat, ou les ministres ne se sont pas réservé de pourvoir et il a le droit de révoquer ou destituer les agents à sa nomination. Il ne peut enfin ni modifier les attributions des fonctionnaires, ni créer un emploi nouveau, si ce n'est en exécution des délibérations du conseil général (Ord. 9 févr. 1827 ; Décr. 20 nov. 1882).

12. *Pouvoirs du gouverneur vis-à-vis des gouvernements étrangers.* — On comprend qu'à raison de la lenteur des communications avec la métropole les gouverneurs de certaines colonies aient reçu le droit d'entrer en relations directes, en cas d'urgence et pour les affaires administratives de leur colonie, avec les gouvernements étrangers, limitativement désignés par les ordonnances ou les décrets (Ord. 9 févr. 1827). Ils ont en outre qualité pour accorder ou demander l'extradition.

13. Quel serait le sort, au point de vue politique et administratif, d'une colonie tombée temporairement au pouvoir d'une puissance étrangère? Cette question se présente naturellement ici; nous l'avons précédemment examinée au point de vue législatif (liv. III, n° 46).

La souveraineté, dans les colonies, appartient à la métropole, et est exercée par le gouverneur, tant qu'elle est en possession de droit et de fait.

Si, par suite d'une guerre étrangère, une colonie est envahie et possédée par une tierce puissance, le retour en possession de la métropole n'efface pas, d'une manière absolue, les actes résultant de la domination étrangère (Dalloz, v° *Lois*, n°ˢ 108 et suiv.). Il résulte, de la doctrine des auteurs et de la jurisprudence, que les actes faits par la puissance étrangère, dans un intérêt général de sécurité et de justice, et même dans l'intérêt privé des particuliers, conservent leurs effets et règlent les droits des intéressés (V. Dalloz, v° *Organis. des colonies*, n°ˢ 31 à 34; voy. aussi *suprà*, liv. III, n° 46).

14. *Recours contre les actes du gouverneur.* — Le gouverneur exerce toutes ses attributions sous l'autorité du ministre chargé des colonies (Sénatus-consulte du 3 mai 1854), lequel lui adresse ses instructions, contrôle ses actes et se fait rendre compte des plus importants (Ord. de 1827 et Décr. du 7 nov. 1879).

Avant les ordonnances organiques de 1825, 1827, etc., les actes des gouverneurs n'étaient susceptibles d'aucun recours contentieux. Aujourd'hui, au contraire, ils peuvent être attaqués, soit devant le conseil du contentieux administratif de la colonie (*infrà*, liv. V, n° 25), soit devant le Conseil d'État.

15. Le gouverneur peut être poursuivi pour trahison, concussion, abus d'autorité ou désobéissance aux ordres du gouvernement. Toutefois, en ce qui concerne les actes d'administration, l'article 82 de l'ordonnance du 9 février 1827 énonce qu'il ne peut être recherché que pour les mesures qu'il a prises ou refusé de prendre en opposition aux représentations ou propositions des chefs d'administration. M. Fuzier-Herman critique avec raison cette disposition, qui placerait en état d'infériorité le gouverneur vis-à-vis de ses subordonnés et qui, après avoir disparu des ordonnances subséquentes, a reparu dans les décrets du 12 septembre 1874 (Nouvelle-Calédonie) et du 28 décembre 1885 (Etablis. d'Océanie). (V. Fuzier-Herman, n° 601).

16. *Contrôle des services coloniaux.* — Nous venons de voir que l'administration du gouverneur tombe sous le contrôle du ministre. Les actes des divers services placés sous sa direction sont l'objet d'un contrôle qui, jusqu'en 1873, fut exercé par des inspecteurs permanents, sous le titre de contrôleurs coloniaux (Voir Ordon. du 9 févr. 1827, art. 141) mais, après diverses mesures qui ont été rapportées, ils ont été définitivement remplacés par des inspecteurs généraux et des inspecteurs en mission (Décr. des 25 nov. 1887, 9 août 1889 et 3 févr. 1890), qui ont pris pour modèle l'inspection générale des finances.

17. *Du conseil privé.* — Le conseil privé qui, dans plusieurs colonies, porte le nom de *conseil d'administration*, remplit auprès du gouverneur, avec des pouvoirs plus étendus, un rôle analogue à celui des conseils de préfecture. Il tire son origine des anciens conseils supérieurs qui, ainsi que nous l'avons indiqué, cumulaient des attributions administratives judiciaires.

Les conseils privés institués par les ordonnances organiques des 21 août 1825 et 9 février 1829 ont aussi des fonctions très diverses, à la fois administratives et judiciaires. Nous ne nous occuperons ici que des premières.

18. L'intervention du conseil privé dans les affaires administratives est celle d'un conseil consultatif appelé à éclairer les décisions du gouverneur, mais cette intervention est ou facultative ou obligatoire. Les matières sur lesquelles le gouverneur peut, s'il le juge convenable, se dispenser de consulter le conseil privé, sont extrèmement nombreuses et minutieusement énumérées (V. art. 172 et suiv. de l'Ord. du 9 févr. 1827, complétés par l'Ord. du 24 août 1833; pour les textes, voy. Dalloz, p. 1023-1099). On pourrait indiquer plutôt dans la section 3 de l'ordonnance de 1827 « les matières sur lesquelles le conseil privé *doit* être consulté et sur lesquelles il statue. » Là encore l'énumération est extrèmement étendue. A titre d'exemple, on peut indiquer que le conseil privé vérifie et arrète les comptes des receveurs et des comptables. Il statue sur les marchés et adjudications d'ouvrages, fournitures, approvisionnements; sur les ouvertures, redressement, etc., des chemins; sur les expropriations pour utilité publique; les questions d'interprétation et application des ordonnances et règlements, etc. (V. Dalloz, nos 279 à 286). Le gouverneur *peut* soumettre au conseil toutes les affaires sur lesquelles il désire avoir son avis. Il est toujours en droit de s'écarter des avis du conseil, sauf pour le cas de sursis à l'exécution d'une peine capitale; aucune affaire de la compétence du conseil ne doit lui être soustraite. Ses membres titulaires peuvent soumettre au gouverneur toutes les propositions qu'ils jugent utiles au bien du service; le gouverneur décide s'il en sera délibéré.

19. Le conseil privé comprend au nombre de ses membres, sous la présidence du gouverneur ou du commandant de la colonie : le directeur de l'intérieur, le chef du service judiciaire et deux notables habitants, qui prennent le titre de conseillers privés ou de membres civils du conseil privé (Ord. du 9 févr. 1827; Décr. 29 août 1855 et des 15 sept., 30 oct. 1882). Il faut y joindre le chef du service administratif de la marine (Décr. 20 oct., 23 nov. 1887) et, dans quelques-unes des petites colonies, d'autres fonctionnaires.

Les deux membres civils du conseil privé sont nommés par décret du président de la République, sauf au Gabon, à Mayotte et à Nossi-Bé, où ils sont désignés par le gouverneur. Le conseil privé doit appeler à ses séances, avec voix délibérative, les chefs de services ou certains fonctionnaires, quand il y est traité de matières rentrant dans leurs attributions.

20. *Des conseils généraux.* — Avant 1789, les colons ne prenaient aucune part à l'administration des colonies. Cependant on appelait certains d'entre eux (principaux chefs de milice, syndics de paroisse) à donner leur avis sur les dépenses nécessitant de nouveaux impôts. A partir de 1759 il fut créé aux Antilles des chambres d'agriculteurs et de commerçants et, en 1763, on y substitua une chambre d'agriculture composée de sept habitants, qui étaient consultés sur les besoins de la colonie. Il y eut même, à la fin du règne de Louis XVI, des assemblées coloniales (V. *suprà*, liv. II, n° 42).

21. Les assemblées coloniales, réunies après 1789, eurent un caractère plutôt politique qu'administratif. Le gouvernement de la Restauration songea enfin à associer, d'une manière régulière, les colons à l'administration des colonies. On créa d'abord, par ordonnance du 22 novembre 1819, à la Martinique, à la Guadeloupe, à la Guyane et à Bourbon des *comités consultatifs* dont les membres, nommés par le Roi, donnaient leur avis sur le budget de leur colonie. Puis les ordonnances organiques de 1825, 1827, 1828 instituèrent des *conseils généraux demi-électifs* émettant des vœux et donnant des avis.

22. La loi du 24 avril 1833 les remplaça dans les quatre colonies précitées par des conseils *coloniaux* avec des attributions plus étendues, et le pouvoir d'envoyer auprès du gouvernement métropolitain des délégués. La durée de leurs fonctions était égale à celle du conseil colonial qui les avait nommés, et qui fixait leur traitement.

23. La Révolution de 1848 mit fin à ce régime. L'esprit du gouvernement était d'assimiler autant que possible les colonies à la mère-patrie; le décret des 5-6 mars 1848 avait décidé qu'elles seraient représentées par des députés à l'Assemblée constituante. Il n'était donc plus besoin de conseils coloniaux et de délégués.

24. Mais lors de la constitution donnée aux colonies par le sénatus-consulte du 3 mai 1854, la représentation au Parlement leur est enlevée (V. *suprà*, liv. III, n° 18), et les conseils généraux leur sont restitués. Les membres devaient en être nommés, moitié par le gouverneur, moitié par les conseils municipaux.

Leur réorganisation sur le modèle des conseils généraux de la métropole est l'œuvre du sénatus-consulte du 4 juillet 1866, et des décrets des 3 décembre 1870, 13 février 1877, 12 juin, 7 novembre 1879, 15 février 1882, 21 août 1889.

25. Les *attributions du conseil général* dans les grandes colonies sont déterminées par le sénatus-consulte du 4 juillet et la loi du 18 juillet 1866. Conformément à la loi du 10 mai 1838, elles comprennent trois catégories : décisions, délibérations, avis. Des conseils analogues ont été successivement organisés dans les petites colonies par divers décrets (23 déc. 1878, Guyane; — 25 janv. 1879, Inde; — 4 févr. 1879, Sénégal; — 8 févr. 1880, 12 mars 1881, 12 sept. 1888, Cochinchine; — 2 avr. 1885, Nouvelle-Calédonie; — 5 avr. 1885, Saint-Pierre et Miquelon; — 28 déc. 1885, Établissements d'Océanie). Mais à raison du petit nombre des colons français établis à Obock, Diégo-Suarez, Mayotte, Nossi-Bé, Guinée et Congo français, un régime spécial existe pour ces colonies.

26. *Composition et fonctionnement des conseils généraux.* — Le conseil général de chaque grande colonie comprend trente-six membres élus. Les circonscriptions sont déterminées par le gouvernement en conseil privé (Décr. 7 nov. 1879) d'après le chiffre de la population. Faut-il y comprendre les étrangers, notamment les immigrants? Oui, si on ne consulte que le texte du décret; mais M. Fuzier-Herman fait observer (n° 639) que la loi du 16 juin 1885 détermine le nombre des députés des départements français d'après leur population, déduction faite des étrangers. Cette disposition relative aux élections législatives, ne semble pas devoir être étendue aux élections des conseils généraux aux colonies, en présence du texte plus large du décret qui les concerne. Quant aux règles à suivre pour dresser les listes électorales et pour les élections, nous renvoyons à Fuzier-Herman, n°s 640 et suiv.

27. Les membres du conseil général sont élus pour six ans et renouvelés par moitié tous les trois ans (Décr. 26 juill. 1854). Le conseil tient une session annuelle sur la convocation du gouverneur. Il nomme son bureau, et il peut tenir des sessions extraordinaires. En tout temps il est maître de son ordre du jour. Enfin le mandat de ses membres est gratuit et ne comporte l'allocation d'aucune indemnité de route ou de séjour.

28. Pour déterminer les *attributions* des conseils généraux, il faut combiner les dispositions des sénatus-consultes des 3 mai 1854, et 6 juillet 1866, des décrets des 26 juillet 1854, 11 août 1866 et des lois des 10 août 1871 et 11 janvier 1892. Leur analyse nous entraînerait trop loin, et nous croyons devoir à cet égard renvoyer nos lecteurs au *Répertoire* Fuzier-Herman, n°s 654 à 682.

Signalons cependant que les délibérations des conseils généraux peuvent se classer sous trois chefs (V. *suprà*, n. 25) :

1° Tantôt ils statuent définitivement (par exemple sur les acquisitions, aliénations, échange des propriétés de la colonie, les baux des biens donnés ou pris à ferme ou à loyer, les actions à introduire ou soutenir au nom de la colonie; le classement et la direction des routes et chemins d'intérêt collectif, etc., etc.;

2° Tantôt leurs décisions ne sont exécutoires qu'après approbation de l'autorité supérieure;

3° Tantôt enfin les conseils généraux n'émettent que de simples avis.

29. Nous indiquerons plus loin leurs pouvoirs, très importants, en ce qui concerne le budget des colonies et leur régime douanier. .

30. *De la commission coloniale.* — Près du conseil général de chacune des grandes colonies, une *commission coloniale* a été instituée sur le modèle des commissions départementales (Décr. 12 juin 1879). Elle se compose de quatre membres au moins, et sept au plus élus chaque année à la fin de la session ordinaire. La plupart des règles qui la concernent sont empruntées à la loi du 10 août 1871. Elle règle les affaires qui lui sont renvoyées par le conseil général, elle reçoit les communications que doit lui faire le directeur de l'intérieur, par mois ou par trimestre, etc. Enfin elle présente un rapport au conseil général à l'ouverture de la session (art. 80, 86, 88 de la loi précitée du 10 août 1871).

Dans les *petites colonies*, les pouvoirs des conseils généraux ne diffèrent que par quelques détails. Quelques-unes seulement peuvent nommer une commission coloniale (Guyane, Saint-Pierre et Miquelon, Nouvelle-Calédonie, Sénégal, Établissements d'Océanie).

Outre le conseil général, il existe des conseils locaux dans l'Inde et en Cochinchine (Décr. 27 janv. 1879, 26 févr. 1884, 12 juillet 1887, 5 mars 1889).

31. *Représentation des colonies.* — Sous l'ancien régime les colonies les plus importantes envoyaient en France des délégués chargés de défendre leurs intérêts; elles n'étaient pas représentées aux États généraux.

Le droit d'envoyer des représentants aux assemblées métropolitaines qui avait été accordé à quelques-unes par la constitution de l'an III leur fut enlevé par celle de l'an VIII. De nouveau, les colonies furent admises en 1848 à être représentées au Parlement. Ce droit, qui leur fut enlevé par le décret du 2 février 1852 (V. *suprà*, liv. III, n°ˢ 18 et 19), leur a été restitué par les décrets des 8 et 15 septembre 1870. Il a été régularisé par la loi du 13 février 1889 portant établissement du scrutin d'arrondissement. Elle a donné aux colonies le droit d'élire dix députés, soit deux pour chacune des grandes colonies (Martinique, Guadeloupe, Réunion), un pour l'Inde française, un pour le Sénégal, un pour la Guyane, un pour la Cochinchine. Les trois grandes colonies et l'Inde élisent en outre chacune un sénateur (L. 24 févr. 1875).

Aux diverses époques où les colonies n'étaient pas représentées dans le Parlement, leurs intérêts étaient défendus près du Gouvernement, soit par les délégués choisis par elle, soit par un Conseil supérieur consultatif.

La composition de ce conseil a été réglée par un décret du 29 mai 1890. Il comprend : 1° Les sénateurs et députés des colonies ; 2° neuf délégués élus par les petites colonies et les protectorats pour trois ans ; 3° dix-sept fonctionnaires membres de droit ; 4° des délégués des chambres de commerce de Paris, Lyon, Marseille, Bordeaux, Rouen, le Hâvre et Nantes ; 5° cinq délégués de sociétés d'études coloniales ; 6° des membres, dont le nombre n'est pas limité, nommés par le ministre. Ce conseil, purement consultatif, donne son avis sur tous les projets de lois ou décrets renvoyés à son examen, et en général sur les questions que lui soumet le ministre.

32. *Organisation municipale des colonies.* Les communes proprement dites n'ont été organisées que sous le second Empire, et seulement d'abord dans nos trois *grandes colonies.* Le sénatus-consulte du 3 mai 1854 divise leur territoire en communes, ayant chacune un maire, des adjoints et un conseil municipal nommés par le gouvernement. Les conseils municipaux étaient investis du droit de nommer la moitié des membres du conseil général.

33. La loi du 4 avril 1884 a été, en principe, déclarée applicable aux grandes colonies (art. 165), sauf quelques modifications ou additions qui s'expliquent par l'éloignement des autorités supérieures et les particularités locales. Ainsi, tandis que pour les communes situées en France, la loi exige un décret, un arrêté du gouverneur en conseil privé en tient lieu aux colonies, lorsqu'il s'agit soit de vendre des biens communaux, soit de dissoudre un conseil municipal, soit d'établir des centimes pour insuffisance de revenus (V. L. 4 avril 1884, art. 43, 44, 165, et L. 12 mai 1889).

D'autre part, des particularités locales expliquent certaines dispositions, telles, par exemple, ce qui est relatif à l'octroi de mer, dont nous parlerons sur le régime douanier.

34. Parmi les *petites colonies,* quelques-unes sont entièrement soumises au régime municipal : Saint-Pierre et Miquelon (Décr. 13 mai 1872), la Guyane, l'Inde (Décr. 12 mars 1880). — V. pour la Guyane ci-dessous, liv. X, ch. III.

L'organisation communale ne s'applique, au contraire, qu'à une fraction déterminée du territoire, le surplus restant sous la direction exclusive de l'administration : au Sénégal (Décr. 10 août 1872 et 12 juin 1880), en Nouvelle-Calédonie (Décr. 8 mars 1879), en Cochinchine (Décr. 8 janvier 1877, 29 avril 1881), à Taïti (Décr. 20 mai 1890). Partout ailleurs, l'organisation communale n'existe pas.

Dans ces quatre colonies, les conseils municipaux se réunissent en session ordinaire quatre fois par an; chaque session peut durer dix jours. Les maires ont, en principe, les mêmes attributions que dans les grandes colonies (sauf dans les colonies pénitentiaires, à la Guyane et à Nouméa., en ce qui concerne la police).

Pour tout ce qui est relatif à l'érection de nouvelles communes, ou sectionnement, ou à la réunion de communes existantes, au changement de nom, à la publicité des séances, une loi du 29 avril 1887 déclare applicables aux mêmes colonies les dispositions de la loi métropolitaine du 4 avril 1884. Enfin, leurs conseils municipaux ne peuvent correspondre entre eux comme le font ceux des grandes colonies ou de la métropole.

En Océanie, le même régime que dans les quatre colonies sus-indiquées a été institué par un décret du 20 mai 1889.

LIVRE V.

ORGANISATION JUDICIAIRE.

~~~~~~~~~

CHAPITRE I.

JUSTICE CIVILE ET CRIMINELLE DANS LES GRANDES COLONIES.

———

1. En étudiant l'organisation civile des colonies (liv. III, ch. 1er), nous avons indiqué comment la justice y était rendue sous le régime des compagnies privilégiées, et plus tard sous le gouvernement royal. Nous passons à l'examen des règles actuelles qui régissent la magistrature coloniale.

De nos jours, l'administration de la justice a fait l'objet d'ordonnances spéciales qui ont complété le système constitutif institué pour les colonies par le gouvernement de la Restauration. Les ordonnances organiques en cette matière sont celles du 30 septembre 1827 pour la Réunion, du 24 septembre 1828 pour la Martinique, du 21 décembre 1828 pour la Guyane, des 26 juillet et 31 août 1830 pour Saint-Pierre et Miquelon. L'expérience appelait des modifications qui ont été l'objet des décrets du 9 août 1854 pour le Sénégal, 16 août 1854 pour les Antilles et la Guyane, 28 février (Nouvelle-Calédonie); 1er juin 1878 (Gabon); 2 septembre 1887 (Obock); 22 avril 1887 (Diégo-Suarez); 29 octobre 1887 (Sainte-Marie de Madagascar); 17 juin 1889; et loi du 15 avril 1890 sur l'organisation de la justice dans les grandes colonies. Malgré des différences de détails que nous indiquerons plus loin pour certaines de ces colonies, ces textes présentent des traits communs.

2. Deux différences principales distinguent l'organisation judiciaire aux colonies de l'administration de la justice dans la métropole. 1º La justice, aux colonies, n'est pas placée dans les attributions du garde des sceaux, mais dans celles du ministre de la marine. Toutefois, les décrets de nomination et de révocation sont contresignés par le garde des sceaux et les mesures disciplinaires ne peuvent être prises que de concert entre les deux ministres (Ord. 28 juill. 1841). 2º Elle ne jouit pas, comme la magistrature métropolitaine, du privilège de l'inamovibilité.

3. Tout d'abord, une ordonnance du 13 novembre 1816 admit l'inamovibilité comme « condition essentielle de l'indépendance du juge. » Mais, tout au contraire, l'ordonnance du 30 septembre 1827 décida que les magistrats coloniaux ne resteraient en fonctions « que tant que le Roi le jugerait convenable au bien de son service. »

On voulait éviter que le service de la justice ne fût compromis par le principe de l'inamovibilité, dans les cas où les tribunaux ne seraient composés que d'un seul juge, et les cours restreintes à un petit nombre de magistrats. On a donc considéré que les colonies se trouvaient à cet égard dans une situation exceptionnelle, de nature à justifier une dérogation au principe de l'inamovibilité.

La question a été soumise à un nouvel examen. Lors de la discussion de la loi du 15 avril 1890, la commission du Sénat a obtenu le maintien de l'*amovibilité*, jusqu'à plus ample examen de l'organisation judiciaire en d'autres pays (Angleterre, Hollande, Espagne et Portugal) où l'on s'est attaché à établir une plus étroite assimilation des institutions judiciaires des colonies avec celles des métropoles (D. 91. 4. 2).

4. *Conditions d'âge et d'aptitude des magistrats.* — D'abord différentes, elles sont aujourd'hui les mêmes que dans la métropole pour les grandes colonies (Antilles et Réunion). Décret du 16 août 1854 et loi du 15 avril 1890 (D. 91. 4. 2).

Pour les autres colonies subsiste le décret du 16 août 1868 qui exige 22 ans d'âge pour les juges auditeurs et les juges suppléants ; 25 ans pour les conseillers auditeurs et lieutenant de juge ; 27 ans pour les juges et présidents de première instance ; 30 ans pour les juges et présidents d'appel. Le grade de licencié en droit suffit (L. 20 avr. 1810).

5. Les *causes d'incompatibilité* sont les mêmes que dans la magistrature continentale pour la Martinique, la Guadeloupe, la Réunion et le Sénégal. Dans les autres colonies, elles restent régies par des ordonnances spéciales. Elles ajoutent un degré de parenté à ceux qui, en France, déterminent l'incompatibilité, les liens de famille étant plus nombreux et plus étendus que dans nos départements (D. 54. 4. 145).

Lorsqu'un magistrat colonial se trouve par son mariage dans un des cas d'incompatibilité prévus. Son remplacement immédiat n'est pas exigé pourvu que les deux magistrats alliés au degré prohibé ne siègent pas ensemble (Cass., 2 déc. 1858, D. 58. 1. 218).

6. *Discipline judiciaire.* — La direction du service judiciaire est confiée dans chaque colonie à un magistrat qui prend le titre de chef du service. Cette mission appartient au procureur général dans les grandes colonies, ainsi qu'à la Guyane, dans l'Inde, en Cochinchine et au Sénégal.

La discipline sur les magistrats coloniaux est exercée par les cours, par les tribunaux, le chef du service judiciaire, et par le chef de l'Etat (Ordonnances organiques précitées). L'absence d'un magistrat sans congé, hors de la colonie, emporte sa démission (Ord. 30 sept. 1817, et 24 sept 1828).

La discipline des avoués et des huissiers appartient au procureur général qui procède selon les règles fixées par les ordonnances des 21 août 1825 et 9 février 1827. Il peut prononcer le rappel à l'ordre et la censure, mais pour la suspension, le remplacement et la destitution, il ne peut que faire les propositions au gouverneur qui statue. Au cas d'infractions commises au cours de l'audience les mesures disciplinaires appartiennent aux magistrats du siège, sauf au cas de destitution.

En cas d'urgence, le gouverneur peut pourvoir aux emplois vacants dans la magistrature sauf confirmation par le pouvoir central.

7. *Composition des cours et tribunaux.* — Dans les grandes colonies (Guadeloupe, Martinique, Réunion), la justice est rendue par : 1° des tribunaux de paix, des tribunaux de première instance, des cours d'appel, des cours d'assises, et en matière de commerce et de douane par les conseils privés qui sont aussi juges du contentieux administratif (Décr. du 16 août 1854; L. 27 juill. 1880; L. 15-16 avril 1890. V. le rapport de M. Casabianca au Sénat, D. 91. 4. 2).

Les *tribunaux de paix* connaissent, comme en France, des actions civiles, personnelles et mobilières sans appel jusqu'à 250 francs et sauf appel jusqu'à 500 francs pour les actions indiquées dans l'article 10 de la loi du 25 mai 1838, et en dernier ressort jusqu'à 250 francs pour les actions indiquées dans les articles 2-5 de la même loi (Décr. 16 août 1854 art. 1er).

En matière commerciale, les juges de paix statuent sans appel jusqu'à 250 francs à la Réunion; jusqu'à 150 aux Antilles. Ils jugent en premier ressort, jusqu'à 500 francs à la Réunion, jusqu'à 300 francs aux Antilles (Ord. de sept. 1827-1828 et Décr. du 16 août 1854, art. 2).

Dans les affaires civiles qui excèdent leur compétence ils font office de conciliateurs.

8. Les *tribunaux de première instance* jadis composés de un juge unique (Ord. de 1828-29), comprennent depuis 1854 un président, deux juges au moins, un procureur, un substitut s'il y a lieu, un greffier et des commis-greffiers. — Au besoin on peut y attacher deux juges suppléants (L. 15 avr. 1890). Dans l'île de Marie-Galante qui dépend de la Guadeloupe, le tribunal de première instance est remplacé par un juge de paix à compétence étendue (Décr. 25 nov. 1890).

Les tribunaux de première instance connaissent de l'appel des jugements rendus en premier ressort par les juges de paix. Ils jugent les affaires civiles et commerciales dépassant la compétence de ceux-ci en dernier ressort jusqu'à 2,000 francs en principal et 200 francs de revenu, et à charge d'appel au-dessus de ces sommes (Décr. 16 août 1854, art. 3).

9. Les *cours d'appel* dans nos trois grandes colonies des Antilles et Réunion se divisent en trois chambres (civile, correctionnelle et d'accusation) et comprennent : un président, sept conseillers au moins, un procureur général, un ou deux substituts, un greffier et des commis-greffiers. Les arrêts doivent être rendus par un nombre impair de magistrats. Il existait autrefois des conseillers auditeurs dans les cours des grandes colonies qui avaient aux Antilles voix consultative jusqu'à 27 ans, et depuis cet âge voix délibérative, mais simplement voix consultative à la Réunion. Le décret du 22 avril 1886 les a supprimés dans les grandes colonies.

Les cours d'appel ont les mêmes attributions qu'en France mais elles ont de plus une partie des pouvoirs de la Cour de cassation. On comprend que pour les affaires de minime importance il eût été excessif d'imposer aux parties les lenteurs et les frais d'un pourvoi en France. Les ordonnances de 1827 et 1828 précitées ont donc chargé les cours coloniales de connaître en matière civile et commerciale des demandes formées, soit par les parties, soit par le procureur général dans l'intérêt de la loi, en annulation pour incompétence, excès de pouvoir ou violation de la loi, des jugements rendus en dernier ressort par les juges de paix.

10. En cas d'empêchement momentané de siéger, il appartient au président de pourvoir au remplacement du magistrat absent ou empêché en appelant des magistrats honoraires ou des avoués suivant l'ordre d'ancienneté. Si l'empêchement est prolongé, le gouverneur peut pourvoir à l'intérim par la nomination d'un magistrat provisoire.

11. *Avocats, avoués.* — L'ancienne législation coloniale ne reconnaissait pas d'*avocats*. Bien plus, la profession d'avocat y fut interdite (Arrêt du cons. souverain de la Martinique, 13 janv. 1676) et les arrêts du conseil souverain portaient dispenses des consultations d'avocats dans les cas où l'ordonnance de 1667 en exigeait.

Plus tard l'ordonnance du 14 juillet 1738 autorisa la création de *procureurs* commissionnés par le gouvernement local avec le droit de plaider. En fait, quelques avocats se glissèrent entre les procureurs avec permission de la Cour; et assistance des procureurs. Mais ce fut une innovation accidentelle, une ordonnance du 1er février 1776 n'admettait d'avocats qu'autant que leur profession se confondrait avec l'exercice de la postulation. Ce fut plus tard l'origine des *avocats-avoués.*

Après 1789, les procureurs convertirent leur titre en celui d'avoué comme dans la métropole. Ils continuèrent à être exclusivement chargés de la plaidoirie et de la postulation. Les lois et règlements de 1810 sur la profession d'avocat en France ne furent pas appliqués aux colonies, et les ordonnances de 1828-1829 ne changèrent rien à cet état de choses.

Mais l'ordonnance du 15 février 1831 déclara que la profession d'avocat pourrait être librement exercée à l'avenir aux colonies suivant les lois et règlements en vigueur en France, sauf la réserve des droits acquis aux avoués titulaires en exercice. Les avoués étaient désormais réduits à la postulation et déchus du droit de plaider conformément à l'ordonnance de 1822 concernant les avoués dans la métropole.

12. Les huissiers sont nommés par le gouverneur en conseil sur la proposition du procureur général suivant les mêmes conditions d'âge, de stage et de capacité qu'on exige en France. Ils jouissent, comme les avoués depuis la loi de finance du 19 mai 1849, du droit de présentation, et doivent fournir un cautionnement. Leurs attributions sont les mêmes qu'en France (Ord. de sept. 1827 et 1828).

13. Le *notariat* présente dans les colonies une physionomie spéciale. Les fonctions en sont exercées par des greffiers à Mayotte, à Nossi-Bé, et dans la Guinée française. Dans les autres colonies, les notaires exercent conformément à la loi du 25 ventôse an XI. Cette législation instituée pour les Antilles par décret du 14 juin 1864 et déjà appliquée en partie à la Guyane, a été étendue depuis à la Cochinchine en 1870 (Arrêté local du 27 août 1875), à la Nouvelle-Calédonie (Arrêté 7 juin 1870), à la Réunion (Décr. 26 juin 1879), à Saint-Pierre et Miquelon (Décr. 30 juill. 1879), aux établissements de l'Inde (Décr. 24 août 1887), aux établissements d'Océanie (Décr. 29 juill. 1890).

Toutefois l'institution n'est pas partout identique. Dans les grandes colonies et à la Guyane, les notaires sont officiers ministériels avec le droit de présenter leurs successeurs à la nomination du chef de l'État conformément à la loi du 19 mai 1849. Dans les petites colonies, les notaires sont choisis par le gouvernement sans qu'ils puissent présenter leurs successeurs.

14. Relativement à la transmission des offices, la loi précitée du 19 mai 1849 décida (art. 9) que les dispositions de l'article 91 de la loi du 28 avril 1816 qui donne aux officiers publics qui y sont dénommés le droit de présenter un successeur à l'agrément du chef de l'Etat, seraient applicables pour la Martinique, la Guadeloupe, la Guyane et la Réunion, aux notaires, avoués, huissiers, courtiers et commissaires-priseurs.

On fit remarquer plus tard que les greffiers avaient été omis, par suite d'une erreur d'un député des Antilles. Cette omission n'a pas été légalement réparée, mais l'usage pour les greffiers de recevoir de leur successeur un prix en argent, a été maintenu en fait, sans être reconnu comme un droit.

15. L'*assistance judiciaire*, en matière civile, correctionnelle, criminelle a été instituée conformément à la loi du 22 janvier 1851, dans les grandes colonies par le décret du 16 janvier 1854, elle est réglée dans les autres par arrêtés du gouverneur rendus en conseil privé (même décret, art. 28).

16. La *justice criminelle* est rendue comme dans la métropole (Loi précitée du 25 avr. 1890).

Dans les *tribunaux de simple police* les fonctions du ministère public sont remplies par le commissaire de police, ou à défaut par l'officier de l'état civil (Ord. de sept. 1827 et 1828).

17. Les *tribunaux de police correctionnelle* avant 1854 ne jugeaient pas les délits en matière de douane et de commerce. Ils ne se composaient alors que d'un juge, ce qui fut considéré comme n'offrant pas assez de garantie pour les premiers. La connaissance des autres délits de droit commun appartenait aux cours d'appel, tandis que les infractions aux lois sur les douanes et le commerce étranger, relevaient au second degré du conseil privé constitué en commission d'appel. Ces mesures, véritablement anormales, ont disparu (Décr. du 16 août 1854, et du 5 août 1881). Aujourd'hui, le tribunal civil constitué comme il a été dit plus haut, statuant correctionnellement, connaît en premier ressort des délits et infractions dont la peine excède la compétence du tribunal de simple police, et en appel des décisions rendues en simple police conformément au Code d'instruction criminelle.

Les cours d'appel connaissent aujourd'hui suivant le droit commun des jugements rendus par les tribunaux correctionnels.

18. Les *cours d'assises* coloniales organisées par les ordonnances des 30 septembre 1827, et 24 septembre 1828 précitées, différaient profondément des cours d'assises de la métropole. Elles se composaient de trois conseillers de cour d'appel et de quatre assesseurs. La loi du 27 juillet 1880 a, dans les grandes colonies, remplacé le collège des assesseurs par le jury et a statué que toutes les lois en vigueur dans la métropole sur le jury et notamment la loi fondamentale du 24 novembre 1872 seraient mises en vigueur dans les grandes colonies.

La liste annuelle du jury comprend, pour chaque ressort de cour d'assises, 400 jurés. Elle est répartie par le gouverneur par arrondissement et par canton et dressée pour chaque arrondissement par une commission composée du président du tribunal civil, du juge de paix, et du conseiller général de chaque canton (Loi 27 juill. 1880, art. 4).

Outre les lois sur le jury, en vigueur dans la métropole, la loi de 1880 a prescrit de promulguer dans les grandes colonies tous les articles du Code d'instruction criminelle relatifs à la procédure devant les cours d'assises. Il suffit de se référer aux articles qui ont été spécialement désignés par ladite loi comme devant recevoir leur application.

La présence d'un interprète est fréquente dans les cours d'assises. L'article 332 du Code d'instruction criminelle, mis en vigueur aux colonies, a donné lieu à quelques difficultés qui ont été tranchées par la jurisprudence (V. Fuzier-Herman, v° *Colonie*, n°s 433 et suiv.).

CHAPITRE II.

ORGANISATION DE LA JUSTICE DANS LES PETITES COLONIES.

19. Tribunaux de paix à compétence étendue.
20. Tribunaux de première instance.
21. Tribunaux d'appel.
22. Affaires commerciales.
23. Affaires criminelles.

19. Chacune des petites colonies a une organisation judiciaire qui lui est propre ; mais elle offre certains traits généraux.

Les *tribunaux de paix* jouissent dans les petites colonies d'une compétence plus étendue que celle des tribunaux de paix métropolitains. Des justices de paix à compétence étendue existent à Marie-Galante, voisine de la Guadeloupe, dans l'Inde, à Yanaon, Mahé et Chandernagor, à la Guyane pour le Maroni, en Nouvelle-Calédonie, au Soudan français ; à Diégo-Suarez, à Sainte-Marie de Madagascar à Obock, et dans la Guinée française. Il en avait été créé en Cochinchine (1886) qui ont été supprimées par décret du 17 juin 1889.—

20. Les *tribunaux de première instance* se composent d'un juge unique, qui a le titre de président, et qui a pour suppléant un lieutenant de juge.

Il en est ainsi dans l'Inde à Karikal et Pondichéry, en Nouvelle-Calédonie, dans les établissements de l'Océanie, au Gabon, au Sénégal, à Saïgon, etc. (V. *inf.*, l'*Indo-Chine*.

Mais il n'existe qu'un juge, sans lieutenant de juge, dans les tribunaux de Cochinchine, à Saint-Pierre et Miquelon, à Mayotte, à Nossi-Bé, et à Cayenne.

Ces tribunaux, comme ceux de première instance de la

métropole, statuent en appel sur les jugements des tribunaux de paix, et de simple police, et en premier ressort sur les affaires civiles ou correctionnelles.

21. Les affaires sur lesquelles ces tribunaux statuent en première instance sont portées en appel soit devant une *cour d'appel* au Sénégal, en Cochinchine, et dans l'Inde (Décr. 15 mai et 17 juin 1889), soit devant un *tribunal supérieur* ou *conseil d'appel* en Nouvelle-Calédonie, à Taïti, à la Guyane et dans la Guinée française (Décr. du 1er juill. 1880, 28 févr. 1882, 20 févr. 1886, 4 mai 1892).

Nous avons dit précédemment qu'il existait autrefois dans chaque cour coloniale un ou deux conseillers auditeurs. Il n'en existe plus aujourd'hui, que dans l'Inde et au Sénégal (Décr. 18 févr. 1880, et 15 mai 1889).

22. Les affaires *commerciales* sont jugées par les tribunaux civils, qui, à Nouméa et à Taïti sont complétés par deux assesseurs choisis pour un an par le gouverneur sur une liste de candidats désignés par les commerçants.

23. Les affaires qui dans la métropole sont de la compétence de la *Cour d'assises* sont jugées dans les petites colonies par des tribunaux qui prennent la dénomination, soit de *Cours d'assises* (Sénégal), soit de *Cours criminelles* (Inde et Cochinchine), soit de *tribunaux criminels* (Guyane, Obock, etc.).

Mais ces juridictions statuent sans l'assistance d'un jury. Il est remplacé suivant les colonies par deux ou quatre assesseurs. C'était, nous l'avons dit, le système appliqué même dans les grandes colonies jusqu'à la loi du 27 juillet 1880. La composition du collège des assesseurs faisait l'objet de diverses dispositions dont nous n'avons plus à nous occuper. Ce qui subsiste c'est que les assesseurs sont désignés par la voie du sort sur une liste préalablement dressée par le gouverneur, en Océanie, en Nouvelle-Calédonie, au Sénégal, et dans la Guinée française; — dans les autres colonies cette liste est dressée par une commission composée de magistrats, d'administrateurs, et de membres des conseils électifs. Dans l'Inde ,et en Cochinchine, lorsque les accusés sont indigènes les assesseurs sont tirés au sort sur une liste d'assesseurs indigènes. Hors ce cas, et dans la plupart des colonies les assesseurs doivent être français, domiciliés dans la colonie, et jouir de leurs droits civils et politiques.

CHAPITRE III.

DU POURVOI EN CASSATION.

24. Du pourvoi en cassation dans les grandes et les petites colonies.

24. Au-dessus des diverses juridictions que nous venons de faire connaitre se place la Cour de cassation devant laquelle on peut se pourvoir contre les jugements en dernier ressort, et les décisions des juridictions de second degré.

Avant 1789, les pourvois en cassation étaient déférés au Conseil du roi. En 1791, il fut question d'instituer un tribunal de cassation spécial pour les colonies à raison de leur éloignement de la métropole. Mais où l'établir? aux Antilles, à la Réunion, dans l'Inde? La proposition fut donc repoussée par l'Assemblée constituante et par la Convention. Le Tribunal de cassation unique, créé à Paris le 27 novembre 1790, est devenu compétent pour les colonies.

Nous rappelons cependant que les cours d'appel sont cours régulatrices au cas d'excès de pouvoir vis-à-vis des tribunaux de paix et de simple police, vu la distance, et la nécessité d'une prompte sanction, quant aux abus des tribunaux inférieurs (V. *sup.*, n° 9). Le pourvoi devant la Cour suprême ne fut d'abord ouvert que pour les trois grandes colonies en matière civile, commerciale, correctionnelle et criminelle. Dans les autres colonies il n'existait qu'en matière civile et commerciale et seulement dans l'intérêt de la loi en matière criminelle, aujourd'hui il est ouvert en toutes matières dans l'intérêt des parties pour toutes les colonies, sauf pour Obock vis-à-vis de qui les anciennes restrictions ont été maintenues (Décr. des 27 mars, 15 mai, 25 juin, 20 août 1879, 1ᵉʳ juill. 1880, 12 mars 1883, 2 sept. 1887, 15 mai 1889, 4 mai 1892).

CHAPITRE IV.

DE LA JUSTICE ADMINISTRATIVE AUX COLONIES.

25. Le conseil privé, en tant que tribunal administratif. — Ordonnances organiques et sénatus-consulte du 3 mai 1854.
26. Décret du 5 août 1881. — Organisation du conseil contentieux administratif.
27. Sa compétence.
28. Procédure.
29. Voies de recours.

25. Nous avons dit (liv. IV, nᵒˢ 17 et 18) que le conseil privé, institué par les ordonnances organiques des 21 août 1825 et 9 février 1829, a des fonctions administratives et judiciaires. Nous nous sommes expliqué sur les premières, nous envisageons maintenant le conseil privé en tant que tribunal administratif. Sa composition et sa compétence avaient été déterminées par lesdites ordonnances et par le sénatus-consulte du 3 mai 1854.

La procédure était réglée par l'ordonnance du 31 août 1828. Lorsqu'il devenait juge du contentieux, il se constituait en comité, ou conseil du contentieux et il lui était adjoint des membres de l'ordre judiciaire.

26. Cette législation a été en partie modifiée par le décret du 5 août 1881 rendu pour les grandes colonies, mais peu après étendu, sous quelques modifications aux petites colonies

(Décr. 7 sept. 1881). La législation nouvelle s'est inspirée du projet qui avait été proposé pour les conseils de préfecture et qui est devenue la loi du 29 juillet 1889.

En conséquence, la justice administrative aux colonies est rendue par un *Conseil du contentieux administratif* qui est composé : 1° des membres du conseil privé, 2° de deux magistrats désignés chaque année par le gouverneur, auxquels sont adjoints deux autres magistrats en qualité de suppléants. Le gouverneur préside le conseil avec voix prépondérante en cas de partage. Le conseil ne peut délibérer qu'autant que tous ses membres, à l'exception du gouverneur, sont présents, ou régulièrement remplacés, en cas d'empêchement motivé. Le gouverneur étant absent, la présidence est déférée au fonctionnaire qui vient après lui dans l'ordre hiérarchique.

Les fonctions du ministère public confiées par le décret du 5 août 1881 à l'inspecteur des services administratifs et financiers, ont, depuis, été dévolues à un officier du commissariat ou à un autre fonctionnaire désigné par le gouverneur (Décr. du 3 février 1891). Le secrétaire archiviste du conseil privé remplit l'office de greffier.

27. *Compétence.* Le décret de 1881 a conservé au conseil du contentieux les pouvoirs que lui conféraient les ordonnances organiques, (sauf en matière d'esclavage, et pour les conflits d'attribution entre l'autorité administrative et l'autorité judiciaire qui sont déférés aujourd'hui au tribunal des conflits (Décr. du 5 août 1881, art. 3 et 4).

Il faut donc, relativement à sa compétence, s'en référer aux ordonnances organiques de 1825, 1827 et 1828 auxquelles sont venues s'ajouter celles des 23 juillet et 7 septembre 1840, et 18 septembre 1844 (Voy. pour les textes, Dalloz, *Org. des colonies*).

En conséquence, le conseil du contentieux connaît : 1° Des contestations entre l'administration et les entrepreneurs de fournitures ou de travaux publics. 2° Des réclamations des particuliers au sujet de torts et dommages provenant du fait personnel des entrepreneurs dans l'exécution des marchés passés avec le gouvernement. 3° Des contestations concernant les indemnités dues aux particuliers à raison des dommages causés à leurs terrains pour l'extraction ou l'enlèvement des matériaux nécessaires à l'exécution des travaux publics. 4° Des demandes en réunion de terrains au domaine lorsque les concessionnaires n'ont pas rempli les clauses des concessions. 5° Des contestations relatives à l'ouverture et à l'entretien des routes, chemins vicinaux, etc. 6° De celles relatives à l'établissement des embarcadères, ports, bacs, etc., sur les rivières et bras de mer, et à la pêche sur les rivières et étangs appartenant au domaine public. 7° Des empiètements sur les propriétés publiques. 8° Des demandes des comptables en mainlevée de séquestre ou d'hypothèque. 9° Des demandes de réintégration de pièces aux archives. 10° Du contentieux administratif en général. (Sur les solutions de jurisprudence auxquelles ces attributions ont pu donner lieu dans la pratique, et en outre sur les pouvoirs du conseil du contentieux en matière de concessions d'eaux, Voy. le *Rép.* de Fuzier-Herman, v° *Colonie*, n°ˢ 727 et suiv. et 764 et s.).

28. *Procédure.* — L'instance devant le conseil du contentieux est introduite au moyen d'une requête déposée au secrétariat du conseil avec pièces à l'appui (Décr. 5 août 1881). Elle doit contenir les nom, profession et domicile du demandeur, les nom et demeure du défendeur, l'exposé des faits, les moyens et conclusions et l'énonciation des pièces qui y sont jointes. Il y est fait élection de domicile dans le lieu de résidence du conseil (même décr., art. 7 et 8).

29. *Voies de recours contre les décisions du conseil.* — Elles sont au nombre de trois : l'opposition, et la tierce opposition suivant les mêmes règles que devant les conseils de préfecture, et le recours au Conseil d'État, lequel se compose de deux phases distinctes la déclaration en recours et la requête en recours. Pour les formes et les délais il suffit de se reporter aux textes du décret de 1881.

LIVRE VI.

ORGANISATION MILITAIRE.

1. *Commandement militaire.* — Nous avons vu que le gouverneur de chaque colonie est responsable, sous l'autorité directe du ministre de la marine, de la garde et de la défense intérieure et extérieure des établissements placés sous ses ordres (Décr. 3 févr. 1890). Nous avons constaté aussi que le commandement direct lui avait été enlevé (Décr. 21 janv. 1888). Mais il n'en conserve pas moins l'autorité hiérarchique sur le commandant militaire, le droit de requérir les forces navales qui sont dans les eaux de la colonie, ainsi que celui de déclarer ou de lever l'état de siège (même décr., art.

2, 3, 6). Enfin, il exerce lui-même les pouvoirs militaires si, dans l'armée, il est titulaire d'un grade égal ou supérieur à celui du commandant militaire (art. 5).

2. Le commandement militaire est exercé par un officier général ou supérieur nommé par décret à l'emploi de commandant en chef ou de commandant militaire. Lorsqu'il n'y a pas de commandant ainsi désigné, les fonctions en sont exercées par l'officier le plus élevé en grade (art. 6). L'autorité sur le personnel marin appartient à un officier désigné par le chef de l'État (art. 7). Cet officier porte le titre de commandant de la marine; il est membre du conseil privé et du conseil de défense. Le gouverneur est son supérieur hiérarchique.

3. *Armée coloniale.* —Toute nation qui veut coloniser doit se garder autant que possible d'employer à la défense de ses colonies une partie de l'armée métropolitaine, c'a été une grande faute depuis 1880 que d'avoir agi ainsi et de là vient que cette politique est devenue impopulaire (V. P. Leroy-Beaulieu, p. 745). Comment faut-il donc pourvoir à la défense des colonies, et comment les jeunes gens qui y sont nés, ou qui y demeurent doivent-ils satisfaire à la loi militaire?

Avant la loi du 15 juillet 1889 sur le recrutement, les lois métropolitaines n'étaient pas applicables aux colonies. Les jeunes gens dont les parents étaient domiciliés aux colonies, échappaient au service militaire. Leur situation fait aujourd'hui l'objet du titre VI, art. 81 à 83 de ladite loi (V. Dalloz, 89, 4, p. 73) qui règle le recrutement en Algérie et aux colonies.

L'article 81 déclare la loi applicable aux colonies de la Guadeloupe, de la Martinique, de la Guyane et de la Réunion. A la vérité, sa mise à exécution a été différée dans ces colonies suivant l'aveu qui en a été fait à la tribune par le ministre de la guerre sur une question de M. de Mahy, député, qui demandait pourquoi on envoie encore à la Réunion des hommes de la métropole, alors qu'on ne lève pas ceux du pays. L'application de la loi soulève, paraît-il, des questions

R.   9

budgétaires à l'occasion desquelles un projet doit être présenté à la Chambre (*Off.* du 18 mars 1894, séance du 17).

4. Pour l'Algérie et les colonies autres que la Guadeloupe, la Martinique, la Guyane et la Réunion, l'article 81 édicte des dispositions particulières très détaillées dont voici le résumé : En dehors d'exceptions motivées, et dont il serait fait mention dans le compte-rendu prévu par l'article 86 (que le ministre de la guerre est tenu de présenter aux Chambres chaque année avant le 30 juin sur l'exécution de la loi pendant l'année précédente), les Français et les naturalisés Français, résidant en Algérie ou dans une colonie (autre que les quatre ci-dessus mentionnées), sont incorporés dans les corps stationnés, soit en Algérie, soit aux colonies, et après *une année* de présence effective sous les drapeaux, ils sont envoyés dans la *disponibilité*, s'ils ont satisfait aux conditions de conduite et d'instruction déterminées par le ministre de la guerre.

Mais s'il n'y a pas de corps stationné dans un rayon fixé par arrêté ministériel, ils sont alors dispensés de la présence effective sous les drapeaux. Cependant, si cette situation se modifie avant qu'ils aient atteint l'âge de trente ans, ils accompliraient une année de service dans le corps de troupe le plus voisin.

En cas de mobilisation générale, les hommes valides qui ont terminé leurs vingt années de service sont réincorporés avec la réserve de l'armée territoriale, sans pouvoir cependant être appelés à servir hors du territoire de l'Algérie et des colonies.

5. Mais si un Français ou un naturalisé Français, résidant en Algérie, et ayant bénéficié des dispositions précédentes, c'est-à-dire, ayant été appelé un an, ou encore n'ayant pu être incorporé à défaut de corps en stationnement dans le active pendant trois ans, de la réserve de l'active pendant sept ans, de la territoriale pendant neuf ans, de la réserve de la territoriale pendant neuf ans, et il complétera dans un corps de la métropole son temps de service, sans pouvoir cependant être retenu au delà de l'âge de trente ans.

Quant aux Français ou naturalisés Français qui sont dans un pays de protectorat où se trouvent stationnées des troupes françaises, on voit quelle est leur situation. Ils sont admis, sur leur demande, à bénéficier des dispositions qui précèdent.

6. Tel est l'article 81 de la loi du 15 juillet 1889. On pourrait s'étonner de la situation exceptionnelle et privilégiée qui est ainsi faite aux Français naturalisés résidant en Algérie et en d'autres colonies. La raison en est qu'en Algérie, et dans les colonies autres que la Martinique, la Guadeloupe, la Guyane, la Réunion, les citoyens français se trouvent clairsemés au milieu de nombreuses populations indigènes non assimilées. Il est difficile : 1° de les incorporer pendant trois ans dans l'armée active, d'où la nécessité de réduire leur service à un an; 2° même parfois de les incorporer pendant un an; de là la nécessité de suspendre leur incorporation tant qu'il n'y a pas un corps en stationnement dans un rayon rapproché; 3° il y a nécessité et grand avantage pour les jeunes gens éloignés de la métropole de ne pas interrompre leurs occupations; ils méritent plus de ménagements que ceux qui sont dans leur foyer natal métropolitain.

Au contraire, dans nos quatre anciennes colonies, l'élément indigène n'existe plus, tous les habitants sont citoyens français. Ayant tous les droits des citoyens français, ils peuvent accomplir les mêmes devoirs.

7. L'article 82 s'occupe des jeunes gens inscrits sur les nies par des maisons de commerce de France, et elle a souvent préoccupé les chefs de ces maisons. Les vœux qui ont été exprimés à leur sujet (V. Soc. d'Écon. pol. de Lyon, séance du 3 déc. 1886, vol. de 1886, p. 47 et suiv.) ont reçu satisfaction par l'article 82, qui déclare que les jeunes gens dont il s'agit pourront, sur l'avis conforme du gouverneur ou du résident, bénéficier des dispositions contenues dans l'article 50 qui est ainsi conçu : « En temps de paix les jeunes gens qui, avant l'âge de dix-neuf ans révolus, auront établi leur résidence à l'étranger hors d'Europe, et qui y occupent une situation régulière, pourront, sur l'avis du consul de France, être dispensés du service militaire pendant la durée de leur séjour à l'étranger; ils devront justifier de leur situation chaque année » (V. Dalloz, 89. 4. 95).

S'ils rentrent en France avant l'âge de trente ans, ils devront accomplir le service actif sans pouvoir être retenus au delà de l'âge de trente ans; s'ils rentrent après l'âge de trente ans, ils ne sont soumis qu'aux obligations de leur classe.

8. Enfin, aux termes de l'article 83, les conditions spéciales de recrutement des corps étrangers et indigènes sont réglées par décrets, jusqu'à ce qu'il y ait une loi spéciale.

La pensée fut exprimée devant la Chambre des députés d'imposer aux indigènes de l'Algérie, par la loi à intervenir, le service militaire obligatoire, mais il fut entendu, à la suite d'observations qui présentèrent ce système comme dangereux pour l'avenir du pays, qu'on réservait la question de savoir si les indigènes seraient soumis au service obligatoire, ou si l'on conserverait le mode actuel de recrutement consistant dans l'enrôlement volontaire.

C'est par l'enrôlement volontaire que l'on a constitué, sous des dénominations variées, divers corps de troupes indigènes, en Algérie, en Annam, au Sénégal, au Soudan, etc. (Zouaves, Turcos, Tirailleurs algériens, sénégalais, laptots, annamites, etc.). Ces corps sont distincts des milices locales instituées par décrets ou par arrêtés des gouverneurs (Voy. notamment sur les milices algériennes le décret du 9 nov. 1859. — Dalloz, v° *Org. de l'Algérie*, n°ˢ 327 et suiv.).

9. Nous venons de nous occuper des conditions de recrutement des hommes que leur âge et leur qualité de français, de naturalisés ou assimilés appelleraient au service militaire. Il y a une autre question à envisager, c'est celle de l'organisation de l'armée coloniale, c'est-à-dire des forces spécialement affectées à la défense des colonies. La loi du 15 juillet 1889, muette sur ce point, a laissé subsister les errements suivis jusqu'alors, consistant en ce que les détachements de l'armée régulière envoyés aux colonies se recrutaient exclusivement en France. Bien plus, les jeunes gens auxquels étaient échus les numéros les plus faibles étaient incorporés dans les contingents coloniaux. Cette disposition a paru avec raison contraire à l'équité. Le gouvernement présenta à la Chambre en 1891 un projet d'ensemble qui contenait une organisation complète de l'armée coloniale. Malheureusement, ce projet a passé devant le Parlement par de nombreuses vicissitudes, et a abouti à une réglementation exclusivement relative au mode de recrutement des troupes destinées à la défense coloniale. C'est l'objet de la loi du 1ᵉʳ août 1893.

L'armée coloniale, en ce qui concerne l'élément français, se recrutera désormais uniquement par des volontaires.

Les engagements et rengagements sont contractés dans les conditions suivantes :

1° Par voie d'*engagements volontaires* pour une durée de trois, quatre ou cinq années.

2° Par voie d'incorporation des jeunes gens qui, au moment des opérations du conseil de révision, auront *demandé* à entrer dans les troupes coloniales et auront été reconnus aptes à ce service.

3° Par voie de *rengagement* conformément aux dispositions des articles 63 et 65 de la loi du 15 juillet 1889.

4° En cas d'insuffisance : *par l'appel* fait sous forme d'engagements, aux *volontaires* de l'armée de terre, sous-officiers, brigadiers, caporaux ou soldats, ayant plus d'une année de présence sous les, drapeaux. En cas d'expédition, s'il y a insuffisance, il sera fait *appel* à la *légion étrangère*.

Les avantages offerts aux engagés ou rengagés sont de trois sortes : *a*) un certain nombre d'emplois civils et militaires sera exclusivement réservé en France, en Algérie et. aux colonies, aux caporaux, brigadiers et soldats ayant accompli quinze années de services dans les troupes coloniales. *b*) S'ils sont mariés et s'ils en font la demande ils peuvent recevoir, dans l'année qui suit leur libération, un titre de concession sur les terres disponibles en Algérie ou dans les colonies. *c*) Il pourra être alloué aux engagés volontaires de trois, quatre ou cinq ans, et aux rengagés de un, deux, trois et cinq ans des primes, gratifications et haute-payes, dont le taux et les conditions de paiements seront déterminés par un décret.

Ces dispositions ne seraient pas, paraît-il, considérées comme définitives. Suivant une promesse formulée au cours des débats qui ont précédé la création du ministère des colonies (20 mars 1894), par les ministres de la guerre et de la marine un projet devait ultérieurement être présenté sur la constitution complémentaire des troupes coloniales d'après un système d'incorporation sur place.

10. *Code de justice militaire.* — La justice militaire avait été organisée pour les grandes colonies par les sénatus-consultes du 3 mai 1854 et du 4 juin 1858, suivi d'un décret du 21 juin relatif aux petites colonies. En principe, les dispositions pénale, du Code militaire des armées de mer ont été appliquées à toutes les colonies (Décr. des 21 juin 1858 et 31 mars 1868).

La législation actuelle résulte encore du décret du 4 octobre 1889 et des textes antérieurs que ce décret n'a pas abrogés. La justice militaire dans les colonies est rendue aujourd'hui par des conseils de guerre et des conseils de révision permanents. Les attributions conférées en France aux préfets maritimes et au ministre de la guerre sont dévolues aux gouverneurs des colonies où ces conseils sont établis.

Un conseil de guerre permanent est institué dans chacune des trois grandes colonies Martinique, Guadeloupe, Réunion, et à la Guyane, au Sénégal, au Gabon, à Taïti, pour les établissements de l'Océanie, à Diégo-Suarez, en y comprenant dans son ressort Sainte-Marie de Madagascar, Nossi-Bé, Mayotte et leurs dépendances.

Il en existe deux dans la Cochinchine et deux à la Nouvelle-Calédonie dont le ressort s'étend à toutes ses dépendances.

Chacune de ces colonies possède un conseil de révision permanent sauf le Gabon qui ressort du conseil de révision du Sénégal, Taïti qui ressort de la Nouvelle-Calédonie et Diégo-Suarez qui ressort de la Réunion.

Pour Saint-Pierre et Miquelon, l'Inde et Obock, la juridiction appartient au conseil de guerre permanent d'un des arrondissements maritimes de France, désigné par le ministre de la marine.

Les conseils se composent de cinq juges dont les grades varient suivant le grade de l'accusé (Voir le tableau annexé au décret, Dalloz, 90. 4. 98), d'un commissaire-rapporteur remplissant les fonctions d'instruction et de ministère public et d'un greffier. Les officiers du grade de colonel et au-dessus sont jugés en France, par un conseil que le ministre désigne.

Un second décret du 4 octobre 1889 a soustrait à la compétence des conseils de guerre et de révision la connaissance des crimes et délits commis dans les colonies pénitentiaires par les condamnés aux travaux forcés, pour l'attribuer à des tribunaux maritimes spéciaux.

LIVRE VII.

ORGANISATION DES CULTES ET DE L'INSTRUCTION PUBLIQUE.

~~~~~~~~~~

CHAPITRE PREMIER.

LES CULTES.

─────

1. L'exercice des cultes aux colonies. — Vicaires apostoliques.
2. Organisation de diocèses aux trois grandes colonies.
3. Pouvoirs des évêques.
4. Fabriques.
5. Consistoire protestant à la Guadeloupe.
6. Sièges épiscopaux.
7. Dons et legs pieux.

1. La liberté des cultes est un principe ancien dans les colonies. Avant 1789, l'intendant et le gouverneur connaissaient seuls « des affaires de religion » et en avaient la police. Le culte catholique étant professé par le plus grand nombre des colons européens, on avait dû s'occuper de son organisation. Mais elle était restée très rudimentaire. L'autorité ecclésiastique était confiée à de simples prêtres, revêtus du titre de vicaires ou préfets apostoliques. Supprimés en 1792, ils avaient été rétablis en 1802, mais, n'ayant pas la plénitude des pouvoirs spirituels des évêques, ils manquaient d'une action suffisante sur le clergé et d'ascendant sur les populations.

2. Ce n'est qu'en 1850 que les colonies de la Martinique, de la Guadeloupe et de la Réunion furent érigées en diocèses, ayant chacune un évêché suffragant de l'archevêché de Bordeaux (Décr. 18 déc. 1850). Ces diocèses reçurent, en 1851 (Décr. 3 févr.), une organisation qui a été complétée par un avis du 30 avril 1885. Les paroisses sont administrées par de simples desservants. L'évêque traite directement, avec le gouverneur, des affaires du diocèse, et fait partie de droit du conseil privé, avec voix délibérative lorsque le conseil s'occupe des affaires du culte.

3. L'évêque exerce sur la publication des livres d'église, d'heures, et de prières les mêmes pouvoirs que les évêques de France. Aucune communauté ou congrégation religieuse ne peut s'établir sans que l'évêque, d'accord avec le gouverneur, l'ait autorisée provisoirement. Les communautés et congrégations reconnues par le gouvernement y jouissent des mêmes droits que dans la métropole.

4. Avant 1851 les fabriques étaient régies par des arrêtés locaux. Depuis le décret du 3 février 1851 elles sont soumises dans nos trois grandes colonies aux dispositions du décret du 30 décembre 1809 qui régit la matière. Toutefois l'article 168 de la loi municipale du 4 avril 1884 qui abroge plusieurs des dispositions du décret de 1809 est applicable aux colonies.

5. A la Guadeloupe, dans la commune de Saint-Martin dont la population est en majorité protestante, un consistoire a été érigé par décision du 11 mars 1852.

6. Le siège épiscopal de la Martinique établi d'abord à Fort-de-France a été transféré dans la ville de Saint-Pierre. L'évêché de la Réunion a son siège à Saint-Denis.

Au Sénégal, l'autorité ecclésiastique reste confiée à un préfet apostolique siégeant à Saint-Louis. Il en est de même dans l'Inde, mais indépendamment de la préfecture apostolique établie à Pondichéry il y existe une mission française du Malabar dont le chef porte le titre de vicaire apostolique.

Dans la Nouvelle-Calédonie, le supérieur ecclésiastique est un évêque *in partibus*. Le service du culte à Mayotte et à Nossi-Bé dépend de la mission religieuse de Madagascar dont le siège est à la Réunion.

7. Les dons et legs pieux faits aux églises , aux fabriques, aux paroisses, aux pauvres, aux hospices, et en général à tout établissement d'utilité publique et aux associations religieuses reconnues par la loi, sont réglementés par les ordonnances des 30 septembre 1827 et 25 juin 1833. Les libéralités n'excédant pas 3,000 francs peuvent être acceptées avec l'autorisation du gouverneur après délibération du conseil privé. Pour les dons et. legs supérieurs à cette somme, l'acceptation doit être autorisée par décret rendu en Conseil d'État après avis préalable donné en conseil par le gouverneur (mêmes ordonnances).

CHAPITRE II.

L'INSTRUCTION PUBLIQUE.

---

8. *Organisation de l'instruction publique.* — Les ordonnances organiques rendues en 1825, 1827, 1828, que nous avons souvent citées, ont placé sous la surveillance des gouverneurs tout ce qui a rapport à l'instruction publique. Aucune école ne pouvait s'établir sans leur autorisation. Ce principe a été maintenu par la loi du 15 mai 1850 et subsista pour les petites

colonies (Décr. 1er févr. 1893, pour l'Inde). Quant aux grandes colonies, un règlement d'administration publique annoncé par l'article 68 de la loi du 30 octobre 1886 devra régler la matière.

9. Le service de l'enseignement est confié au directeur de l'intérieur (Ord. organiques précitées), sauf à la Martinique et à la Réunion, où il est placé sous la direction d'un vice-recteur, qui agit sous la haute autorité du gouverneur, et doit être appelé au conseil privé avec voix consultative, lorsque les questions de sa compétence y sont traitées (Décr. des 2 mars 1880 et 21 sept. 1882).

10. Un conseil ou comité central de l'instruction publique a été institué, par la loi du 26 septembre 1890, dans chacune des grandes colonies. Il se compose du gouverneur-président, du vice-recteur ou du directeur de l'intérieur comme vice-président, de quatre conseillers généraux, du proviseur du lycée, des directeurs et directrices d'écoles normales, de l'inspecteur primaire, et de deux instituteurs et deux institutrices.

Le comité central a les attributions conférées au conseil départemental dans la métropole par les lois des 28 mars 1882 et 30 octobre 1886. Deux inspecteurs généraux, l'un pour les lettres, l'autre pour les sciences doivent, chaque année, visiter les établissements coloniaux primaires ou secondaires (Décr. 7 sept. 1873).

11. L'enseignement *primaire* est gratuit et obligatoire, par application des lois régissant la métropole. Toutefois, l'obligation n'est imposée que dans les communes où les locaux présentent des conditions suffisantes, déterminées par arrêtés du gouverneur. Dans les petites colonies, l'obligation n'existe qu'à Saint-Pierre et Miquelon et dans l'Inde (Décr. 17 sept. 1891 et 1er févr. 1893). Il est laïque ou congréganiste suivant les localités. Le personnel de l'enseignement primaire n'est recruté que par décision du ministre chargé des colonies.

Nous traiterons plus loin de l'instruction en Algérie et en Tunisie.

12. Le personnel de l'*enseignement secondaire*, au contraire, dépend du ministre chargé de l'instruction publique.

Des brevets de capacité peuvent être délivrés par le gouverneur, ensuite d'examens subis devant un jury spécial (Décr. 27 août 1882). Ils sont échangeables en France contre des diplômes de bachelier, moyennant la révision des épreuves.

Le décret du 8 août 1890, sur le baccalauréat, a été étendu aux grandes colonies (Décr. 22 nov. 1892). Enfin, les décrets des 4 et 5 juin 1892, sur l'enseignement secondaire spécial et l'enseignement secondaire moderne, s'appliquent également ment aux grandes colonies.

13. L'enseignement supérieur (en dehors de ce qui concerne l'Algérie), n'est représenté aux colonies que par l'Ecole préparatoire à l'enseignement du droit créée à Fort-de-France, dans la Martinique (Décr. 20 janv. 1883), l'Ecole de droit de Pondichéry (Arr. 30 mai 1867 et 24 févr. 1879), et divers cours professés à la Guadeloupe et dans l'Inde.

LIVRE VIII.

DU RÉGIME COMMERCIAL ET DOUANIER.

1. Le pacte colonial.
2. Dérogations antérieures à 1789.
3. Rétablissement en principe du pacte colonial en 1815. — Dérogations nécessaires.
4. Rupture du pacte colonial dans les colonies anglaises en 1850. — Rupture inévitable dans les colonies françaises.
5. Emancipation de la Martinique, de la Guadeloupe et de la Réunion en 1861.
6. Sénatus-consulte du 4 juillet 1866. — Octroi de mer. — Tarifs de douane votés par les conseils généraux.
7. Caractères distincts.
8. Illégalité des arrêtés qui ont établi l'octroi de mer avant 1866.
9. Comment les colonies ont usé de leur autonomie. — Suppression en premier lieu des tarifs de douane. — Vaine réclamation des producteurs métropolitains.
10. Leurs plaintes contre l'octroi de mer.
11. Régime douanier des petites colonies.
12. Nouveau régime douanier des colonies. — Rétablissement des droits de douane depuis 1884 par les conseils généraux.
13. Mouvement protectionniste accentué dans l'intérêt de la métropole. — Loi du 29 décembre 1881 en ce qui concerne les importations en Algérie.
14. Loi du 26 février 1887 appliquant le tarif général à l'Indo-Chine.
15. Effets différents de cette législation en Algérie et en Indo-Chine. — Plaintes de l'Indo-Chine.
16. Le Parlement n'en a résolûment tenu aucun compte.
17. Régime douanier établi par la loi du 11 janvier 1892.
18. 1º Produits coloniaux importés dans la métropole. — Admission en franchise sauf deux exceptions.
19. L'admission en franchise subordonnée à l'importation directe et à la justification d'origine. — Motif : intérêt de la marine marchande.

1. Nous avons vu que les colonies furent partout dès leur
origine considérées comme exclusivement destinées à l'utilité
et à l'enrichissement de la métropole.

Les avantages naturels qu'elles pouvaient offrir ne suffirent
pas aux métropoles. Celles-ci cherchèrent à s'en assurer
d'artificiels aux moyens de lois et de règlements. Elles vou-
laient monopoliser le commerce de leurs colonies. Cependant
en échange des privilèges qu'elles prenaient de vive force
elles consentirent, au profit de celles-ci, à s'imposer certains
sacrifices. Ce système de restrictions réciproques qui porte
le nom de pacte colonial se retrouve à chaque page de
l'histoire de la colonisation.

Ces restrictions peuvent se ramener à six :

1º Restrictions sur la destination des produits coloniaux.
L'exportation n'en était permise qu'au profit et à destination
de la métropole ;

2º Restrictions sur l'importation dans les colonies d'articles
de fabrication étrangère, chaque métropole interdit à ses
colonies de se pourvoir autre part que chez elle-même des
produits européens. — La métropole voulait s'assurer un
débouché permanent dans l'intérêt de ses propres produits ;

3º Prohibition de l'importation dans la métropole des produits exotiques provenant de contrées et de colonies étrangères. C'était une compensation accordée aux colonies : on
voulait ainsi par réciprocité assurer à leurs produits des
débouchés exclusifs dans la métropole ;

4º Restrictions sur le transport des marchandises à destination ou en provenance des colonies. Ce transport n'était permis que sur les vaisseaux de la métropole. Ce fut un des principes favoris de la politique anglaise pendant plus de deux siècles;

5° Interdiction (bien étrange) imposée aux colons de transformer leurs produits bruts en produits manufacturés. On connaît le mot de Chatam : « Les colonies anglaises du nord de l'Amérique n'ont aucun droit à manufacturer même un clou, ou un fer à cheval. » Elles étaient obligées d'alimenter les fabriques d'Angleterre en leur envoyant leurs cotons bruts qui revenaient aux colonies anglaises sous forme de colonnades. — De même, elles ne pouvaient raffiner leurs propres sucres dans l'intérêt des raffineurs métropolitains. C'était égoïstement empêcher les colonies de tirer parti de leurs matières premières pour les contraindre à les réserver à la mère-patrie;

6° Enfin on leur faisait la concession de droits différentiels sur les produits qu'elles expédiaient à la métropole. Ces restrictions réciproques avaient été sanctionnées en France par divers arrêts du conseil, ou des ordonnances royales.

2. Mais dès avant 1789 on avait dû y apporter des dérogations. Ainsi après la perte du Canada qui fournissait du bois aux Antilles il avait fallu permettre à celles-ci d'en demander aux États-Unis (Règl. du 30 août 1784 qui d'ailleurs autorise d'autres importations). Déjà la Guyane avait obtenu par lettres patentes en 1768 de faire le commerce avec toutes les nations.

Maintes fois aussi, nous l'avons vu, nos colonies de plantation avaient dû tirer leurs vivres des pays voisins.

3. En 1815, la Restauration rétablit en principe le pacte colonial, mais la force des choses, c'est-à-dire la nécessité des dérogations l'emporta sur des prescriptions vieillies. En signant des traités de réciprocité avec l'Angleterre et les États-Unis, la France avait fait une large brèche au vieux système colonial. « Les Antilles ne sont ni les jardins, ni les fiefs de l'Europe, » s'écriait en 1822 le général Foy. « C'est une illusion de notre jeunesse à laquelle il faut renoncer. La nature les a placées sur le rivage de l'Amérique; avec l'Amérique est leur avenir. C'est comme entrepôts de commerce, comme grands marchés placés entre deux hémisphères qu'elles figureront sur la sphère du monde. »

4. Le pacte colonial a été rompu dans les colonies anglaises en 1850. Deux faits considérables ne permettaient pas de le maintenir plus longtemps dans les colonies françaises : 1° le développement de la sucrerie indigène; 2° la suppression de la surtaxe de provenance sur les sucres étrangers en 1861. Nos colonies ne produisaient guère que du sucre; destituées de leur privilège, il était bien impossible de les laisser soumises aux prohibitions du pacte colonial (V. Villey, *Principes d'économie politique*, p. 635).

5. La loi du 3 juillet 1861 en affranchit la Guadeloupe, la Martinique et la Réunion. Elle leur permettait : 1° d'importer chez elles sous tous pavillons les produits étrangers admis en France, aux mêmes droits que dans la métropole; 2° d'exporter leurs marchandises sous tous pavillons; 3° de se servir pour leurs échanges entre elles ou avec la métropole des navires étrangers, sauf dans les limites du cabotage. Deux décrets des 24 décembre 1864 et 11 juillet 1868 étendirent ce nouveau régime à la Guyane et au Sénégal.

6. L'indépendance des colonies a été encore plus amplement consacrée par le sénatus-consulte du 4 juillet 1866.

Afin de leur aider à accroître leurs ressources, et de les mettre en mesure de supporter désormais sur leurs budgets locaux des dépenses qui jusqu'alors entraient dans le budget de la marine elles sont désormais maîtresses d'établir l'*octroi de mer*, comme en Algérie, c'est-à-dire une taxe perçue au profit des communes, sur les marchandises de toute provenance; 2° des *tarifs de douane* sur les produits étrangers naturels ou fabriqués importés chez elles. Mais à cet égard les votes de leurs conseils généraux ne pouvaient être exécutoires que par décret, le conseil d'État entendu.

Il faut remarquer que déjà l'octroi de mer existait aux colonies. Il avait été établi en 1830 pour la première fois en Algérie, pour remplacer l'octroi de terre perçu depuis la conquête aux portes d'Alger. Aux termes de l'ordonnance du 21 décembre 1846 qui le réglementa, il était perçu par le service des douanes, pour le compte des municipalités, sous déduction d'une fraction réservée au Trésor pour couvrir les frais de perception. De l'Algérie il avait passé aux colonies. Des arrêts locaux s'établirent de 1841 à 1850, aux Antilles et à la Réunion.

7. Bien que les droits fussent perçus par l'administration des douanes, et à l'entrée de la colonie, l'octroi de mer n'en gardait pas moins un caractère tout spécial qui le distinguait des droits de douane (Ord. 17 août 1839 et 17 janvier 1845 sur le régime financier de l'Algérie; Décr. 11 août 1835 sur le régime commercial de l'Algérie; Décr. 26 sept. 1855, art. 130, sur le regime financier des colonies). Ce caractère s'accuse dans l'article 2 du sénatus-consulte du 4 juillet 1866. A la différence des droits de douane, l'octroi de mer purement fiscal, n'a pas pour but de protéger les producteurs coloniaux. Les ressources qu'il procure doivent profiter aux communes en proportion de leur population.

8. Quoi qu'il en soit, des difficultés s'élevèrent sur le caractère de l'octroi de mer. Elles donnèrent lieu à un désaccord prolongé entre la Cour d'appel de la Réunion et la Cour de cassation sur la légalité des arrêtés qui, avant 1866, avaient établi le droit d'octroi. Nous devons mentionner ce conflit qui a perdu tout intérêt depuis les dispositions du sénatus-consulte de 1866, qui attribue au seul conseil général le pouvoir d'établir l'octroi de mer.

Des difficultés d'une autre nature ne se sont pas moins élevées. Il faut voir en effet comment les colonies ont usé de l'autonomie que leur confère ce sénatus-consulte.

9. 1° En ce qui touche les *tarifs de douane*, elles profitèrent d'abord de leurs pouvoirs pour établir chez elles la liberté commerciale dans l'intérêt de leur consommation. Elles votèrent donc la suppression des droits de douane sur les marchandises étrangères. Les négociants métropolitains réclamèrent en voyant les produits de tous pays faire concurrence à leurs propres produits dans les colonies. Le gouvernement donna raison à celles-ci par trois décrets : 6 novembre 1867 pour la Martinique; 25 avril 1868 pour la Guadeloupe; 4 juillet 1873 pour la Réunion.

10. 2° En ce qui concerne l'*octroi de mer*, il fut l'objet de réclamations de la part des importateurs de la métropole qui se plaignaient de l'enchérissement de leurs produits par l'effet de ce droit (V. notamment les plaintes de la Chambre de commerce de Rouen). M. Amé, directeur général des douanes, déclara qu'il n'y avait pas lieu d'entraver les colonies dans le choix de leurs éléments de recettes[1].

Les colonies sont donc restées en possession de l'autonomie que leur avait donnée le sénatus-consulte de 1866. Nous verrons tout à l'heure le régime auquel elles sont soumises depuis le 11 janvier 1892.

11. Le régime de 1866 ne s'appliquait, nous l'avons vu, qu'à nos trois grandes colonies. Quant aux petites, qui ne sont régies que par simples décrets conformément à l'article 18 du sénatus-consulte du 3 mai 1854, les tarifs étaient fixés par le gouvernement, en Conseil d'État, après avoir pris l'avis des conseils locaux (Conf. loi du 7 mai 1881). Pour l'octroi de mer, la Guyane et l'Inde étaient assimilées aux grandes colonies. En fait, la plupart n'avaient ni douanes, ni octroi.

12. *Le nouveau régime douanier des colonies*. — Depuis 1884, les conseils généraux qui, en 1866, avaient profité de leurs pouvoirs pour donner à leurs colonies la liberté commerciale, sont revenus à la protection dans l'intérêt de la métropole et ont rétabli des droits sur les marchandises étrangères. On leur avait fait espérer qu'ils pouvaient ainsi sauvegarder

---

[1] V. notre ouvrage : *La liberté commerciale, les douanes et les traités de commerce*, 1 vol. in-8°, 735 pages. Paris, Guillaumin, 1880.

leur autonomie économique déjà alors menacée par une proposition de loi.

Les tarifs successifs qu'ils avaient votés s'étaient insensiblement rapprochés du tarif général métropolitain de 1881. La Réunion l'avait même adopté à peu près complètement.

13. Le mouvement protectionniste s'accentuait d'autre part. Pour l'Algérie l'assimilation douanière fut établie par la loi de finances du 29 décembre 1884, dont l'article 10 assujettit, à de rares exceptions près, l'importation dans ce pays des produits étrangers aux mêmes droits que s'ils étaient importés en France. Les produits de l'Algérie, par compensation, étaient admis en franchise dans la métropole.

14. De même, l'article 47 de la loi de finances du 26 février 1887 soumit aux droits inscrits au tarif général les produits étrangers importés en Cochinchine, au Cambodge, à l'Annam et au Tonkin (sauf certaines exceptions en vertu d'une tarification spéciale) (Décr. des 8 sept. 1887 et 11 mai 1889).

15. L'Algérie s'accommoda assez facilement des charges que lui imposait le nouveau régime à cause des débouchés que la France offrait à ses principaux produits (céréales, bétail, laines et vins).

L'Indo-Chine, au contraire, dont les produits ne sauraient, qu'avec le temps, trouver d'importants débouchés en France, ne cessa de faire entendre des plaintes contre les droits de douane qui, sans profit pour personne, si ce n'est pour quelques fabricants de tissus de coton, entravaient le commerce, encourageaient la contrebande et la piraterie, et arrêtaient la propension des affaires en éloignant les commerçants étrangers, et notamment les chinois. Elle réclamait avec insistance l'atténuation des droits au moins sur les produits qui n'ont pas de similaires en France (V. *Le nouveau régime douanier des colonies*, par A. Bouchié de Belle, *Journ. des Écon.*, t. III, de 1892, p. 19 et suiv.).

16. La commission des douanes chargée de l'étude du nouveau tarif qui devait remplacer le précédent tarif général de 1881, ferma l'oreille à ces réclamations. Bien plus elle estima que la France qui s'est « imposée des sacrifices considérables pour ses colonies pouvait légitimement en chercher la compensation dans un régime lui assurant le bénéfice des échanges avec celles-ci (Rapport de M. Thomson sur le tarif douanier, *Journ. off.*, 1891, annexe 1372). En conséquence, le Parlement vota la loi du 11 janvier 1892 qui, en ce qui concerne les colonies, a abrogé le sénatus-consulte de 1866 et a enlevé à leurs conseils généraux l'initiative en matière de tarifs douaniers (V. *Journ. off.* du 12 janv. 1892).

17. Quelle est l'économie de ce régime douanier?

Il faut d'abord rappeler le principe nouveau posé par la loi du 11 janvier 1892. L'article 1er supprime le régime des traités de commerce, et y substitue : 1º le tarif général nouveau (tableau A) et 2º un tarif minimum (tableau B) lequel est applicable aux marchandises des pays qui feront bénéficier les produits français d'avantages corrélatifs et qui leur appliqueront leurs tarifs les plus réduits. Telle est la base du nouveau régime douanier de la France.

Trois questions s'élevaient vis-à-vis des colonies : 1º comment leurs produits seront-ils reçus dans la métropole? 2º comment les produits métropolitains seront-ils reçus dans les colonies? et 3º comment les colonies seront-elles traitées quant à l'importation chez elles des produits étrangers?

18. La première question est résolue par l'article 3 (obscur et d'une trop longue rédaction). *Les produits coloniaux* sont admis en franchise sur le sol métropolitain. Ils sont assimilés à des produits nationaux, sauf deux exceptions :

Première exception : Certains produits ne sont admis qu'en acquittant les droits inscrits au tarif minimum (sucres et mélasses non destinés à la distillation, sirops et bonbons, biscuits sucrés, confitures et fruits de toute sorte confits au sucre et au miel). On comprend le motif de cette restriction. C'est une protection accordée aux produits similaires indigènes.

Deuxième exception : Sont soumis à la moitié des droits du tarif métropolitain divers produits exotiques (cacao broyé, cho-

colat, café, thé, poivre, cannelle, vanille, muscades, etc.). Ici
c'est plutôt un droit fiscal qu'un droit protecteur.

19. Tous les autres produits coloniaux, introduits dans la
métropole, sont exempts de droits. Mais la franchise entière, et
l'exemption de la moitié du droit ne sont accordées qu'à une
double condition : importation directe et justification de l'origine. Cette mesure s'explique : il fallait éviter que des produits exotiques provenant des colonies autres que les colonies
françaises se présentassent faussement comme venant de nos
propres colonies. L'importation directe peut, en outre, devenir
une protection pour notre marine marchande.

20. 2° *Les produits métropolitains* ont toujours été reçus en
franchise dans les colonies. Mais, ainsi que nous l'avons expliqué
(*sup.*, n° 6), même avant 1866, on admettait que les colonies,
notamment l'Algérie, pour se créer des ressources locales,
pouvaient frapper d'un droit dit octroi de mer les produits
métropolitains à leur entrée chez elles, et le sénatus-consulte
du 4 juillet 1866 avait donné plein pouvoir aux conseils généraux coloniaux pour établir ce droit.

Désormais il leur est enlevé. Les colonies ne pourront
déroger à l'admission en franchise chez elles des produits
métropolitains en les frappant d'un octroi de mer qu'autant
que les délibérations en ce sens de leurs conseils généraux
seront homologuées et rendues exécutoires par des décrets rendus en Conseil d'État.

L'autonomie commerciale des colonies est donc supprimée.

21. 3° En ce qui concerne les *produits étrangers importés
dans les colonies*, il en est de même. C'est là le point capital
du nouveau régime, les colonies n'ont plus la faculté d'affranchir de tous droits, si bon leur semble, les produits étrangers à leur importation chez elles, ni de les frapper de tels
droits de douane qu'elles jugeraient nécessaires sauf à soumettre le vote de leurs conseils généraux à la sanction de
décrets rendus en Conseil d'État : elles sont assimilées complètement à la métropole. Elles subissent le tarif général douanier de quelque enchérissement qu'il frappe la consommation

des produits étrangers dont elles ont besoin (art. 3, § 3, L. 11 janvier 1892).

22. Cependant le régime établi par la loi du 11 janvier 1892 n'est pas applicable à toutes les colonies. Le parlement les a distinguées à cet égard en deux catégories.

1⁰ Colonies ne pouvant être soumises au tarif métropolitain, soit parce qu'elles sont enclavées dans des possessions étrangères, soit parce qu'elles ne sont que des entrepôts, ou trop éloignées pour qu'il y ait avantage à les assimiler à la métropole. On a donc exempté du tarif métropolitain le Sénégal, les établissements de la côte occidentale d'Afrique (sauf le Gabon), Taïti et ses dépendances, Diégo-Suarez, Nossi-Bé, Sainte-Marie de Madagascar, et nos cinq comptoirs de l'Inde.

23. 2⁰ Colonies chez lesquelles, au contraire, les importations seront soumises aux mêmes droits que les importations en France. Les marchandises étrangères originaires de pays jouissant du tarif minimum paieront donc les droits de ce tarif. Les marchandises venant de tous autres pays supporteront les droits du tarif général. Ce régime s'appliquera aux Antilles, à la Guyane, à Saint-Pierre et Miquelon, au Gabon, à la Réunion, à Mayotte, à l'Indo-Chine, à la Nouvelle-Calédonie (art. 3, § 3, précité).

24. Cependant le Parlement a considéré que certaines marchandises pourraient être soustraites à l'application du tarif métropolitain. Par exemple, celles que la France ne produit pas, ou ne peut importer à cause de l'éloignement, etc. En conséquence des décrets rendus en forme de règlements d'administration publique, après avis des conseils généraux ou des conseils d'administration des colonies pourront déterminer les produits qui, *par exception*, seront l'objet d'une tarification spéciale (art, 3, § 4). En outre, les mêmes conseils généraux pourront solliciter des exceptions au tarif de la métropole (art. 4).

Nous examinerons plus loin les conséquences de ce nouveau régime, particulièrement dans nos colonies de plantation et dans l'Indo-Chine.

LIVRE IX.

ORGANISATION FINANCIÈRE DES COLONIES.

~~~~~~~~~~

CHAPITRE PREMIER.

FINANCES DES COLONIES. — ADMINISTRATION. — BUDGET. — COMPTABILITÉ.

———

1. Historique du régime financier des colonies.
2. Contrôle institué par les ordonnances organiques et par les lois des 24 avril 1833 et 25 juin 1841 pour les grandes colonies.
3. Régime intermédiaire en 1848.
4. Sénatus-consulte des 3 mai 1854 et 4 juillet 1866. — Les colonies doivent, en principe, subvenir à leurs charges.
5. Décrets des 15 septembre, 3 octobre, 2 novembre 1882. — Distinction : 1° Budget *colonial* métropolitain. — Sa composition en recettes.
5 *bis*. Sa composition en dépenses.
6. Budgets *locaux*.
7. Comptabilité des colonies. — Décrets des 26 septembre 1855 et 20 novembre 1882. — Personnel. — Service des dépôts et consignations.
8. Les droits d'enregistrement.
9. Timbre et droits de greffe.

1. Le régime financier des colonies a subi bien des vicissitudes. L'histoire en a été sommairement retracée par M. Béhic, dans un rapport adressé à la Commission coloniale de 1849 (V. Dalloz, v° *Colonies*, n° 74).

Sous l'empire de la charte de 1814, les dépenses faites aux colonies n'étaient accompagnées d'aucune garantie légale.

Les fonds alloués au budget pour ce service y figuraient en bloc, sans aucun détail propre à en justifier l'emploi. Expédiés directement aux colonies, en vertu d'une ordonnance de paiement du ministre de la marine, ils n'apparaissaient, dans les comptes soumis aux Chambres, que sous une énonciation générale sommaire, et ils étaient passés dans la comptabilité locale à différents chapitres, suivant la destination que lui assignait l'administration. Des contributions locales, assises sans régularité, complétaient les ressources; tout le système était en dehors des règles financières en usage et du contrôle des pouvoirs législatifs.

2. Cependant, les comités consultatifs d'abord, puis les conseils généraux créés par les ordonnances de 1825, 1827 et 1828, furent appelés à exercer un contrôle. C'est la loi du 24 avril 1833 qui, la première, a soumis à des formes régulières la composition des budgets coloniaux. Elle fut complétée par la loi du 25 juin 1841 qui ne concernait d'ailleurs, comme celle de 1833, que les Antilles, la Réunion et la Guyane. Le système était basé sur le contrôle exercé par les conseils coloniaux substitués aux conseils généraux.

3. L'application de ces deux lois se trouva suspendue par la suppression des conseils coloniaux en 1848 (liv. III, n° 18). Depuis lors, les budgets des diverses colonies cessèrent d'être soumis à des assemblées locales. Ils étaient établis par le gouverneur, et mis à exécution après leur insertion dans le budget de l'État.

4. Le sénatus-consulte du 3 mai 1854 inaugura un régime nouveau, complété par celui du 4 juillet 1866. Le principe est désormais celui-ci : Les colonies doivent subvenir elles-mêmes à toutes leurs dépenses excepté à celles concernant le traitement du gouverneur, du personnel de la justice et des cultes, le service du trésorier-payeur général, et les services militaires. Pourquoi cette exception? Parce que ces dépenses sont une émanation directe et un attribut de la souveraineté; elles sont irréductibles, elles ne peuvent dépendre

des ressources parfois variables des colonies, on les considère comme devant rester à la charge de la métropole.

5. Le budget des colonies a de nouveau fait l'objet d'une réforme réalisée par les décrets des 15 septembre, 3 octobre, 2 novembre 1882.

On distingue le budget colonial, et le budget local.

Le *budget colonial* comprend aux recettes : 1° le contingent à fournir, s'il y a lieu, au Trésor public par les colonies; — 2° le produit de la rente de l'Inde, versée par le gouvernement anglais, à la suite de la convention du 7 mars 1815; — 3° des retenues sur les traitements pour le service des pensions; — 4° des produits de vente et cession d'objets appartenant à l'État, et de tous autres produits perçus pour le compte de l'État, notamment celui que donne le prélèvement de 30 p. 0/0 opéré par l'État sur le travail des transportés (Décr. 20 nov. 1882).

Cette énumération des recettes du budget des colonies doit être accompagnée de quelques observations :

1° Le contingent à fournir, s'il y a lieu, par les colonies est fixé chaque année par la loi de finances. Le rapport de M. Boulanger sur le budget colonial de 1893 s'exprimait ainsi (18 mars 1893) : « ... La question de la participation de nos colonies aux dépenses civiles et militaires qu'elles occasionnent, ainsi qu'aux dépenses générales de l'État, est restée indécise. Elle ne sera résolue que par le vote d'une loi sur l'*organisation coloniale*, depuis longtemps en préparation. En attendant, il a paru opportun de poser dans la loi des finances le principe de la contribution des colonies à ces dépenses » (V. Dalloz, 93. 4, p. 90, note 7, 3° colonne).

En fait, la contribution des colonies aux dépenses civiles et militaires qu'elles occasionnent à l'État, a été fixée, pour l'exercice 1893, à la somme de cent mille francs ainsi répartie par colonie : Annam et Tonkin, 60,000 francs; — Guadeloupe, Martinique, Réunion, Inde, chacune 5,000 francs; — Guyane et Sénégal, chacune 4,000 francs; — Cambodge,

Nouvelle-Calédonie et Congo, chacune 2,000 francs; — Établissements de l'Inde, Guinée française, Côte d'ivoire, Golfe de Bénin, chacune 1,000 francs; — Saint-Pierre et Miquelon, Mayotte, Nossi-Bé, chacune 500 francs; — Diégo-Suarez, 300 francs; — Obock, 200 francs. La somme totale 100,000 francs est inscrite sous cette formule : Recettes d'ordre, en atténuation de dépenses.

2° De toutes nos colonies la Cochinchine seule fournit un contingent réel et sérieux. Elle payait à l'État, en 1888, pour sa part dans les dépenses de notre administration en Indo-Chine, une somme de 11,891,000 francs qui ne s'élevait plus, en 1891, qu'à 8,000,000. L'article 34 de la loi du 26 janvier 1892 (Dalloz, 92. 4. 9) l'a réduite à 6,500,000 francs. En 1893, son contingent a été réduit à 5,000,000 francs (art. 41, L. 28-29 avril 1893, Dalloz, 93. 4, p. 90).

3° On voit que le produit des impôts perçus aux colonies ne figure pas au budget colonial métropolitain. L'État en fait l'abandon aux colonies. Nous le retrouverons dans le budget local.

5 bis. Les dépenses inscrites au budget colonial comprennent : 1° celles de gouvernement et de protection; — 2° subvention à l'instruction publique; — 3° subventions accordées au service local; — 4° dépenses mises à la charge de la métropole par les lois annuelles de finances ou par des lois spéciales.

L'ensemble de ces dépenses réparti entre 38 chapitres s'est élevé, d'après la loi de finances du 26 avril 1893, à 72 millions 586,635 francs.

6. *Budgets locaux.* — On appelle budget local celui qui se compose des recettes et dépenses d'intérêt local. Il est préparé par le directeur de l'intérieur et voté par le conseil général. Dans les colonies où le conseil général n'existe pas, le budget est dressé par les soins du conseil privé auquel sont adjoints quelques colons (Décr. 20 nov. 1884, art. 40).

Pour les établissements de la Guinée française, Diégo-

Suarez, Nossi-Bé, Sainte-Marie de Madagascar, le budget est établi par le chef de l'administration, avec le concours d'un comité consultatif, et soumis à l'approbation du sous-secrétaire d'État (Décr. 1er août 1889 et 1er juill. 1890).

Les *ressources du budget local* comprennent : 1° les droits de douane et d'octroi de mer; — 2° les taxes et contributions votées par le conseil général; — 3° les revenus des propriétés coloniales; — 4° les produits divers dévolus au service local; — 5° les subventions accordées par la métropole.

Le budget des *dépenses locales*, divisé en deux sections, comprend : 1° les dépenses obligatoires; — 2° les dépenses facultatives.

Les dépenses obligatoires, longuement énumérées dans le sénatus-consulte du 3 mai 1854, et surtout dans celui du 4 juillet 1866, ont été réduites, mais leur nombre est encore plus considérable que dans le budget des départements français.

Les dépenses facultatives sont celles qui sont jugées utiles et votées par le conseil général.

7. A l'organisation financière des colonies nous croyons devoir rattacher ce qui est relatif à la *comptabilité*, au *service des dépôts et consignations*, à l'*enregistrement*, au *timbre* et *droits de greffe*.

La *comptabilité* des colonies a été réglée par décret du 26 septembre 1855 en 243 articles (V. Dalloz, nos 26 et suiv.), complété par un décret de 1882 (20 nov.). Il y a dans chaque colonie un trésorier-payeur nommé par décret, chargé de la recette et de la dépense tant des services de l'État que du service local, et dans quelques-unes (grandes colonies, Cochinchine, Sénégal) des trésoriers particuliers placés sous les ordres et la responsabilité du trésorier-payeur. Ils sont nommés par arrêté ministériel.

Le service des dépôts et consignations a été réglé par décret du 22 mai 1862 suivant les formes d'administration et de comptabilité qui régissent le même service en France.

8. *Enregistrement, timbre et droits de greffe.* — La constitution du 5 fructidor an III en déclarant que les colonies faisaient partie intégrante de la République et qu'elles étaient assujéties aux mêmes lois que la métropole, abrogea les dispositions antérieures (L. 8 sept. 1791) sur le timbre et l'enregistrement aux colonies.

Par le fait même de cette constitution, la loi du 23 frimaire an VII se trouva applicable aux actes passés aux colonies.

Mais, avec la constitution consulaire de l'an VIII le principe de l'assimilation ayant été abandonné il fallut apporter des modifications au régime fiscal résultant de la loi de frimaire. Elles furent introduites par deux avis du Conseil d'État des 6 vendémiaire-10 frimaire an XIV, et 12 décembre 1806, et successivement par les lois des 28 avril 1816 et 16 juin 1824 (V. pour les détails Fuzier-Herman, v° *Colonie*, nᵒˢ 1045-1054).

D'après le dernier état de la législation (L. 13 août 1872, et 28 février 1872) les actes passés dans les colonies, ou relatifs à des biens qui y sont situés, sont assujétis à deux législations bien distinctes suivant que l'enregistrement est ou non établi dans la colonie.

Dans les colonies où l'enregistrement n'est pas établi (Établissements d'Afrique, de la Côte-d'Or, d'Obock, Sainte-Marie de Madagascar, Saint-Pierre et Miquelon), les actes dont il s'agit sont assimilés pour la perception des droits aux actes passés à l'étranger ou concernant des biens situés à l'étranger.

Quant aux colonies où l'enregistrement est établi il faut y comprendre celles où le système de l'enregistrement est organisé, et où il fonctionne, alors même que le recouvrement des droits ne s'opérerait pas comme en France, et que certains droits ne seraient même pas établis, comme en Algérie, par exemple, où l'impôt sur les successions n'existe pas encore. On applique dans ces colonies les principes suivants.

Les actes qui y sont passés ne sont assujétis à l'enregistrement, en France, que s'ils y sont produits en justice, ou s'il en est fait usage en France dans un acte public, ou devant une autorité constituée. On suit la même règle pour les actes passés et concernant les biens situés dans les colonies (mutations d'immeubles, droit fixe 3 francs par application de l'avis du Conseil d'État de 1806, et tous autres actes et jugements : tarif de la métropole. — V. pour de plus amples détails Fuzier-Herman, *loc. cit.*, et v^{is} *Enregistrement* et *Succession*).

9. En ce qui concerne le timbre on fait une distinction analogue : 1° colonies où le timbre est établi. Si les actes y ont été régulièrement soumis au timbre, il peut en être fait usage en France sans supplément de droit. — Si les actes n'ont pas été régulièrement timbrés, les droits et amendes exigibles en France sont ceux édictés par le tarif colonial. Il en est ainsi pour les Antilles, la Guyane, le Sénégal, la Réunion, l'Inde; mais les tarifs y sont différents.

2° Colonies où le timbre n'est pas établi : les actes venant de ces colonies ne peuvent être produits en France et doivent être soumis au timbre tel qu'il y est en vigueur. Il en est ainsi pour les actes venant des colonies suivantes : Cochinchine, Mayotte, Nossi-Bé, Océanie, Saint-Pierre et Miquelon, Établissements d'Afrique, Côte-d'Or, Gabon, Obock, Sainte-Marie de Madagascar.

Les droits de greffe sont perçus dans toutes les colonies sauf au Gabon et les droits d'hypothèque partout aussi sauf en Cochinchine et au Gabon (Fuzier-Herman, *loc. cit.*, n° 1080).

CHAPITRE II.

INSTITUTIONS DE CRÉDIT. — BANQUES COLONIALES.

10. Origine des banques coloniales. — Loi du 30 avril 1849 concernant les trois grandes colonies.
11. Loi organique du 11 juillet 1851. — Extension à la Guyane et au Sénégal.
12. Privilège de l'émission des billets de banque. — Prorogation. — Loi du 24 juin 1874, et décret du 31 mars 1874.
13. Fonctionnement des cinq banques des *Antilles*, de la *Guyane*, du *Sénégal* et de la *Réunion*. — Importance et division de leur capital.
14. Administration et direction.
15. Conseil d'administration. — Censeur.
16. Assemblées générales.
17. Surveillance officielle exercée sur les banques.
18. Opérations des banques coloniales. — Énumération.
19. L'escompte des effets de commerce. — Le taux.
20. Les prêts sur cession de récoltes. — Formalités. — Caractère du contrat.
21. L'émission des billets de banque. — Petites coupures. — Bons de caisse.
22. Limitation légale de l'émission. — *Currency principle*.
23. *Banque de l'Indo-Chine*. — Son origine et son objet. — Décret du 21 janvier 1875.
24. Son extension au Tonkin. — Décret du 1er avril 1885.
25. Modification des statuts primitifs. — Décret du 20 février 1888, extension de la banque de l'Indo-Chine aux autres colonies et possessions de l'Orient.
26. Prorogation du privilège de l'émission jusqu'en 1905. — Succursale de Nouméa.
27. Capital de la banque.
28. Conseil d'administration.
29. Assemblées générales.
30. Commissaire du gouvernement, et commission de surveillance des banques coloniales.
31. Prospérité de la banque de l'Indo-Chine.

10. En réglant l'indemnité due aux colons par suite de
l'affranchissement de leurs noirs que les décrets des 4 mars
et 27 avril 1848 avaient proclamé, la loi du 30 avril 1849
décida qu'un huitième serait prélevé sur la rente de 6 millions en 5 p. 0/0 attribuée aux colons dépossédés pour servir
à l'établissement de banques de prêt et d'escompte dans les
colonies de la Martinique, de la Guadeloupe et de la Réunion.

11. Ces banques ont été organisées et réglementées par la
loi du 11 juillet 1851 qui prescrit la création d'un établissement
du même genre à la Guyane. Elle fixe à 3 millions le capital des
banques des trois grandes colonies, et à 700,000 francs le
capital de la banque de la Guyane. Le capital étant formé principalement par des rentes 5 p. 0/0 prélevées sur l'indemnité
des colons, ceux-ci devaient recevoir en représentation de ces
rentes, des actions de leur banque.

Le prélèvement du huitième avait été ordonné provisoirement par décret du 24 novembre 1849 pour la Guyane et le
Sénégal en vue de la création de banques dans ces colonies
sous la condition qu'il serait restitué aux colons si ces banques
n'étaient pas établies au 1er octobre 1852. Ultérieurement, le
délai fut prorogé jusqu'au 1er avril 1854.

La banque du Sénégal fut enfin créée (Décr. 21 déc. 1853)
au capital de 230,000 francs; — celle de la Guyane (Décr. 1er
févr. 1854) au capital de 300,000 francs au lieu de 700,000
francs fixés par la loi du 18 juillet 1851.

12. Chacune de ces cinq banques avait reçu le privilège
de l'émission dans la colonie où elle était établie et dans ses
dépendances, de billets payables à vue et au porteur à l'exclusion de tout autre établissement de crédit, pendant la
durée de vingt ans après sa constitution.

La durée de ces banques et de leur privilège a été prorogée
par divers décrets. La loi du 24 juin 1874, a enfin édicté les

règles et statuts auxquels elles doivent se conformer, en prorogeant leur privilège pour vingt ans à partir du 11 septembre 1874. (Il vient d'être étendu jusqu'au 1er janvier 1896. — Décret du 16 juillet 1894).

A cette loi il faut joindre un décret du 31 mars 1874 qui a modifié l'article 8 du décret antérieur (17 nov. 1852) créant une agence centrale des banques coloniales à Paris.

Telle est la législation à laquelle il y a lieu de se référer pour l'étude des banques coloniales.

13. Ces banques, instituées sous la forme de sociétés anonymes, ont leur siège : celle de la Guadeloupe à la Pointe-à-Pitre; — celle de la Martinique à Saint-Pierre; — celle de la Réunion à Saint-Denis; — celle de la Guyane à Cayenne; — celle du Sénégal à Saint-Louis.

Leur capital est divisé en actions de 500 francs; et de 375 francs seulement pour celle de la Guyane. Il est de 3 millions pour chacune des trois premières; — de 450,000 francs pour celle de la Guyane (par suite du remboursement de 125 francs à chacune de ses 1,200 actions formant le montant de son capital qui avait été ramené à 600,000 francs et qui se trouve réduit aujourd'hui à 450,000). Le capital de la banque du Sénégal, primitivement fixé à 230,000 francs, a été élevé à 600,000 francs (Décr. 4 juill. 1888).

Les actions sont nominatives, transmissibles par un transfert signé du propriétaire ou de son fondé de pouvoirs sur un registre tenu au siège de la banque, mais elles sont susceptibles d'être transférées dans la métropole à l'agence centrale des banques coloniales située à Paris, lorsqu'elles sont déposées avec une déclaration en ce sens au siège de la banque.

14. La direction et l'administration de chaque banque sont confiées à un directeur et à un conseil d'administration comprenant, outre le directeur, des censeurs qui assistent à ce conseil sans y avoir voix délibérative.

Le directeur est nommé, et peut être révoqué par décret du chef de l'État. En cas d'empêchement, de suspension ou de cessation de ses fonctions, le gouverneur de la colonie nomme en conseil privé un directeur intérimaire. Le directeur doit posséder 20 actions, et seulement 10 à la Guyane et au Sénégal ; il ne peut, pour son compte, faire aucun commerce, ni s'intéresser dans aucune entreprise commerciale, ni faire escompter par la banque les effets ou engagements revêtus de sa signature.

15. Le conseil comprend quatre administrateurs, dont trois sont élus par l'assemblée générale des actionnaires, pour trois ans, avec rééligibilité, le quatrième en fait partie de droit : c'est le trésorier de la colonie, ou le délégué par lequel il se fait remplacer, s'il ne réside pas lui-même au siège de la banque.

Chaque banque a deux censeurs dont l'un est élu par l'assemblée générale pour trois ans, et est rééligible. Il doit posséder le même nombre d'actions que les administrateurs ; l'autre est désigné par le ministre, parmi les inspecteurs permanents des services administratifs et financiers de la marine et des colonies (Décr. 23 juillet 1879). Outre le censeur titulaire élu, l'assemblée générale élit, dans les mêmes conditions, un censeur suppléant.

Les fonctions du conseil d'administration sont précisées par les statuts annexés à la loi précitée du 24 juin 1874.

16. L'assemblée générale des actionnaires présente cette particularité qu'elle se compose, non de tous les actionnaires, mais seulement des cent actionnaires (trente actionnaires seulement pour les banques de la Guyane et du Sénégal), propriétaires du plus grand nombre d'actions depuis six mois révolus. Nul actionnaire non français ne peut faire partie de l'assemblée générale s'il n'a son domicile, depuis cinq ans au moins, dans la colonie ou dans une autre colonie française, ou en France.

L'assemblée générale se réunit au moins une fois par an au mois de juillet. Elle statue sur les comptes de l'année, procède aux élections d'administrateurs et de censeurs (titulaire, ou suppléant, etc.). Elle peut être convoquée extraordinairement toutes les fois que le conseil d'administration en reconnaît la nécessité.

C'est le conseil d'administration qui nomme et révoque les employés sur les propositions du directeur.

17. La surveillance officielle des banques coloniales s'exerce de deux manières : 1° par ce fait que le trésorier de la colonie est de droit administrateur, et que l'un des censeurs est nommé par le ministre, et 2° par l'organe d'une commission de surveillance que la loi de 1851 a instituée et qui a été maintenue par la loi de 1874.

En outre, le ministre et le gouverneur peuvent faire procéder par les agents qu'ils désignent à toute vérification des registres, caisses et opérations de la banque.

18. Les banques coloniales ne peuvent faire que les opérations qui leur sont permises par leurs statuts.

Elles consistent : 1° à recevoir des dépôts de sommes sans intérêt, susceptibles d'être retirées à vue par les déposants ou transférées par virement à un autre compte. Aussi bien que le dépôt, moyennant un droit de garde de tous titres, lingots, monnaies et matières d'or et d'argent ; 2° à escompter des lettres de change et autres effets à ordre, ainsi que les traites du Trésor public ou sur le Trésor public, les ministères et les caisses publiques ; 3° à escompter des obligations négociables ou non négociables garanties, soit par des récépissés de marchandises déposées dans les magasins publics, soit par des cessions de récoltes pendantes, soit par des transferts de rentes ou des dépôts, monnaies, matières d'or et d'argent ; 4° à se charger pour le compte des particuliers ou pour celui des établissements publics, de l'encaissement des effets qui lui sont remis, et à payer tous mandats ou assignations ; 5° à émettre des billets à ordre, des traites et mandats, et enfin, ce qui est le privilège actuel de la Banque de France dans la métropole, à émettre des billets payables à vue et au porteur.

19. Celles de ces opérations qui doivent plus particulièrement appeler notre attention sont : l'escompte du papier; les avances garanties par cession de récoltes pendantes, et la faculté de l'émission des billets de banque.

Pour l'escompte des effets de commerce, les banques n'exigent que deux signatures, au lieu de trois que demande la Banque de France. L'intérêt légal est fixé à 9 p. 0/0 en matière civile, et 12 p. 0/0 en matière commerciale (V. le Rapport de M. Elisée Pelagaud à la *Soc. d'écon. politique de Lyon, sur les banques coloniales*, vol. de 1893, p. 427 et suiv.).

20. La faculté de faire des emprunts sur cession de récoltes est une innovation propre aux colonies. « Le planteur qui veut profiter de cet avantage se rend au siège de la banque et ·il y déclare le nombre d'hectares qu'il a planté en cannes; la banque a des experts, elle les envoie visiter les champs des emprunteurs, s'assurer de la bonne venue des cannes, de la surface des terrains plantés, et aussi de la moralité des planteurs qui sollicitent cette avance de fonds. Lorsque toutes ces formalités ont été remplies, elle leur prête un tiers de la valeur de leurs récoltes futures, au taux de 6 p. 0/0; ce prêt est garanti par l'acte de cession qui est un véritable transfert de propriété consenti à la banque (Pelagaud, *loc. cit.*).

La banque doit faire transcrire l'acte de prêt, c'est-à-dire de cession de récoltes au bureau du receveur de l'enregistrement, et lorsque la transcription a été opérée sans qu'aucune opposition régulière ait été faite ou maintenue, la banque est considérée comme saisie de la récolte *ergà omnes*. Mais si, antérieurement à cette transcription, il y a eu une saisie immobilière régulièrement transcrite frappant les biens dont la récolte a été cédée, cette saisie doit avoir son effet sur la récolte de ces biens à l'encontre même de la banque, dont le droit ne passe alors qu'après celui du saisissant.

De ce qui précède il résulte que la banque a un droit de propriété sur la récolte et que le contrat intervenu procède non du gage mais de la vente (Pelagaud, *loc. cit.*, en ce sens, Cass., 10 févr. 1858, 21 nov. 1882). « Ces prêts fonctionnent régulièrement, dit M. Pelagaud, ils n'ont jamais donné de mécomptes sérieux et ils ont puissamment contribué au développement de l'agriculture coloniale. »

21. Le privilège d'émission des billets de banque ne comportent pour les banques coloniales, en vertu de la loi du 11 juillet 1851, que des billets de 500, 100 et 25 francs. Il a été étendu par la loi de 1874 aux billets de 5 francs.

Cette faculté avait été étendue pour les banques de la Martinique et de la Guadeloupe par l'autorisation donnée à leur gouverneur (Décr. 23 avr. 1855) de mettre en circulation des bons de caisse depuis 50 centimes jusqu'à 10 francs dont le montant doit être garanti par une somme égale en numéraire dans la caisse.

22. En dehors des bons de caisse dont nous venons de parler, inférieurs au chiffre de 5 francs, l'émission des billets de 500, 100, 25 et 5 francs ne peut, dans son ensemble, dépasser le triple de l'encaisse métallique (Statuts de 1874). C'est une application du système appelé *Currency principle*, c'est-à-dire la circulation limitée par la loi, système qui fonctionne en Angleterre depuis le bill de 1844 et qui a donné lieu à de vives controverses que nous ne pouvons aborder ici parce qu'elles se rattachent à la question générale de la liberté ou de la réglementation des banques d'émission (V. Courcelle-Seneuil, *Traité des opérations de banque*, p. 325 et suiv.; Woloski, *Question des banques*, p. 330 et suiv.; Cauwès, *Précis d'économie politique*, t. 1er, no 617 et P. Leroy-Beaulieu, *Du danger de la suppression de la limite d'émission de la Banque de France*, *Écon. franç.* du 3 nov. 1883).

23. La banque de l'Indo-Chine, constituée par une société d'actionnaires ayant son siège social à Paris avec deux succursales, l'une à Saïgon, l'autre à Paris, a obtenu l'approbation de ses statuts par un décret du 21 janvier 1875. Elle avait, à l'exclusion de tous autres établissements, le droit d'émettre des billets de banque (1,000, 500, 100, 20 et 5 francs) pendant vingt ans à compter du 21 janvier 1875, mais seulement dans la Cochinchine et l'Inde française.

D'après ces statuts, elle a pour but de faire toutes les opérations pratiquées par les banques de prêt, d'escompte et d'émission avec faculté d'établir des agences sur tous les points de l'Extrême-Orient où se trouvent des comptoirs régis par la loi française, et dans les ports de Chine, du Japon et des Indes orientales.

24. A la suite de notre occupation du Tonkin, une succursale fut établie à Haïphong (1er avr. 1885). C'était un essai; la banque ne jouissait d'aucun privilège pour l'émission de billets de banque au Tonkin.

25. Dans le but d'étendre à cette région et à d'autres colonies les avantages qui pouvaient en résulter, un décret du 20 février 1888, modifiant les statuts primitifs, a approuvé l'institution de la succursale de Haïphong, décidé la création d'une succursale à Nouméa, et obligé la banque à établir ultérieurement (sur la demande du ministre, la commission de surveillance des banques coloniales entendue), des succursales ou des agences à Nossi-Bé, Mayotte et leurs dépendances, et dans les établi ements de l'Océanie, et des agences au Cambodge, dans l'Annam, au Tonkin, dans les ports de Chine, du Japon, de la mer des Indes et de l'Océan pacifique qui lui seraient désignés.

26. En même temps, le privilège d'émission d'abord limité à la Chine et à l'Inde française a été prorogé de dix ans, soit jusqu'au 21 janvier 1905, avec stipulation qu'il s'étendrait à nos possessions ci-dessus indiquées dès que des succursales y seraient établies.

Nous devons mentionner qu'avant le décret du 20 février 1888 une banque avait existé à la Nouvelle-Calédonie avec privilège d'émission de billets jusqu'en 1894 (Décr des 14 juill. 1874 et 25 nov. 1875), mais cette banque ayant fait faillite, la banque de l'Indo-Chine a été autorisée, comme

R.

11

nous venons de le dire, par le décret du 20 février 1888, à installer une succursale à Nouméa.

27. Le capital de la banque de l'Indo-Chine, primitivement fixé à 8 millions et élevé depuis 1888 à 12 millions, est divisé en actions de 500 francs. Il peut être augmenté par décision de l'assemblée générale des actionnaires approuvée par le ministre.

Les actions sont nominatives jusqu'à leur libération, après laquelle elles peuvent, au choix des actionnaires, être nominatives ou au porteur.

28. Le conseil d'administration siégeant à Paris comprenant de huit à quinze membres, élit son président, à la différence des autres banques coloniales (*Vide suprà*, n° 14), il nomme, mais avec l'agrément du ministre, les directeurs des succursales. Il est assisté d'un commissaire du gouvernement nommé par le ministre, qui doit être convoqué à chaque séance, et a les attributions qu'exercent les censeurs des autres banques coloniales.

Le conseil d'administration a les pouvoirs les plus étendus, et des attributions plus détaillées sur certains points que les autres banques coloniales (V. Fuzier-Herman, v° *Banque*, n° 745). Comme pour celles de la Martinique, de la Guadeloupe et de la Réunion, l'assemblée générale se compose seulement des cent actionnaires qui, depuis six mois, sont propriétaires du plus grand nombre d'actions.

29. L'assemblée générale se réunit annuellement au mois de mai, et plus fréquemment si le conseil le juge nécessaire. Elle doit être convoquée extraordinairement dans deux cas : 1° lorsque des actionnaires réunissant ensemble le tiers des actions en font par écrit la demande motivée ; 2° dans le cas où des pertes réduiraient le capital de moitié.

30. L'action du gouvernement s'exerce vis-à-vis de la banque par les fonctions du commissaire nommé par le ministre et qui doit être convoqué à chaque séance du conseil d'administration et à chaque assemblée générale.

La commission de surveillance des banques coloniales, dont nous avons déjà parlé, exerce les mêmes fonctions vis-à-vis de la banque de l'Indo-Chine que vis-à-vis des autres banques. Des agents officiels peuvent soit d'office, soit sur la demande des gouverneurs, être chargés de vérifier les registres, caisses et opérations.

Le détail des opérations prévues par les statuts et les règles que la banque d'Indo-Chine doit observer sont exposés très explicitement dans le *Répertoire* de Fuzier-Herman (nos 769 et suiv.).

31. La banque de l'Indo-Chine est en pleine prospérité et M. Pelagaud, dans son rapport à la société d'Économie politique de Lyon sur les banques coloniales, en donne plusieurs raisons : elle a un excellent personnel financier, elle a des vues très larges, surtout elle est plus commerciale qu'agricole et elle a affaire à des négociants sérieux; elle a compris que le particularisme financier était un grand danger pour une banque et qu'elle devait chercher à s'appuyer sur plusieurs colonies, au lieu de se restreindre à une seule région quelque importante qu'elle fût

32. Au contraire, les banques des autres colonies, suivant M. Pelagaud, sont trop localisées, trop isolées les unes des autres, trop exposées aux conséquences des sinistres qui frappent les colonies de plantation, comme les cyclones qui ont été signalés dans ces dernières années, « dans des cas semblables l'île (Réunion, ou Martinique, ou Guadeloupe) tout entière est frappée, et c'est un désastre complet s'il n'y a qu'une banque locale. Elle se trouve nécessairement débordée parce que tous les gens ont besoin d'argent à la fois. D'un autre côté, s'il y a une baisse de la vanille, s'il se déclare une maladie de la canne à sucre..., la banque ne peut plus rentrer dans les fonds qu'elle a avancés en prêts sur récoltes. Le gouvernement est obligé d'intervenir, et c'est le budget métropolitain qui finit par payer. »

33. M. Pelagaud signale encore d'autres causes de malaise pour les banques des colonies à plantation, elles touchent à des considérations de personnes qui peuvent être fondées. Il conclut qu'à la place des banques créées dans chaque colonie séparées, et sujettes à des causes locales d'insuccès, climatériques ou autres, une banque centrale serait préférable, et que ce qui vaudrait encore mieux ce serait de confier tous les services coloniaux à des succursales de la Banque de France (vol. de la *Soc. d'Écon. politique de Lyon* de 1893, p. 443).

LIVRE X.

LA COLONISATION FRANÇAISE AU XIX° SIÈCLE EN AMÉRIQUE.

<span>~~~~~~~~~</span>

CHAPITRE PREMIER.

COLONIES FRANÇAISES DE L'AMÉRIQUE DU NORD. — Sᵗ-PIERRE ET MIQUELON. — PÊCHERIES DE TERRE-NEUVE.

1. Programme de l'étude de la colonisation française au xıx° siècle.
2. La France occupe le troisième rang en Amérique dans la colonisation.
3. Des relations subsistant entre la France et le Canada.
4. Pêcheries françaises. — Saint-Pierre et Miquelon et côtes de Terre-Neuve. — Loi du 22 juillet 1851 sur les primes allouées à la pêche maritime.
5. Justification des encouragements donnés à cette industrie.
6. Contestations entre la France et l'Angleterre relativement à la pêche à Terre-Neuve. — Historique.
7. Étendue de nos droits de pêche.
8. Origine des contestations récentes.
9. Découverte de mines à Terre-Neuve et ses effets vis-à-vis de notre occupation du littoral.
10. Convention entre la France et l'Angleterre en 1885. — Tenue en échec par le parlement local de Terre-Neuve.
11. En quels termes se pose actuellement la question de nos pêcheries.
12. Solution possible liée à la négociation d'un régime douanier entre la France et l'Angleterre vis-à-vis de la Tunisie.

1. Après avoir étudié la colonisation française dans son passé, c'est-à-dire l'histoire de nos colonies depuis leurs origines jusqu'au rétablissement de la paix en 1815 qui restitua à la France les possessions qu'elle avait perdues pendant la guerre, nous avons exposé la législation qui régit nos établissements coloniaux. Il nous faut maintenant examiner leur situation individuelle depuis cette époque, ce qui nous obligera à quelques notions sur les lois spéciales et les institutions judiciaires particulières qui leur sont propres. Mais c'est surtout leur développement historique et économique dans ce siècle, ainsi que les questions auxquelles il peut donner lieu qui appelleront notre attention.

Nous suivrons dans cette étude, le même ordre que précédemment, en commençant par nos établissements d'Amérique, qui forment nos plus anciennes colonies. Nous distinguerons chez elles naturellement nos établissements de pêche (Saint-Pierre et Miquelon, et Terre-Neuve) seuls vestiges de notre ancien empire colonial de l'Amérique du Nord, et nos colonies de plantation (Martinique, Guadeloupe, Guyane, Réunion). Nous aborderons ensuite notre empire colonial africain comprenant l'Algérie, la Tunisie, le Sénégal, la Guinée, la côte d'Ivoire, le Dahomey, le Gabon, le Congo et les annexes d'Obock et de Tadjourah, de Nossi-Bé et dépendances, ainsi que nos droits sur le protectorat de Madagascar.

L'Asie s'ouvrira devant nous, et nous y suivrons notre colonisation dans l'Inde, en Cochinchine, au Cambodge, dans l'Annam, au Tonkin, en y comprenant nos droits sur Siam.

Nous n'aurons plus qu'à descendre dans l'Océan Pacifique

où notre examen de la colonisation française au XIXe siècle nous amènera à la Nouvelle-Calédonie et à nos établissements de l'Océanie.

Nous aurons alors une idée d'ensemble, sinon absolument approfondie de notre œuvre colonisatrice actuelle. Il nous restera à rechercher par quels moyens elle peut encore s'affermir, se compléter, se développer, de manière à assurer à notre pays, l'influence définitive qu'il est appelé à exercer sur une partie du globe.

2. En Amérique, nous n'avons plus que le troisième rang. Le premier appartient à la Grande-Bretagne malgré la perte de ses anciennes colonies en 1783. Elle a encore aujourd'hui le Canada, la baie d'Hudson, Terre-Neuve, les Bernudes, la Grenade, Tabago, la Trinité et plusieurs autres petites îles, le Honduras, une partie de la Guyane, les îles Falkand.

Le deuxième rang est encore à l'Espagne avec Cuba, le plus grand pays producteur de canne à sucre, et Porto-Rico.

Le troisième rang nous reste, et après nous, viennent la Hollande avec ses possessions de la Guyane et de Curaçao et d'une partie de Saint-Martin, enfin le Danemark avec l'Irlande, Sainte-Croix, Saint-Thomas.

Mais un fait digne de remarque c'est qu'aucune nation européenne pendant ce siècle n'a gagné de terrain dans l'ancien Nouveau-Monde. L'Europe, au contraire, a été expulsée en partie de l'Amérique dans la seconde moitié du siècle dernier et dans la première de celui-ci par des nations jeunes qui lui devaient la vie mais qui, de bonne heure, ont voulu conquérir leur liberté. C'est ainsi qu'en 1783 les États-Unis se sont détachés de l'Angleterre, en 1821 le Brésil s'est séparé du Portugal, de 1814 à 1826 le Chili, le Mexique, la Plata, l'Amérique méridionale, l'Amérique centrale, le Pérou se sont rendus indépendants de l'Espagne.

3. Mais plusieurs de ces États ont conservé d'étroites et fructueuses relations avec leur ancienne métropole (*sup.* liv.

I, n° 26). Bien que nous n'ayions rien gardé de nos possessions du Canada et de la Louisiane, il est certain que les
populations de race française qui peuplent ces contrées, y
maintiennent des traditions, des idées, des sentiments qui
créent, entre elles et nous, un lien sympathique, dont nous
avons eu plus d'une fois l'occasion de retirer des avantages.
C'est ce qui ressort du livre publié par M. Rameau sur le
développement de la race française hors de l'Europe, notamment sur les Français en Amérique, acadiens et canadiens (*La
France aux colonies*, 1 vol. in-8°, Jouby, éditeur, Paris, 1859,
passim).

4. Nous n'avons aujourd'hui dans ces parages que les îles
de Saint-Pierre et Miquelon et certains droits sur Terre-Neuve
(V. *suprà*, liv. II, n° 17).

On a dit de ces îles qu'elles sont de grandes fabriques de
morue. Cette qualification est exacte. Cette petite colonie
ne peut subsister que par la pêche où elle puise toute sa
richesse. Depuis longtemps des primes d'encouragement sont
accordées par la métropole aux gens de mer qui se livrent à
cette industrie. Jusqu'en 1832, le taux des primes fut réglé
par les ordonnances, et postérieurement par les lois des 2
mai 1832 et 13 août 1841. Les conditions en ont été modifiées
par la loi du 22 juillet 1851 qui ne devait avoir d'effet que
jusqu'en 1861 mais qui a été successivement prorogée (V.
lois du 17 déc. 1880 et 31 juill. 1890).

Cette loi distingue deux sortes de primes : 1° La prime
d'armement donnée à l'armateur au moment du départ du
navire, et qui est calculée d'après le nombre des marins em-
barqués, soit 50 francs par homme d'équipage pour la pêche
avec sécherie, à Terre-Neuve, Saint-Pierre et Miquelon, 50
francs par homme d'équipage pour la pêche sans sécherie
dans les mers d'Islande, et 30 francs par homme d'équipage
pour la pêche sans *sécherie* sur le grand banc de Terre-Neuve.
2° Une autre prime est accordée sur les produits de la pêche,
proportionnellement à leur importance, et suivant la distance

du pays de destination. La loi a eu surtout pour objet de favoriser l'exportation des morues sèches (V. le Rapport de M. Ancel (D. 52. 4. 27), et Dalloz, v° *Pêche maritime*, n°s 11, 12 et suiv.).

5. Le montant de ces primes atteindrait, suivant M. P. Leroy-Beaulieu (p. 578), 4 millions de francs, et ne serait guère inférieur aux bénéfices réalisés par les entrepreneurs de pêche. Cependant d'après les statistiques relatées dans les notices sur les colonies publiées lors de l'exposition universelle de 1889 sous la direction de M. Henrique (*Notice sur Saint-Pierre et Miquelon*, p. 52), le commerce de ces îles suit une progression constante, mais il y a surtout à considérer qu'il fait vivre un nombre considérable de gens de mer, et qu'il favorise le recrutement de dix mille matelots d'élite dont le concours peut fournir un appoint important, suivant les circonstances, à la marine de l'État. A ce seul titre notre colonie des îles de Saint-Pierre et Miquelon mérite toute la sollicitude de la métropole.

6. Les droits de pêche pour nos nationaux sur les côtes de l'île de Terre-Neuve donnes lieu aujourd'hui entre l'Angleterre et la France à une « question » dont nous devons préciser le caractère.

Le droit des Français de pratiquer la pêche sur les côtes de Terre-Neuve remonte originairement à l'article 13 du traité de paix conclu à Utrecht le 11 avril 1713.

Aux termes de ce traité, la France faisait remise à la Grande-Bretagne de tout ce qu'elle possédait dans l'île de Terre-Neuve et ne gardait plus que le droit d'y établir les « échafauds et cabanes nécessaires pour sécher le poisson, ainsi que le droit d'aborder dans l'île seulement dans le temps nécessaire à ces opérations » (V. Pradier-Fodéré, *Traité de droit international*, t. V, p. 593, n° 2453). De plus, ces droits ne pouvaient être exercés que « depuis le lieu appelé cap de la Bona-Vista, jusqu'à l'extrémité septentrionale de l'île, et de là en suivant la partie occidentale jusqu'au lieu appelé Pointe-Riche. »

Le traité du 10 février 1763, qui mit fin à la guerre de sept ans maintient les clauses du traité de 1713. Il en est de même du traité du 3 septembre 1783, dans lequel toutefois il est dit que « pour prévenir les querelles entre les deux nations française et anglaise, la France renonce au droit de pêche depuis le cap de la Bona-Vista jusqu'au cap Saint-Jean ; mais elle acquiert le droit de pêcher depuis le cap Saint-Jean en montant au nord, et en redescendant par la côte occidentale jusqu'au cap Rage. La pêche, dans le golfe Saint-Laurent, nous est en outre maintenue telle qu'elle nous avait été concédée par le traité de 1713.

Ces clauses sont de nouveau confirmées par le traité conclu après la paix d'Amiens en 1802. Enfin l'article 13 du traité de Paris du 30 mai 1814, déclare que : « quant au droit de pêche des Français sur le grand banc de Terre-Neuve, sur les côtes de l'île de ce nom, et des îles adjacentes, et dans le golfe Saint-Laurent, tout sera remis sur le même pied qu'avant 1792. » Ces dispositions ont été encore ratifiées par le traité du 20 novembre 1815.

7. De ces clauses il résulte que le droit de pêche des Français sur les parties de la côte anglaise de Terre-Neuve qui leur a été réservée par les traités est limité *quant à l'étendue du littoral*, sur lequel il peut être exercé, et quant à la *saison* pendant laquelle il est autorisé, mais il est illimité quant à la nature, et au genre de pêche qui peuvent être exercés. Il est absolu, exclusif de toute concurrence étrangère.

Les Anglais eux-mêmes l'ont toujours ainsi entendu. Ainsi en 1835 les jurisconsultes de la couronne, consultés par le ministère sur la question de savoir si, aux termes des traités, les sujets anglais ne pouvaient être admis à partager avec les français le droit de pêche sur la côte réservée à ceux-ci, répondaient que, dans leur opinion, les Français avaient le droit exclusif de pêche sur la partie de la côte de Terre-Neuve, mentionnée dans le traité de 1783.

De nouveau, en 1837, ils déclaraient que : « les sujets britanniques sont exclus du droit d'y pêcher, s'ils ne peuvent le faire sans apporter quelque gêne à la pêche française. »

Il y a déjà ici une petite restriction. A l'occasion de quels faits et dans quelle mesure le droit de la France a-t-il pu être mis en question?

8. Les circonstances sont assez curieuses. Le littoral de Terre-Neuve sur lequel nous avons droit de pêche ne peut, d'après les traités, être couvert d'aucune construction française permanente, et seulement d'installations provisoires et temporaires devant disparaître à la fin de chaque pêche. D'autre part, le gouvernement anglais s'est engagé à ne tolérer de la part de ses propres nationaux, l'existence d'aucun établissement sédentaire, d'où le littoral, ce qu'on appelle le *french-schore*, restait et devait rester complètement inhabité (Pradier-Fodéré, p. 599).

En fait, il en a été autrement. Des habitants de Terre-Neuve s'y sont successivement introduits et installés comme auxiliaires des marins français. L'hiver on leur confiait la garde du matériel qu'on laissait sur la plage. Là ils vivaient en famille. L'anglais pêchait à son aise; qui songeait à le lui défendre? La pêche était son seul moyen d'existence, en la lui supprimant on l'eût inévitablement condamné à mourir de faim. Il y a donc eu tolérance de la part des pêcheurs français. Les Anglais, misérables au début, se sont installés sur la côte réservée aux Français, ils y ont fait souche, ils y sont devenus nombreux et n'en sont plus sortis. Ils pêchent librement, avec toutes sortes de filets sur les points que les Français n'occupent pas et fréquemment aussi dans les mêmes parages que les pêcheurs français.

L'administration de Saint-Jean, chef-lieu de l'île de Terre-Neuve, leur a facilité la création de villages, d'écoles, de temples, c'a été un envahissement en règle dont les progrès s'accentuent tous les jours.

9. Puis est survenue, en 1859, une découverte de mines de cuivre et de plomb qui n'ont, à de rares exceptions près, d'autres débouchés que la partie du littoral où les Français ont le droit de pêche, et dont l'exploitation ne peut avoir lieu qu'au préjudice de la pêche française.

Bien plus, en 1866, des mines de plomb argentifère sont découvertes vers la côte ouest, mais l'absence de routes qui soient praticables, ne laisse au minerai d'autre débouché que le rivage occupé par les pêcheries françaises.

De cet état de chose résulte une situation économique et politique très dangereuse pour le développement et la prospérité de ces pêcheries, — mais surtout pour le maintien des rapports pacifiques entre les deux nations. La métropole anglaise ne veut pas manquer à ses obligations envers la France; mais les terre-neuviens manifestent des velléités d'indépendance. Ils sont fortement imbus de l'idée que Terre-Neuve doit appartenir à ses habitants, et non aux Anglais.

Terre-Neuve a son parlement local, avec lequel l'Angleterre doit compter. En vue de prévenir des collisions, des négociations, déjà anciennes, ont été entamées, interrompues et reprises (1844, 1851, 1856).

10. En 1859, une commission franco-anglaise ne put aboutir à d'autres résultats que le maintien du *statu quo*. En 1885, les gouvernements anglais et français posent les bases d'un arrangement qui donne aux habitants de Terre-Neuve des avantages considérables. L'arrangement est signé à Paris le 14 novembre 1885.

Dans un message que la Reine adresse au Parlement anglais, elle se félicite hautement d'avoir pu supprimer ainsi la cause de difficultés entre deux peuples voisins et amis. Mais la Reine compte sans le Parlement de Terre-Neuve qui refuse de ratifier l'arrangement, et vote une loi (désignée sous le nom de *Bill-Boët*, du mot boët qui signifie l'appât destiné à amorcer les engins de pêche).

Cette loi porte interdiction à tous les habitants de l'île de vendre aux pêcheurs français les appâts nécessaires à l'exercice de leur industrie.

11. Que fait le gouvernement anglais?

Il ratifie, après deux ans d'hésitation, cette loi — et il justifie ainsi l'observation que M. Flourens faisait dans la séance du 20 janvier 1890 de la Chambre des députés que « depuis quelques années la Grande-Bretagne semble ne gouverner ses colonies, qu'à la condition de leur obéir » (*Officiel* du 21 janvier 1890, pages 28 et suiv.).

12. En dernier lieu, l'attitude et le langage de la Grande-Bretagne sont en quelque sorte piteux. L'argumentation qu'on nous oppose consiste à dire que les Français n'ont que le droit de pêcher à Terre-Neuve; — que pêcher c'est prendre des poissons; — qu'ils n'ont donc pas le droit de prendre des homards lesquels sont des crustacés et non des poissons!

Que répondre? sinon que les négociateurs du traité d'Utrecht en 1713 n'ont certes jamais songé à cette distinction. Ils ont accordé aux Français le droit de pêcher à Terre-Neuve, en donnant au mot pêche toute la signification qu'il comporte, sans distinguer entre les diverses espèces de poissons qui vivent au fond des mers. Nos droits, reconnus, expliqués, sanctionnés par les traités de 1713, 1763, 1783, 1802, 1814, 1815, par l'avis des jurisconsultes anglais en 1835 et 1837, sont formels.

Enfin le gouvernement anglais s'est formellement engagé à ne pas permettre que les pêcheurs britanniques troublent, par la concurrence d'une façon quelconque, les opérations de pêche des marins français à Terre-Neuve.

13. Telle est la question qui, pour le moment en suspens, revient de temps à autre avec une certaine acuité. Espérons qu'elle obtiendra une solution équitable quand après l'expiration, en 1896, du traité de douane italo-tunisien, nous aurons à négocier avec l'Angleterre un régime douanier concernant l'importation des produits anglais en Tunisie. La question de Terre-Neuve pourra se joindre à celle du régime douanier à établir entre l'Angleterre et la Tunisie, et aboutir à un résultat satisfaisant pour les intérêts anglais et français.

Une solution est d'autant plus désirable en ce qui concerne nos droits de pêche sur le littoral et le banc de Terre-Neuve que cette industrie fait vivre, comme nous l'avons dit, bon nombre de familles françaises. Parmi les riverains de notre littoral métropolitain le premier rang a longtemps appartenu aux habitants de Saint-Jean-de-Luz, puis après le comblement du port par les caprices de l'Océan, aux pêcheurs de Bayonne.

Les Bretons viennent après les Basques. Une douzaine de ports Bretons, notamment Saint-Brieuc, Paimpol, Saint-Malo et Saint-Servan s'occupent activement de la grande pêche.

La Normandie compte aussi divers ports qui arment des bâtiments de pêche pour Saint-Pierre et Miquelon, et les côtes de Terre-Neuve.

Un décret du 16 février 1889, modifiant des dispositions antérieures, a réglé les conditions d'armement, quant au personnel des bâtiments.

14. Les armements destinés à la pêche de la morue soit à Saint-Pierre et Miquelon, soit sur la côte de Terre-Neuve, doivent au minimum être de 30 tonnes, de 25, ou de 20 suivant la jauge des navires. — Il y a quelques modifications quant aux armements destinés pour la pêche au grand Banc de Terre-Neuve, et relativement à ceux qui pratiquent la pêche, et la sécherie, et ceux qui pratiquent la salaison à bord.

Ces distinctions ont une raison d'être dans la variété des primes allouées aux armateurs.

15. La population des trois îles, grande et petite Miquelon et l'île aux Chiens est d'environ 6,000 âmes, dont 4,800 environ à Saint-Pierre, chef-lieu de la colonie. Les importations annuellement dépassent 12 millions de francs; les exportations atteignent près de 16 millions, dont plus des trois quarts consistent en morue. On a donc pu dire avec raison que la morue entretient une partie de l'activité du littoral français par les armements que sa pêche exige et qui occupent annuellement plus de 600 navires jaugeant 80,000 tonneaux.

D'autre part, c'est la France qui fournit de morues, en dehors de ses propres ports, l'Italie, la Grèce, le Levant, l'Algérie, l'Espagne et le Portugal. La morue de nos îles de Saint-Pierre et Miquelon, et de nos pêcheries de Terre-Neuve alimente aussi nos Antilles, et pénètre même sous pavillon français jusqu'au Chili et au Pérou (*Notice Henrique*, déjà citée, p. 48).

CHAPITRE II.

COLONIES DE PLANTATION. — MARTINIQUE, GUADELOUPE, RÉUNION.

---

16. La prospérité de nos colonies de plantation qui sont, comme nous l'avons vu avant tout, des fabriques de sucre, dépend de plusieurs causes, notamment des conditions de leur main-d'œuvre et de leurs débouchés.

Au commencement de ce siècle, l'état de marasme des colonies anglaises venait d'une législation commerciale tyrannique. Nous avons constaté, pour les colonies françaises, que de nombreuses dérogations à l'ancien pacte colonial en avait assoupli et atténué la rigueur. Ce n'est pas de ce côté que vinrent les épreuves subies par nos colonies. Le mal intense dont elles souffrent au début du siècle leur vient du déchirement social que la Révolution produisit dans leur existence, à raison soit des dominations étrangères qu'elles eurent à subir, soit de la privation de leurs débouchés naturels, soi des commotions que fit naître chez elles la question de l'esclavage.

17. La main-d'œuvre servile, nous l'avons vu, était la base de leur production et ce régime, ainsi que la traite des nègres, qui en était le complément, n'eut pas chez nous, suivant le témoignage d'Adam Smith, un caractère d'inhumanité aussi flagrant que chez d'autres colonies, et notamment chez les colonies anglaises. Cependant on s'explique que, quelque tolérable que fût l'esclavage aux Antilles françaises, il devait disparaître un jour, et que sa suppression ferait naître de graves difficultés pour la substitution d'un travail libre, efficace et productif au travail servile bien plus économique.

La question de l'esclavage ne fut cependant posée ni dans l'Assemblée constituante, ni dans l'Assemblée législative. Il semble qu'elles aient redouté les effets de l'affranchissement des esclaves, dont la mise à exécution sans transition pouvait être la cause de troubles et de désastres.

La seule question que la Constituante aborda fut celle de savoir si les hommes libres, de couleur, auraient les mêmes droits que les blancs. Les mulâtres libres se virent refuser les droits politiques, ce qui fut l'une des causes des luttes sanglantes où nous perdîmes Saint-Domingue.

Quant à la législative, elle se borna à supprimer la prime accordée, en 1784, à la traite des noirs ; mais l'esclavage et la traite continuèrent d'exister. Si la suppression subite de l'esclavage pouvait être écartée comme mesure prématurée, du moins on aurait pu éprouver une philanthropie sincère pour les noirs. Il n'en fut rien. Tout au contraire, une instruction du capitaine-général de la Martinique, en date du 19 brumaire an II, ordonna « de faire fermer toutes les écoles publiques où sont admis les nègres et les gens de couleur. »

18. Cependant, la traite et l'esclavage disparurent un moment, par un décret du 16 pluviôse an II, « décret, dit

M. Aug. Cochin, aussi laconique qu'imprévoyant, rendu par acclamation et par surprise. »

La Guyane et la Guadeloupe en portèrent seules le poids. La Martinique, alors envahie par les Anglais, échappa, jusqu'après la paix d'Amiens, à son application. L'Ile de France (Maurice) qui nous appartenait alors, et la Réunion, s'opposèrent au débarquement des agents de la Convention, qui venaient appliquer le décret. En même temps, comme elles avaient déjà défendu l'introduction des noirs de traite, elles parvinrent à prévenir tous les troubles.

La Guyane subit de graves désordres et un complet abandon des cultures, résultats faciles à prévoir d'une émancipation subite. De plus, elle eut à souffrir du discrédit et du bouleversement qui pesèrent sur elle par suite de déportations politiques. Le Directoire lui expédia, en effet, les nombreuses victimes de ses coups d'État. Plus de 500 déportés politiques (parmi lesquels Billaud-Varennes, Collot-d'Herbois, Barbé-Marbois, Pichegru, etc.) furent envoyés sur divers points du littoral de la Guyane, sans aucune mesure prise pour garantir leur subsistance.

A la Guadeloupe, la proclamation inattendue de l'indépendance des nègres produisit des excès qui ruinèrent l'industrie et le commerce. On crut devoir recourir à des mesures extrêmes dans l'intérêt de l'ordre, telle que la défense, sous peine de mort, de voler et d'arracher les vivres; on ordonna même le travail, sous peine de mort, et, dans ce but, l'embrigadement des noirs. On ne put échapper à la dévastation. Bestiaux, culture, bâtiments, tout fut anéanti par les nègres émancipés. Cependant, un gouverneur habile, Desfournaux, sut rétablir l'ordre et le travail, en organisant le colonat partiaire et des inspections de culture. Le consulat (Décrets des 30 floréal an X, 20 mai 1802) reconnut la nécessité de rapporter l'acte d'émancipation, et de rétablir l'esclavage « conformément aux lois et règlements existant avant 1789. » La question de l'affranchissement se trouvait ajournée.

19. Après tant de vicissitudes, nos colonies de plantation étaient dans un état déplorable, lorsque le traité du 30 mai 1814 restitua à la France tous les établissements coloniaux qu'elle possédait au 1er janvier 1792.

La Restauration rétablit tout aussitôt, chez nos anciennes colonies (Antilles, Guyane, Réunion), les institutions et la politique coloniale antérieures à 1789. Suivant l'opinion de M. Rossi (Rapport à la Chambre des pairs, du 20 juin 1843, sur la question des sucres), il ne pouvait guère en être autrement dans les circonstances où se trouvait placé le gouvernement. Cependant, la période de la Restauration ne laissa pas que d'être réparatrice. On élargit les relations des colonies avec l'étranger, en signant des traités avec l'Angleterre et les États-Unis, et en prenant diverses mesures que nous avons signalées autre part (Institution de comités consultatifs, création des banques, système métrique, meilleur régime monétaire, enregistrement, conservation des hypothèques, etc.).

20. Mais deux tentatives malheureuses font concevoir quelle était encore l'inexpérience du gouvernement. Elles eurent lieu à la Guyane et au Sénégal. On avait oublié l'échec terrible de l'expédition de Kourou tentée par le duc de Choiseul, à la Guyane (V. *sup.*, liv. II, n° 41). On risqua presque sur le même théâtre un nouvel essai de colonisation artificielle sur les bords de la Mana. Les débuts de l'établissement parurent satisfaisants, mais la paresse, le libertinage, l'ivrognerie perdirent les colons. Il fallut disperser la colonie qui avait pris le nom de Nouvelle-Angoulême, quelques familles alsaciennes venues pour la remplacer se maintinrent dans de bonnes conditions tant qu'elles furent soutenues par des rations alimentaires. Mais livrées ensuite à leur propre initiative, les colons abandonnèrent la culture pour s'adonner à la chasse et à la pêche et bornèrent leur industrie à l'approvisionnement des agents que l'État entretenait pour diriger la colonisation.

21. Une tentative due à l'initiative privée eut plus de

succès. La supérieure des religieuses de Saint-Joseph de Cluny, Madame Javouhey, obtint d'aller à la Nouvelle-Angoulème recueillir les débris de cet établissement. Elle en prit possession en avril 1828 avec un certain nombre de sœurs, et le concours de trente-neuf cultivateurs engagés pour trois ans. A l'expiration de ce délai, en 1831, ils abandonnèrent la colonie. Sa fondatrice continua son œuvre avec des noirs. Cinq cent cinquante esclaves libérés furent réunis sous sa direction. Elle se proposait de les initier par le travail à la liberté. Ainsi se fonda le bourg de Mana devenu un des plus populeux de la colonie (V. les notices, Louis Henrique, *Notice sur la Guyane*, p. 31).

Une autre expérience fut tentée par le gouvernement au Sénégal. De grandes cultures industrielles organisées officiellement à trente ou quarante lieues de Saint-Louis aboutirent à un insuccès (V. *infr.*, ch. IV., le Sénégal).

21 *bis*. Le gouvernement de Juillet porta principalement ses vues sur le régime intérieur des colonies de plantation, on adoucit le sort des esclaves, on simplifia la forme des affranchissements, on abolit les peines de la mutilation et de la marque, on procéda au recensement et à l'établissement des actes de l'état civil des esclaves, on organisa pour eux des moyens d'instruction primaire et religieuse, l'inspection du travail et des ateliers. Des crédits furent votés (1840-41) pour étendre les écoles, augmenter le nombre des magistrats qui devaient être les inspecteurs et les patrons des esclaves.

Mais les planteurs se montrèrent hostiles à l'application de ces mesures qui tendaient à préparer l'émancipation. Ils considéraient le travail servile comme indispensable à la culture, et l'émancipation projetée comme un danger et une ruine.

22. Deux projets d'émancipation furent élaborés par M. Hipp. Passy et le duc de Broglie pour ménager la transition du travail servile au travail libre. L'un d'eux comportait notamment une émancipation progressive devant s'appliquer d'abord aux invalides, en obligeant les planteurs à leur payer une pension alimentaire, puis aux enfants de moins de sept ans, et enfin aux enfants à naître qui devaient être élevés aux frais de l'État. L'émancipation aurait ensuite été accordée aux adultes moyennant l'allocation de primes qui les auraient aidés à se racheter en contractant mariage. Ils auraient en outre obtenu un jour de liberté par semaine pour arriver par un travail rémunéré à gagner un pécule de rachat.

En attendant, des mesures législatives étaient prises pour préparer la transition de l'esclavage à la liberté. En vertu d'une loi du 18 juillet 1845, l'esclave reçut le droit de posséder, et celui d'obtenir son affranchissement moyennant rançon. Marié, il pouvait se réunir à sa femme. Une autre loi du 19 juillet 1845 ouvrait des crédits dans le but de concourir au rachat des esclaves quand l'administration le jugerait nécessaire, — d'appeler dans les colonies des ouvriers et cultivateurs européens, et de former des établissements agricoles au moyen du travail libre et rémunéré. L'administration elle-même déployait sur les lieux une activité intelligente. On fit d'heureux essais de colonat partiaire avec des nègres. L'instruction primaire et l'instruction religieuse étaient considérées comme la meilleure préparation à l'affranchissement. Un appel fut adressé aux Frères de Ploërmel, et aux Trappistes pour seconder les essais de colonies agricoles.

23. L'influence de ces mesures ne fut pas perdue quand, en 1848, le gouvernement provisoire proclama, par décrets des 27 avril et 4 mai, l'émancipation simultanée et immédiate des nègres. Elle fut suivie d'un excès de réglementation libérale, si on peut réunir ces deux expressions (V. divers décrets, Dalloz, v° *Org. des colonies*, p. 1115). On accordait aux planteurs un délai insuffisant pour effectuer la récolte avec le concours de leurs esclaves; on supprimait les engagements à temps comme se rapprochant trop de la condition servile, etc.

Ces prescriptions étaient arbitraires et trop absolues. Il fallut adopter quelques-unes des mesures qu'avait indiquées M. de Broglie, telle que l'institution des ateliers de discipline pour réprimer le vagabondage et la mendicité (V. *sup.*, liv. II, nᵒ 88).

24. Parmi les questions se rattachant à l'abolition de l'esclavage celle de l'indemnité était la plus importante.

Nous avons vu (liv. IX, nᵒ 10) qu'une loi avait été rendue les 30 avril-4 mai 1849 dans le double but d'assurer une indemnité aux propriétaires dépossédés de leurs esclaves par les décrets des 27 avril-4 mai 1848, et de créer un fonds pour l'institution des banques nationales.

L'indemnité avait pour base : 1ᵒ une rente de 6 millions, 5 p. 0/0 inscrite au grand-livre de la dette publique; 2ᵒ une somme de 6 millions payable en numéraire et en totalité dans les trente jours de la promulgation de la présente loi.

Les noirs affranchis dans les colonies de la Martinique, la Guadeloupe, la Guyane, la Réunion, le Sénégal, Nossi-Bé et Sainte-Marie, et d'autre part les engagés à temps du Sénégal libérés donnaient droit à une indemnité au profit de leurs anciens maîtres.

Un décret du 24 mars 1849 fut rendu pour la répartition de cette indemnité (V. D. 49. 4, p. 96 et 169). Elle aboutissait à un chiffre d'environ 500 francs par chaque esclave. Sa répartition donna lieu à des récriminations et à des procès.

Les planteurs trouvaient l'indemnité trop faible, tardive et mal répartie. On invoquait l'exemple des colonies anglaises dans lesquelles l'indemnité est payée préalablement à l'affranchissement; puis s'éleva devant les tribunaux la curieuse question de savoir, devant le silence de la loi, si l'indemnité avait un caractère mobilier ou immobilier, si dès lors elle devait être répartie au marc le franc entre les créanciers des ayants-droit ou attribuée par préférence aux créanciers hypothécaires, solution qui fut écartée.

25. Les colonies souffrirent inégalement de l'émancipation, selon leur situation, leur fécondité naturelle, les traitements qu'y subissaient les esclaves.

La Réunion subit à peine quelque temps d'arrêt dans la culture, les coolies lui arrivèrent de l'Inde, et les machines de France. La prospérité reprit dans des proportions inattendues.

Dans la Guyane, territoire immense, faiblement peuplé, les nègres affranchis se dispersèrent, et les plantations dépérirent.

La Martinique surmonta les difficultés par l'emploi des machines, et des accords amiables avec les nègres pour le maintien du travail.

La Guadeloupe, comme la Jamaïque qui est aux Anglais, fut sérieusement atteinte. Les nègres y étaient moins bien traités qu'ailleurs, les planteurs en subirent les conséquences.

L'émancipation transformant la main-d'œuvre devait amener un renouvellement complet des conditions économiques et sociales dans les établissements coloniaux.

Du rapport d'une commission chargée en mai 1849 par l'amiral Bruat d'étudier l'état du travail à la Martinique, il résulte que la grande culture fut presque complètement abandonnée pendant les deux mois qui suivirent l'émancipation, puis le travail reprit progressivement sur tous les points de la colonie.

La Martinique se releva donc avec courage. La Réunion, grâce aux coolies, augmenta la quantité de ses produits, la Guadeloupe resta en souffrance, et la Guyane renonça à peu près à la production du sucre. Elle devint surtout une colonie pénitentiaire de colonie de plantation qu'elle avait été; nous l'étudierons bientôt sous ce nouvel aspect.

26. L'émancipation a été ainsi le point de départ d'une immigration considérable, excessive, de coolies indiens et de chinois. Nous devons en faire l'étude historique et économique.

Dès 1852, le gouvernement français prit des mesures dans le but : 1° de favoriser l'immigration par des garanties et avantages offerts aux émigrants; 2° de préserver les colonies des dangers qu'ils pouvaient faire courir à l'ordre public. Telle était, en effet, la double face du problème (Décr. des 13 févr. et 27 mars 1852).

27. Les efforts tentés pour se procurer des immigrants européens échouèrent complètement. Les planteurs ne s'y prêtèrent pas dans la crainte d'avoir à payer des salaires trop élevés. Au contraire des agences se multipliaient pour favoriser l'engagement des noirs. Mais des abus se produisirent : à défaut de nègres engagés volontaires, on recrutait sur la côte d'Afrique des esclaves noirs qu'on ne libérait qu'à la condition qu'ils contracteraient un engagement de cinq à six années. C'était un servage dont le caractère fut dévoilé par la presse. Le gouvernement en 1859 interdit l'émigration africaine.

On eut alors recours aux natifs de l'Inde, soit de l'Inde française, soit de l'Inde anglaise. Mais l'Angleterre protesta, et ses observations amenèrent la France à signer avec elle une convention du 1er juillet 1861, encore en vigueur, et dont nous devons, par conséquent, préciser les clauses :

Le gouvernement anglais s'y est réservé le droit de suspendre l'émigration des coolies dans telle ou telle colonie quand il le jugerait opportun. Il usa de cette prérogative en 1876 pour la Guyane, et en 1882 pour la Réunion, en alléguant qu'une trop grande mortalité y atteignait les immigrants.

28. Il demanda que les contrats de réengagement ne fussent conclus qu'après l'expiration du premier engagement et avec le visa du consul anglais de la colonie. Cette demande fut accueillie par le gouvernement français; mais l'Angleterre demandait encore que les dépenses de l'immigration fussent inscrites comme dépenses obligatoires dans les budgets coloniaux, et que le consul anglais pût venir visiter et inspecter les domaines sur lesquels travailleraient les coolies. Le gouvernement français n'a pas voulu insérer ces clauses dans un traité. Toutefois pour aplanir les difficultés il a promulgué à la Guyane et à la Réunion un ensemble de mesures (Décr. des 13 juin-27 août 1887) qui semblent de nature à offrir les

garanties désirables dans l'intérêt des immigrants indiens. L'application en a été étendue à la Guadeloupe par décret du 30 juin 1890. Des mesures analogues avaient été prises par décret du 2 octobre 1885 relativement à l'émigration à Mayotte et à Nossi-Bé, mais les travailleurs qui leur sont nécessaires leur viennent de la côte de Mozambique après entente avec le gouvernement portugais à qui elle appartient.

L'immigration ouvrière dans les établissements d'Océanie et à la Nouvelle-Calédonie est réglée par des arrêtés locaux. Elle n'est réglementée ni à Saint-Pierre et Miquelon, ni au Sénégal, ni en Cochinchine, ni dans l'Inde française.

29. La réglementation résultant tant des décrets de 1852, que de la convention de 1861, et des décrets précités de 1885, 1887 et 1890 est assez minutieuse. Nous n'en indiquerons que les dispositions principales. Le recrutement s'opère sous la direction d'agents désignés par le gouvernement français, lesquels sont soumis dans l'Inde à l'agrément du gouvernement britannique. Les agents d'émigration doivent, sous le contrôle d'un commissaire français, veiller à ce que les émigrants contractent en toute liberté. Ceux-ci s'engagent à servir soit une personne désignée, soit toute autre à laquelle ils seront confiés par l'autorité à leur arrivée dans la colonie. Les engagements ne peuvent, pour les sujets anglais, dépasser cinq ans.

A leur arrivée dans la colonie, une commission reçoit les immigrants, remplit les formalités nécessaires pour constater leur identité, leur état civil. Ils sont répartis par les soins de l'administration entre les colons qui en font la demande. Chacun d'eux est immatriculé sur un registre spécial et reçoit un livret. Enfin ils sont employés suivant les besoins, les clauses de leur contrat et suivant leur sexe et leurs aptitudes, comme domestiques ou comme ouvriers attachés à des exploitations agricoles ou industrielles.

Les décrets précités ont aussi réglé le mode d'aménagement et de distribution de leurs logements, le minimum de leur salaire et tout ce qui est relatif aux soins médicaux et pharmaceutiques dont ils peuvent avoir besoin.

Les contestations relatives à l'exécution du contrat d'engagement, sont jugées en dernier ressort par le juge de paix.

Tous autres litiges intéressant les immigrants sont soumis aux règles de droit commun. Les immigrants, régulièrement engagés, jouissent d'ailleurs de l'assistance judiciaire. Enfin dans chaque colonie est institué un service de l'immigration composé de syndics sous la direction d'un commissaire de l'immigration ou « protecteur des immigrants. » Les infractions auxquelles donne lieu spécialement l'immigration, telles que les absences illégales, les fraudes en matière d'engagement, etc., sont punies de diverses peines, correctionnelles ou de simple police.

30. Tout ce que nous venons d'exposer se réfère à l'immigration réglementée. Celle qui est pratiquée librement ne jouit d'aucune des mesures protectrices prévues par les décrets. Les engagements que contractent des français ou des étrangers venus du dehors dans une colonie n'ont d'autre sanction que les règles du Code civil.

31. Tel est l'ensemble des mesures qui ont été prises pour assurer des bras aux planteurs. Mais l'introduction d'immigrants, substituant leurs services à ceux des noirs émancipés, a suscité des oppositions. Les anciens affranchis, et leurs enfants ont protesté contre l'introduction aux frais de la colonie des travailleurs indiens faisant concurrence au travail libre. Aux Antilles la résistance est venue des conseils généraux dont la majorité se compose d'hommes de couleur. La Martinique a supprimé chez elle l'immigration réglementée (Arrêté local du 17 janvier 1885).

De leur côté les planteurs prétendent que le travail libre est à la fois trop cher et insuffisant; et à défaut du travail servile qui était le moins coûteux, ils réclament le système de l'immigration qui leur procure des ouvriers dont le salaire est moindre que celui des travailleurs libres.

D'autre part, on a signalé les abus inévitables auxquels a donné lieu l'immigration des Indiens. Elle a fait réapparaître un trafic analogue à la traite, et elle contribue à perpétuer des procédés agricoles routiniers. L'abondance des bras a suppléé trop longtemps aux machines et aux progrès. Le même fait s'est produit dans les colonies anglaises. « C'est un moyen de ne pas admettre les perfectionnements commandés par l'expérience, » disait Lord Elgin, gouverneur de la Jamaïque.

Suivant Rossi (dans son rapport sur la loi des sucres) « avec le capital fixe inutilement prodigué dans les colonies, on aurait plus de sucre que les cinq parties du monde n'en consomment. » Ce capital fixe inutilement prodigué « c'étaient les esclaves; dit M. Paul Leroy-Beaulieu (p. 232). Depuis l'immigration ce sont les immigrants. »

« Les 24 millions de francs, — écrivait Jules Duval, — que la Réunion a dépensés pour faire venir les coolies de l'Inde, appliqués en primes au travail et en élévation de gages n'auraient certainement pas été stériles. » — Et M. Paul Leroy-Beaulieu ajoute : « appliqués en machines, ou au paiement d'habiles contre-maîtres ou constructeurs européens ils eussent assurément produit encore davantage, mais on a mieux aimé accumuler les bras que de rechercher les perfectionnements » (*loc. cit.*). Ces témoignages autorisés montrent aux colonies dans quelle voie il leur serait plus profitable de s'engager.

32. Nous avons dit que les destinées des colonies de plantation sont liées non seulement aux conditions dans lesquelles s'exerce leur main-d'œuvre, c'est ce que nous venons d'examiner, mais qu'elles sont influencées aussi par leur régime commercial. Nous avons à cet égard, en étudiant la législation des colonies, indiqué par quelles fluctuations ont passé leurs exportations et leurs importations jusqu'au régime établi par la loi du 11 janvier 1892 (*sup.*, liv. VIII, nos 22 et 23). Le moment est venu d'en examiner les conséquences en ce qui concerne nos colonies de plantation (Antilles, Guyane, Réunion, Mayotte).

33. Une réflexion préalable vient spontanément à l'esprit en ce qui touche cette catégorie de colonies : A tort ou à raison, cédant à un courant naturel, ou parfois incitées par la métropole désireuse de tirer d'elles tous les avantages qu'elles peuvent rendre, elles sont avant tout des colonies industrielles, des fabriques de sucre, comme, de leur côté, Saint-Pierre et Miquelon sont des fabriques de morues. Les économistes leur ont reproché d'avoir délaissé les cultures alimentaires pour se livrer exclusivement aux productions spéciales que leur climat comporte. La conséquence c'est qu'il leur faut faire venir du dehors ce dont elles ont besoin et qu'elles ne produisent pas.

Le tarif général qui frappe l'importation chez elles des produits étrangers, a pour but de les obliger à donner la préférence aux produits métropolitains. Mais le peuvent-elles toujours ? Evidemment non. La Martinique, la Guadeloupe, la Guyane, comme la Nouvelle-Calédonie, à cause de la distance et des frais de transport, ne peuvent raisonnablement faire venir de France le bétail, les farines, le charbon, les engrais dont elles ont besoin. La Réunion, notamment, ne peut s'approvisionner en France du riz, des houilles qui forment la partie principale de ses achats. Les unes et les autres ne peuvent acheter chez nous que des objets fabriqués, qui ne représentent à peu près que la moitié de leur importation.

34. Est-il rationnel d'imposer à ces colonies l'obligation de s'approvisionner en France d'objets qui s'offrent à plus bas prix de pays étrangers plus rapprochés ? En ce qui concerne, par exemple, les viandes salées, serait-il admissible que la France les fît venir des États-Unis pour les réexporter aux Antilles ? Ce n'est pas au moyen de droits de douane sur des marchandises de première nécessité qu'on pourra arriver à accroître de force le commerce entre la France et ses possessions d'outre-mer. Les droits de douane en élevant le prix des choses usuelles pèsent lourdement sur les consommateurs, et ne leur laissent plus assez de ressources pour acheter les objets dont ils n'ont qu'un moindre besoin, et qui, précisément, sont ceux que fabrique la métropole. L'application du tarif général métropolitain risque donc d'être absolument désastreuse pour nos colonies. Tels ont été les avis exprimés chez elles par leurs conseils locaux sur l'application de la loi du 21 janvier 1892.

Ils ont montré notamment que l'élévation des droits de douane, en amenant un renchérissement général a pour résultat non seulement d'accroître les frais de subsistance mais d'augmenter, par contre-coup, le prix de revient de tous les objets destinés à être exportés (Bouchié de Belle, *Journal des Economistes* du 15 octobre 1892, p. 162).

Des exceptions au tarif général de la métropole ont donc été sollicitées par les conseils généraux des colonies, ainsi que le pouvoir leur en avait été réservé par les articles 3 et 4 de la loi du 11 janvier 1892 (V. *sup.*, liv. VIII, n° 4). Et il a été statué sur leurs réclamations conformément à ces mêmes articles par des décrets rendus en Conseil d'État.

35. Le conseil général de la Guadeloupe a reçu d'un décret du 29 novembre 1892 certaines satisfactions. Ce décret a, en effet, exempté des droits plusieurs produits touchant à l'alimentation : les viandes salées, les farines de froment et de maïs, la houille, les futailles vides pour l'emballage des sucres, etc. La taxe a été établie par tête sur les animaux vivants, conformément au désir du conseil général. Mais les droits absolument prohibitifs du tarif général ont été maintenus sur la morue. Aucun dégrèvement n'a été accordé sur les tissus de coton, non plus que sur les produits fabriqués. « La partie la plus pauvre de la population se trouve ainsi condamnée à payer beaucoup plus cher l'aliment grossier que la modicité de son prix lui faisait rechercher, ainsi que ses vêtements et autres objets divers dont elle a besoin » (Bouchié de Belle, *Journal des Economistes* du 15 octobre 1892, p. 167).

La Martinique, comme la Guadeloupe, reçoit du dehors les objets de grande consommation alimentaire, et divers autres

non moins nécessaires. En 1884, son conseil général, à
l'exemple de celui de la Guadeloupe, avait rétabli des tarifs
protecteurs au profit de l'industrie métropolitaine (V. *sup.*,
liv. VIII, n° 12). Et sous ce régime la moitié environ de ses
importations venait de la France ou des colonies françaises.
Elles consistaient principalement en produits d'origine ou de
fabrication française (vins, huile d'olive, sucre raffiné, produits de pêche, vêtements confectionnés, machines, tissus
autres que ceux de coton).

Le décret du 29 novembre 1892 appliqué à la Martinique
vint la contraindre à s'approvisionner en France dans une
plus large mesure. Les droits majorés du tarif métropolitain
sont appliqués aux tissus de toute nature, et aux autres produits fabriqués. Les produits alimentaires qui, sous le régime
antérieur étaient exempts de droit, n'obtiennent que de
simples réductions. L'exemption complète n'existe que pour
un petit nombre d'articles (froment, maïs, riz, bois de chauf-
fage, huile minérale d'éclairage, engrais chimiques, futailles
vides). Le décret s'est même montré moins libéral vis-à-vis
de la Martinique qu'envers la Guadeloupe qui jouit de la
franchise pour plusieurs produits que la Martinique ne peut
recevoir qu'en payant certains droits (*Journal des Economistes, loc. cit.*, p. 169).

36. La Guyane n'a pas été mieux traitée que les Antilles.
Nous avons vu qu'elle possède peu de terre en culture, particulièrement à cause de l'absence de voies de communication
et du transport difficile des produits, elle est donc obligée de
s'approvisionner au dehors en vivres et en objets de toute sorte.
Le décret du 29 novembre 1892, qui la concerne, a aggravé
sa situation (V. pour les détails Bouchié de Belle, *loc. cit.*,
p. 170) en lui appliquant le tarif général des douanes sauf
certaines réductions ou exemptions. Un régime plus favorable
lui serait nécessaire pour diminuer chez elle le coût de la
vie et lui attirer des travailleurs de toutes races et de tout
pays.

La Réunion, comme les Antilles, se livre principalement à la culture de la canne à sucre. Elle est obligée de recourir à l'importation des objets d'alimentation et des produits fabriqués. Elle importe surtout des farineux, du riz que consomment ses immigrants asiatiques, des animaux vivants, des viandes salées, des boissons, des combustibles. Nous avons dit (liv. VIII, n° 12) que en 1884-1885 elle avait appliqué chez elle presque complètement le tarif général métropolitain voté en 1881, mais son conseil général avait exempté les animaux vivants, les denrées alimentaires, les bois de construction et la houille. Le décret du 26 novembre 1892 ne maintient l'exemption que pour une partie des objets d'alimentation (viandes salées, farineux, animaux vivants), pour les animaux de trait et de bât, les huiles minérales, les bois communs.

Tous les autres produits, y compris la houille, sont assujétis au tarif général de 1892. On sait combien les droits y sont majorés sur ceux du tarif de 1881. La comparaison qui en serait faite, trop minutieuse pour que nous la reproduisions, permet d'apprécier les charges nouvelles imposées à la Réunion. Pour elle, comme pour la Guadeloupe et la Martinique, ce sera l'enchérissement des frais d'existence, l'augmentation des frais de production, et par suite l'impossibilité de soutenir la concurrence étrangère sur les marchés du monde entier. Les effets seront les mêmes pour Mayotte dont l'unique culture est celle de la canne à sucre.

37. D'une récente étude publiée sous ce titre : *Les Antilles françaises en* 1893, par M. Monchoisy (*Revue des Deux-Mondes* du 15 sept. 1893) ressort la confirmation des faits et des appréciations que nous venons d'exposer. « On ne saurait se dispenser, dit-il, de constater que les budgets locaux ont été bouleversés par l'application aux colonies du tarif général des douanes, et qu'il en est résulté un accroissement de charges qui retombe presque tout entier sur les travailleurs et les pauvres gens. » Cependant, l'auteur se montre indul-

gent vis-à-vis des tempéraments apportés au tarif général par
les décrets précités de novembre 1892. « Ces tempéraments,
dit-il, n'ont pu porter ni sur la morue, ni sur les tissus, ni
sur la métallurgie. L'intérêt de l'armement maritime, celui
des grandes industries textiles, celui de la défense nationale
engagée à protéger l'industrie du fer, ne *permettaient pas*
qu'il en fût autrement. » Mais les résultats de la protection
ainsi accordée à ces trois intérêts au détriment des colonies,
n'en sont pas moins très lourds pour celles-ci. M. Monchoisy
le reconnaît : « Voilà comment, alors que déjà toutes les
choses nécessaires à la vie étaient vendues à des prix élevés
avec des bénéfices de 50 à 60 p. 0/0, tout *a augmenté encore*
et la condition matérielle du travailleur a empiré. Qui pourrait dire ce que l'on mange, et à quel prix... Et combien s'est
accrue la misère des ouvriers des champs? Sans compter
qu'aux droits de douane édictés par la métropole s'ajoutent
les droits d'octroi de mer, votés par le conseil général avec
les sanctions du Conseil d'État. Souvent on paie deux fois...
ce dualisme, ce double emploi dans les droits à l'importation
semblent ne pouvoir durer toujours. »

Dans une des séances de la société d'économie politique de
Lyon, M. Pelagaud, à l'occasion de la question des banques
coloniales, touchant à l'application du tarif général des
douanes et de l'octroi de mer, estime également que cet état
de choses « tue le commerce et produit la misère dans les colonies, parce qu'il charge les objets de production et qu'il
entrave le développement de l'industrie » (*Soc. d'écon. polit.
de Lyon*, année 1893, p. 454). On se demande comment
peuvent se concilier les sympathies que dans les discussions
le Parlement français manifeste pour les colonies, avec la
dureté du régime douanier qu'il leur a imposé. Examinons
si les colonies ont été mieux traitées par la législation sur les
sucres.

38. Le *régime d'importation des sucres* coloniaux dans la
métropole est devenu, pour nos colonies, une question abso-

lument capitale qui n'a pris naissance qu'à une époque relativement récente.

Le sucre colonial a été longtemps seul connu en Europe. Avant 1789 celui de nos colonies dépassait largement les besoins de la France. Elle n'en consommait guère que 22 millions de kilogr., tandis que nos colonies en produisait plus de 99 millions. Aussi le sucre étranger était-il repoussé du marché intérieur. En sus d'un droit fiscal de 3 francs par 100 kilog. il supportait une surtaxe de 10 francs véritablement prohibitive. La législation intermédiaire, malgré des fluctuations, eut le même caractère prohibitif, mais un décret du 5 août 1810, rendu sous le régime du blocus continental, vint changer les destinées du sucre de canne. A cette époque la France avait perdu ses colonies, ses ports marchands étaient déserts, les sucres s'élevèrent à un prix exorbitant.

La science vint accomplir une révolution. Elle trouva dans la betterave un sucre identique à celui des tropiques. De 1811 à 1814 la législation fit éclore en quelque sorte par voie de contrainte la nouvelle production. Après 1814 nos colonies nous étant rendues, leur sucre reparut sur nos marchés. Il fut de nouveau protégé contre l'introduction du sucre étranger; mais en retour il était soumis à une taxe fiscale. Le sucre de betterave en fut affranchi. On ne le considérait pas comme un concurrent sérieux du sucre colonial. C'était, pensait-on, un produit factice appelé à disparaître. Il n'en fut rien. En 1828, 101 fabriques indigènes existaient et donnaient un produit de 5 millions de kilogr. Il fallait sauvegarder l'intérêt du Trésor en frappant d'un impôt cette production nouvelle, et défendre contre elle le sucre des colonies menacé de ruine, et qui jusque-là donnait un fret important à notre marine. Une taxe fut donc établie sur le sucre indigène de 15 francs d'abord, ensuite de 25 francs, puis graduelle (L. de 1843) jusqu'à ce qu'elle atteignit le droit payé par le sucre étranger.

Cependant le sucre indigène continuait sa marche ascendante, celui des colonies périclita au contraire après 1848 par suite des perturbations causées dans la main-d'œuvre par l'émancipation des noirs.

Les envois des colonies dans la métropole descendirent à 40 millions, tandis que la production indigène dépassait 100 millions. Devant la décroissance de la production coloniale le prix du sucre subit, à partir de 1850, une augmentation de prix. On pensa que cet état de choses appelait l'application de mesures nouvelles. Une loi du 13 juin 1851 accorda une *détaxe* aux sucres coloniaux : c'était le renversement de la situation antérieure à 1843. Cette détaxe provisoire fut prorogée jusqu'en 1870, et coûta au Trésor 110 millions.

39. La production indigène continuait ses succès. On ne pouvait la supprimer ni l'entraver et elle portait un coup funeste à nos colonies. Que faire? On pensa qu'il fallait faciliter les débouchés de notre production coloniale. Dans cet esprit on avait déjà accordé (dès 1840) un drawbach aux sucres coloniaux réexportés. Le drawbach aboutissait même à de véritables primes de sortie en ce que les droits à l'importation étant perçus sur les sucres bruts, la restitution en était faite sur des sucres rafinés, qui dans la pratique donnaient un rendement bien supérieur à celui de 70 kilog. qui était admis comme rendement normal du sucre brut importé. C'était donc une prime de sortie onéreuse pour le Trésor, mais de plus elle souleva des réclamations de l'étranger vis-à-vis duquel elle constituait une infraction aux tarifs de douane conventionnels.

La diplomatie intervint sans succès dans deux essais d'unions sucrières entre la France, les Pays-Bas, la Grande-Bretagne, la Belgique. Aux drawbachs furent substituées des admissions temporaires en franchise qui se heurtèrent à d'autres difficultés, touchant à l'identité ou à l'équivalent des sucres réexportés. Un troisième système fut essayé (L. du 30 déc. 1875) : c'était la production de certificats de sortie à

l'exportation des sucres raffinés constatant la nature et la
richesse saccharine de ces sucres. Ces certificats étaient admis
par le Trésor (dans un délai de deux mois), en compensation
des droits que ces sucres réexportés auraient payés s'ils étaient
restés dans la consommation intérieure. Mais une difficulté
nouvelle surgissait : par quels procédés pouvait-on reconnaître exactement la richesse saccharine? C'était une nouvelle face de la *question des sucres*. La science fut consultée,
mais quel que fût le procédé de saccharimétrie employé, son
application nécessitait chez les raffineurs la pratique vexatoire
de l'exercice par la Régie.

40. Un nouveau système fut donc étudié. Il a été consacré
par la loi du 30 juillet 1884, qui s'est proposé de satisfaire et
concilier tous les intérêts en présence : Intérêt du Trésor;
intérêt du sucre indigène qui est le produit de vingt-six
départements et occupe plus de 100 mille cultivateurs; intérêt
des colonies.

Les principales dispositions sont les suivantes : L'article 1er
fixe les droits qui seront perçus sur les sucres de *toute
origine* (sucres bruts et raffinés 50 fr. par 100 kil. de sucre
raffiné, sucre candi 53 fr. 50; — glucoses 10 fr.). Viennent
ensuite les droits sur les dérivés du sucre, chocolat, mé-
lasse, etc. (ces droits ont été depuis lors modifiés).

Les articles 3 et 4 permettent aux fabricants de sucre
indigène de contracter avec l'administration des contributions
indirectes un abonnement; — de plus, c'est là une innovation
importante, l'impôt sera perçu sur la matière première, c'est-
à-dire sur la betterave, tandis qu'il était jusqu'alors perçu
(avec tant de difficultés) sur le produit fabriqué.

L'article 5 déclare que les sucres des colonies françaises
importés directement en France auront droit à un déchet de
fabrication de 12 p. 0/0. — Le rapport présenté au Sénat
par M. de Saint-Vallier, énonce que cette réduction d'impôt accordée au sucre colonial pourra être élevée, si une
expérience suffisante démontre que les intérêts des colonies

ne sont pas suffisamment sauvegardés (V. Dalloz, 1885, 4° partie, p. 32, 3° colonne).

Enfin, l'article 10, tant dans l'intérêt du sucre colonial que du sucre indigène, soumet à une surtaxe de 7 francs, jusqu'au 31 août 1886, les sucres bruts importés des pays d'Europe, ou des entrepôts d'Europe. Cette surtaxe a été considérée comme une entrave nécessaire, mais suffisante à contenir le flot envahissant de certains sucres étrangers, notamment des sucres allemands (V. le rapport de M. Villain à la Chambre. — Dalloz, 85. 4. 35, 1ʳᵉ col.).

41. Il avait été entendu dans la discussion de la loi que la détaxe obtenue par les sucres coloniaux pourrait être modifiée de manière à établir l'équivalence de situation entre eux et les sucres indigènes. La détaxe fut jugée insuffisante, ainsi que le constate le rapport présenté au Sénat par M. Cuvinot sur un nouveau projet : « Tandis que les bonis de fabrication, dit-il, atteignaient en France, 20, 25 et 30 p. 0/0, de la production totale, les sucres des colonies françaises avaient droit seulement à un déchet de fabrication de 12 p. 0/0. Les représentants des colonies ont fait ressortir que le régime accordé aux produits coloniaux plaçait ces derniers dans une situation d'infériorité évidente par rapport aux sucres de la métropole » (Dalloz, 86. 4. 81).

En conséquence, par une loi du 13 juillet 1886 (Dalloz, *loc. cit.*), il a été décidé :

1° Qu'en principe, les sucres des colonies françaises à destination de la métropole auront droit à un déchet de fabrication égal à la moyenne des excédents de rendement obtenus par la sucrerie indigène pendant la dernière campagne de fabrication (on entend par campagne la période de fabrication comprise entre le 1ᵉʳ septembre de chaque année et le 31 août de l'année suivante).

2° Pour la campagne suivante, le déchet de fabrication sera élevé de 12 à 24 p. 0/0. Pour y avoir droit, les sucres de la Martinique, de la Guadeloupe et de la Réunion seront ana-

lysés aux ports d'embarquement dans des conditions déterminées.

La même loi prorogeait la surtaxe de 7 francs sur les sucres
bruts importés des pays ou des entrepôts d'Europe.

42. Ces dispositions générales sont toujours en vigueur.
La législation sur les sucres, n'a depuis 1887 comporté que
des réglementations administratives sur les rendements légaux
de la betterave (L. 5 juillet 1887 et Décr. 28 août 1887) sur
la prorogation de la surtaxe de 7 francs imposée aux sucres
importés d'Europe, et sur diverses modifications apportées à
l'impôt dont sont grevés les sucres de toute origine (L. 25
juillet 1888).

En ce qui concerne nos colonies de plantations, les principes
posés par la loi de 1884 subsistent. Elle a institué en faveur
de leur sucre une protection basée sur le principe de l'équivalence. Théoriquement, la canne a droit aux avantages assurés
à la betterave. « En fait, dit M. Monchoisy (*Revue des Deux-
Mondes*, 15 sept. 1893, p. 434), il ne lui en est concédé
qu'une faible partie. » Mais rappelons-nous la promesse
énoncée dans le rapport de M. de Saint-Vallier, et acceptée
par le Sénat : la réduction d'impôt accordée au sucre colonial,
vis-à-vis du sucre indigène, pourra être augmentée si l'expérience démontre que les intérêts coloniaux ne sont pas suffisamment sauvegardés.

Les représentants des colonies ont sans doute les yeux ouverts sur cette question. Mais, d'autre part, suivant M. Monchoisy, voici ce que demande à cette heure l'industrie sucrière
des Antilles : une diminution des charges locales, une amélioration du régime des prêts hypothécaires, la reprise de l'immigration, et l'abaissement ou la suppression du demi-droit d'entrée inscrit au tarif général sur le café, le cacao, la vanille. Ce
demi-droit n'a plus, comme nous l'avons remarqué plus haut
(liv. VIII, n° 18), qu'un caractère fiscal et son rendement est
des plus limité. Ne serait-il pas d'une équitable politique de
le supprimer? « Le budget de la République n'y perdrait pas

R.

grand'chose et l'activité agricole aux Antilles y gagnerait beaucoup. »

43. Il suffit de jeter un coup d'œil sur la situation actuelle de nos colonies de plantation pour voir combien elles méritent l'intérêt de la métropole. La Guadeloupe avec ses dépendances a le territoire le plus étendu, 265,123 hectares peuplés de 200,000 habitants. Elle consacre 23 mille hectares à la culture de la canne donnant un rendement de 58 millions de kilogr. de sucre brut (V. les notices L. Henrique, *La Guadeloupe*, p. 129). Son commerce, qui était de 57 millions il y a quelques années (soit 25 millions et 1/2 d'importations, et 32 millions d'exportations) a notablement fléchi. Il y a donc un ralentissement dans sa prospérité.

La Martinique avec une moindre étendue que le groupe de la Guadeloupe, a une population presque égale. Elle comprend 98,708 hectares avec 178,000 habitants environ. 21,300 hectares en canne à sucre produisent environ 40,700,000 kilogr. de sucre. 201 hectares rendent 29,000 kilogr. de café. 975 hectares fournissent 418,000 kilogr. de cacao. 120 hectares produisent du coton. Les cultures vivrières n'occupent que 18,000 hectares. Le commerce de la Martinique s'élève à 45 millions, soit 24 millions importations, 21 millions exportations.

CHAPITRE III.

LA GUYANE.

44. Nous avons étudié l'histoire de la Guyane française depuis sa découverte jusqu'en 1818 (V. *suprà*, liv. II, nºˢ 37 à 43). Nous devons examiner sa situation actuelle, son rang, son caractère, parmi nos possessions coloniales modernes.

Elle a été étudiée par beaucoup d'écrivains. Nul n'en présente une description physique plus saisissante et peut-être plus exacte que M. Leveillé, de la Faculté de droit de Paris, dans le récit de la mission qu'il a remplie dans cette colonie. Il s'élève contre l'anathème jeté sur cette contrée par le président du conseil supérieur de santé, qui écrivait, le 23 octobre 1884, au ministre de la marine : « Sauf l'îlot de Cayenne..., sauf les trois îlots... qui portent le nom d'îles du Salut, la Guyane tout entière... n'est qu'un vaste marais dans lequel les Européens ne peuvent ni vivre ni travailler. »

Pour M. Leveillé, cette description n'est pas exacte. Il en produit une autre, très intéressante et très détaillée, plus précise, et qui semble plus fidèle. La conclusion en est que « la Guyane n'est pas un pays plat. Elle offre sans doute à l'Européen qui descend de son navire d'abord une terre basse ; mais cette terre basse n'est que le rez-de-chaussée. La Guyane présente bientôt, à des altitudes progressivement croissantes, le triple et successif étage de ses hautes terres. L'histoire de la colonie s'est, il est vrai, principalement déroulée sur le littoral ; les terres hautes ne sont guère parcourues que depuis trente ans, depuis qu'il y a des chercheurs d'or. »

La Guyane n'a pas un bon port, son littoral se confond avec les bancs de sable d'une mer fangeuse. Elle est arrosée par une vingtaine de cours d'eau, dont les plus importants sont le Maroni, la Mana, le Kourou, la Cayenne, l'Oyapock, sans parler de leurs affluents, ni de ceux encore mal connus de l'Orénoque et de l'Amazone. Des derniers écrits du regretté docteur Crevaux il apparaîtrait que, à partir du Yari, affluent de l'Amazone, qui communique avec le Maroni, on pourrait, au moyen d'un travail de canalisation, ouvrir l'accès du plus grand bassin de l'Amérique méridionale. Ce serait une transformation complète des abords de cette colonie. Mais il y a, dans la partie basse du pays, comme une immense cuvette tapissée d'argile dans laquelle, à côté de plaines luxuriantes, se voit « un marais fétide où, trop souvent, le voyageur imprudent s'enlise et trouve la mort. » On s'explique donc aisément la réputation d'insalubrité faite à la Guyane, la fièvre paludéenne, la dyssenterie, l'anémie, la fièvre jaune, qui ont décimé les forçats européens et, jadis, les colonisateurs de Kourou et du Maroni.

45. Cependant M. Leveillé distinguant les maladies endémiques, et les maladies exotiques, déterminant les principales causes de mort qui ont enlevé les transportés, discute leurs résultats, et conclut que si l'on défalque des statistiques officielles les années d'épidémie, où ont sévi des maladies importées du dehors, on ne rencontre plus que des mortalités de 6,7, de 4,7, de 5,9, chiffres qui conduisent à une moyenne générale de 6 p. 0/0. Or « nous avons en France (M. Leveillé les cite) des maisons centrales d'une mortalité égale ou même supérieure, » ce n'est pas à dire que pour des colonisateurs autres que des forçats, cette perspective soit bien réjouissante. Mais, d'autre part, il y a, d'après le même auteur, des parages bien plus salubres. Telle serait notamment cette partie du sol qu'on appelle le territoire contesté qu'il serait facile, au gouvernement français, de dégager des prétentions séculaires, on pourrait dire surannées du Brésil, qui en l'état actuel surtout serait fort empêché de les soutenir. « Il y a, dit M. Leveillé, entre l'Atlantique, l'Amazone, le Rio-Negro et le Rio-Blanco à mettre en valeur un territoire plus vaste et plus riche que notre Guyane, et auquel est adjacente la grande île de Maraca, sans compter les espaces encore inexplorés, les immenses forêts vierges dans l'intérieur des terres et de vastes prairies qui nourriraient plus de bétail que nos savanes du Kourou et de Maroni. »

D'autre part, M. P. Leroy-Beaulieu discute à son tour l'insalubrité de la Guyane. Il aboutit à des conclusions encore plus favorables. Il montre par des exemples d'autres terres qui, on peut le dire, ont été domptées, que « le paludisme

n'est qu'un des maux passagers inhérents à la nature brute;
la culture, l'habitation prolongée, la plantation de certaines
essences d'arbres parviennent à la vaincre. Considérée aujourd'hui comme un *tombeau*, la Guyane peut devenir le *berceau*
d'une population florissante » (*De la colonisation*, p. 528 et s.).

46. Le même auteur discute aussi la mortalité dans la
Guyane, et avec l'autorité des docteurs Dutrouleau (*Traité des
maladies des Européens*), et Gustave Lagneau (l'*Emigration de
France*), il en arrive à des conclusions qui ne s'écartent
guère de celles de M. Leveillé.

Les objections contre la colonisation sérieuse de la Guyane,
tirées de son insalubrité et de la mortalité qui y règnent sont
donc très contestables, et en tout cas peuvent singulièrement
s'atténuer.

Il n'en est pas moins vrai que la Guyane, discréditée, délaissée, bien qu'on y ait fondé au siècle dernier et au début
de celui-ci, sous la Restauration, de grandes espérances, n'a
jamais pu sortir jusqu'ici de son état de médiocrité.

47. Mais cette situation n'est pas due seulement à la réputation d'insalubrité du climat, elle s'explique par d'autres
causes, et tout d'abord par le régime vicieux qui a été constamment suivi dans l'appropriation des terres.

Nous avons dit (liv. II, ch. III, n° 42), qu'à la fin du XVIII°
siècle un administrateur d'une rare intelligence, Malouet,
réclamait que l'on mît à la Guyane les terres en vente au lieu
de les concéder gratuitement. Cette réforme n'a jamais été
appliquée; on a continué dans ce siècle à faire des concessions
gratuites, temporaires, soumises à des conditions résolutoires
nombreuses. Suivant ce qu'écrivait, il y a plus de trente ans,
Jules Duval (*Les colonies de la France*, p. 209) : « Les administrateurs professent que la principale destinée de cette colonie consiste à approvisionner la mère-patrie de denrées
exotiques... Ils en font la condition de toute concession provisoire de propriété, grevant le budget local à cette fin. Ainsi
tenus en dédain, les vivres ne sont produits qu'en minime

quantité, et la disette se fait sentir pour peu qu'un accident accroisse les besoins, ou diminue les récoltes.

La conséquence est, que la Guyane bien qu'ayant les énormes espaces que nous avons signalés, éminemment propres à l'élevage du bétail, n'en produit pas assez pour sa consommation, et elle fait venir des bœufs, des animaux de trait, et des viandes conservées, soit d'Europe, soit des autres contrées d'Amérique.

D'autre part, dans ses cours d'eau nombreux, la Guyane pourrait avoir des scieries mécaniques pour l'exploitation de ses forêts, mais l'administration se serait, paraît-il, montrée peu favorable à cette industrie. Elle a, au contraire, dépensé des sommes considérables en primes pour la culture de denrées coloniales qui ne sont produites qu'à un prix élevé. La question de la main-d'œuvre s'y est présentée comme dans les autres colonies de plantation, surtout depuis l'abolition de l'esclavage qui y a produit des perturbations analogues à celles que subirent les Antilles et la Réunion. La secousse y fut même plus rude à cause de la vaste étendue du sol cultivable, et des mauvaises mesures adoptées par les colons (*vid. sup.*, n° 25).

48. M. P. Leroy-Beaulieu signale aussi comme causes de la médiocrité de situation de la Guyane : les abus et l'arbitraire des règlements administratifs et de l'ingérence gouvernementale qui s'y est manifestée sans esprit de suite sur l'agriculture, l'industrie, le commerce, et sur la vie entière des habitants, et l'insuffisance au moins jusqu'à un temps assez rapproché des libertés municipales.

M. Leveillé montre de son côté dans quel état d'abandon est, à certains égards, laissée cette contrée : « Les moyens de communication y sont des plus défectueux : peu de routes, aucune ligne télégraphique ni terrestre, ni sous-marine ne relie la colonie au reste du monde. Une fois par mois, un vapeur de la compagnie transatlantique touche à Cayenne; un autre fait un service mensuel entre Cayenne et l'Orénoque, un voilier américain, six fois par an, fait le service entre

Cayenne et Boston. Enfin de petites goëlettes mettent en relations, assez irrégulièrement, les différents points de la côte. »

Quel serait donc le programme à remplir? Vendre à bas
prix les terres et les forêts domaniales; respecter complètement la liberté d'installation et de culture; supprimer toutes
les primes, employer les fonds qui y étaient destinés au développement de la viabilité par terre et par eau; refaire enfin à
cette contrée une bonne réputation quant à ses conditions hy-
giéniques, et à son régime administratif.

49. L'administration y a été en effet plus défectueuse
qu'ailleurs, nous avons vu que sous l'ancien Régime il y avait
à côté du gouverneur un conseil supérieur, et sous Louis XVI
une assemblée provinciale. Sous la Révolution, la Guyane
avait eu un instant des députés à l'Assemblée législative,
sous la Restauration, le gouvernement de 1830 un conseil
électif et des délégués. La République de 1848 lui rendit
le droit de représentation au Parlement et lui accorda des
conseils généraux. Mais sous le régime du second Empire
on y remarque une concentration excessive de pouvoirs entre
les mains du gouverneur. Il n'a plus auprès de lui qu'un
conseil privé composé en majorité de fonctionnaires et de
quelques habitants désignés par le gouverneur lui-même.
Il est investi, à partir de 1854, du droit de fixer à son gré
la nature et l'assiette des impôts, d'en régler seul la quotité,
la perception, l'emploi. Du jour au lendemain, il peut les
improviser à son gré. « Jamais on ne vit pouvoir plus absolu » (J. Duval, p. 288). Le 1ᵉʳ janvier 1860 fut promulgué un budget dressé la veille, exécutoire le même jour,
et qui doublait ou triplait certaines taxes. Ce système arbitraire, absolu, était encore aggravé, comme dans toutes les
colonies françaises, par le renouvellement incessant des gouverneurs, qui ne pouvaient être éclairés et soutenus ni par
la voix publique, par la presse, ni par une représentation
municipale ou provinciale. La ville de Cayenne seule était
constituée en commune avec un conseil municipal nommé

par le pouvoir. Le territoire était divisé en quatorze districts sous l'administration sans contrôle de commissaires, commandants concentrant dans leurs mains les attributions les plus discordantes. Enfin, pour une population de vingt mille âmes il y avait un millier de fonctionnaires outre la garnison de terre et de mer. Ce qui s'expliquait peut-être, nous le reconnaissons, à raison du régime pénitentiaire dont nous parlerons plus loin.

50. Depuis 1870 ont été accomplies des réformes, timides d'abord, plus hardies après 1878. C'est en premier lieu l'institution d'une chambre de notables dite chambre d'agriculture, de commerce et d'industrie (Arrêté du gouv. 31 août 1870) composée par les cent propriétaires ou fermiers ou concessionnaires les plus imposés, et par les patentés de première et deuxième classe; elle devait donner son avis sur les intérêts de la colonie.

Puis, par décret du 23 décembre 1878, un conseil de seize membres est élu avec les attributions conférées aux conseils généraux des autres colonies. Un deuxième décret (25 oct. 1879) divise la Guyane en dix communes de plein exercice, on lui restitue en outre le droit d'élire un député au Parlement français. Un décret du 28 avril 1882 a créé une commission coloniale d'étude et de contrôle, élue parmi les membres du conseil. Un décret du 12 mars 1880 avait soumis en principe la Guyane au régime municipal métropolitain; un autre décret du 26 juin 1884 a déclaré applicables aux communes de cette colonie les articles 11 à 45, 74 à 87 et 165 de la loi du 5 avril 1884 sur le régime municipal en France, c'est-à-dire les dispositions sur l'élection des conseils municipaux, la nomination des maires et adjoints, etc. Enfin, une loi du 29 avril 1889 étend à la Guyane les dispositions de la même loi du 5 avril 1884 (art. 1 à 9 et art. 54) qui concernent l'érection de nouvelles communes et la publicité des délibérations des conseils municipaux.

Nous avons indiqué plus haut en ce qui concerne cette

colonie, son organisation administrative (liv. IV, n°s 5 et suiv.) et son organisation judiciaire (liv. V, n°s 1 et suiv.).

51. La Guyane semble donc actuellement dans des conditions propres à seconder l'initiative privée et l'activité des colons. Ses moyens propres de production sont nombreux. La notice qui lui est consacrée parmi celles qui ont été publiées officiellement sous la direction de M. Louis Henrique énonce que peu de pays offrent autant de ressources à l'agriculture. Toutes les épices, toutes les céréales, tous les fruits des tropiques peuvent y être récoltés. Beaucoup de plantes d'Europe et des autres colonies y ont été acclimatées. Le poivre, le girofle, la muscade, la cannelle, le café, le cacao pourraient y donner de grands bénéfices.

Mais partout les bras manquent. Une seule tentative de recensement a été faite en 1884, elle ne put aboutir, on n'évalue donc que très approximativement à 8,500 le nombre des habitants dans le territoire même de Cayenne et à 12,000 celui de la population répandue à l'intérieur, jusque dans les profondeurs lointaines, incultes et inexplorées. On ne peut tirer aucune action utile de la plupart des indigènes. La terre reste donc à peu près inculte, particulièrement depuis que la main-d'œuvre servile a fait défaut, et depuis la découverte de l'or.

52. La Guyane qui fut autrefois une colonie agricole et de plantation a perdu ce double caractère. L'immigration africaine y a été interdite il y a trente ans parce qu'elle semblait devoir enlever le travail aux anciens esclaves affranchis. L'immigration indienne a pris fin vers 1877, il reste à voir quel parti on pourrait tirer de la main-d'œuvre pénale, c'est ce que nous examinerons plus loin. En l'état actuel, la population ouvrière locale est tellement réduite qu'elle ne peut suffire aux besoins du pays. On peut donc affirmer que des ouvriers européens exerçant des professions de menuisiers, charpentiers, charrons, etc., et des travailleurs agricoles y trouveraient facilement un salaire rémunérateur.

Mais, il faut le dire, toute l'activité depuis quarante ans
s'est tournée de plus en plus vers la recherche et l'exploitation des métaux précieux. Les gens valides du pays déser-
tent les ateliers et les champs pour se rendre aux placers,
encore leur nombre est-il insuffisant. C'est en 1854 que l'or
a été découvert à la Guyane. Une véritable fièvre dès ce moment s'est emparée des habitants. La Guyane alors a cessé
d'être une colonie de plantation, on y a abandonné la culture
pour se précipiter à la recherche de l'or, qui d'ailleurs a été
funeste aux habitants en leur donnant moins de bien-être
qu'ils n'en espéraient, et en leur inspirant des habitudes de
paresse et l'âpre désir d'une oisiveté fruit de gains rapides
obtenus par un minimum d'effort.

53. Pour reconstituer la colonie, la remettre dans la voie
de la culture, et la ramener à l'exploitation normale de ses
richesses naturelles si considérables, il lui faudrait des éléments de travail que sa population ne peut plus lui fournir.

Nous sommes ainsi conduits à rechercher quel concours,
à défaut de la main-d'œuvre servile, que l'on ne saurait regretter, la main-d'œuvre pénale serait susceptible de lui apporter.

Nous avons donc à envisager la Guyane en tant que colonie pénitentiaire.

Le problème est ainsi posé par M. Leveillé : Les lois de
1850, de 1854, de 1885 ont-elles créé des convicts utilisables
dans nos possessions d'outre-mer ?

La peine de la déportation a été réglée par la loi du 8 juin
1850. Elle concerne les condamnés politiques : ils devaient
subir leur peine à Noukahiva l'une des îles Marquises (art. 5),
sauf au gouvernement à déterminer en quels autres lieux la
déportation pourrait aussi être subie (art. 7). En fait, nous
n'avons jamais colonisé, nous ne coloniserons jamais avec
des *déportés*. Ils ne sont pas obligés au travail, ils gardent
l'esprit de retour. Les déportés n'ont jamais été pour la
Guyane et la Nouvelle-Calédonie que des hôtes de passage.

54. On peut, au contraire, coloniser avec des condamnés de droit commun.

‹ La loi du 30 mai 1854 l'a ainsi entendu. Elle porte : art. 1ᵉʳ : La peine des travaux forcés sera subie à l'avenir dans des établissements créés par décrets sur le territoire d'une ou plusieurs possessions françaises, autres que l'Algérie; — art. 2 : Les condamnés seront employés aux *travaux les plus pénibles de la colonisation*, et à tous autres travaux d'utilité publique; — art. 6 : Tout individu condamné à moins de huit années de travaux forcés sera tenu, à l'expiration de sa peine, *de résider dans la colonie* pendant un temps égal à la durée de sa condamnation. — Si la peine est de huit années, il sera tenu d'y résider pendant toute sa vie; — art. 11 : Les condamnés des deux sexes qui se seront rendus dignes d'indulgence par leur bonne conduite... pourront obtenir : 1º l'autorisation de travailler aux conditions déterminées par l'administration, soit pour les *habitants* de la colonie, soit pour les administrations locales; 2º une concession de terrains, et la faculté de le cultiver pour leur compte, etc.

‹ Cette loi avait été précédée d'un essai de transportation des forçats à la Guyane, offerte comme une faveur aux condamnés pendant le cours de leur peine (L. du 20 févr. 1852). 3,000 avaient accepté. A partir de 1854 la transportation devint un régime pénal habituel pour les forçats. Ce système a obtenu l'approbation complète de M. Leveillé, Il en est autrement de la relégation organisée par la loi de 1885, ainsi que nous le verrons.

55. Néanmoins quels résultats a donnés le système de transportation créé par la loi de 1854 ? Pendant plusieurs années l'application en a été faite sans méthode. A leur arrivée on déposait les forçats dans les îles du Salut, puis on les évacuait en divers points du territoire, mais avec si peu de sévérité que quelques-uns résidaient à Cayenne et y étaient employés comme ouvriers, domestiques, ou même y tenaient boutique. Peut-être était-ce un bien d'en faire immédiatement des travailleurs productifs, mais il ne fallait pas trop se hâter de leur donner ce rôle. Sur les plaintes de la municipalité de Cayenne on prit des mesures plus sévères, mais non moins improvisées.

En 1860, une organisation plus méthodique sembla devoir être appliquée. On assigna aux forçats un territoire déterminé (entre la Mana et le Maroni) et on essaya de les moraliser par la famille et la propriété. Puis tout à coup, par un de ces exemples d'instabilité dont l'administration a été si souvent coutumière en matière de colonisation, il fut décidé (1867) qu'on ne transporterait plus à la Guyane que les condamnés *noirs* ou *arabes*, parce que leur tempérament s'accommodait mieux au climat. Les condamnés blancs furent dès cette époque dirigés sur la Nouvelle-Calédonie. Nous examinerons plus loin leur situation dans cette île, mais on sait que le séjour « à la nouvelle » est devenu un attrait pour les crimininels qui, souvent, se font condamner aux travaux forcés préférablement à la réclusion pour y être envoyés.

56. La loi du 27 mai 1885 a créé une autre classe de convicts susceptibles d'être envoyés dans les possessions lointaines. Ce sont les récidivistes frappés de relégation suivant qu'ils ont subi deux, trois, quatre, ou sept condamnations dont les caractères sont déterminés par la loi. M. Garraud, dans son *Traité théorique et pratique du droit pénal français* en a tracé (t. II, p. 254) un tableau synoptique très saisissant.

M. Leveillé critique absolument ce nouveau système. Suivant lui, il était facile de régler la situation des récidivistes de profession. « Il fallait : 1° décréter contre ces incorrigibles une peine unique d'une force et d'une souplesse éprouvées : la *servitude pénale* anglaise, et 2° tempérer la servitude pénale par la *mise en liberté conditionnelle.* »

Ce n'est pas ce qu'on a fait, et sans nous étendre sur diverses modifications apportées au projet de loi primitif, soit sur les observations de M. Leveillé, soit sur l'intervention de

M. le sénateur Bérenger, nous constatons que par les textes combinés des lois des 27 mai et 14 août 1885, et d'un règlement du mois de novembre suivant, ce n'est pas la masse des repris de justice qui par la relégation est versée dans la Guyane ou en Calédonie, ce qui y eût empêché toute colonisation libre, mais un nombre plus restreint, et que ceux qui n'auraient pas des moyens d'existence dûment constatés sont astreints au cantonnement, au travail et à des juridictions spéciales. Ce qui est évidemment le sort de la majorité.

Il y aurait donc des moyens d'utilisation simultanée du travail des forçats et de celui des récidivistes relégués. Nous indiquerons tout à l'heure quelles règles et quelles distinctions pourraient leur être appliquées.

Mais en thèse générale au point de vue du travail pénitentiaire qu'on peut obtenir des condamnés dans nos colonies, M. Leveillé donne les conclusions suivantes : « nous avons, dit-il, trois peines qui se subissent dans nos possessions d'outre-mer, la *déportation* de la loi de 1850, la *transportation* de la loi de 1854, la *relégation* de la loi de 1885. C'est trop de deux. La déportation est une peine coûteuse et inféconde qu'il faudrait abolir. Il y aurait lieu également de supprimer la relégation... qui ne se distingue plus en dernière analyse que par l'étiquette... Nous ne devrions conserver que la transportation qui, seule, est un type net, franc et bien combiné. Mais la transportation ne devrait atteindre que les récidivistes d'habitude. L'expatriation est excessive quand on l'inflige à des hommes condamnés pour une première faute aux travaux forcés. Ces débutants devraient être envoyés à la maison centrale; je ne voudrais chasser de France que les repris de justice ayant déjà supporté autrefois la prison, et ne s'y étant pas amendés. En un mot, je ne maintiendrais que la peine créée par la loi de 1854, mais je la réserverais aux malfaiteurs de profession qu'a visés le législateur de 1885. »

C'est un remaniement de notre législation pénale que demande M. Leveillé. Quelque bien fondés que soient ses

motifs on peut douter que le législateur se prête à modifier
la législation très récente de 1885. Mais nous verrons que le
but que M. Leveillé se propose au point de vue de la colonisation pénale à la Guyane, en y affectant les condamnés les
plus endurcis peut être atteint par une simple modification
dans le choix des sujets qui y seraient dirigés.

57. En fait, M. Leveillé constate et déplore les résultats
actuellement obtenus. Le véritable centre pénitentiaire de la
Guyane Saint-Laurent, au Maroni, est une sorte de cité
ouvrière où le convict apprend un métier s'il en a le goût,
ou l'agriculture coloniale s'il le préfère, or, dans un cas
comme dans l'autre les condamnés ne fournissent qu'un
travail insuffisant, et, suivant l'éminent criminaliste, ce fait
s'explique par les causes suivantes :

1° La mutation trop fréquente des gouverneurs, dont l'administration présente une versabilité attestée par les mesures
les plus contradictoires, dont l'auteur donne des exemples. Il
convient que en Guyane et en Calédonie, « les gouverneurs
ne soient plus des nomades qui passent mais des fonctionnaires qui durent, et qui se consacrent, pour plus de vingt-
quatre mois, à l'avancement et à la solution progressive des
question pénales. »

58. 2° L'adoucissement général et systématique de la peine
au profit de tous les condamnés. La peine de la transportation
a été vis-à-vis de tous les condamnés bons ou mauvais amollie
jusqu'à l'excès. Elle constitue une véritable retraite aux travailleurs privilégiés du crime. Ils ont l'habillement, le loge-
ment, la nourrirure, et cette existence étroite peut-être, mais
paisible ne leur impose qu'une fatigue légère. M. Leveillé en
donne des exemples saisissants. Il voudrait qu'on ne leur
assurât que le pain, et que s'ils veulent du vin, de la viande,
des légumes, ils achètent ces suppléments par une dépense
effective de travail.

3° En Guyane, une troisième cause explique l'affaissement
des établissements pénitentiaires. C'est le décret de 1867, que

nous avons signalé et en vertu duquel les condamnés européens sont dirigés sur la Calédonie, tandis que la Guyane ne reçoit plus, en principe que des Arabes ou quelques noirs. Depuis lors la valeur technique du personnel a baissé d'une façon incroyable. Les Arabes peuvent bien planter ou couper la canne, mais ils ne sont ni maçons, ni menuisiers, ni peintres, ni serruriers, ni mécaniciens. Il en résulte que les ouvriers d'art font défaut. « Les fonctionnaires qui ont vu le décret de 1867 porter de tels fruits, ont proposé qu'il fût abrogé, et que la métropole reprît aussitôt que possible l'envoi des forçats blancs en Guyane. »

59. 4° La tentative de constituer la famille en mariant les forçats n'a pas réussi. Pourquoi? parce que pour faciliter les mariages des condamnés, on a songé à les pourvoir de femmes prises parmi les condamnées aux travaux forcés, ou parmi celles qui subissent la réclusion dans des maisons centrales de France. Tristes unions pour les époux, et pour les enfants qui en naissent. M. Leveillé préférerait qu'on essayât de marier les forçats qui se conduiraient bien avec des filles indigènes qu'on trouverait en nombre et presque sur place. « La tare originelle n'existerait plus chez les ascendants que d'un côté; et les enfants viendraient au monde plus robustes et d'un acclimatement plus facile. »

60. Les vues de M. P. Leroy-Beaulieu se rapprochent par plus d'un point de celles de M. Leveillé. Il voudrait que forçats ou relégués envoyés à la Guyane fussent choisis parmi les plus coupables, dont la criminalité est plus grave, plus invétérée, et que les récidivistes d'une culpabilité moindre fussent dirigés dans les colonies pénitentiaires dont le climat est plus favorable, comme dans la Nouvelle-Calédonie, les Nouvelles-Hébrides, ou encore sur certains points du Congo. Il insiste aussi sur la nécessité de marier les condamnés, non pas qu'il soit désirable qu'ils fassent souche d'une progéniture nombreuse; cependant il ne faut pas oublier que l'Australie, jadis inhabitée, doit à ce régime une partie de la population aujourd'hui exempte de souillure, qui a contribué à sa prospérité.

61. M. P. Leroy-Beaulieu voudrait aussi, comme M. Leveillé, que les transportés fussent employés à des travaux utiles ; c'est par eux que devront être opérés ces défrichements, ces chemins, ces voies de communications diverses, sans lesquelles ces immenses territoires resteraient à jamais sans valeur. Voilà la méthode que l'expérience recommande. Pratiquée avec persévérance pendant un demi-siècle elle aboutira à la formation d'une société européenne et française, et lorsqu'après cinquante ou cent ans la Guyane partout percée de routes aura rendu ses forêts pénétrables, mis ses territoires en culture régulière et pratiqué l'élevage du bétail, elle réalisera la parole de Malouet qu'elle « devrait à elle seule nourrir la mère-patrie. »

62. En attendant que se réalise cette perspective lointaine, voici la législation actuelle qui se réfère à la Guyane en tant que colonie pénitentiaire :

Deux décrets des 17 avril 1878, et 1er février 1879, y ont organisé l'administration pénitentiaire. Le directeur nommé par le chef de l'État devient membre du Conseil privé ; il prend rang après le chef du service judiciaire. Il soumet tous projets d'arrêtés et règlements au gouverneur, prend les mesures relatives à l'organisation du travail, au service religieux, à l'instruction des condamnés. Il a dans ses attributions les propositions qui ont pour objet les autorisations de séjour hors du lieu de la transportation, les concessions de terrains, les engagements de travail dans les ateliers publics ou chez les habitants, l'initiative des travaux de toutes sortes, la répartition et l'emploi des condamnés sur les divers établissements, etc.

Le directeur a ainsi une mission très ample, et qui, bien entendue et bien exécutée, pourrait donner satisfaction à plusieurs des vœux que nous avons exposés.

Il est secondé par un personnel qui ne serait pas trop nombreux si ses fonctions diverses sont exactement remplies (V. le décret du 1er févr. 1879). Le service des cultures est placé sous la direction d'un agent général pourvu d'auxiliaires, les travaux pénitentiaires, d'utilité publique sous ceux d'un ingénieur ou conducteur nommé par le ministre; le service religieux est confié à des aumôniers dont le traitement est fixé par le ministre, et le service médical et pharmaceutique à des médecins et pharmaciens du corps de la marine.

63. La police judiciaire a reçu un complément d'organisation par un décret du 5 septembre 1889, qui modifie l'article 9 du Code d'instruction criminelle (Dalloz, 90. 4. 99).

Une mesure d'une portée plus générale est celle qui a été édictée par un décret des 16-19 novembre 1889 (Dalloz, 90. 4, p. 102), aux termes duquel la désignation de la colonie pénitentiaire dans laquelle sera envoyé chaque condamné aux travaux forcés sera faite par décision du sous-secrétaire d'État des colonies, après avis de la commission permanente du régime pénitentiaire.

Les vœux exprimés par MM. Leveillé et P. Leroy-Beaulieu, relativement à l'envoi de condamnés blancs à la Guyane, pourraient donc recevoir satisfaction. Il dépend du ministre des colonies, institué en remplacement du sous-secrétaire d'État, de modifier ainsi la translation si regrettable à la Nouvelle-Calédonie de condamnés dont les travaux pourraient bien plus utilement être employés à la Guyane.

Enfin nous signalons les décrets des 31 décembre 1889 et 25 février 1890, qui ont institué les tribunaux maritimes spéciaux pour la répression des crimes ou délits commis par les condamnés aux travaux forcés, ainsi que les peines qui leur sont appliquées (V. Dalloz, 1890, 4, p. 96 et 101).

LIVRE XI.

COLONIES D'AFRIQUE.

~~~~~~~~~

CHAPITRE PREMIER.

L'EUROPE EN AFRIQUE.

————

1. Aperçu général.
2. Conférence de Berlin. — Convention internationale du 26 février 1885. — Constitution de l'État indépendant du Congo.
3. Acte de navigation concernant le Niger.
4. Convention de 1890. — Doctrine de l'Hinterland ou arrière-pays.
5. Convention anglo-française du 5 août 1890. — Situation de la France en Afrique.

1. L'Afrique devient pour l'Europe, à la fin du xixᵉ siècle, un Nouveau-Monde ouvert à toutes les entreprises et à toutes les ambitions.

Il y a vingt-cinq ans, la France, l'Angleterre, le Portugal et l'Espagne, vieilles nations coloniales, étaient seules établies sur les rivages du continent noir. Des événements, datant du dernier quart de ce siècle, ont créé un besoin universel de colonisation au cœur même de l'Afrique.

Avant 1870, on ne voyait la colonisation, en Afrique, que par la France dans l'Algérie et par l'Angleterre au Cap. Cependant, des voyageurs visitaient d'immenses régions inconnues : le docteur Livingstone mourant dans un misérable village noir, puis Stanley, Savorgnan de Brazza, le docteur Nachtigal. Mais l'occupation de l'Égypte par l'Angleterre, le débarquement des Italiens à Massaouah, l'établissement du protectorat de la France en Tunisie, les brusques résolutions de M. de Bismarck de donner, dans cet élan, une part à l'Allemagne, allumèrent partout une fièvre de colonisation africaine.

En 1884, se posa la « question du Congo » résultant de trois rivalités, celle de la France, maîtresse du Gabon et de l'Ogowé, du Portugal, maître de la province d'Angola, de l'association internationale africaine, société géographique et commerciale dirigée par le roi des Belges, ayant Stanley à son service, établie sur le Bas-Congo. Toutes trois élevèrent des prétentions sur l'immense région arrosée par ce fleuve et ses affluents. Les puissances furent convoquées à Berlin à une conférence sur les questions coloniales. Déjà les États-Unis avaient reconnu le drapeau de l'association internationale. Il fut successivement reconnu de novembre 1884 à février 1885 par l'Allemagne, l'Angleterre, l'Italie, l'Autriche-Hongrie, les Pays-Bas, l'Espagne, la France, le Portugal. Ces deux dernières nations signèrent, en même temps, des conventions de délimitation avec l'association, qui devint un état assez fictif, mais s'affirmant devant l'Europe sous le nom d' « État indépendant du Congo. »

2. La conférence de Berlin aboutit à un « acte général » signé le 26 février 1885 (V. le texte très étendu, dans le *Traité de droit international public* de Pradier-Fodéré, t. V, n° 2550). Nous en indiquerons seulement les clauses essentielles.

Il dispose que le commerce de toutes les nations jouira d'une complète liberté dans le bassin du Congo et de ses affluents, ainsi que dans les zones voisines (l'une s'étendant sur l'Océan Atlantique, l'autre se prolongeant à l'est du bassin du Congo jusqu'à l'Océan Indien). Tous les pavillons, sans distinction de nationalité, y auront libre accès, ainsi qu'à tous les canaux qui seraient creusés entre les cours d'eau et les lacs. Ils pourront entreprendre tout transport de

voyageurs et de marchandises. Les puissances n'y concéde-
ront aucun monopole commercial. Les étrangers y jouiront
indistinctement, pour leur personne, leurs biens, l'exercice
de leurs professions, du même traitement et des mêmes droits
que les nationaux. Il ne sera concédé aucun privilège de navigation soit à des sociétés ou corporations, soit à des particuliers (art. 1, 2, 5, 13).

La navigation ne sera grevée d'aucun droit, d'aucun péage.
Les taxes ou droits qui auront le caractère de rétribution
pour services rendus à la navigation pourront seuls être
perçus. Les routes, chemins de fer ou canaux latéraux qui
seraient établis pour suppléer à l'insuffisance des voies flu-
viales seront également ouverts au commerce de toutes les
nations. Il n'y sera perçu que les péages calculés sur les
dépenses de construction et d'entretien (art. 14, 15 et 16).

Enfin, il est institué une Commission internationale chargée
d'assurer l'exécution des dispositions dudit acte de navigation.
Elle a en outre été investie d'un mandat, auquel la nature
propre de ses fonctions ne l'appelait à aucun titre, mais que
justifie l'absence de souverainetés civilisées dans la plus
grande partie de son domaine territorial et des territoires
voisins, c'est celui de surveiller, dans les États indigènes, le
maintien de la liberté commerciale, de la liberté religieuse,
ainsi que la protection des populations, des missionnaires et
des voyageurs.

La souveraineté du nouvel État du Congo est reconnue, à
titre personnel, au roi de Belgique, Léopold II. Cette convention constitue une innovation singulière, qui donne la vie
à un État neutre, sans nationalité, relevant du roi des Belges
sans appartenir à la Belgique.

3. La même convention du 26 février 1885 contient un
acte de navigation concernant le Niger, avec cette différence
que l'application des lois conventionnelles qui doivent y régir
la navigation appartiendra exclusivement aux puissances qui
y ont acquis ou qui pourraient y acquérir des droits de sou-

veraineté, c'est-à-dire en l'état actuel à la France et à l'Angleterre (Voy. le Rapport de M. Engelhardt sur les travaux de la conf. de Berlin, cité par M. Pradier-Fodéré, p. 1119-1120, et publié en entier dans le *Recueil des traités de la France* de De Clercq, t. XIV, p. 465 et suiv.).

4. Des conventions sont encore intervenues, en 1890, pour un tout autre objet.

Il ne s'agit plus de limiter l'expansion des nations européennes en Algérie, mais de partager d'immenses régions, connues et inconnues. Elles ont été conclues entre l'Angleterre et l'Allemagne, 1er juillet 1890 ; — l'Angleterre et la France, 5 août 1890 ; — l'Angleterre et le Portugal, 20 août 1890 ; — l'Angleterre et l'Italie, en novembre 1890.

Chaque nation veut sa part dans le « nouveau monde africain. » Des régions même inexplorées, habitées par des indigènes qui n'ont jamais vu un blanc, sont attribuées et délimitées dans des réunions de diplomatie. Les chancelleries y proclament la doctrine de l'*arrière-pays* ou *Hinterland*, doctrine en vertu de laquelle une puissance européenne ayant une station sur un point de la côte peut réclamer, au delà de cette station, toute la profondeur du continent, jusqu'au point de rencontre avec la puissance qui aurait fondé une station semblable sur le littoral opposé. Ces partages et ces doctrines remettent en mémoire la célèbre bulle du pape Alexandre VI, divisant le monde entre les Espagnols et les Portugais par une ligne de démarcation fictivement tracée entre leurs possessions.

5. Au lendemain, comme la veille de ces conventions, la France conserve en Afrique sa situation prépondérante. Elle reste la première parmi les six puissances qui se partagent le continent noir.

L'Angleterre (maîtresse de l'Inde, en Asie ; du Canada, en Amérique ; de l'Australie, en Océanie) ne vient qu'après nous sur la terre africaine. A la vérité, ses colonies, ses protectorats, ses zones d'influence y représentent une superficie totale supérieure à celle de nos possessions.

Mais combien notre domaine est plus riche! Il comprend, au nord, sur le grand lac européen, l'Algérie et la Tunisie; sur la côte occidentale, trois riches colonies de commerce : le Sénégal, la plus ancienne, agrandie, dans ces dix dernières années du Soudan, puis du Sahara, extension nouvelle reconnue par la convention franco-anglaise du 5 août 1890. Cette convention contient deux dispositions essentielles : 1° L'Angleterre reconnaît de nouveau le protectorat de la France sur Madagascar; 2° la France, en tant que maîtresse de l'Algérie, de la Tunisie, du Sénégal et du bas Niger, et l'Angleterre en tant que maîtresse de la colonie de Lagos et du moyen Niger, s'appliquant mutuellement la nouvelle doctrine de l'Hinterland tracent, dans le bassin du Niger, une ligne séparant leurs deux « zones d'influence. »

Cette ligne part, transversalement, de la ville soudanaise de Saï, située au sud-est de Tombouctou, pour rejoindre Barna, sur le lac Tchad. D'où il résulte qu'au-dessus d'elle, au nord, s'étend la zone d'influence française jusqu'à l'Algérie et la Tunisie, à travers le pays des Touaregs, et, au midi, la zone d'influence anglaise, se rattachant à sa colonie de Lagos.

Nos droits ainsi reconnus depuis la Méditerranée, à travers le Sahara et le pays des Touaregs jusqu'au Soudan et au Sénégal au midi et à l'ouest, et jusqu'à Say au midi, s'étendent en outre jusqu'à la rive occidentale du lac Tchad, à l'est. L'imagination se plaît à rêver l'établissement d'une voie ferrée reliant, dans l'avenir, la Méditerranée au lac Tchad et au Niger, aboutissant par le Dahomey aux rivages de l'Atlantique à Kotonou.

Là nous avons, en second lieu, nos établissements des rivières du Sud, et ceux de la Côte-d'Or. Enfin, une troisième colonie, celle du Gabon avec la vallée de l'Ogowé et le Congo français au sud, remontant au nord-est bien au-dessus du Congo de l'association internationale, laissant, ou plutôt enserrant à l'ouest, entre le Dahomey devenu français, la colonie anglaise de Lagos et celle de Cameroun, qui appartient aux allemands. (Rien ne peut mieux en donner l'idée que la carte en couleurs publiée par le *Petit Journal* du 5 mars 1894.)

CHAPITRE II.

L'ALGÉRIE.

6. § I. *Conquête de l'Algérie*. — Son origine. — Son caractère.

7. Difficultés que présentait la colonisation algérienne. — Aperçu des phases de la conquête.

8. § II. *Population de l'Algérie*. — Ses éléments.

9. Éléments apportés par la France. — Incertitude et contradictions dans la politique relative à l'émigration.

10. L'émigration spontanée. — Sa supériorité.

11. L'émigration officielle. — Loi du 19 septembre 1848. — Ses tristes résultats.

12. Objection contre l'immigration tirée de la mortalité des Européens en Algérie.

13. Inégalité d'acclimatation des différentes races européennes. — Natalité des colons français en Algérie bien supérieure à celle des habitants de la France.

14. Dé l'équilibre à établir entre les immigrants français, les immigrants étrangers et les israélites francisés. — Influence sur les étrangers de la naturalisation, des mariages mixtes, de l'école et du culte.

15. Supériorité au point de vue de la colonisation des colons français sur les étrangers.

16. Supériorité numérique des colons français.

17. Extension numérique des musulmans. — Comment en conjurer les effets?

18. § III. *Le régime des terres*. — Caractère mixte de l'Algérie. — Nécessité de l'appropriation du sol.

19. Moyens d'appropriation vis-à-vis des indigènes. — Cantonnement ou achat.

20. Vis-à-vis des colons. — Système de concessions gratuites. — Leur caractère précaire.

21. Autres causes de précarité. Cinq sortes de propriétés chez les indigènes.

6. § I. *Conquête de l'Algérie.* — La plus importante de nos possessions africaines, l'Algérie tient une place à part dans l'histoire de la colonisation. On a dit que notre conquête algérienne a eu un caractère exceptionnel et unique dans l'histoire en ce qu'elle est née, sans préméditation d'une question de point d'honneur national. Cela est vrai si on ne tient compte que des circonstances dans lesquelles notre occupation s'est produite. Mais on peut dire qu'elle était dans l'ordre des choses naturelles et d'une prévision nécessaire.

Le commerce maritime dans la Méditerranée n'avait cessé depuis des siècles d'être inquiété par les corsaires auxquels Alger offrait un abri sûr. Dès la fin du xvı° siècle, la régence d'Alger avait trouvé une force nouvelle dans le protectorat des Turcs, maîtres de Constantinople depuis 1453.

Vainement Charles-Quint, en 1541, dom Juan d'Autriche, dans la glorieuse journée de Lépante en 1571, dom Sébastien de Portugal dans son entreprise sur le Maroc, Louis XIV en 1684 et 1687, et les Espagnols plusieurs fois au siècle dernier, avaient tenté de détruire la piraterie algérienne.

Alger était jusqu'en 1830 le repaire de pirates dont le brigandage désolait la marine européenne. Pour y mettre fin, les États-Unis en 1815, l'Angleterre seule en 1816, puis alliée à la France en 1819 avaient attaqué Alger sans obtenir de satisfaction décisive. La destruction de quelques établissements commerciaux que nous avions élevés sur la côte d'Afrique détermina le gouvernement français à demander une réparation au dey d'Alger. Celui-ci répondit par un outrage personnel à notre représentant. Le gouvernement français dut réprimer cette insolence. Une flotte portant des troupes de débarquement bombarda Alger qui capitula le 5 juillet 1830.

Dès le lendemain, la colonie française était fondée en principe par l'arrêté qui déclarait : la prise de possession civile, et la direction administrative du pays par l'autorité française. Mais, comme on l'a dit, après nous être emparé d'Alger, nous avons dû y rester, moins par un besoin immédiat de colonisation que par la difficulté même de nous en retirer. Il faut voir les débuts difficiles de notre occupation dans l'étude de M. Camille Rousset : « Commencements d'une conquête » (*Revue des Deux-Mondes* des 1er janvier, février, mars et avril 1885). On s'y rend compte des difficultés de toute nature que notre colonisation algérienne a rencontrées, soit dans le pays, soit de la part de la métropole. Les Chambres françaises, pendant toute la première partie du règne de Louis-Philippe se montraient hostiles à l'idée d'une occupation définitive que beaucoup d'esprits sérieux déconseillaient. C'est qu'en effet la France se trouvait jetée sur une terre déjà occupée et cultivée, défendue par une population nombreuse, guerrière, opiniâtre. Il fallait lutter contre une race fixée au sol depuis des siècles en possession d'une civilisation spéciale, formant une société régulière, pleine de vitalité, soutenue par le fanatisme religieux. Rien ne ressemble ici à l'établissement des Espagnols au Mexique et au Pérou, et à celui des Anglais dans l'Amérique du Nord. A ce point de vue, notre conquête est un fait sans précédent dans l'histoire.

7. Notre tâche se résumait en ces termes : 1° fonder une colonie agricole dans un pays déjà possédé et cultivé ; 2° introduire une population européenne suffisamment compacte au sein d'une population musulmane qu'on n'avait ni le droit ni les moyens de faire disparaître ou de refouler ; 3° faire de ces deux éléments si dissemblables un ensemble régulier, c'était là, comme le fait remarquer M. P. Leroy-Beaulieu (p. 333), le plus difficile problème que se fût encore posé la politique coloniale des peuples modernes.

Nous ne pouvons faire le récit de notre conquête. Nous nous bornerons à en rappeler les faits principaux et des dates dont quelques-unes sont glorieuses : débarquement d'Alger, 14 juin 1830 ; sa reddition, 5 juillet ; occupation d'Oran, 1831 ; prise de la Kasba ou citadelle de Bône, 1832 ; de Mostaganem, 1833 ; de Tlemcen, 1836 ; première et infructueuse expédition sur Constantine, 1836 ; traité avec Abdel-Kader qui ne nous laisse guère que le littoral, 1837 ; deuxième expédition et prise de Constantine, 1837 ; prise de Médéah, de Millianah, 1840 ; insurrection de la province d'Oran, 1842 ; prise de

Biskra, 1844; victoire d'Isly sur les Marocains, 1844; reddition d'Abdel-Kader, 22 décembre 1847; prise de Laghouat,
1852; expédition de Kabylie, 1856; sa soumission, 1857. Insurrection des provinces d'Alger, de Constantine, 1871; de la
province d'Oran, 1881. Occupation du M'zab, 1882; soumission du Sahara algérien, 1885. (L'exiguité d'un précis ne
nous permet pas d'entrer dans les détails, nous renvoyons
nos lecteurs dans la *France coloniale*, publiée sous la direction de M. Alfred Rambaud, à la notice sur l'Algérie de
M. Pierre Foncin.) La soumission matérielle de l'Algérie est
un fait accompli, quant à la conquête intellectuelle et morale
des indigènes, elle est encore à faire. Elle seule fondera réellement une France nouvelle en Afrique. « Il s'agit de réussir
là où Rome a échoué. »

8. § II. *La population de l'Algérie.* — La réussite se
heurte aux conditions hétérogènes de la *population*. La race
prédominante en Algérie est l'antique race berbère qui jusqu'à ce jour a absorbé presque en totalité ses conquérants.
Qu'y reste-t-il des Phéniciens, des Carthaginois, des Romains, des Vandales, des Byzantins? Tous les éléments
étrangers introduits dans les parages habités par cette race
primitive pendant l'antiquité et pendant les premiers siècles
du moyen âge ont disparu dans le sang berbère (V. *Revue des
Deux-Mondes* des 15 janv. et 15 févr. 1894; *l'Afrique ro-
maine*, par Gaston Boissier). Les Arabes ont mieux résisté
en apparence, leur langue est prépondérante, mais à elle
seule elle ne constitue pas la race. Nous avons même contribué à arabiser la Kabylie en y répandant la langue arabe.
Nous avons d'ailleurs pris l'habitude d'appeler arabes tous
les nomades algériens, dont les éléments étaient bien antérieurs aux arabes proprement dits. En réalité la masse de la
population en Algérie peut se diviser en Berbères arabisés
(2 millions environ) et en Arabes berbérisés (800,000). Les
Maures, Turcs, nègres y sont représentés par des « échan-
tillons » de peu d'importance, et qui tendent à s'effacer. Les

juifs seuls non seulement se maintiennent mais s'accroissent.
Il faut donc considérer les indigènes algériens comme formant une même race, mais présentant, suivant leur distribution géographique, des mœurs et des institutions assez différentes. La distinction pratique à retenir c'est que les uns
sont nomades, les autres sédentaires (P. Foncin, *France coloniale*, p. 32). Les conditions de leur assimilation, comme
nous le verrons, sont donc différentes.

9. Quels éléments nouveaux l'occupation française a-t-elle
apportés jusqu'à ce jour parmi la population algérienne? Les
phases ont été bien diverses. M. P. Leroy-Beaulieu nous fournit ici de précieuses indications. De 1830 à 1835 le gouvernement français crut devoir apporter des entraves à l'immigration. Il redoutait, non sans raison, la misère pour les colons
qui n'avaient pas de moyens personnels d'existence. Une décision ministérielle de 1832 s'oppose jusqu'à nouvel ordre à
l'immigration de tout Européen qui ne justifiera pas qu'il a
amplement de quoi s'entretenir dès son arrivée dans la colonie. Il fut, en conséquence, interdit aux légations françaises
de délivrer des passeports à de nouveaux immigrants. Ces
mesures étaient très rationnelles. L'immigration européenne
dans une terre non vacante et non pacifiée ne devait s'opérer
qu'avec circonspection. On ne comptait donc en 1835 qu'un
peu plus de 11,000 Européens en Algérie. Dans les dix années suivantes l'augmentation de l'armée, le développement
des opérations militaires attirent un nombre croissant de petits trafiquants. Puis divers villages se construisent, le gouvernement, vu les circonstances, change de tactique. Il a
franchement recours à l'immigration. Des appels sont adressés aux agriculteurs et ouvriers français.

Il existait donc, en 1845, 95,500 Européens (en chiffre
rond), sans compter l'armée.

10. Cette émigration était toute spontanée. On sait que c'est
la meilleure, la plus naturelle, la plus sûre. On peut regretter que le gouvernement indécis ait alternativement pendant

celte période, ouvert ou fermé la porte aux émigrants et rendu
leur courant inégal et intermittent.

11. En 1848, on se laisse entraîner par une grave erreur.
On a recours à l'immigration officielle. Une loi du 19 septembre
1848 décide que 12 mille colons seront installés en Algérie
aux frais de l'État, c'était une loi de circonstance tendant à
désobstruer Paris et la province d'une population turbulente.
Vers 1850, 42 villages avaient été bâtis et étaient habités par
10 à 11 mille individus mais la population s'y était déjà
renouvelée une ou deux fois. L'immigration de 1848 avait
transplanté 12,666 individus.

Deux ans après, 10,217 avaient disparu par départs, désertion, décès. En définitive, des terrains avaient été gratuitement fournis à 3,230 concessionnaires, ce qui par famille
était équivalent à une subvention de 8,374 fr. 61, soit 2,597
par individu. Est-ce un paradoxe de dire avec certains critiques de cette époque que le sort de ces immigrants eût été
meilleur si on leur avait tout simplement acheté de la rente
en les engageant à rester et à chercher du travail en France?

Le fait démontra le vice des concessions gratuites de terrains, le vice d'une immigration provoquée, comprenant des
gens qui ne sont pas agriculteurs, et enfin la préférence à
donner à l'immigration spontanée.

12. Par une réaction peu intelligente on se rejeta en sens
inverse, on redouta une immigration trop considérable. En
1854 un rapport était adressé au ministre de l'agriculture au
nom du comité d'émigration, on exprimait les craintes de voir
s'étendre trop amplement le nombre des immigrants à raison
des difficultés d'acclimatation, et à un moment où d'autre
part surgissaient les guerres d'Orient. L'immigration fut donc
découragée, entravée. Au lieu de s'étendre avec la pacification elle alla en diminuant.

Il faut reconnaître que pendant vingt ans la mortalité avait
été considérable. Les décès dépassaient sensiblement le chiffre
des naissances dans la population civile (V. les chiffres dans

le Rapport du colonel de Ribourt, cité par M. P. Leroy-Beaulieu, p. 336). Cependant à partir de 1853, cet excédant de
décès cessa et fit place peu à peu à un excédant annuel des
naissances surtout depuis en 1864. La population civile de
l'Algérie arriva enfin à se recruter d'elle-même, et l'immigration spontanée reprit son essor.

13. Il est intéressant de signaler l'acclimatation inégale des
diverses nationalités européennes. Les Italiens, les Maltais,
les Espagnols, sont peu défricheurs; ils s'adonnent au jardi-
nage ou à divers métiers, ils s'éloignent peu de la côte, on ne
les voit pas s'enfoncer dans le désert, leur mortalité est donc
peu sensible. Les Français, au contraire, forment la plus grande
partie de la population agricole dans les centres éloignés de
la mer; presque seuls, ils passent l'Atlas et vont jusqu'à l'entrée du Sahara. Même dans ces conditions bien plus défavo-
rables, leur mortalité s'est atténuée et leur natalité croissante
oscille annuellement entre 34 et 40 pour mille habitants, atteignant presque la fécondité des Allemands en Allemagne. Les
Français en Algérie donnent ainsi à leurs compatriotes de
France un exemple que ceux-ci sont bien éloignés de suivre.
Aussi les naissances des Français en Algérie dépassent de 15
à 20 p. 0/0 les décès. Leur mortalité n'excède pas celle des
Espagnols. La fécondité des Juifs qui, aujourd'hui sont français depuis leur naturalisation en masse en 1870, est prover-
biale. Peut-être est-ce par eux que les mouvements de la
population civile française se trouvent influencés. Leur natalité
est de 53 naissances pour mille, et leur mortalité de 31 décès.
En même temps que s'élève la natalité des Espagnols, des
Maltais, des Italiens, et que s'abaisse leur mortalité, les
Allemands voient leur nombre diminuer, parce que le climat
ne leur convient pas. Leur natalité est cependant encore de
31 pour mille, mais leur mortalité s'élève à 43 (V. *La France
coloniale*, déjà citée, notice de M. Foncin, p. 70). Les Belges, les Alsaciens-Lorrains ont eu d'abord une mortalité de
55 pour mille, elle est descendue à 31, mais ils ont néan-

moins beaucoup plus de peine à s'acclimater que les individus de régions plus méridionales, et leur natalité reste
faible.

S'ensuit-il que les Allemands, et les Alsaciens-Lorrains, et
les Français de nos départements du Nord ne doivent pas
émigrer en Afrique? M. P. Leroy-Beaulieu, ne le pense pas;
il estime que la nature humaine est bien plus élastique qu'on
ne se le figure. Avec le temps, avec l'hygiène, il n'y aurait
aucun doute que les gens du Nord ne parviennent à prospérer
en Afrique. Cette élasticité est attestée par divers exemples.

Les Normands et les Bretons sortis de climats tempérés
se sont acclimatés au Canada. D'autre part, des colons anglais
irlandais, nés dans des régions humides et froides, se sont
implantés au Sud des États-Unis, et jusque dans l'Australie.

14. L'extension des Juifs français ne peut nous surprendre
quand on considère qu'ils sont en réalité de véritables indigènes depuis longtemps acclimatés. Y a-t-il lieu de penser
que leur population deviendra prépondérante? Non, car ils ne
s'accroissent que par l'excédent de leurs naissances sur leurs
décès, et non par l'immigration. Toutefois, leur influence sur
la destinée de la colonie algérienne n'est pas douteuse. Qu'ils
deviennent de plus en plus français d'esprit et de cœur, et
nous ne saurions nous émouvoir de leur extension.

La multiplication des Espagnols en Algérie, inspire quelques craintes. On a dit il ne faut pas que la patrie française
couve en Algérie un œuf espagnol, pas plus qu'en Tunisie
un œuf italien (1). L'équilibre de la population française devra
et pourra être maintenue par plusieurs moyens. D'abord par la
naturalisation devenue aujourd'hui plus facile. M. P. Leroy-
Beaulieu compte aussi sur l'influence des mariages mixtes,
de l'école et du culte. L'école en propageant notre langue et
nos idées préparera un plus grand nombre de naturalisations.

(1) La loi du 8 août 1893 relative au séjour des étrangers en France et
à la protection du travail national, a été rendue exécutoire en Algérie, par
décret du 7 février 1894 (*Off.*, du 9 févr.).

Le culte peut nous rallier les Espagnols, les Italiens, les Maltais. Il faut que le clergé soit recruté uniquement dans l'élément français et se serve de notre langue. M. P. Leroy-Beaulieu considère comme une faute, au point de vue de la prépondérance française dans la colonisation algérienne, la suppression par le Parlement des trois quarts des crédits alloués au clergé algérien, et l'abolition de toute subvention aux séminaires. Peut-on donc laisser le clergé s'alimenter d'éléments italiens et espagnols?

15. A un autre point de vue l'extension des Italiens, des Maltais, des Espagnols ne saurait avoir les effets qu'à première vue on pourrait supposer. Le principal colon de l'Algérie est essentiellement le Français. Il s'entend mieux à tirer parti de la terre et des hommes, il a plus de ressources d'esprit et de caractère, plus de capitaux, et plus d'entente dans les entreprises. Les obstacles à son acclimatation tendent à diminuer à raison soit des progrès de la culture et des conditions d'assainissement, soit de l'amélioration de l'hygiène, et aussi du régime forestier, soit enfin parce que la génération actuelle, née sur le sol algérien, est plus résistante que celle qui l'a précédée, ou dont elle est issue.

16. Le total de la population algérienne étant en chiffre rond de 4 millions comprend près de 3 millions 270 mille musulmans, contre 260 mille Français, 44 mille Israélites et 145 mille Espagnols, le surplus se composant de Maltais, de Marocains et d'Allemands dont le nombre va en diminuant.

L'élément français dépasse donc tous les éléments étrangers, mais si on ne peut se désintéresser du développement de ceux-ci, l'attention doit encore plus se porter sur l'élément musulman si considérable et qui tend sans cesse à s'accroître.

17. La population indigène profite en effet de l'apport de nos capitaux, des progrès de la culture, de l'élévation des salaires, de l'augmentation, de la sécurité et du bien-être, de l'amélioration de l'hygiène, des facilités nouvelles d'existence provenant des voies de communication, des moyens de transport et d'approvisionnement, en un mot de la civilisation même; à l'heure qu'il est, il y a certainement 5 millions d'arabes dans l'ensemble de nos possessions africaines du Nord (Algérie et Tunisie), et dans cinquante ou soixante ans, ce chiffre sera doublé. La population européenne suivra-t-elle la même progression? La population française algérienne dont la natalité est si supérieure à celle de la France continentale, pourra-t-elle s'accroître dans la même proportion? Dans les hypothèses les plus favorables, on voit combien une émigration française plus large et plus féconde est nécessaire; combien aussi il importe que par un traitement équitable nous nous concilions les Arabes, et que nous les impregnions de nos aspirations, de nos idées, de notre esprit national. Mais cette tâche ne peut être exclusivement celle de la loi ni des pouvoirs publics, nous n'exercerons un ascendant efficace sur la population arabe que par le respect de ses coutumes, de ses croyances, et par une supériorité morale, réelle et incontestée. A cette condition seule une action peut être civilisatrice, et arriver à dominer les populations inférieures.

18. § III. *Le régime des terres.* — L'Algérie n'est donc inhospitalière ni pour les Européens, ni en particulier pour les Français, et il est désirable que leur nombre s'accroisse devant la masse musulmane indigène.

Mais que voulons-nous, et que pouvons-nous faire en Afrique? L'Algérie est une colonie d'un caractère mixte. Elle ne rentre pas dans la catégorie des colonies de plantation dont nous avons étudié le caractère et l'existence; elle n'a pas la culture industrielle et prépondérante du sucre, du café, du cacao, de l'indigo. Elle ne peut non plus être assimilée aux colonies de peuplement comme celles dans lesquelles au Canada et en Australie les Anglais ont eu pour but de remplacer la race indigène, et de s'approprier ses terres : ainsi le noir australien ou le Huron sont rejetés de plus en plus dans le désert; ils disparaissent, on les refoule; ils dépérissent, on les tue, ou on aide à leur destruction par l'alcool, ou enfin

R.

ils se croisent. Elle se rapprocherait davantage des colonies d'exploitation comme les Indes orientales et Java où le peuple colonisateur apporte ses capitaux, sa direction politique et économique, sans chercher à remplacer la race indigène, et en respectant son organisation.

L'Algérie est en définitive une colonie hybride, mais en tout état il lui faut des terres cultivables, et c'est là que les obstacles surgissent : Le sol, ne l'oublions pas, était occupé et cultivé, fallait-il par la force en chasser les habitants ? Le domaine du Bey fut confisqué et se trouva disponible, mais il était trop limité. Que faire pour livrer des terres aux colons ?

19. Il n'y avait que deux moyens : 1° le « cantonnement indigène, » c'est-à-dire la spoliation des habitants et leur refoulement loin des côtes, procédé brutal, injuste, rappelant ceux des anciens conquérants de l'antiquité, d'ailleurs déplorable et dangereux au point de vue politique ; c'était entretenir l'esprit de haine et de vengeance, la guerre pendant plus d'un siècle ; 2° l'échange, c'est-à-dire l'achat de terre aux indigènes, mais l'absence de propriété individuelle le rendait impossible.

Dans le principe donc, on eut recours au premier procédé, à la violence. Tout était enlevé dans les razzias, mobilier, bestiaux et terres. C'était le système déprédateur romain. Plus tard, il prenait un caractère plus régulier quand il apparaissait comme une confiscation imposée aux tribus révoltées. Nous verrons que le système d'appropriation des terres en Tunisie a pu être bien différent.

Ces difficultés d'appréhension des terres en Algérie naissaient de la nature des choses. Elles n'étaient pas créées par le gouvernement, pas plus qu'il n'était en son pouvoir de les faire disparaître. Mais il en rencontra, et même en ajouta d'autres.

20. Vis-à-vis des colons, il eut recours au système de concessions gratuites sur les terres confisquées au Bey ou aux indigènes. Ces concessions furent ce qu'elles devaient être, ce qu'elles ont toujours été, ainsi que précédemment

nous l'a montré l'histoire, arbitraires, inégales, puis entou-
rées de formalités nombreuses, de clauses résolutoires; elles
étaient simplement temporaires, révocables. Après cinq ans,
si les inspecteurs de colonisation déclaraient la concession
dans un état insuffisant, le colon dont on suspectait l'activité
et l'intelligence, vis-à-vis duquel on multipliait les précautions, ne recevait donc la propriété qu'à titre précaire, et
n'était pas sûr, malgré ses efforts, de pouvoir la garder. On
objectait que les colons devaient être tenus de très près, étant
souvent de nature rebelle, aventureuse et peu disciplinée.
Cependant il y a un fait indiscutable, la colonisation est impossible sans une propriété foncière et individuelle solidement
assise.

21. Mais d'autres difficultés rendaient encore la propriété
instable. Même les concessions, devenues définitives, et les
acquisitions les plus régulières restaient exposées à diverses
causes d'instabilité, et à des menaces d'éviction. Pour s'en
rendre compte, il faut connaître les distinctions que la loi
musulmane a établies entre les biens fonciers.

Ils emportent : 1° les propriétés particulières de l'État,
connues sous la dénomination de *blad et beylik* ou *azel;* 2°
les propriétés des établissements religieux dites *habous;* 3° les
propriétés dont les tribus ont la jouissance et appartenant à
l'Etat, *blad et djemaa* ou *arch* ou *sabéga;* 4° les terres possé-
dées en pleine propriété par des collectivités ou des individua-
lités, *blad et melk;* 5° enfin les biens généraux de la communauté musulmane *bladel Islam* (V. notamment l'*Étude* de M.
Ch. Roussel publiée par le *Journal des économistes* du 15
mai 1894.)

Ces distinctions avaient été souvent méconnues, et des terres
dont l'origine était mal définie, dénuée de toute justification
avaient été indistinctement concédées ou vendues. On avait
opéré des transmissions de biens-fonds à tort et à travers,
biens du beylick, bien habous, etc., sans songer aux éventualités de revendications, et il arriva qu'en 1844 on se trouva

en présence d'une masse de biens sujets à éviction. De plus, des spéculateurs exploitaient en vue de bénéfices rapides, plutôt que dans un intérêt sérieux de culture, et revendaient hâtivement des biens qu'ils avaient acquis sans titre sérieux de propriété.

22. Dans ces circonstances, pour donner à la propriété privée la base solide qui lui manquait, les ordonnances du 1er octobre 1844 en 115 articles (V. pour le texte : Dalloz, *Org. de l'Algérie,* p. 785) et celle du 21 juillet 1846 (Dalloz, p. 791, et n°s 1129 et 1153), édictèrent différentes mesures et notamment organisèrent un mode de vérification des titres de la propriété rurale.

Mais en même temps qu'on se préoccupait de donner plus de stabilité aux acquisitions immobilières, les lois des 21 juillet 1845, 5 juin et l'ordonnance du 1er septembre 1847 (V. Dalloz, 53. 3. 150 et 47. 3, p. 118 et 179), nous montrent de quelles réserves décourageantes on continuait à entourer les concessions. Les préfets dans les territoires civils, les généraux dans les territoires militaires n'en pouvaient consentir pas plus de 25 hectares, et le gouverneur pas plus de 100, et toujours à titre provisoire, avec impossibilité d'aliéner et d'hypothéquer.

Un tempérament fut apporté à ce système ensuite d'un rapport du ministère de la guerre qui en montrait les inconvénients. Un décret du 26 avril 1851 et une loi du 16 juin 1851 (D. 51. 4. 91), transforment les conditions et les modes de concession. Les préfets reçoivent la faculté de concéder 50 hectares. On n'exige plus de cautionnement, mais les cahiers des charges imposent encore des conditions et des formalités nombreuses. M. Jules Duval écrivait avec raison, dans son livre sur l'Algérie (p. 439), que mieux valait acheter que recevoir la terre gratuitement. On oubliait qu'au siècle dernier Malouet avait signalé la supériorité du régime de vente sur celui des concessions des terres (*vid. sup.*, liv. II, n° 42). Cette même doctrine préconisée en Angleterre par Wakefield était appliquée en Australie.

23. Il faut arriver au décret du 15 juillet 1860 (D. 60. 4. 132), sur l'aliénation des terres domaniales, trente ans après la conquête, pour voir ce régime s'introduire en Algérie; en core persévéra-t-on subrepticement dans la pratique des concessions gratuites que l'on considère comme une prérogative administrative intangible. Cependant, d'après la législation nouvelle, deux systèmes d'aliénation pouvaient être simultanément mis en vigueur : Ventes de terres domaniales à prix fixe, et à bureau ouvert, et ventes aux enchères.

Mais que fallait-il comprendre parmi les terres domaniales? Nous avons vu que parmi elles se trouvaient des terres (arch ou *sabega* dans la province d'Oran) dont la propriété appartenait à l'État, et la jouissance aux tribus, ou à des fractions de tribus. L'article 11 de la loi du 16 juin s'était borné à reconnaître et à maintenir, tels qu'ils existaient au moment de la conquête, les droits de propriété et les droits de jouissance appartenant aux particuliers, aux tribus et aux fractions de tribus. Lors donc que des tribus détenaient un territoire sans titre en vertu d'une possession immémoriale, avaient-elles une propriété collective ou seulement une simple jouissance à titre précaire? Dans ce cas, quel était le propriétaire du fonds? avant la conquête, c'était le Sultan en tant que maître de tout le territoire. La France avait-elle, par la conquête, hérité de ce droit du grand Turc? l'État devait-il l'invoquer? D'autre part, les territoires ainsi occupés par les tribus étaient immenses, hors de proportion avec leurs besoins, ne valait-il pas mieux par une sorte de transaction en restreindre l'étendue et en échange de ce sacrifice, les déclarer propriétaires de la partie qui leur serait laissée? Un projet de *cantonnement* amiable en ce sens fut étudié, mais il souleva de grandes objections. Comment pourrait-on le faire accepter par les tribus, et les amener à relâcher une partie des biens dont elles avaient la jouissance immémoriale? on ne pouvait recourir ni à une expropriation violente, ni à une expropriation dans les formes légales.

24. C'est alors que fut édicté le sénatus-consulte du 22 avril 1863 (D. P. 63. 4. 47) ensuite d'une lettre de l'empereur du 6 février 1863 qui dans le but de « mettre un terme aux inquiétudes excitées par tant de discussions sur la propriété arabe, et ... afin de consolider la propriété entre les mains de ceux qui la détiennent » avait exprimé l'intention « de convertir par un acte solennel la possession immémoriale des tribus en propriété incommutable. »

● Cette innovation fondamentale fut réalisée par le sénatus-consulte du 23 avril 1863. Il déclare (art. 1er) que « les tribus de l'Algérie sont propriétaires des terrains dont elles ont la jouissance permanente ou traditionnelle, à quelque titre que ce soit » et décide (art. 2) que : « il sera procédé administrativement, 1° à la délimitation des territoires des *tribus*; 2° à leur répartition entre les différents *douars* de chaque tribu du Tell et des autres pays de culture avec réserve des terres qui devront conserver le caractère de biens communaux; 3° à l'établissement de la propriété *individuelle* entre les membres de ces douars, partout où cette mesure sera reconnue opportune. »

Dès lors, désormais l'achat de gré à gré deviendrait possible par des traités avec les tribus, les douars et les familles arabes, mais on estime qu'une législation spéciale était nécessaire pour faciliter ces délimitations de propriété, et ces achats de gré à gré. Et c'est ainsi qu'on a été amené à rendre la loi (aujourd'hui très critiquée) du 26 juill. 1873. Pour en bien comprendre l'esprit et le but il faut voir le rapport très intéressant de M. Wargnier qui l'a précédée (Dalloz, 74. 4, p. 4). Il montre que l'invasion islamique, il y a douze siècles, a été la ruine de la culture sur les rivages de l'Afrique. Elle a créé le communisme là où chez les nations berbères existait la propriété privée qui avait fait de l'Afrique un « immense jardin divisé à l'infini. » Actuellement 3 millions d'hectares seulement susceptibles de donner des produits représentent le contingent de la propriété *indivi-*

duelle des berbères qui ont conservé une sorte d'indépendance sous la domination musulmane, et 11 millions d'hectares sont en commun aux arabes et aux berbères arabisés. C'est dans cette propriété collective qu'il faut faire pénétrer la division et l'appropriation individuelle.

25. Pour atteindre ce résultat, la loi du 26 juillet 1873 (D. 74. 4, p. 4) pose un principe *nouveau* : « L'établissement de la propriété immobilière en Algérie, la conservation et la transmission des immeubles sont régis par la loi française. En conséquence, sont abolis tous droits quelconques fondés sur le droit musulman (art. 1er). Suivent trente-deux articles pour la mise à exécution du principe, mais on a compris qu'il ne suffisait pas de légiférer. Une condition préalable à la transformation de la propriété collective en propriété privée, consiste à donner aux indigènes un état civil. Ce n'est pas une tâche facile. Une loi du 23 mars 1882 a été votée dans ce but. L'œuvre est difficile et coûteuse. Elle avait abouti à donner, au 30 septembre 1889, un état civil à plus de 300,000 habitants du Tell. C'est un acheminement vers la civilisation des arabes et des kabyles; mais il sera très lent et très coûteux.

25 *bis.* Deux lois des 29 avril 1887 (D. 87. 4. 65), et 18 décembre 1890 (D. 91. 4. 108) ont complété celle du 26 juillet 1873 (V. les Rapports de M. Bourlier à la Chambre et de M. Casimir Fournier au Sénat, D. 87, *loc. cit.*).

Les articles 1 et 2 de la loi du 29 avril 1887 ordonnent l'exécution dans les tribus qui n'y avaient pas encore été soumises des opérations préalables consistant dans la délimitation et la répartition prévues par la législation antérieure (Sénatus-consulte 22 févr. 1863, et loi 26 juill. 1873).

Cette disposition ne constitue pas, à vrai dire, une innovation. Les auteurs de la loi de 1873 avaient compris que la propriété individuelle ne serait constituée et assise dans les tribus où elle était collective qu'après une reconnaissance préalable du périmètre du territoire, non seulement de la tribu, mais des différents douars qu'elle comprend. Le douar est la commune arabe.

Cette délimitation était elle-même un problème. Quelle méthode fallait-il employer? Suivant le décret de 1863 , la tâche était confiée à des commissions administratives dont les procédés avaient soulevé des réclamations. « Les procédés nouveaux — dit l'article 2 de la loi du 27 avril 1887 — seront déterminés (par un décret) de manière à éviter les *condescendances* extrêmes des commissions administratives précédentes pour les occupants. Trop souvent, paraît-il, on avait considéré et classé comme propriétaires définitifs des occupants qui n'avaient qu'une jouissance temporaire. De telle sorte que des biens en déshérence, ou appartenant à l'État, devant rentrer dans son domaine avaient été attribués à des particuliers qui en jouissaient sans y avoir des titres suffisants.

26. En exécution de cet article 2 a été rendu un décret des 22 septembre-19 décembre 1887 (D. 88. 4. 10) comprenant trois titres. D'après le titre Ier, en cinq articles, il sera procédé successivement et à bref délai aux opérations de délimitation et de répartition dans chaque département. Les commissaires délimitateurs seront désignés par le gouverneur et agiront sous la direction d'une Commission administrative.

Leurs opérations ne pouvant se faire sans le concours des indigènes, une *djemmâa* ou commission de douze d'entr'eux sera constituée par le préfet ou le général (suivant le territoire) pour représenter la collectivité et assister les commissaires délimitateurs.

Le titre II édicte les formalités de la délimitation et du bornage entre les tribus (art. 5, 6, 7).

Le titre III règle la répartition des territoires des tribus entre les douars (art. 8 à 19), le tout avec procès-verbaux, plans, publications, affiches et insertions, notamment au « *Mobacher,* » journal officiel en langue indigène, énonçant le délai fixé pour les oppositions et réclamations.

Tel est le système de délimitation dans les tribus et les douars, institué par le décret du 19 septembre 1887.

27. Pour la délimitation des propriétés *privées* il nous faut revenir à la loi précitée du 23 avril 1887. Si l'indivision existe entre plusieurs familles, on procède au partage *par famille* des immeubles qui sont commodément partageables. S'ils ne le sont pas, les intéressés peuvent requérir la licitation suivant l'article 815 du Code civil.

Mais dans cette œuvre d'assimilation des indigènes aux métropolitains surgissent à chaque pas des difficultés : nous venons de parler de l'indivision entre familles, mais en quoi consiste la famille arabe? Le rapport de M. Bourlier donne à cet égard d'intéressants détails (Dalloz, 87. 4, p. 65). La famille dont les commissaires répartiteurs ont à tenir compte est la famille islamique, or, « soit sous la tente, soit sous le toit du gourbi ou de la maison, il n'y a jamais autour du foyer qu'un petit nombre d'êtres unis, le mari, la femme (ou les femmes s'il y a polygamie), les enfants et parfois des sœurs, des neveux en bas-âge, quelquefois aussi un père infirme, une mère âgée. » Ce petit groupe c'est le feu, c'est la famille. C'est jusqu'à ce groupe irréductible que l'indivision doit être brisée, c'est jusqu'à lui que le commissaire enquêteur doit amener le partage, sous la seule réserve que le bien soit commodément partageable(art. 3, L. 29 avr 1887).

28. Les formes des cessions, des partages, des licitations sont celles de la loi française (art. 4). Mais quant aux droits successifs dans la famille musulmane, et par conséquent aux droits individuels, la loi musulmane sur les successions doit être respectée (V. Rapport de M. Casimir Fournier au Sénat, D. 87. 4, p. 66, 1re col., en note).

L'article 5 est relatif à la conservation des droits des tiers, créanciers et autres personnes prétendant à des droits réels; des délais leur sont accordés pour opérer des transcriptions ou prendre inscription.

La législation musulmane admet une sorte de retrait connu sous le nom de *cheffaâ*. On sait qu'en droit français, d'après l'article 841, toute personne qui n'est pas successible du défunt à laquelle un cohéritier aurait cédé son droit à la succession peut être écartée du partage par tous les héritiers ou par un seul, en lui remboursant le prix de la cession (art. 844, C. civ.). De même en droit musulman, une portion d'immeubles indivis étant aliénée à un tiers par l'un des co-propriétaires était frappée du droit de retrait appelé *cheffaâ*, et sous la loi du 16 juin 1851 (art. 17, § 2), les juges avaient un pouvoir d'appréciation : ils admettaient le retrait lorsque l'acquéreur n'avait acheté que par spéculation, et non si c'était dans l'intention de développer la production agricole. Aujourd'hui, d'après la loi du 26 juillet 1873 (art. 1er), sont abolis tous droits réels, toutes causes de résolutions quelconques fondés sur le droit musulman ou kabyle. Le droit réel de *cheffaâ* ne pourra, désormais, être opposé aux acquéreurs qu'à titre de retrait successoral par les parents successibles d'après le droit musulman, et sous les conditions prescrites par l'article 841 du Code civil. » Les juges, par conséquent, n'ont plus en cette matière de pouvoir d'appréciation : ils devront admettre le *cheffaâ*, dans tous les cas où le retrait successoral devrait être admis (Huc, *Code civil,* t. V, n° 331. — Voir en outre le projet de loi ci-après voté par le Sénat, le 16 févr. 1894, art. 17, n° 31 *bis, infrà*).

Ici pourrait se placer l'étude de l'application à l'Algérie du mode de transmission de propriété dérivant de l'Act Torrens, usité en Australie et qu'on tente d'acclimater en Tunisie. Cette question a été très approfondie par le regretté professeur à l'École de droit d'Alger, M. Dain. Nous l'étudierons à propros de l'application de l'Act Torrens à la Tunisie (V. *infrà*, chap. III, n°s 15 et suiv. Voy. toutefois ci-après, n° 34 *bis*).

29. L'article 6, de la loi du 29 avril 1887 (qui ne comprend pas moins de douze alinéas), est relatif à la transmission par des indigènes à des Européens, d'immeubles constituant des *propriétés privées*. Les contrats doivent toujours revêtir la forme authentique ; des précautions nombreuses sont imposées pour assurer un bornage public et contradictoire. Enfin des formalités sont exigées pour que l'administration du domaine et des contributions directes puisse, au vu de titres certains, établir la matière foncière.

30. Les articles 7 à 10 sont relatifs à la transmission à des acquéreurs colons, ou immigrants européens de propriétés prises sur celles qui restent encore *collectives* entre la tribu, ou entre la famille. Ils tendent à ce que les acquéreurs aient désormais toutes garanties, toute sécurité, et des délimitations parfaitement déterminées.

Bien que le texte vise des acquéreurs européens, « l'immigrant originaire d'*Amérique* ou d'*Asie* qui voudrait acheter un immeuble situé en territoire de propriété collective pour le soumettre à la loi française et le posséder dans les conditions de notre droit civil jouirait des mêmes droits que le colon ou immigrant espagnol ou maltais.

Jusqu'à présent, soit la loi du 26 juillet 1873, soit les articles précédents de la loi du 27 avril 1887 n'ont tendu : 1° qu'à faire cesser l'indivision entre les familles, et 2° à assurer et consolider les transmissions de propriétés privées à des acquéreurs.

31. Les articles 11 à 18 vont plus loin : ils s'attaquent a la propriété *familiale* : ils veulent faciliter la cessation de l'indivision entre ses membres. Il faut, pour en assurer le partage, une procédure peu coûteuse.

Dans ce but, les articles 12, 13, 14 traitent du partage *amiable*, et les articles 15 à 18 du partage *judiciaire* et de la *licitation* qui deviennent accessoires lorsque les parties ne se sont pas mises d'accord pour opérer un partage amiable. Nous constatons que les partages seront régis par l'article 883 du Code civil quant à leurs effets, et par les articles 887 et suivants quant aux causes de nullité.

L'article 19 pose le principe de la réduction à une quotité aussi minime que possible et proportionnelle à la valeur des biens, de tous les frais et honoraires des actes de partage et autres.

Les articles 20 à 22 portent certaines exemptions de timbre et d'enregistrement. Ils sont complétés par la loi du 18 décembre 1890 (D. 91. 4. 108) qui déclare que : les frais occasionnés par les opérations de délimitation et de répartition des territoires des tribus, et de constatation ou de constitution de propriété individuelle, seront portés en dépenses à un compte spécial : avances au service de la propriété individuelle indigène en Algérie, compte ouvert par l'article 1er de la loi du 28 décembre 1884. Il sera procédé au remboursement au moyen, savoir : 1° des centimes additionnels à l'impôt arabe (à voir plus loin); 2° de sommes imposées à l'État proportionnellement à la superficie dont la propriété lui a été ou lui sera attribuée à la suite de ces opérations.

31 *bis*. Nous venons de faire connaître la législation existante; mais elle sera tout à la fois transformée et complétée sur divers points si la Chambre des députés admet le projet récemment voté par le Sénat (Séance du 16 février 1894, *J. off.*, du 17 févr.).

Nous devons en indiquer l'économie générale :

Dans son article 1er il abroge les procédures soit d'ensemble, soit partielles, instituées par les titres II et III de la loi du 26 juillet 1873 et par la loi du 28 avril 1887.

Il s'agit des formalités assez nombreuses édictées par la délimitation, le partage et la licitation de la propriété chez les indigènes (V. *suprà*, nos 25 et 26).

On peut voir dans la discussion à quels abus, à quelles lenteurs et même à quelles spoliations a donné lieu l'application de ces procédures, surtout au cas de licitation (Séance du Sénat, p. 136 et suiv., *J. officiel* du 17 févr. 1894). Désormais la propriété dans le Tell, et dans les territoires qui seront déterminés par arrêtés du gouverneur serait soumise à un régime nouveau. En voici le point de départ : à la suite d'une procédure nouvelle (art. 5 et suiv. du projet) des titres délivrés par l'administration des domaines assureront *erga omnes*, la propriété entre les mains des bénéficiaires de ces titres ; — c'est-à-dire que tous les droits réels non légalement maintenus seront définitivement abolis (art. 2).

Toutefois, les immeubles ainsi purgés resteront soumis à toutes les prescriptions de la loi française sauf certaines exceptions prévues aux articles 15, 16 et 17 (art. 3).

Quelles personnes peuvent bénéficier de ce mode de constatation de la propriété? — Ce sont, d'après l'article 4 du projet, sans distinction de nationalité ou d'origine, tous les propriétaires ou acquéreurs d'immeubles situés dans le périmètre territorial d'application des dispositions nouvelles.

Quelles formalités devront être remplies? — Elles sont déterminées ainsi qu'il suit :

1° Une requête en délivrance de titres est adressée au préfet, en territoire civil, ou au général commandant la division en territoire militaire (avec consignation de frais, élection de domicile, indication de l'immeuble par contenance et confins, consignation sur un registre *ad hoc*, récépissé) (art. 5).

2° Dans les trente jours de la requête, bornage et levé du plan par un agent de l'administration après formalités d'insertion et affichage dans le but d'inviter les tiers à produire leurs dires qui seront recueillis par l'agent et insérés dans son procès-verbal (art. 6).

3° Pendant quarante-cinq jours dépôt du procès-verbal à la mairie où toute personne peut venir y affirmer les droits réels auxquels elle prétend (art. 7).

4° Nouveau délai de dix jours après lequel l'agent dresse un procès-verbal définitif ensuite duquel l'immeuble, objet de la requête, demeurera, conformément à l'article 2, affranchi de tous droits réels qui n'auront point été réclamés en temps utile (art. 8).

5° Transmission du procès-verbal et des pièces au directeur

des domaines. Et alors : en l'absence de réclamation, les titres de propriété sont délivrés au requérant ;

Au cas de réclamation par l'Etat : communication en est donnée au gouverneur général.

En tous cas, les titres ne sont remis qu'après mainlevée de toutes réclamations. Cette mainlevée étant obtenue soit par voie de renonciation des réclamants, soit par voie judiciaire et avec dommages-intérêts contre eux (art. 9).

6° Si des réclamations, portant non sur la propriété, mais sur des charges qui la grèvent sont reconnues fondées, le requérant pourra néanmoins obtenir un titre, mais les charges reconnues y seront inscrites (art. 10).

7° Toujours dans l'hypothèse des réclamations par des tiers, le requérant doit, dans les *six mois* après la transmission du procès-verbal au directeur du domaine, faire connaître à celui-ci les actes introductifs d'instance par lesquels il poursuit la mainlevée des réclamations produites ; — à défaut de quoi la requète est considérée comme non avenue (art. 11).

Des divers territoires où la nouvelle loi serait applicable :

a) Au lieu de concerner l'Algérie tout entière les dispositions qui précèdent ne seront appliquées qu'à la région du Tell algérien, délimitée conformément à l'article 31 de la loi du 26 juillet 1873, et en dehors du Tell, aux territoires déterminés par les arrêtés spéciaux du gouverneur (art. 12).

b) Dans les territoires délimités par application du sénatus-consulte du 22 avril 1863, le plan parcellaire dressé afin de régulariser d'après la jouissance effective la situation de l'occupation de la terre, sera homologué par le gouverneur général, si une demande d'enquête partielle a lieu. — Et à dater de cet arrêté les occupants maintenus en possession seront considérés comme propriétaires à titre privé des terres dont ils auront été reconnus possesseurs (art. 13).

c) Dans les territoires où les lois des 26 juillet 1873 et 28 avril 1887 ont reçu leur application, les détenteurs de titres français non purgés, auront un délai de six mois pour se pourvoir aux fins de jouir des avantages de la nouvelle loi (art. 14), et à l'expiration de ce délai tous les droits non révélés seront purgés (art. 15).

d) Dans les territoires déterminés par arrêté du gouverneur général, les transactions sur immeubles intervenues entre indigènes pourront avoir lieu par actes du ministère des cadis (art. 16).

Enfin l'article 17 prévoit le cas où un propriétaire indivis demandera le partage d'une terre dont la moitié au moins appartient à des indigènes. Si la terre n'est pas commodément partageable il n'y aura pas lieu de recourir à la licitation. L'article 827 du Code civil dont l'application a donné lieu à de regrettables abus, cessera désormais d'être appliqué de plein droit. Les co-propriétaires pourront ou accepter la licitation si elle ne leur paraît ni trop onéreuse, ni contraire à leurs intérêts, ou désintéresser le demandeur en partage en lui payant une somme d'argent représentant la valeur de ses droits sur l'immeuble (Voir le texte de l'art. 17 et la discussion officielle du 17 févr. 1894, p. 140, 1re col., 1142, 2o col.). Et à défaut d'entente sur la fixation de ce prix, le jugement intervenant pour déterminer la somme à payer ne sera susceptible d'aucun recours, ni d'opposition, ni d'appel.

Ce projet de loi a donc un double but : 1o rendre la constitution de la propriété individuelle chez les indigènes plus facile, moins coûteuse, et faire disparaître les abus auxquels a donné lieu la licitation. 2o Vis-à-vis de tout propriétaire ou acquéreur, permettre la constitution de la propriété en la purgeant de tous droits réels au moyen de formalités plus simples que celles exigées par le Code civil (V. sur le caractère et les conséquences du vote du Sénat, une étude de M. Ch. Rouxel, conseiller d'État, *Journ. des économistes*, mai 1894).

32. Toute cette législation, tant celle qui n'a pas été abrogée que celle qui est projetée, répond au besoin de colonisation par la constitution de la propriété privée chez les indigènes, et par l'initiative privée des colons au moyen d'acquisitions de terrains aux indigènes.

Quant à la colonisation officielle par l'administration, elle ne s'en est pas désintéressée. Elle a persisté, après les lois de 1873 et 1887, ainsi que nous l'avons dit, à faire en certains cas des concessions gratuites, et elle désigne les lieux où doivent être élevées les habitations des concessionnaires, c'est la création administrative et obligatoire de villages officiels. On ne peut nier que ce ne soit une grave atteinte aux convenances des colons qui préféreraient des maisons d'habitation et d'exploitation plus indépendantes, et placées au centre de leur domaine.

On objecte des nécessités de défense et de stratégie. M. P. Leroy-Beaulieu estime qu'il faut laisser les villages s'élever d'eux-mêmes, spontanément, suivant l'expansion de la culture, la nécessité des marchés, sur les cours d'eau ou à l'entre-croisement des routes. La constitution libre et toute naturelle des villages est absolument préférable aux choix officiels d'emplacement factice.

Mais, de plus, l'administration qui crée ainsi des villages, des centres, s'est aussi arrogé la faculté de les supprimer. On ne peut imaginer une plus grave atteinte à la liberté d'aller, de venir, de s'établir, de bâtir, et de rendre sa propriété stable et appropriée aux besoins et aux convenances de celui qui possède.

33. D'autre part, les faits ont montré une deuxième fois, après l'expérience de 1848, combien les concessions gratuites sont peu aptes à assurer la colonisation. L'insurrection de 1871 réprimée, a eu, entre autres conséquences, celle de fournir par la confiscation sur les tribus soulevées un territoire domanial considérable. Le droit de la guerre mit ainsi entre les mains de l'État 300 mille hectares outre un tribut de 30 millions, dont plus de 25 millions versés en 1875 permirent d'indemniser les colons qui avaient subi des dommages par le fait de l'insurrection.

Il se produisit alors une recrudescence de l'immigration. 100,000 hectares furent attribués aux familles d'Alsace-Lorraine qui avaient opté pour la nationalité française. Mais la plupart manquaient de ressources, bien loin qu'elles eussent les 5,000 francs exigés par la loi du 15 septembre 1871 pour avoir droit à une concession. Des souscriptions diverses dues à l'initiative de M. Jean Dolfus, et de sociétés philanthropiques secondèrent cette immigration. Des terres furent concédées gratuitement. Mais ce nouvel essai de colonisation artificielle ne donna pas, à vingt ans d'intervalle, des résultats beaucoup plus brillants qu'en 1848. Parmi les 10,000 émigrants qui furent transportés en Algérie, accueillis à bras ouverts, logés, nourris, secourus pendant plusieurs années, bien peu connaissaient la terre. La plupart étaient des ouvriers de fabrique aussi mal préparés que possible a leur nouveau métier, et au climat. Les uns quittèrent leur concession lorsque les distributions de vivres et d'argent cessèrent, les autres lorsque leur bail de cinq ans fut expiré. Le petit nombre qui savait cultiver, resta et fut récompensé par le succès. « La *société de protection des Alsaciens-Lorrains*, dirigée par le comte d'Haussonville, dont il ne faut pas confondre l'œuvre avec la tentative officielle de 1871, a donné de meilleurs résultats (Notice de P. Foncin, précitée, p. 73).

34. L'administration a essayé encore d'un autre système. Des collectivités ont reçu de vastes terrains. Ainsi les *Trappistes* à Staoueli. On sait quels résultats sérieux ils ont obtenus, mais ils ne peuvent être assimilés à des colons ordinaires. Des sociétés de capitalistes, telles que la compagnie *genevoise* aux environs de Sétif, et plus tard la *Société générale algérienne,* ont aussi été pourvues de concessions étendues, mais « elles n'ont été d'aucun secours pour la colonisation. » Elles se sont bornées à exploiter le sol et à en tirer bénéfice. En dernier lieu la société générale louait purement et simplement des terres aux indigènes. La compagnie genevoise ne fait pas autre chose aujourd'hui (notice précitée de P. Foncin, p. 72).

35. De tous ces essais est ressortie pour les observateurs sérieux la conviction que la colonisation officielle est impuissante. Les attributions gratuites de terre ne devraient être maintenues que pour récompenser des services exceptionnels. La constitution de la propriété individuelle chez les indigènes est une œuvre louable mais très lente, très onéreuse, malgré les mesures prises par la loi du 18 décembre 1890 pour couvrir par des centimes additionnels, les frais de délimitation et de partage. Peut-être, dit-on (P. Foncin, p. 75), serait-il plus économique d'acheter des terres aux indigènes que de les amener à des délimitations, et à des partages qui répugnent à leurs mœurs et à la constitution de leur famille. En tout cas, ce ne sont pas des sociétés de capitalistes qui, pas plus que l'initiative officielle, soient capables d'appréhender, d'aménager et de bien cultiver la terre; c'est l'initiative individuelle, et le droit commun, c'est-à-dire l'entente des particuliers, avec les indigènes, l'achat amiable de leurs terres par des colons résolus, intelligents et entreprenants qui semblent le meilleur moyen de colonisation et de culture.

36. § IV. *Organisation judiciaire.* — On ne pouvait, surtout à l'origine, songer à enlever les indigènes à leurs lois, et à leurs juges. Il a donc fallu admettre parallèlement une organisation judiciaire musulmane et une organisation judiciaire française.

Là comme dans les autres branches d'administration on a procédé par voie d'empirisme. Nous mentionnons simplement pour mémoire le système très rudimentaire créé par un arrêté du 22 octobre 1830 : une cour de justice française connaissant de toutes les causes civiles ou commerciales entre français ou étrangers ; un tribunal correctionnel avec les mêmes attributions qu'en France ; les causes civiles et criminelles des indigènes et des israélites continuant à être portées devant les cadis et les rabins.

Ce n'est qu'en 1834 qu'apparaît une véritable organisation judiciaire (Ord. du 10 août). Un tribunal civil de première

instance de deux juges est créé à Alger, à Bône et à Oran,
et un tribunal d'appel à Alger. A Alger des deux juges de
première instance l'un connaît des affaires civiles, même de
celles des justices de paix, l'autre des affaires de simple police
et correctionnelles. A Oran et à Bône il n'y a qu'un juge et
un juge suppléant, ils cumulent et se partagent toutes les
attributions. Plus tard, le tribunal de première instance d'Alger reçoit trois juges.

Le tribunal d'appel avait un président et trois juges, un
procureur général, un substitut, un greffier.

On comprend que cette organisation insuffisante a dû être
progressivement modifiée. Nous passons sous silence les phases
successivement parcourues, et nous abordons la situation
actuelle.

37. L'organisation judiciaire comprend aujourd'hui : 1° des
justices de paix dont le nombre s'étend sans cesse, 2° des tribunaux de première instance, 3° de commerce, 4° une cour
d'appel à Alger, 5° des tribunaux musulmans.

Les juges de paix ont, en principe, la même compétence
et les mêmes attributions qu'en France (Décr. du 11 mai
1874; Loi du 11 avril 1875, D. 75. 4. 67). Dans certaines
localités ils ont des suppléants rétribués, et leur compétence
y est étendue (Décr. du 19 août 1854). Ils jugent en dernier
ressort jusqu'à 500 francs et à charge d'appel jusqu'à 1,000
francs en matière civile et commerciale (Décr. 19 avril 1879,
D. 79. 4. 51 et 49). Dans les territoires militaires, les fonctions de juges de paix sont remplies par les chefs militaires
locaux.

Les tribunaux de première instance comprenant trois
chambres à Alger, Oran et Constantine ont un président,
deux vice-présidents, huit juges, un procureur et trois substituts. Dans les autres villes, Philippeville, Blidah, Constantine,
Mostaganem, Tlemcen, Setif, etc., ils ont quelques juges de
moins, et une des deux chambres suivant leur importance. A
chaque tribunal est attaché un assesseur musulman avec

voix consultative pour les causes intéressant les indigènes et les colons. Un supplément de traitement est alloué aux magistrats qui connaissent l'arabe, et aux assesseurs musulmans qui connaissent le français (Décr. des 14 déc. 1879 et 31 déc. 1882).

La cour d'appel d'Alger qui a remplacé le tribunal supérieur (Ord. du 26 sept. 1842) a trois chambres civiles et une chambre d'accusation. Elle a les mêmes attributions que les cours de France et connaît, en outre, de l'appel des jugements des tribunaux musulmans (13 déc. 1866, Décr. des 19 août 1854, 15 déc. 1856, 1er mars 1864, 11 août 1875).

38. Les auxiliaires de la justice comprenaient d'abord des défenseurs auxquels ont été substitués des avocats, et des avoués avec les mêmes attributions qu'en France (Arrêté du 16 avr. 1848, et Décr. du 27 août 1849). Des curateurs aux successions vacantes sont constitués en titre d'office comme dans les colonies (V. *sup.*, liv. III, n° 72). Les huissiers existent là où les offices peuvent être suffisamment rémunérateurs.

Enfin il y a deux classes d'interprètes assermentés. Les interprètes militaires et civils, qui sont, en outre, les uns judiciaires, les autres traducteurs. Ils sont astreints au versement d'un cautionnement.

39. Des tribunaux de commerce existent à Alger, Oran et Constantine. Dans les autres villes, les affaires commerciales sont jugées par les tribunaux civils ou par les juges de paix à compétence étendue.

40. *Juridictions répressives.* — L'ordonnance du 26 septembre 1842 qui a constitué la juridiction des juges de paix leur a donné les mêmes attributions qu'à ceux de la métropole en matière de simple police. Mais certaines différences existent, suivant que leur compétence est restreinte ou étendue (V. le décret du 19 août 1854). Ils ont compétence vis-à-vis de tous justiciables français, étrangers, indigènes, les tribunaux musulmans, comme nous le verrons, n'ayant de juridiction que relativement aux matières civiles et commerciales.

Les tribunaux correctionnels fonctionnent comme en France, sauf en ce qui concerne les justices de paix à compétence étendue qui connaissent de certains délits (Décr. du 19 août 1854). Les délits commis par des musulmans en territoire militaire sont réservés à l'autorité militaire.

Conformément au droit commun, les appels sont déférés à la cour d'Alger.

La juridiction appelée à juger les infractions emportant peine afflictive et infamante a souvent varié (Voir pour l'historique Dalloz, 82. 4. 82). Il existe aujourd'hui des cours d'assises à Alger, à Constantine, à Bône, à Oran, à Blidah, jugeant avec l'assistance du jury.

Mais leur réorganisation a été demandée par M. Letellier, député, dans une proposition de loi qui, par suite des graves inconvénients que présente l'institution du jury en Algérie, tendrait à composer les cours d'assises exclusivement de magistrats (*Off*. du 3 juin 1893, et pour l'Exposé des motifs, *Off*., p. 1029. Voir aussi la *Revue algérienne*, janvier 1894, p. 46).

41. *Des tribunaux musulmans.* — Au moment de la conquête, la justice indigène était organisée selon les prescriptions du Coran : au criminel et au civil un seul juge : le Cadi. On pouvait recourir contre ses sentences par un appel au souverain, ou devant le cadi mieux informé, c'est-à-dire entouré d'un comité consultatif appelé midgelès, composé de muphtis (chefs du service religieux) et de Tolbas (jurisconsultes), mais le cadi était libre d'infirmer ou de confirmer sa première sentence nonobstant l'avis du midgelès. La politique commandait de maintenir un système qui, malgré ses imperfections, avait pour les indigènes l'autorité de leur Code religieux. Cependant diverses garanties furent prises contre l'arbitraire des cadis.

42. Les décrets du 31 décembre 1859 et 13 décembre 1866 ont modifié l'organisation de la justice musulmane. C'est par les soins du prince Napoléon qu'aurait été préparée cette évolution qui a fait « le plus logique et le plus opportun départ, imaginé jusque-là ou depuis, entre les attributions de la justice française et celles des tribunaux indigènes » (Ch. Rousset, *Journal des Economistes* d'octobre 1893, p. 20).

Toutes les contestations civiles et commerciales et les questions d'état entre musulmans, indigènes ou étrangers, continuaient à être déférées aux cadis. Mais la juridiction française peut désormais être saisie : 1° par un accord entre les musulmans sur un litige existant; 2° par la clause intervenue dans un acte d'après laquelle les parties déclarent contracter sous l'empire de la loi française.

Lorsque les musulmans optent pour la juridiction française, le juge de paix est substitué au cadi, et l'appel de la sentence est porté selon les cas devant le tribunal civil du ressort ou devant la Cour d'Alger. Le litige est alors tranché par le juge français suivant le droit musulman.

43. La justice musulmane est, en outre, l'objet d'une surveillance qui appartient sous l'autorité du gouverneur général, en territoire civil au premier président et au procureur général, en territoire militaire aux mêmes magistrats qui se concertent avec le commandant militaire.

Il y a des cadis du rite Maléki (rite arabe) et du rite Hanéfi (rite turc ou des kouloughis, c'est-à-dire des descendants des turcs mariés à des femmes indigènes).

Le personnel de la juridiction des cadis est la *Mahakma*. Elle comprend le cadi, les adels (littéralement les justes) suppléants, assesseurs, greffiers des cadis, sorte de corporation placée sous l'autorité d'un président ou machadel. Il y a aussi des avouns (huissiers), des oukils (défenseurs), des thalebs (savants) remplaçant les adels. Les uns et les autres sont nommés par arrêté du gouverneur. Le personnel de chaque Mahakma est fixé selon les besoins du service par le gouverneur.

Les midgelès, qui avaient un instant été constitués comme juridiction supérieure statuant sur l'appel des jugements du

cadi ont de nouveau été ramenés au rôle de comités consultatifs, réunion de docteurs assistant le [cadi juge naturel de la
contestation (V. Dalloz, v° *Org. de l'Algérie*, n° 781).

44. Fallait-il donner aux musulmans une juridiction souveraine, instituer des tribunaux d'appel musulmans? L'essai
qu'on avait fait en 1854 en donnant cette attribution aux
midgelès n'avait pas été heureux. En conséquence, aux termes de l'article 21 des deux décrets des 31 décembre 1859 et
13 décembre 1866, les appels des jugements rendus en premier ressort par les cadis sont portés devant les tribunaux de
première instance ou devant la Cour d'appel d'Alger, conformément aux distinctions énoncées dans les articles 22 et 23
desdits décrets.

Il faut remarquer la composition particulière des chambres
des tribunaux et de celle de la Cour d'Alger, appelées à prononcer au deuxième degré de juridiction sur les sentences
des cadis, où il a été fait ou dû être fait application du droit
musulman. Ces chambres se composent à la Cour, et dans les
deux tribunaux d'Oran et de Constantine, de trois magistrats
français et de deux assesseurs musulmans, et dans les autres
tribunaux, de deux magistrats français et un assesseur musulman. Ces assesseurs ont voix délibérative et sont nommés
par le chef du pouvoir exécutif; les magistrats français, faisant
partie de la chambre des appels des affaires entre musulmans, sont désignés lors du roulement annuel.

45. Si, dans le cours d'une procédure sur appel, les juges
estiment que la décision du procès dépend de la solution
d'une question de droit touchant à la loi religieuse ou à l'état
civil des musulmans, ils doivent, soit d'office ou sur la demande des parties, soumettre préalablement cette question au
Conseil de droit musulman.

Ce conseil siège à Alger. Il est composé de cinq jurisconsultes musulmans et d'un greffier nommés par le président
de la République et rémunérés par l'État (Voir au *Rép.* de
Dalloz, v° *cit.*, n° 783, l'énumération des matières religieuses

et d'état sur lesquelles il y a lieu à référer au conseil de droit musulman). La réponse du conseil doit être motivée et le juge du fond est tenu de s'y conformer et de la viser dans ses décisions.

46. La procédure devant les cadis est d'une extrème simplicité : comparution volontaire des parties ou sur un avis écrit donné par un aoûn à jour fixe. Les cadis tiennent leurs audiences aux jours et heures fixés par les autorités qui ont, comme nous l'avons vu, la surveillance de la justice musulmane (art. 28, 29, 30, Décr. du 31 déc. 1859, modifiés par Décr. du 13 déc. 1866). Les jugements sont inscrits dans les vingt-quatre heures, sur un registre spécial. Il n'y a pas d'autres frais que ceux de l'expédition à la charge de celui qui la lève. L'appel doit être formulé par une simple déclaration reçue par l'adel, contre récépissé, et dans les trente jours qui suivent le jugement.

Aucun recours en cassation n'est admis contre les décisions rendues sur appel ni contre celles de première instance en dernier ressort, en vertu de ce principe que : « aucune question de droit musulman ne peut être portée devant la Cour de cassation. »

L'autorité de la chose jugée n'existe pas en droit musulman. On peut toujours revenir sur une décision de justice jusqu'à lassitude de la partie la moins persévérante ou la moins riche (Cass., 13 déc. 1864, aff. Luce, D. 65. 1. 142).

Les cadis ont des attributions extrajudiciaires. Ils font fonctions de notaires pour les actes publics et les liquidations de successions entre musulmans (V. au surplus Dalloz, nos 793 et suiv., et les art. 40 à 97 du décret de 1889, précité).

47. Des modifications à cet état de choses ont été proposées et quelques-unes ont été déjà réalisées.

On s'est demandé si l'on ne devait pas amener plus promptement et plus complètement la prépondérance de la justice française sur la justice musulmane.

On a proposé que dans tout litige entre musulmans et en

matière musulmane, l'une des parties fût autorisée à déférer à elle seule la cause à la juridiction française, sans avoir besoin de l'assentiment de son adversaire. Cette mesure n'aurait rien d'excessif. On a fait observer que, soit par suite de l'accord des parties, soit par suite de déclarations intervenues dans un acte où les parties musulmanes énonçaient qu'elles entendaient contracter sous l'empire de la loi française, le nombre des causes jugées par les cadis a singulièrement diminué.

Avant 1880, on avait supprimé 200 fonctions de cadi; en 1880, on en a supprimé 13 : il n'en restait plus que 120. En 1885, ils ne sont plus que 80. Il est alloué 1,500 francs aux cadis de 1re classe, 1,200 à ceux de 2e classe, 1,000 à ceux de 3e classe. On alloue une prime de 200 francs à ceux qui connaissent le français. Il est évident que l'exiguïté de ce traitement contribue à réduire leur nombre et contraint indirectement les indigènes à recourir à la justice française, mais il faudrait que celle-ci ne fût pas plus onéreuse que la juridiction musulmane.

Beaucoup de personnes pensent qu'il faudra arriver à supprimer les cadis. Cette réforme est peut-être désirable. Cependant si, en fait, le recours au cadi diminue en Kabylie et dans le Tell, il devra s'accroître dans le Sud, au fur et à mesure que l'influence française s'étendra sur les tribus.

Il n'est d'ailleurs ni bon, ni utile, suivant l'observation de M. P. Leroy-Beaulieu, de fermer toute fonction libérale aux indigènes.

On a remarqué que l'une des classes indigènes les plus mécontentes et les plus portées à soupirer après l'indépendance est celle qui remplissait autrefois les fonctions judiciaires ou religieuses et que l'influence française diminue.

Il y aurait donc avantage à conserver un certain nombre d'emplois subalternes dans les administrations pour les Arabes instruits connaissant notre langue.

R.

48. Cependant une législation récente est venue, par la force des choses, réduire encore l'importance et les attributions des cadis. Une conséquence naturelle de la loi du 26 juillet 1873, qui a inauguré, comme nous l'avons vu (V. *suprà*, n° 24), le principe que l'établissement de la propriété immobilière, la conservation et la transmission des immeubles sont régies par la loi française, a été d'enlever aux cadis la connaissance des litiges concernant les immeubles et les successions immobilières entre musulmans. Ils ne sont plus juges de droit commun vis-à-vis d'eux qu'en matière de statut personnel et de successions mobilières. Nous avons vu, d'autre part, qu'ils n'exercent aucune justice répressive (Décr. des 10 sept. 1886 et 17 avr. 1889).

De plus, les assesseurs musulmans, dans les cas où jusqu'alors leur concours était obligatoire pour la justice française, n'ont plus que voix consultative et, à leur extinction, ils ne seront pas remplacés.

De même, les attributions des cadis en matière notariale ont été restreintes. Ils ne peuvent procéder aux opérations de comptes, liquidations et partages, que si elles sont mobilières. On se propose de donner bientôt une assiette plus sûre à la propriété foncière en Algérie : c'est encore une conséquence de la législation de 1873. On peut d'ailleurs remarquer, avec M. P. Leroy-Beaulieu, qu'avant le décret du 10 septembre 1886, les indigènes, sans y être forcés, recouraient de plus en plus au notariat français.

49. Une institution spéciale doit être ici mentionnée, c'est le « *Code de l'indigénat*, » ensemble de coutumes surannées. Il consiste dans l'observation de pratiques extra-légales, fondées sur de vieux usages et qui soumettent les indigènes à une police et même à des sanctions exceptionnelles pour des infractions qui ne sont pas comprises dans notre droit commun.

Son caractère exorbitant a été encore aggravé ; ainsi un décret du 29 août 1874 (D. 79. 4. 42), relatif à l'organisation

de la justice en Kabylie, s'exprime ainsi dans son article 17 :
« En territoire civil, les indigènes non naturalisés pourront
être poursuivis et condamnés aux peines de simple police
portées par les articles 464 à 466 du Code pénal pour infractions spéciales à l'indigénat, non prévues par la loi française,
mais *déterminées dans des arrêtés préfectoraux* rendus sur
les propositions des commissaires civils, des chefs de circonscription cantonale ou des maires.

La peine de l'amende et de la prison peuvent être annu-
lées et s'élever au double en cas de récidive. Les juges de
simple police statuant, en cette matière, *sans appel* et sans
frais.

Quelques jours après, un décret du 11 septembre 1874
déclare ces dispositions applicables dans tous les territoires
civils de l'Algérie (les territoires militaires étant soumis à
l'administration des bureaux arabes français, composés de
militaires français). De plus, une loi du 29 juin 1881 (D. 82.
4. 30) confère aux administrateurs civils des communes
mixtes en territoire civil la répression, par voie discipli-
naire, des infractions spéciales à l'indigénat.

Ainsi, des peines sont édictées pour des infractions de
police que ne prévoit pas la loi française, qui sont déterminées par des arrêtés administratifs et même laissées à l'appréciation d'autorités locales. Ces mesures avaient été prises
d'abord en vue de réprimer les velléités d'indiscipline des
Kabyles. Il était excessif de les étendre à toutes les communes
du territoire civil. A ces dispositions vient s'ajouter la responsabilité collective des tribus ou des douars en matière pénale.

Les indigènes sont ainsi traités en gens suspects, vis-à-vis
desquels le droit commun paraît insuffisant. Cette législation a été justement critiquée par des magistrats de la Cour
d'Alger.

L'impartialité nous fait cependant un devoir de signaler
l'opinion sur l'indigénat, exprimée par M. François Charveriat, professeur à l'École de droit d'Alger (*A travers la Ka-*

bylie, Plon et Nourrit, éditeurs, p. 108). Il affirme que les habitants français réclament le maintien du Code de l'indigénat comme indispensable pour assurer la tranquillité du pays (V. *Les vœux conformes du conseil supérieur du gouvernement*, procès-verbaux de 1887, p. 511 et suiv.). « Il faut, sans doute, dit-il, supprimer quelques cas beaucoup trop vagues, prendre des mesures contre l'arbitraire possible....., mais la législation actuelle n'en doit pas moins être conservée dans son ensemble, si exceptionnelle qu'elle soit, car elle est commandée par une situation exceptionnelle. Les administrateurs ne seront respectés et obéis des indigènes qu'autant qu'ils resteront investis d'un pouvoir spécial de discipline, de même que, dans les régiments, les colonels ne conserveront quelque autorité qu'à la condition de pouvoir infliger la salle de police et la prison. »

50. § V. *Le régime commercial.* — Jusqu'en 1851, l'Algérie fut privée de la liberté d'exportation et d'importation. Depuis la conquête elle a subi, à cet égard, bien des vicissitudes. De 1830 à 1835 ses rapports coloniaux avec la métropole furent très difficiles. La législation douanière se montrait très sévère sur l'importation en France des produits algériens. Ils étaient traités comme s'ils venaient de l'étranger et frappés des mêmes droits et prohibitions que les produits étrangers.

D'autre part, quant aux produits à importer dans la colonie, comme il fallait assurer la subsistance de l'armée d'occupation, l'Algérie fut d'abord ouverte aux importations de tous les pays, sans distinction de pavillons.

Mais l'ordonnance du 11 novembre 1854 marqua une ère nouvelle. S'inspirant du pacte colonial, elle réserva à la métropole le débouché de l'Algérie, et tous les transports aux navires français. Les produits algériens continuaient à être assujettis à tous les droits de douane qui frappaient les produits étrangers à leur entrée en France.

Les producteurs français les voyaient apparaître avec les

plus vives appréhensions. Ce régime était excessif et peu propre à faciliter une assimilation de l'Algérie à la métropole. Une ordonnance du 16 décembre 1843, moins restrictive, abaissa à la moitié les droits de douane sur les produits algériens. Il fallait faire plus. Un projet de loi en 1849, M. Hipp. Passy étant ministre, tendit à l'entière assimilation des produits algériens à ceux de la France. Il fit naître une vive opposition parlementaire, M. Hipp. Passy y répondit à la tribune par ces sages paroles : « Aux arguments que je viens d'entendre si, en 1791, on n'avait pas abattu les barrières qui défendaient les provinces, il se trouverait encore des hommes qui en demanderaient le maintien. » Voulait-on, en effet, considérer ou non l'Algérie comme une terre française? N'était-il pas évident qu'après vingt ans écoulés depuis la conquête elle allait avoir besoin de la liberté d'importation et d'exportation?

51. Le pas fut franchi. Une loi du 11 janvier 1851 assimila les produits algériens aux produits français, en leur donnant un libre accès sur la métropole. Les résultats en furent remarquables. En 1864, en treize ans, les importations de l'Algérie avaient doublé et ses exportations s'étaient décuplées.

Sous l'impression des principes de liberté commerciale qui ont inspiré le fameux traité conclu le 23 janvier 1860 entre la France et l'Angleterre, le programme économique de l'Algérie fut formulé dans une lettre retentissante du 20 juin 1865, où l'Empereur écrivait : « L'Algérie doit être ouverte à tous les produits du globe, sans barrières de douanes. » Il y signale en outre la nécessité de l'extension de la navigation maritime et de l'établissement de ports francs. C'est ce qui fut réalisé par une loi du 17 juillet 1867.

52. Un octroi de mer avait été institué en Algérie par arrêté du 22 septembre 1830. Il était simplement fiscal et frappait sans distinction de nationalité, ni de provenance, toutes les marchandises entrant en Algérie par les ports. Il

avait pour but de défrayer les budgets des communes et celui de la colonie. Son utilité l'a fait maintenir. Généralement proportionnel et modéré, atteignant 15 à 20 p. 0/0 du prix de la marchandise en gros, et frappant principalement les viandes salées, les sucres, les vins, les eaux-de-vie, les tabacs, les bougies, c'est-à-dire des objets de consommation générale, il se perçoit directement sur les cargaisons. Il est payé en bloc par les négociants importateurs, et se répartit silencieusement sur le prix des marchandises. Il n'entraîne donc ni les formalités, ni les vexations qu'on reproche aux octrois métropolitains. M. P. Leroy-Beaulieu estime qu'avec de telles qualités, il est précieux et devrait subsister encore un quart de siècle sinon plus, mais il ne se montre pas favorable aux ports francs qu'il considère comme un expédient d'un autre âge, offrant plus d'inconvénients que d'avantages, et séparant les villes de leur banlieue.

53. De 1864 à ce jour, diverses oscillations se sont manifestées entre les importations et les exportations en Algérie. P. Leroy-Beaulieu exprime que les importations de la France en Algérie ont dû naturellement dépasser, à plusieurs reprises, les exportations parce qu'un pays neuf a besoin qu'on lui apporte des capitaux, des produits de toute nature; ce fait se vérifie encore depuis bientôt un siècle pour l'Australie, et il est « tout naturel, dit-il, qu'il en soit ainsi : comme un enfant à la mamelle, une jeune colonie vit du lait de sa mère. » Les vieilles colonies, au contraire, comme l'Inde anglaise, ont des importations beaucoup plus faibles que leurs exportations. L'Algérie en est donc encore à cette période où ayant à exécuter de grands travaux, elle doit plus importer qu'exporter. Elle aura reçu normalement de la France, et sans qu'il y ait lieu d'en être surpris, plusieurs milliards entre un quart ou la moitié d'un siècle. Son commerce oscillant entre 400 et 500 millions de francs, elle a eu en 1887 pour 220,094,772 francs d'importations, et pour 200,440,457 francs d'exportations.

Avec d'autres bases, la notice de M. P. Foncin sur l'Algérie (*France coloniale*, p. 87) constate un résultat analogue : supériorité des importations sur les exportations. On voit donc que la métropole avait grand tort de s'alarmer de la suppression des droits sur les produits algériens, puisqu'elle y importe encore plus de produits qu'elle n'en reçoit.

54. Les dernières bases du régime commercial de l'Algérie ont été établies par la loi du 11 janvier 1892, dont nous avons autre part étudié le mécanisme et les effets pour nos colonies de plantations (V. *supra*, liv. VIII, nos 17 et suiv.).

Le tableau E annexé à cette loi comprend parmi les produits d'origine étrangère, ceux *importés d'Algérie*. Voici le sort qui leur est fait : 1° Ils sont exempts de tous droits à leur importation en France, s'ils sont algériens, ou si, d'origine étrangère, ils ont été naturalisés en Algérie par l'acquittement des droits dont le tarif de la métropole frappe les produits étrangers. Cette disposition est logique et de toute équité, l'Algérie est une terre française.

2° Ils sont soumis au tarif métropolitain, si d'origine étrangère ils ont été simplement transbordés ou entreposés en Algérie. Ils n'ont, en effet, que subi un transit.

3° Ils sont soumis au paiement de la différence entre le tarif de la métropole et les taxes spéciales ou octroi de mer qu'ils auraient payés en Algérie, si le montant est inférieur aux droits inscrits dans le tarif métropolitain. C'est encore de toute justice. Ainsi, si un produit étranger taxé à 10 francs de droits d'importation au tarif général métropolitain est importé en Algérie et n'y paie que 5 francs d'octroi de mer, il devra acquitter encore 5 francs, si d'Algérie il est réexporté en France.

55. § VI. *Le régime financier*. Au régime commercial se rattache d'une manière intime le régime financier sous sa double face : les impôts et le crédit.

Dans les colonies, comme partout ailleurs, il faut distinguer les impôts directs et indirects, et les établir suivant les convenances qui répondent au tempérament, aux conditions d'existence, à l'activité de la colonie. Il y a, de plus, en Algérie à distinguer des impôts français et l'impôt arabe.

L'impôt foncier peut avoir pour assiette le sol et la propriété bâtie.

L'impôt foncier sur la propriété bâtie a été institué en Algérie par la loi du 23 décembre 1884. Le caractère et l'historique en sont retracés dans le rapport très instructif de M. Versigny (Dalloz, 85. 4. 36). Il frappe les maisons, usines, et généralement toutes les propriétés bâties situées en Algérie (art. 1er). C'est un impôt de quotité basé sur le revenu net imposable tel qu'il est défini, en ce qui concerne les propriétés bâties, par la loi du 3 frimaire an VII. Le taux de l'impôt est de 5 p. 0/0 du revenu net imposable (art. 4 et 6). Le revenu net imposable est établi, tous les cinq ans, par un contrôleur des contributions directes assisté du maire ou de son délégué (art. 7). Les conseils généraux, et les conseils municipaux peuvent voter annuellement des centimes additionnels ordinaires et extraordinaires. Ce système fonctionne parfaitement et il a produit, en 1888, 1,246,243 francs.

56. Quant à l'impôt foncier sur le sol, il n'existe pas encore en Algérie, et cette immunité se conçoit. Le cadastre n'est terminé que dans une partie seulement de l'Algérie. Si l'impôt sur le sol devait y être établi, il y aurait lieu, dans l'intérêt des départements, d'édicter des exemptions temporaires qui réduiraient pour un certain temps d'une manière sensible le produit de l'impôt sur les terres. On affirme, en outre, que l'impôt foncier dans un pays neuf risque d'arrêter le défrichement.

Cependant, tout au contraire, on a soutenu qu'il ne produit pas nécessairement cet effet : si l'impôt foncier grève des terres non défrichées, on peut croire que le propriétaire ne laissera pas inculte et sans rendement le sol qui en sera frappé. Il se trouvera même incité à hâter le défrichement pour obtenir plutôt un revenu foncier. L'impôt serait donc un utile stimulant. En outre il déjoue la spéculation des propriétaires riches qui seraient tentés de laisser des domaines en friche, attendant leur plus-value de l'effet du temps et de la culture environnante. C'est peut-être par ces considérations qu'était inspirée la lettre impériale du 20 juin 1865 qui s'était prononcée sans restriction pour l'impôt foncier sur le sol. Il ne faut donc pas le retarder indéfiniment, mais l'établir avec modération et au besoin en différer l'application pendant un certain temps, par exemple pendant les cinq ans qui suivent l'acquisition des terres. Il est désirable aussi que l'impôt foncier sur le sol soit affecté aux communes, aux provinces et non à l'Etat. Le colon, en voyant l'emploi qui en serait fait, en accepterait plus volontiers le fardeau.

57. Quant aux impôts indirects, ils sont excellents s'ils ne frappent pas des objets de première nécessité, et s'ils n'entraînent pas de formalités et de vexation inutiles. On en a un exemple dans l'octroi de mer dans les conditions où il est perçu.

La plupart des colonies anglo-saxonnes, et spécialement la Tasmanie, l'Australie, tirent une grande partie de leurs ressources de taxes sur les vins et les liqueurs venant d'Europe. Ces taxes sont à l'abri de toutes critiques dans les colonies qui n'ont pas de vignes et font venir les liquides par mer. On paie alors les droits sans frais accessoires et sans difficulté, comme cela a lieu en Algérie pour l'octoi de mer. Toutefois, pour les colonies viticoles, il ne faut pas décourager la culture de la vigne par des impôts sur les vins à l'intérieur.

Les droits d'enregistrement et de mutations trop élevés en France, tendent à entraver la transmission des terres. Dans les colonies c'est un grave inconvénient, car rien ne facilite et ne stimule plus efficacement le progrès de la culture que la fréquence des aliénations.

Le principe de la matière relativement à l'Algérie est dans le décret du 19 octobre 1841, qui y a établi les droits d'enregistrement, de timbre et d'hypothèque (V. Dalloz, *Org. de l'Algérie*, p. 766).

Il est à remarquer que les mutations par décès sont exemptes de tous droits, mais les droits de mutation entre-vifs y sont perçus suivant les règles de la législation métropolitaine (Décr. du 10 août 1850).

58. *De l'impôt arabe.* — La population arabe est soumise à des taxes particulières qui ne frappent qu'elle, et qui ne sont que le maintien des contributions qu'elle acquittait avant la conquête. Elles sont au nombre de quatre :

1° *L'achour*, impôt sur les récoltes selon leur importance. Avant la conquête il était payable en nature, et s'élevait environ à 1/10 des produits en céréales, blé, orge. Il a été converti en argent suivant un tarif fixé par le gouverneur général.

2° Le *zekkat*, impôt de capitation sur le bétail, par tête d'animaux. Il est déterminé par arrêté du gouverneur : un chameau 4 francs, un bœuf 3 francs, une chèvre 0 fr. 20, un mouton 0 fr. 15.

3° Le *hokor* de la province de Constantine, qui s'appelle *guetcha* dans la province d'Oran, redevance pour l'usage de la charrue, 20 francs par charrue pour une étendue de 8 à 20 hectares variant suivant les usages locaux.

4° La *lezma*, contribution en argent mise sur les tribus dont on n'a pu apprécier le revenu que d'une manière générale. Il en est de deux sortes. Dans le Sahara, c'est un impôt sur les palmiers. Dans la Kabylie, c'est un impôt établi après sa soumission par le maréchal Randon. Il y avait d'abord quatre catégories de contribuables : la première la plus nombreuse ne payant rien, la seconde 5 francs par an, la troisième 10 francs, la quatrième 15 francs. Celle-ci, après l'insurrection de 1871, a été subdivisée en trois classes comprenant ceux qui paient 15 francs, ou 50 francs, ou 100 francs. Mais en somme, même avec cette imposition nouvelle les Kabyles paient infiniment moins que les Arabes (*Revue algérienne*, janv. 1892, p. 15).

On avait d'abord, après 1871, cherché à établir en Kabylie

les mêmes impôts que pour les Arabes, mais on en reconnut l'impossibilité parce que la culture des céréales y est trop restreinte.

Les caïds sont les collecteurs légaux et responsables des impôts. A une époque indiquée par des affiches, ils sont tenus de se présenter chez le percepteur, d'y verser le montant de la contribution collective, payant même pour les contribuables qui n'auraient pas encore acquitté leur dette. Si la somme versée par le caïd est conforme à la totalité du rôle, le percepteur lui donne un récépissé collectif, et presque toujours en présence de plusieurs contribuables de la tribu qui l'ont accompagné dans cette opération.

En définitive, quel est le poids des contributions sur les indigènes? On a dit au Sénat (séances des 2 et 6 mars 1891), qu'ils étaient écrasés d'impôts. M. Constans a fait une réponse saisissante appuyée sur les chiffres, de laquelle il résulterait que les indigènes paient en moyenne 11 fr. 04 par tête, et les Européens, assujétis aux divers impôts de la législation françaises : 105 fr. 22 par tête (*Revue algérienne*, janv. 1892, p. 29).

59. Le budget de l'Algérie est voté chaque année par le conseil supérieur (Décr. 10 déc. 1860, 7 oct. 1871). Les recettes comprennent les impôts directs (environ 9,141,000 fr.) parmi lesquels les patentes (1,700,000), les impôts arabes (7,250,000); les recettes domaniales 4 millions environ parmi lesquelles les recettes forestières et l'enregistrement; le timbre 9,584,000 francs, puis les postes et télégraphes, les contributions indirectes sur les boissons, etc., les droits de douane. Les recettes s'élèvent environ à 40 ou 42 millions, contre 51 à 52 millions de dépenses, d'où un excédent de dépenses annuelles de 9 à 10 millions, sans les dépenses de l'armée. Cet excédent reste à la charge de la France.

Les dépenses comprennent celles du gouvernement et de l'administration générale de l'Algérie; des services indigènes militaires, du service maritime, des services civils : justice, administration, police; des travaux publics, ponts et chaussées; de la colonisation, c'est-à-dire la création et le développement des centres de population, subventions aux colons, frais d'émigration en Algérie, etc.

60. Nous avons dit que l'excédent des dépenses sur les recettes laisse annuellement un solde de 9 à 10 millions à la charge de la métropole, mais ce chiffre est loin de ce que l'Algérie coûte réellement à la France. Pour en faire l'évaluation, il faut encore tenir compte des dépenses de chacun des ministères pour leurs services algériens, et en particulier, de celles de la guerre et de la marine. Nous trouvons ainsi en prenant l'un des budgets des années précédentes (lesquels n'offrent pas d'écarts considérables d'une année à l'autre) :

Dépenses civiles.	56,649,534 fr.
Dépenses de l'armée.	56,686,865
Dépenses de la marine.	558,128
Total.	113,894,527 fr.
Les recettes de l'Algérie, comme nous l'avons vu, étant d'environ.	41,000,000
C'est un déficit de.	72,894,527 fr.

Soit, en moyenne, 73 millions grevant le budget métropolitain.

61. Mais ce déficit n'est qu'apparent. Ce n'est un déficit que pour le budget de l'État. « Si l'on considère l'intérêt de la nation prise dans son ensemble, non seulement l'acquisition de l'Algérie n'a pas été onéreuse pour la France, mais elle a été une *affaire excellente qui se solde en bénéfices* et finira par rembourser largement les capitaux dépensés depuis 1850 » (*La France coloniale*, notice de M. Foncin, p. 88). Sans parler des avantages politiques et militaires que l'occupation de l'Algérie procure à la France sur cette rive de la Méditer-

ranée, plus de *deux cent mille* Français y trouvent leur subsistance et s'y étendent avec une natalité plus forte que
celle de la métropole. Leur existence et leur développement
sont un accroissement de force numérique pour la nation, et
un moyen nouveau d'expansion pour elle. Ajoutons que cette
population emprunte à la métropole la moyenne partie des capitaux qu'elle met en valeur. Les seules recettes des chemins
de fer algériens, par exemple, dépassent 16 millions de
francs. Ce sont des dividendes de quelque importance pour
les actionnaires français. Nous en dirons autant des intérêts et dividendes que les banques, dont nous reparlerons
bientôt, comptent aux capitaux français qu'elles emploient.
Mentionnons encore les revenus que des capitalistes français
peuvent retirer de placements en maisons, terrains, cultures
en Algérie, ou en transports maritimes. Enfin, n'est-ce rien
que d'avoir purgé la mer de pirates, d'avoir rendu la navigation sûre, en y élevant des phares, en y creusant des ports?
toute sécurité se paie, et celle-là a diminué les frais d'assurances de tous nos navires. M. Foncin fait encore observer
que du commerce annuel qui se pratique entre la France et
l'Algérie tant en importations qu'en exportations, tous les
échanges étant lucratifs, sans quoi ils ne se feraient pas, les
commerçants tirent encore un bénéfice de 30 millions peut-
être. Nous avons vu plus haut que ce commerce oscille entre
400 et 500 millions de francs. L'auteur que nous citons conclut
donc que l'Algérie doit être considérée comme ajoutant au
revenu national un revenu annuel de 300 millions. D'où si
l'on tient compte qu'elle coûte en moyenne annuellement 43
millions au budget national, elle rend encore à la nation pour
257 millions de revenus français. Si donc on ne veut tenir
compte ni de la gloire d'avoir dompté la barbarie, ni de l'espoir de fonder non loin de la mère-patrie une seconde France
à laquelle se rattachera de plus en plus tout notre empire colonial africain, au seul point de vue des chiffres la conquête
de l'Algérie ne resterait pas moins une bonne affaire.

R.   17

62. M. P. Leroy-Beaulieu conclut dans le même sens. Suivant lui, et en thèse générale, la fondation d'une colonie est un placement à intérêt lointain dont les frais de premier établissement se continuent pendant des années et parfois pendant un siècle. Progressivement, la colonie rend à la métropole tout ce qu'elle lui a coûté non sous la forme d'excédent de revenu qu'elle verserait au trésor métropolitain, mais par l'activité qu'elle donne au commerce et à l'industrie de la mère-patrie, par les profits et salaires qu'elle fournit à ses fabricants et ouvriers, par les emplois qu'elle ouvre à ses capitaux, enfin, par la propagation de la langue et des mœurs, et l'élargissement de l'horizon intellectuel.

Cependant il serait temps d'augmenter les ressources que l'Algérie peut obtenir de ses propres efforts. Il faudrait donc, suivant M. P. Leroy-Beaulieu, y introduire l'impôt rural foncier, l'impôt sur les successions, et une majoration des droits sur les principales denrées de consommation (alcool, huile, café, etc.) (Voir plus loin sous le n° 83, les réformes récemment votées par le Sénat).

63. § VII. *Le crédit en Algérie.* — Le crédit, qui n'est autre chose que l'argent de ceux qui n'en ont pas, est partout indispensable mais plus particulièrement aux colons. Les Anglais et les Américains l'ont si bien compris que dans chaque village nouvellement créé dans leurs colonies ils s'empressent de fonder avec un égal empressement l'Église, l'école et la maison de banque, d'escompte et de dépôt, sans laquelle ils estiment que l'activité et les efforts des colons ne pourraient être utilement stimulés et fécondés. Les établissements de crédit dans les colonies sont d'autant plus indispensables que seuls ils peuvent remédier à la cherté naturelle de l'argent qui, dans les colonies, est plus élevé qu'ailleurs, parce que les capitaux en argent et en outillage y sont plus rares et y sont recherchés.

64. Une loi du 4 août 1851 a créé la banque d'Algérie dont les succursales se sont établies successivement à Oran, Constantine, Bône, Philippeville, Tlemcen, elle rend de grands services au commerce, à l'industrie, à l'agriculture, elle émet des billets au porteur de 20 à 1,000 francs, qui sont reçus comme monnaie légale dans les caisses de l'État et circulent partout avec confiance. Son capital actuel est de 20 millions de francs. Le montant de ses billets en circulation cumulé avec celui des sommes dues par la Banque en compte-courant ne peut excéder le triple du numéraire en caisse. Elle est ainsi sous le régime du *currency principle*, auquel sont assujetties les cinq banques des Antilles, de la Guyane, du Sénégal et de la Réunion (Voy. *suprà*, liv. IX, n° 22). Son privilège expire le 1er novembre 1897, deux mois avant celui de la Banque de France. Le taux de ses escomptes est descendu de 6 à 5, et à 4 p. 0/0, suivant les fluctuations du marché des capitaux.

Un décret du 31 mars 1860 a rendu applicable à l'Algérie la loi du 21 mai 1858 sur les magasins généraux, et le Crédit foncier privilégié comme celui de France a été institué le 11 juillet 1860.

Depuis 1881, le taux de l'intérêt légal a été réduit de 10 à 6 p. 0/0, et diverses sociétés privées se sont établies : Foncière de France, société de crédit foncier et agricole d'Algérie, magasins généraux, succursales du crédit Lyonnais; enfin, quelques grandes sociétés anonymes d'exploitation foncière, qui devraient avoir surtout pour objet de faciliter la culture par des travaux préparatoires consistant en routes, canaux, opérations d'arpentage, etc.

65. § VIII. *Le gouvernement de l'Algérie.* — L'organisation du gouvernement en Algérie est une œuvre difficile, et qui a dû passer par plusieurs phases. Le problème n'en est pas encore résolu à l'heure actuelle. Il s'agit, en effet, de rechercher et de constituer un mécanisme qui, en les conciliant, puisse satisfaire des intérêts contraires : intérêts militaires, intérêts civils, droits des musulmans, intérêts des colons.

Comment à cette contrée qui aujourd'hui est bien conquise donner à la fois la liberté et la sécurité?

On n'a depuis la conquête procédé que par voie de tâtonnements.

De juillet 1830 à décembre 1831, le général commandant l'armée d'occupation fut investi de tous les pouvoirs. La population civile ne comptait pas. Elle ne comprenait presque que les commerçants ou trafiquants qu'entraîne toujours après elle une armée en campagne. Cependant en 1831 elle parut susceptible d'être soumise à une administration particulière. L'ordonnance du 1er décembre confie la direction et la surveillance des services civils et financiers, ainsi que l'administration de la justice à un intendant civil placé sous les ordres du Président du conseil des ministres, et respectivement sous ceux des divers ministres. C'était peut-être prématuré, alors qu'on était en pleine période de combats. Aussi on s'explique entre les administrations civile et militaire, les nombreux conflits dont M. Camille Rousset a donné le récit saisissant dans la *Revue des Deux-Mondes* (janvier, février, mars 1885).

Une ordonnance du 12 mai 1832 révoque la précédente et remplace l'intendant civil par un chef des services civils, sous l'autorité du commandant en chef. Cette modification satisfaisait la hiérarchie sans rien changer aux attributions civiles et militaires, et sans les confondre.

Cependant, en 1834 (Ord. du 22 juill. et Arrêté du 1er sept.), le commandement et la haute administration sont confiés à un gouverneur général militaire auquel reste subordonné l'élément civil (Ord. du 31 oct. 1838).

66. 1845 marque la fin de la conquête proprement dite. La conception du commandement général et de la haute administration entre les mains d'une sorte de vice-roi est consolidée par une ordonnance du 15 avril 1845. Une plus grande importance est donnée à l'élément civil subordonné au gouverneur général qui relève du ministre de la guerre.

Auprès de lui sont placés un directeur des affaires civiles, un directeur des services administratifs, un conseil supérieur d'administration, un conseil du contentieux.

A cette époque, l'Algérie est divisée en trois provinces et chacune en trois zones de territoire (V. Dalloz, 45. 3. 90) civil, mixte, arabe. Dans le territoire civil les services sont complètement organisés ; dans le territoire mixte l'autorité militaire remplit les fonctions civiles. Le territoire musulman est exclusivement soumis aux bureaux arabes dont Lamoricière fut l'instaurateur. Suivant M. C. Rousset (*Journal des Économistes*, octobre 1893, p. 12), leur création fut un trait de génie. La soumission des tribus n'avait été obtenue le plus souvent qu'à raison des inimitiés héréditaires qui les divisaient. Mais elle n'était pas solide. Il suffisait du passage d'un marabout pour réveiller au nom du Coran des sentiments hostiles, ou de l'apparition d'un chef de tribu rivale qui menaçait de la razzia nos alliés de la veille. Ceux-ci tout aussitôt nous abandonnaient et se tournaient contre nous. Tout était à recommencer. C'est dans ces conjonctures que vint l'idée de placer à la tête des tribus disposées à accepter notre domination des officiers français de qui relèveraient les chefs indigènes, associés désormais à notre œuvre de pacification, et assujétis à notre discipline militaire.

Leur concours, il est vrai, n'était pas désintéressé. Il fallait l'acheter par quelques traitements pécuniaires, par des décorations, des honneurs, des témoignages publics de confiance et d'amitié. Il fallait aussi leur maintenir la situation officielle qu'ils avaient dans leur tribu, ce qui entraînait la conservation intégrale de l'économie de la société musulmane. A ce prix les officiers français des bureaux arabes dominant les chefs des tribus tenaient celles-ci sous leurs mains.

C'était un acheminement vers la réalisation d'un royaume arabe juxtaposé à notre domination, placé sous un protectorat de notre part qui aurait assuré la soumission du pays en le divisant en deux zones l'une dévolue aux Européens, l'autre aux indigènes, système de cote mal taillée conçu dans un esprit séparatiste que préconisait le maréchal Pélissier. Il y voyait surtout la pacification obtenue sans perte d'hommes.

67. Cependant la constitution du 4 novembre 1848 avait
déclaré que l'Algérie, désormais territoire français, serait
régie par des lois particulières, et un décret du 9 décembre
avait créé dans chaque province, un département, un préfet,
un conseil de préfecture. Le territoire civil avait reçu plus
d'extension ; on avait supprimé le territoire mixte et maintenu
le territoire militaire aux confins. On avait eu quelque temps
l'idée d'une assimilation complète de la colonie à la métropole
en laissant néanmoins le gouverneur général investi de la
haute administration avec la disposition de toutes les forces
militaires.

68. Sous l'Empire, qui avait enlevé aux colons les droits
électoraux que la République leur avait accordés, on abandonnait l'idée prématurée et peu réfléchie d'une assimilation
de l'Algérie à la France. L'autorité militaire gardait son prestige et son pouvoir, et en attendant que le Sénat dotât l'Algérie d'une constitution définitive on voulut prévenir des conflits d'autorité toujours possibles en créant un régime d'u-
nité.

Un décret du 24 juin 1858 institue un ministère spécial de
l'Algérie et des colonies, dont fut investi le prince Napoléon,
lequel n'était pas tenu de séjourner en Afrique et pouvait
rester à Paris. On supprimait en même temps les fonctions
du gouverneur général et le conseil de gouvernement. Le
chef de l'armée d'Afrique dépourvu de fonctions civiles prenait le titre de commandant des troupes. Le maréchal Randon,
gouverneur général, donna sa démission. Il n'entre pas dans
notre cadre d'étudier en détail le rôle que remplit le prince
Napoléon. Suivant M. C. Rousset, son activité ne fut ni
stérile ni malfaisante. C'est lui qui aurait préparé la répartition dont nous avons parlé (*suprà*, nᵒˢ 41 et 42), des attributions de la justice française et de la justice musulmane.
C'est lui qui ordonna d'établir, pour les indigènes du territoire civil, des rôles personnels, auxquels, par la suite, devaient être soumis les indigènes du territoire militaire. C'é-

tait une sage innovation, car elle mettait fin aux abus sur
lesquels jusqu'alors on avait fermé les yeux et qui consistaient en ce que les tribus étant collectivement imposées,
leurs chefs qui percevaient les contributions demandaient aux
contribuables plus que ceux-ci ne devaient, et faisaient leur
profit de l'excédent, à la façon des traitants et sous-traitants
chargés en France sous l'ancien régime de la ferme des impôts.

Personne n'ignore, dit M. C. Rousset, que le prince Napoléon fut remplacé sur les instances de l'autorité militaire
alarmée de l'ascendant et de la popularité qu'il conquérait dans
la colonie. D'après certains témoignages que cite le même
écrivain, l'empereur ne l'aurait investi de ses fonctions que
par le calcul machiavélique, qu'il s'y perdrait et qu'il entraînerait dans son naufrage le régime civil. La nomination de
son successeur M. de Chasseloup-Laubat, n'aurait été qu'une
transition destinée à masquer le retour au régime militaire.

69. Quoi qu'il en soit, un décret du 24 novembre 1860
rétablit un gouverneur général en la personne du maréchal
Pélissier, qui relevait directement de l'empereur, et qui in-
clinait, comme nous l'avons dit, vers le système du royaume
arabe, gardant avec une autonomie apparente ses traditions
héréditaires, mais étroitement placé sous l'influence des bureaux militaires. Un décret du 7 juillet 1864 accentua le caractère du système en donnant aux généraux commandant les
divisions le titre de commandants de province, et en leur con-
férant autorité sur les préfets qui durent leur adresser des
rapports et recevoir leurs instructions. On retombait ainsi
plus que jamais dans le régime militaire dont l'ombre seule,
suivant M. P. Leroy-Beaulieu, suffit pour exaspérer les colons
et éloigner les émigrants.

70. 1870 amène une transformation. D'abord le principe
électif s'étendit à tout, comme nous le verrons en exposant
l'organisation des conseils généraux et du régime municipal.
Les algériens français envoyèrent au Parlement des députés à
partir de 1871 et des sénateurs à partir de 1875. Le gouver-

neur général prit le titre de gouverneur civil bien qu'il appar-
tînt à l'armée comme l'amiral de Gueydon, et après lui le
général Chanzy. A côté du gouverneur on maintient le conseil supérieur de gouvernement. La direction des affaires civiles fut rattachée au ministère de l'Intérieur. Les préfets
furent relevés de leur subordination aux généraux, et le territoire civil reçut une extension nouvelle. Le nombre et les
attributions des bureaux arabes furent réduits, et des commissaires civils les remplacèrent dans tout le Tell. Le territoire civil comprenait, en 1887, d'après le rapport de
M. Etienne, près de 11,920,000 hectares peuplés de 3 millions d'habitants; le territoire militaire, restant trois fois
plus considérable, ne comprenait que 7 à 800,000 habitants.

L'esprit général de la politique à suivre vis-à-vis de l'Algérie avait subi une transformation, même dans les dernières
années de l'Empire. Pour ôter à l'insurrection ses moyens, il
ne fallait pas se fier à l'action des bureaux arabes, et à la
soumission des chefs de tribus hiérarchisés sous la direction
de nos bureaux militaires. Ce système qui, ainsi que nous
l'avons vu, laissait aux tribus leur physionomie, leurs traditions, leur vie intérieure, contrariait l'échange des rapports
entre les races, ajournait leur fusionnement, les maintenant
en présence comme deux entités inconciliables. Il y avait un
autre danger, c'était l'organisation militaire des tribus. Leurs
forces aisément mobilisables obéissaient sans doute au bureau
arabe mais elles étaient tout d'abord dans la main des chefs
indigènes. A leur appel, sur les suggestions d'un illuminé
provoquant à la guerre sainte, en un clin d'œil elles pouvaient
passer à l'insurrection et avant l'arrivée de nos colonnes
prendre du champ, se livrer à des incursions dévastatrices et
entraîner les douars fidèles. Voilà pourquoi la mission des
bureaux arabes s'appuyant sur les chefs indigènes et sur l'organisation militaire des tribus ne paraissait plus avoir autant
d'opportunité.

71. Pour ôter à l'insurrection ses moyens, il fallait supprimer la hiérarchie indigène, entamer et dissoudre la tribu. Cette opinion avait été exprimée dans les dernières années de l'Empire par un député très compétent en ces matières, M. Jérôme David, ancien officier des bureaux arabes. C'est ce que, après 1870, le gouvernement a voulu. Il ne pouvait confier cette mission à l'armée, c'eût été lui demander de détruire son ouvrage, c'est au pouvoir civil qu'il en a remis l'exécution. Nous voyons tout d'abord les gouverneurs généraux devenant des fonctionnaires civils, bien que revêtus des plus hauts grades militaires, et la loi civile s'efforcer de pénétrer de plus en plus dans la tribu, même dans la famille arabe.

Nous pouvons comprendre maintenant l'évolution résultant des lois que nous avons déjà signalées et expliquées : la propriété immobilière se conservant, et se transmettant suivant la loi française (L. 26 juill. 1873, V. *sup.*, n° 24), l'état civil introduit chez les indigènes (L. 23 mars 1882, *sup.*, n° 24), la délimitation du sol des tribus et des douars (L. 28 avr. 1887, *sup.*, n° 25), les opérations de bornage effectuées entre des commissaires civils et la djemâa de chaque tribu (Décr. du 19 déc. 1887), le fractionnement de la propriété collective des tribus, et sa division entre les douars, les familles et les formalités simplifiées pour faciliter les partages (L. 28 avr. 1887, *sup.*, n°s 27 et suiv.).

En même temps, l'extension progressive du territoire civil entraînait, pour les populations qui l'habitent, le régime administratif métropolitain concernant les communes, les conseils municipaux et le conseil général.

72. La constitution des douars ressemblant à nos communes de France avait déjà été préparée par les sénatus-consultes des 22 avril 1863 et 9 mai 1868. C'était un premier morcellement de la tribu.

L'application de la loi du 5 avril 1884 sur l'organisation municipale en France ayant été appliquée à l'Algérie et aux colonies en vertu de l'article 164 de la dite loi, sauf certaines

dérogations de détail, il en est résulté pour l'Algérie la con-
sécration de trois catégories de communes : 1º les communes
de plein exercice assimilées aux communes françaises ; 2º les
communes mixtes, avec une vie municipale embryonnaire ;
3º les communes indigènes administrées par des agents de
l'autorité centrale, sauf chez les Kabyles qui ont leurs djem-
mas, assemblées électives.

Le progrès a consisté à faire passer les communes de la
troisième catégorie dans les communes de la seconde, et
celles-ci dans la première catégorie. La difficulté provient du
petit nombre de colons français dans certaines régions à côté
de centaines d'indigènes. On ne peut conférer les mêmes
droits à tous, car le grand nombre des indigènes leur donnerait la prépondérance. Parmi les électeurs français sont
compris les israélites indigènes que le décret de septembre
1871 a nationalisés en bloc. Les indigènes ont été admis à
l'électorat municipal mais à l'âge de vingt-cinq ans révolus, et
à la condition d'avoir dans la commune un domicile de deux
années, et d'être propriétaire foncier, ou fermier d'une propriété rurale, ou d'être employé de l'État, du département
ou de la commune, ou d'être décoré de la Légion d'honneur
ou de la médaille militaire. Les étrangers européens sont
exclus de l'électorat municipal.

Mais un sentiment de défiance a inspiré le décret du 4 avril
1884 qui a réduit à six le nombre de conseillers municipaux
musulmans à élire dans chaque conseil, même à Alger où il
y a quarante conseillers. Il refuse en outre aux conseillers
municipaux musulmans le droit de participer à l'élection du
maire.

73. Les conseils généraux élus pour les provinces d'Alger,
Oran et Constantine ont été institués par décret du 12 octobre
1871. Ils ont été l'objet d'une législation spéciale résultant
des décrets des 23 septembre 1875 et 3 août 1880 (D. 76. 4,
p. 51, et D. 81. 4. 92). Chacune de ces assemblées départementales se compose d'européens élus, et de six indigènes

désignés dans chaque département par le gouverneur général. Les cas d'inéligibilité ou d'incompatibilité qui excluent des conseils généraux certaines catégories de citoyens, sont plus nombreux que dans la loi métropolitaine du 5 avril 1884, en attendant, dit le décret du 3 août 1880, que cette exception disparaisse lors des lois qui interviendront sur la réorganisation de l'Algérie.

74. Enfin le conseil supérieur de gouvernement institué, sous diverses modifications par les décrets des 13 septembre 1844, 9 décembre 1848, 7 octobre 1871, a pour principale attribution la préparation du budget de l'Algérie et l'examen des projets de loi que le gouvernement se propose de présenter aux Chambres. Il est composé de hauts fonctionnaires nommés par le président de la République, et de dix-huit conseillers généraux élus par leurs collègues d'Alger, d'Oran et de Constantine. Pourquoi n'y ferait-on pas entrer six indigènes élus, à raison de deux dans chaque département? (1)

75. L'administration civile est ainsi en plein épanouissement en Algérie, ce que nous sommes bien loin de regretter, et l'évolution accomplie qu'il ne faut peut-être pas attribuer exclusivement au régime civil, mais qui lui est concomitante, consiste en ce que l'indigénat paraît soumis, et plus que jamais éloigné de toute idée insurrectionnelle, son désarroi après l'insurrection de 1871, la confiscation d'une partie de son sol, les amendes infligées aux rebelles, la disparition par la mort ou l'exil de personnages remuants, et aussi chez la masse arabe une secrète satisfaction d'échapper aux exactions de chefs qui la ruinaient, enfin la législation qui tend à désagréger la tribu, et à partager la propriété jadis collective, tout cet ensemble de faits a mis en relief la doctrine de l'assimilation progressive de l'Algérie à la métropole.

(1) M. Isaac a déposé sur le bureau du Sénat une proposition de loi portant modification du système de représentation des indigènes algériens (Exposé des motifs, *J. off.*, 1893, p. 278, annexe 134). La proposition a été renvoyée à la Commission de l'Algérie.

76. Mais la bureaucratie a pensé en faire son affaire et, à partir de 1881, on est entré dans une voie nouvelle, qui se caractérise par l'expression de « *système des rattachements.* » En voici l'économie :

Sept décrets ont été rendus le même jour 26 août-1er septembre 1881 : L'un d'eux pose ainsi les principes nouveaux. Art. 1er : « *Tous les services civils*, justice, intérieur, cultes, finances, marine, instruction publique, beaux-arts, agriculture et commerce, postes et télégraphes sont placés sous l'*autorité directe* des ministres compétents. » Art. 2 : « Les lois, décrets et règlements qui régissent en France ces divers services s'appliquent désormais en Algérie (sauf dans leurs dispositions auxquelles il a été dérogé par des textes spéciaux). » Art. 3 : « Les communications entre les préfets, ou les généraux de division, et les ministres ont lieu par l'*intermédiaire* du gouverneur général » ; Art. 4 : « Le gouverneur général rend compte de ses actes aux ministres compétents qui peuvent, selon les cas, les annuler ou les réformer » (D. 82. 4, p. 85).

Six autres décrets contiennent l'énumération des matières sur lesquelles le gouverneur général statuera par délégation de chacun des ministres.

Il en ressort que le gouvernement de l'Algérie n'appartient plus au gouverneur général, jadis sorte de vice-roi, mais au gouvernement central, c'est-à-dire aux ministres ou, dans le fond des choses, par suite de l'instabilité des cabinets, aux chefs de services des différents ministères. Le gouverneur général n'est plus qu'un délégué tenu de rendre compte incessamment de ses actes aux ministres ; et ses pouvoirs de délégué ne lui laissent aucune latitude puisqu'ils sont précisés par décrets.

77. Ce système de rattachement de tous les services de l'Algérie aux divers ministères, qui rapetisse ou même annihile la fonction du gouverneur général, est loin d'avoir satisfait les divers intéressés. Après une expérience de près de dix années, au mois de mars 1891 il a fait naître au Sénat l'interpellation du sénateur Dide qui a abouti à la nomination d'une commission « chargée, suivant le libellé officiel, d'examiner les modifications à introduire dans la législation et dans l'organisation des divers services de l'Algérie. »

78. L'enquête ouverte par la commission sénatoriale a abouti au célèbre rapport de M. Jules Ferry en 1892. Le problème qu'il se pose est celui de savoir si le moment est venu d'assimiler l'Algérie à la métropole; s'il faut donner à toutes les deux les mêmes institutions, le même régime législatif et politique. C'est, sans doute, une conception simple, bien faite pour séduire l'esprit français. Ce n'est pas, sans quelque courage qu'on peut la combattre et dissuader les esprits portés à croire que les lois françaises ont la vertu magique de franciser tous les rivages sur lesquels on les importe. L'assimilation réalisée jusqu'ici par la troisième République s'est manifestée par toutes ses lois, mais surtout par la libéralité excessive avec laquelle elle a appliqué à l'Agérie, à quelques variantes près, la loi du 10 août 1871 sur les conseils généraux, et celle du 4 avril 1884 sur l'organisation municipale. Hé bien, la théorie de l'assimilation n'a pas été satisfaite, elle porte plus haut et plus loin. Elle voudrait l'incorporation pure et simple des trois départements algériens dans le cadre des départements continentaux, avec trois préfets semblables aux préfets de France. Mais alors que deviendrait le gouverneur général? un décor coûteux et inutile, « un inspecteur colonial — dit M. Jules Ferry — dans le palais d'un roi fainéant, » c'est dans cet esprit que le décret du 24 octobre du gouvernement de la Défense nationale avait supprimé le gouverneur général, et assimilé les trois provinces à trois départements, et les trois préfets aux préfets de France. Quant aux territoires militaires, ils doivent relever uniquement à l'avenir du général de division commandant les forces de terre et de mer. Mais le décret du 24 octobre 1870 ne fut jamais appliqué, ce qui permet de constater que la fonction du gou-

verneur général a subsisté dans son intégrité jusqu'en 1881.
Les décrets de rattachements du 26 août 1881, l'ont respecté
tout en l'amoindrissant.

79. Quels ont été leurs effets, mais surtout quelle en est l'o-
rigine? suivant M. Jules Ferry, l'assimilation à outrance avait
d'abord été préconisée dans les dernières-années de l'Empire,
et après 1870, comme une protestation et une réaction contre
l'idée séparatiste un instant accueillie surtout sous le maréchal Pélissier, d'un royaume arabe distinct de l'Algérie proprement dite, mais étroitement dominé par l'autorité militaire,
au moyen des bureaux arabes (V. ci-dessus, nos 68, 69, 70).

L'assimilation poursuivie après 1870 laissait subsister au
moins pour un temps le gouvernement général, mais l'administration impérieuse du général Chanzy en avait quelque
peu aliéné les esprits, et les rapporteurs du budget à la
Chambre des députés, choisis parmi les députés algériens
suivant un usage dont on s'est départi depuis 1890, s'atta-
chaient à affirmer l'incapacité administrative du gouverneur
général et la supériorité technique des bureaux de la métropole. Avec persistance donc, ils lancèrent l'idée des « rattachements. »

80. A la vérité, le décret d'investiture d'Albert Grévy, suc-
cédant le 15 mars 1879 au général Chanzy, exprimait l'idée
de consolider les pouvoirs « proconsulaires » du gouverneur.
Mais par une de ces contradictions pleines d'ironie que les
événements font parfois surgir, c'est précisément le gouverneur
Albert Grévy qui a contribué à l'annihilation de sa fonction,
c'est lui qui, le 3 novembre 1880, présentait un rapport sur
lequel le ministre de l'intérieur, M. Constans, institua une
commission extraparlementaire pour « reviser, organiser, définir les attributions du gouverneur général, etc., et dégager
du régime des décrets la législation de l'Algérie. »

Sur ce dernier point, la commission n'aboutit pas; le régime
législatif est resté en dépit des critiques ce qu'il est depuis le
22 juillet 1834 : un régime mélangé de lois et de décrets.

Quant aux rattachements « la procédure ne languit pas et l'exécution fut rapide, impitoyable ».

Voici quelles idées prévalurent : « un service rattaché, — suivant la définition qui en fut donnée — est placé sous l'autorité directe du ministre compétent. » Il échappe dès lors au gouverneur général qui se transforme en un simple organe de transmission, et n'a plus de raison d'être du jour où tous les services sont rattachés à leur ministère respectif. — Ce système se justifie en ce que la centralisation a pour elle la supériorité de ses organes techniques, la sévérité de ses règles financières, l'inflexibilité de la discipline, la forte constitution de ses bureaux qui doit l'emporter sur le relâchement des habitudes coloniales.

Telles sont les considérations qui ont déterminé les décrets de rattachement du 26 août 1881.

81. Quels en ont été les effets ? 1º En ce qui concerne les travaux publics, c'était, suivant M. J. Ferry, du fétichisme administratif que de vouloir les faire diriger par le pouvoir central. En fait, depuis le rattachement, ils n'ont été ni mieux dotés, ni mieux conduits. 2º Pour le service des eaux, on a dépassé le but. Le régime des eaux algériennes ne peut être assimilé à celui de la France. Or, avec le rattachement au ministère, le gouverneur général ne peut ni mettre les travaux à l'étude sans la permission de l'administration centrale, ni subventionner comme il convient, dans la limite des crédits, les associations syndicales. 3º Quant aux chemins de fer, on a créé des types qui n'ont de raison d'être que le port auquel ils aboutissent, et des ports que pour le chemin de fer qui y conduit. 4º Le service des postes et télégraphes, échappant à l'action du gouverneur général, n'a créé aucune recette nouvelle et il ne s'est nullement amélioré. 5º Quant au service des forêts, le Code forestier métropolitain du 31 juillet 1827 est absolument inapplicable à l'Algérie où se trouvent des essences forestières que ce Code ne soupçonne même pas. On appelle forêt, en Algérie, des bois de futaie, de chênes-lièges, des terrains vagues semés de lantisques, dè palmiers nains, de maquis broussailleux, etc. La population arabe y vit, y sème, y laboure, c'est un campement séculaire pour des tribus mi-nomades, mi-pastorales. Un peuple de 800,000 âmes y a ses douars, ses gourbis, ses mosquées, ses cimetières. L'application du Code forestier, qui défend à tout usager le pacage des chèvres, brebis, moutons, qui prohibe le labourage, qui n'autorise les maisons qu'à un 1 kilomètre des forêts, etc., etc., a jeté la désolation chez les indigènes. De 1883 à 1890, il leur a été dressé plus de 95 mille procès-verbaux. L'administration forestière, d'après le Code métropolitain, y est donc inexorable ou impuissante, et l'on s'explique les incendies dont le nombre s'accroît avec les vexations administratives. Conclusion : il faut à l'Algérie son Code forestier et non pas le nôtre. Lui seul peut admettre des tolérances selon les temps, les lieux, les circonstances économiques, politiques, climatériques, etc.

La conséquence générale des décrets du 26 août 1881 est que « les affaires algériennes sont noyées à Paris dans les dossiers de ministères qui n'ont entre eux ni rapports obligatoires, ni unité de vues, ni compétence spéciale, et confiées enfin à des agents qui ne connaissent pas l'Algérie. » L'erreur fondamentale est d'avoir voulu voir dans l'Algérie autre chose qu'une colonie. Le rapport de M. J. Ferry va plus loin : il conteste même l'opportunité et l'efficacité des lois qui tendent à la constitution de la propriété individuelle. Quant au service de la justice, « nos juges de paix et suppléants, pour la plupart, tombant de France sans rien savoir ni des lois à appliquer, ni de la langue des justiciables, livrés à l'intervention équivoque des interprètes, font regretter aux Arabes, race pauvre et processive, la juridiction décriée, mais très expéditive, de leurs cadis. » Donc il faut aviser, peut-être rebrousser chemin, et reconstituer avant tout l'autorité du gouverneur général (1).

(1) A l'occasion de la discussion générale à la Chambre des députés du

82. La commission territoriale qui avait reçu de M. J. Ferry l'héritage hasardeux de soutenir les conclusions de son rapport, et de faire prévaloir le projet de décret qui renversait le système des rattachements et centraliserait à Alger tous les services sous la direction du gouverneur général, n'a pas manqué à sa tâche. Une très importante discussion s'est engagée devant le Sénat pendant quatre jours (25, 26, 29 et 30 mai 1893), au cours de laquelle ont été entendus M. Franck Chauveau, rapporteur; MM. Tirman, Combes, Isaac, Ernest Hamel, Jacques, Paulliat, Constans, président de la commission, et M. Cambon, gouverneur général, qui, avec un grand talent de parole et une remarquable vaillance, a revendiqué l'extension de ses pouvoirs et les responsabilités qui en découleraient.

La commission, d'accord avec le gouvernement, a proposé l'ordre du jour suivant qui a été voté :

« Le Sénat, constatant l'accord du gouvernement et de la commission sur la nécessité de rapporter les décrets de rattachement et de fortifier les pouvoirs du gouverneur général de l'Algérie, conformément aux conclusions du rapport et aux déclarations de la commission, passe à l'ordre du jour » (*Off.* du 31 mai 1893).

Ce que l'on peut conclure de cette solennelle discussion, c'est que la formule de l'assimilation de l'Algérie à la France n'est qu'une orientation, « un plan indicateur du but à atteindre, et auquel on n'arrivera qu'après des siècles dont l'œuvre aura été de changer (comme nous l'avons déjà indiqué plus haut, n° 15) l'état d'esprit, et de transformer la conscience morale de la société musulmane. »

83. Le Sénat ne s'en est pas tenu au vote de confiance que nous venons de signaler. La commission chargée d'examiner

budget de l'Algérie dans les séances des 6 et 7 février 1893, M. Jonnard, rapporteur, a présenté un tableau très imagé et très fidèle de la situation de l'Algérie, dans lequel il a vivement critiqué la politique d'assimilation et le système des rattachements.

les modifications à introduire dans le régime fiscal de l'Algérie a déposé un rapport sur lequel s'est engagée une discussion très technique qui a abouti à une résolution par laquelle « le Sénat recommande à l'attention vigilante du gouvernement les conclusions formulées dans le rapport sur le régime fiscal de l'Algérie » (*Off.* du 23 janv. 1894).

Ces conclusions comportent les réformes suivantes : 1° introduire en Algérie, sous une forme appropriée au pays, l'impôt foncier sur les propriétés non bâties, qui serait dû par toutes les terres non soumises à l'impôt arabe dénommé achour, d'après leur contenance et la catégorie des cultures. 2° En ce qui touche les divers impôts arabes que nous avons précédemment étudiés (V. *suprà*, n° 58), réunir l'hockor et l'achour, qui formeraient désormais un impôt unique combiné sur l'importance des cultures et le nombre des charrues ; — généraliser et compléter l'hockor de Constantine ; — expérimenter en Kabylie un impôt de répartition à la place de la lezma (V. *suprà*, n° 58-4°) ; — diminuer, autant que possible, le nombre des rôles et des convocations ; — rétablir les amendes fiscales en cas de dissimulation ; — affranchir de l'impôt sur les troupeaux (kekkat) les petits propriétaires de bestiaux.

La discussion qui a précédé le vote du Sénat avait été terminée par un intéressant discours de M. le gouverneur général Cambon, commissaire du gouvernement qui a constaté l'accord du gouvernement et de la commission.

84. § IX. *Le rôle de l'Etat et de l'administration.* — De ce que l'initiative privée est préférable à l'intervention officielle dans la colonisation, il ne s'ensuit pas que le rôle de l'État doive se borner à assurer la sécurité et la justice.

L'administration en Algérie, quel que soit son caractère (qu'elle dérive de l'autorité centrale ou de l'autorité d'un gouverneur), n'a pas moins à remplir une tâche importante.

Nous n'avons pas la prétention de lui assigner un programme, mais nous devons faire connaître les vues émises par ceux qui ont étudié, de près, l'Algérie.

85. Le service des forêts y est une des branches principales de l'administration coloniale. La superficie forestière,
au 31 décembre 1887, y était de 3,247,692 hectares, comprenant, il est vrai, beaucoup de broussailles, mais d'immenses
espaces de chênes-lièges.

Nous avons vu, d'après le rapport de M. Jules Ferry, quelle
a été l'erreur qui consistait à appliquer à l'Algérie le Code
forestier métropolitain. Le régime qui lui convient est donc
une des études qui s'imposent. Concilier les mesures métho-
diques d'application et de conservation avec les besoins et les
habitudes séculaires des populations est l'un des termes du
problème. La solution en est difficile : elle comporte un service de surveillance ininterrompue pour prévenir et réprimer
les incendies dus à la malveillance ou à la routine des indigènes qui, volontiers, brûlent les terrains boisés qu'ils occupent
pour chasser les fauves ou pour se procurer des pâturages.

M. P. Leroy-Beaulieu préconise les mesures suivantes :
repeupler les terrains déboisés, aliéner à titre onéreux certaines forêts de chêne-liège pour les livrer à l'exploitation par
l'industrie privée; prélever 200 à 250,000 hectares qui ne
sont plus boisés que de nom, et situés dans des plaines où
l'entretien de massifs forestiers offre le moins d'utilité, et les
livrer au défrichement et à la culture (1).

86. Les ponts et chaussées ont une mission complexe qui
comporte les opérations de desséchement, de canalisation, de
barrage, et l'établissement de puits artésiens indispensables à
la création d'oasis. « D'une bonne politique hydraulique, et
d'une bonne politique forestière en Algérie, a dit Jules Duval,
on doit attendre la mise en valeur de cette contrée. »

(1) Le 1er juin 1893, le Sénat a adopté les conclusions de la commission
chargée d'examiner les modifications à introduire dans la législation et
l'organisation des sections de l'Algérie. Elles tendaient : 1° à la nomination d'une commission spéciale chargée de rédiger un Code forestier applicable à l'Algérie; 2° à l'adoption de diverses mesures transitoires. —
V. *Journal officiel*, 1893, page 34; annexes n° 37, et *Off.* du 2 juin.

87. Le service de la topographie a pour objet de cadastrer, et d'allotir, car c'est le point de départ de toute appropriation et la condition de tout peuplement. La division du sol en sections, et en lots, placés le long des routes, peut seule provoquer l'établissement des colons, qui auraient la certitude d'avoir des propriétés nettement circonscrites et à jamais assurées.

88. De la viabilité de l'Algérie, dépend aussi sa prospérité. La loi du 29 mars 1890 a porté à dix le nombre des routes nationales. Elles auront, étant achevées, une étendue de près de 3 mille kilomètres, ce qui est encore insuffisant pour le territoire à desservir. Il y a, il est vrai, les routes départementales comprenant 1,144 kilomètres, dont 847 sont à l'état d'empierrement, puis les chemins vicinaux, ceux de grande communication, ceux d'intérêt commun, dont l'ensemble a une longueur nominale de près de 10 mille kilomètres. Est-ce assez pour un pays qui a mille kilomètres de côtes, et une profondeur de 100 à 120 kilomètres? M. P. Leroy-Beaulieu estime que si on employait judicieusement en dix ans une centaine de millions à la viabilité de l'Algérie, on pourrait aisément construire une vingtaine de mille kilomètres au prix moyen de 5,000 francs par kilomètre.

89. L'œuvre principale, dans le domaine des travaux publics, consiste dans l'établissement des chemins de fer. Nous ne ferons pas l'historique des différentes lignes. Le réseau nord africain, sans parler de la Tunisie, comprend actuellement 3,100,000 kilomètres. La direction de certaines lignes est-elle rationnelle? Il y aurait bien des critiques à faire si on tenait rigoureusement compte du rapport de M. Jules Ferry. Mais il est de règle, en cette matière, qu'il ne faut pas évaluer l'utilité d'un chemin de fer d'après ses seules recettes. Les actionnaires seraient-ils déçus dans leur prévision, que les voies ferrées n'auraient pas moins une valeur considérable à raison des économies et de la rapidité qu'ils offrent aux habitants pour leurs transports. Il ne faut pas oublier que les routes s'entretiennent à grands frais, et ne rapportent rien, pas même leur entretien. Malheureusement, les garanties d'intérêt promises par l'État sont pour lui une charge très lourde (environ 20 millions par an). Il faudra des années pour que le trafic devienne suffisamment rémunérateur; mais la colonisation, ne l'oublions jamais, est une œuvre de patience et de temps.

90. § X. *La politique à suivre vis-à-vis des indigènes.* — Il reste encore un problème capital et d'un ordre bien différent. Quelle est la politique à suivre vis-à-vis des indigènes? Nous avons vu que leur population de 3,275,000 âmes, tend à s'accroître. Il y avait, nous l'avons déjà indiqué, à faire choix entre trois systèmes : « 1° la dépossession et le refoulement au delà de l'Atlas, même au fond du Sahara. C'eût été la guerre à perpétuité et le renoncement à toute espérance d'étendre notre influence au Sud ; 2° le fusionnement, par contrainte ou propagande, de la population musulmane avec la population européenne, œuvre qui semble irréalisable, à raison de l'attachement des populations musulmanes à leur culte, à leurs mœurs, à leurs conventions ; 3° enfin l'abstention, c'est-à-dire le respect absolu des coutumes et des propriétés indigènes, la constitution d'une sorte de protectorat qu'ils eussent volontiers accepté en raison de la sécurité qu'ils en auraient tiré, les uns vis-à-vis des autres, et du bien-être que leur aurait procuré le voisinage de notre civilisation, de nos marchés, de nos industries. C'était la conception très soutenable d'un « royaume arabe » placé à côté et presque en dehors de nous; mais c'eût été une abdication de notre part, et un ajournement indéfini à toute tentative d'assimilation.

91. Il n'était pas possible, *à priori*, de faire dès 1830, ni même vingt, ni trente ans après, un choix entre ces trois systèmes. La politique suivie a flotté entre tous les trois, pleine d'irrésolution, de retours et de contradictions. Il serait injuste d'en accuser qui que ce soit. Un colonisateur de génie exceptionnel n'eût pas mieux pu indiquer la solution qu'aucun des gouverneurs militaires ou civils qui se sont succédé.

Cependant s'il faut une orientation, c'est le second système qui seul semble la fournir. Le fusionnement absolu est irréalisable, cependant c'est le but auquel il faut tendre. Les faits que nous avons constatés nous permettent de dire que dans cette tendance on a apporté une impatience extrême. On a rêvé une assimilation rapide par voie administrative, presque par voie de contrainte. On a cru que par le rattachement de tous les services au gouvernement central on arriverait à faire en peu de temps l'annexion pure et simple des trois départements algériens au sol français, en effaçant, et faisant peut-être un jour disparaître le gouvernement général comme un décor coûteux, devenu inutile. En même temps, par une intention louable, on a assujéti la propriété musulmane à la loi française, on a espéré désagréger les tribus, supprimer peu à peu leur propriété collective familiale. Les lois successives que nous avons exposées ont-elles été trop hâtives, prématurées? M. J. Ferry en a exprimé l'idée. Nous ne pouvons cependant revenir en arrière. Mais un changement d'allure s'impose; c'est la réflexion, la lenteur, avec une continuité d'action tempérée par la souplesse d'une autorité locale, vigilante et habile, sachant, sans le heurter, pénétrer chez l'indigène. Nous ne serions pas surpris que le gouverneur général actuel répondit exactement aux exigences de ce programme.

92. L'illusion a été de croire que l'indigène était plus malléable, plus soumis qu'il ne l'est réellement. Sans doute, il peut être influencé et se rapprocher de nous par la communauté d'intérêts et de situation au point de vue économique, politique et social, mais sa nature propre et ses habitudes de race placent entre lui et nous un abîme que les siècles seuls parviendront à combler.

Ce n'est pas, d'ailleurs, vis-à-vis des indigènes pris en masse que notre action pourra uniformément s'exercer. Il faut tenir compte que leur population manque d'homogénéité.

Elle ne présente aucun des caractères communs qui constituent la nationalité (P. Leroy-Beaulieu). Le seul trait commun, c'est la religion musulmane. Mais, même à ce point de vue, il y a deux branches principales : les Kabyles et les Arabes. Les Kabyles comprennent environ 1,200,000 berbères purs, habitants primitifs de la contrée, ne différant des Européens que sur un point : la religion. Mais elle n'influe pas chez eux sur leur organisation économique et sociale. Le Kabyle est monogame, la femme a le visage découvert, et sa situation morale, bien que pitoyable, se rapproche davantage de celle de l'épouse légitime. Le Kabyle a des conseils (*djemmaas*) électifs, il honore le travail, il pratique l'épargne, il a l'habitude et le goût de la propriété privée.

C'est ainsi que M. P. Leroy-Beaulieu l'envisage. Toutefois, le jeune et regretté professeur de l'École de droit d'Alger, François Charveriat, dans son livre : *A travers la Kabylie*, estime que, pas plus que les Arabes, les Kabyles ne sont acquis à la France. Vaincus, ils restent indomptés, pour ne pas dire indomptables; de tous les indigènes, ils sont les plus difficiles à gouverner. Cependant, suivant F. Charveriat, « ils seront les premiers à s'assimiler, si jamais des musulmans s'assimilent. »

93. Ce serait un immense progrès et un rapprochement de la civilisation européenne si tous les indigènes algériens parvenaient à adopter une organisation domestique, économique, sociale, analogue à celle des Kabyles. Chez les Arabes indigènes autres que les Kabyles, la polygamie s'explique surtout par ce fait que leurs femmes pratiquent tous les arts manuels : cuisine, mouture du grain, fabrication du pain, des tissus avec lesquels elles confectionnent les tentes et les vêtements. Mais si, par une organisation économique meilleure, on arrivait chez eux à former des artisans, des meuniers, des boulangers, des tisserands, des tailleurs, etc., avec la division du travail et ses perfectionnements, pourraient naître la diversité et l'échange des services. La polygamie, qui n'est au fond qu'une servitude domestique mal déguisée, perdrait ses principales raisons d'être.

94. L'éducation des indigènes, Kabyles ou Arabes, a-t-elle sur eux une action efficace? S'il faut en croire l'auteur que nous avons cité, François Charveriat, « l'hostilité d'un indigène se mesure à son degré d'instruction française. » Plus il est instruit, plus il y a lieu de s'en défier..... longtemps, ajoute-t-il, je me suis insurgé contre une vérité aussi désespérante. Je n'ai cédé que devant le concert unanime de toutes les personnes que j'ai pu consulter... Ma conviction s'est encore accrue quand j'ai lu ces graves paroles, prononcées au conseil supérieur de gouvernement (séance du 18 nov. 1886) par le gouverneur de l'Algérie : « l'expérience tend à démontrer que c'est quelquefois chez les indigènes à qui nous avons donné l'instruction la plus complète que nous rencontrons le plus d'hostilité » (V. les *Procès-verbaux* du conseil supérieur de gouvernement, année 1886, p. 428), c'est que, malheureusement, l'instruction donnée aux indigènes en fait trop souvent des déclassés. Élevé à l'européenne, un Arabe ne peut se faire pardonner par les siens son éducation qu'en redoublant d'hostilité contre les conquérants de son pays. Les faits sont malheureusement là pour prouver cette triste vérité (F. Charveriat, p. 150).

95. Il ne faut pas cependant renoncer à répandre l'instruction chez les indigènes. Les établissements créés dans ce but sont de deux sortes : 1° écoles de douars, donnant un enseignement purement arabe, 2° écoles arabes françaises et collèges arabes français.

Parmi les écoles des douars, il en est qui correspondent à nos écoles primaires, on y enseigne la lecture et l'écriture; d'autres écoles, les Zaouias donnent l'instruction secondaire dans lesquelles on étudie le Coran et ses commentateurs. Elles étaient anciennement la pépinière des Cadis.

Trois écoles supérieures, ou Medersas à Alger, Tlemcen, Constantine préparent les jeunes arabes aux emplois de la

magistrature indigène. Tout cela est médiocre et pauvre, dit
M. P. Leroy-Beaulieu, mais il n'y a pas trop lieu de s'en affliger
car il apparaît que la connaissance du Coran diminue en Algérie, et il est préférable de ne pas la raviver (1).

L'extension de l'enseignement arabe-français peut donner
de bien plus utiles résultats, en tant que les enfants indigènes
y seraient initiés à notre langue, à nos coutumes, à notre manière de penser. Il existait dix-huit écoles arabes françaises
disséminées dans les trois provinces (Alger, Oran, Constantine).

Il y avait aussi, au-dessus des écoles françaises arabes, des
collèges arabes-français à Alger et à Constantine. On y ensei-

(1) Le Sénat a consacré ses séances des 15 et 18 juin 1894 à la discussion
des conclusions du rapport de M. le sénateur Combes sur la réforme de
l'enseignement supérieur musulman, au nom de la commission chargée
d'examiner les modifications à introduire dans les services de l'Algérie.

La commission concluait à l'adoption d'un plan de réforme et de développement très coûteux des medersas. Elle espérait en faire une pépinière
de fonctionnaires musulmans « dégagés de l'intolérance que l'Islamisme,
étroitement interprété porte avec lui, » — pouvant devenir « les initiateurs
de leurs coreligionnaires à des pensées nouvelles, plus larges, plus hu-
maines... Ils seraient « des apôtres de civilisation, vis-à-vis de leurs
coreligionnaires. »

MM. Gerente et Lesueur ont critiqué, à divers points de vue, le projet
de la commission. M. Lesueur surtout a considéré (Off. du 19 juin, p.
548), qu'il y avait danger à raviver et propager la connaissance du Coran
dont l'esprit présente avec nos idées une antinomie absolue. M. Cambon,
gouverneur général, commissaire du gouvernement, dans un discours que
nous regrettons de ne pouvoir reproduire, a très finement critiqué l'enseignement et les programmes de l'enseignement primaire en Algérie et a
indiqué comment il désirait que la réforme projetée « ne fût pas seulement
une réforme pédagogique, qu'elle n'eût pas seulement pour but de développer l'instruction des élèves dont nous prenons la charge; mais que
nous fissions de l'instruction un instrument d'autorité et un moyen d'influence. »

La discussion a abouti à l'adoption de l'ordre du jour suivant : « Le
Sénat, approuvant en principe le développement de l'institution des me-
dersas, renvoie au gouvernement l'étude de cette importante question »
(Off. 19 juin 1894, p. 554).

R. 18

gnait la langue française, l'histoire, la géographie, l'arithmétique, la géométrie, le dessin linéaire, la gymnastique, mais ils ne réunissent qu'un nombre restreint d'élèves, fils de chefs opulents.

96. Les lois sur l'instruction primaire obligatoire ont été déclarées applicables à l'Algérie, quelques dispositions spéciales la concernant (V. L. 30 oct. 1886, Décr. des 8, 12 nov., 9 déc. 1887. — *Revue algérienne de législ. et de jurispr.*, 1888, p. 4, 13, 15). L'instruction primaire est obligatoire pour les enfants des deux sexes, de six ans à treize ans révolus, quelle que soit la nationalité des parents. Mais cette obligation n'est applicable à la population indigène, musulmane, même dans les communes de plein exercice, qu'en vertu d'arrêtés spéciaux du gouverneur général (Décr. 8 nov. 1887, art. 14).

Les indigènes ont, en divers endroits de l'Algérie, énergiquement protesté contre l'obligation qui leur était imposée, particulièrement quant à l'instruction des filles. Une manifestation significative à laquelle prirent part plus de 500 arabes se produisit à Tlemcen au commencement de 1887 (V. le *Petit colon*, 31 mars 1887).

97. C'est la Kabylie qui a été plus particulièrement choisie pour faire l'essai de l'instruction primaire obligatoire. Le recrutement des élèves a été difficile... Il se passera encore bien des années avant que les familles indigènes soient pénétrées de l'utilité de l'instruction française et se fassent spontanément les auxiliaires des instituteurs pour assurer la fréquentation régulière des écoles (Cons. sup. de gouvernement, 1888, p. 408).

Paul Bert, dont M. François Charveriat a écrit qu'il fut un des rares hommes d'État qui aient connu l'Algérie et particulièrement la Kabylie, insistait avec raison sur la nécessité d'un grand discernement dans le choix des programmes. Il signale dans ses *Lettres sur la Kabylie* (p. 63), la fierté avec laquelle, dans une école de la grande Kabylie, un instituteur lui montrait les enfants qu'il préparait au certificat d'étude. « Le certificat d'étude pour les élèves indigènes, dit Paul Bert, c'est là une conception délirante... Je prends le cahier de rédaction du meilleur élève. Dictée : *Les remords de Frédégonde*... mais ces enfants familiers avec Brunehaut, et les intérêts composés, je leur demandais en vain l'étendue de la France, le nombre de ses soldats, le bien qu'elle a fait à leur pays, leurs devoirs envers elle (1). »

La conclusion que tirait Paul Bert c'est que, en fait, l'instituteur dans la Kabylie n'enseigne que « ce qu'il sait, ce qu'on lui a appris à enseigner, ce qui est admis dans les Écoles normales de la métropole, et apprécié de MM. les Inspecteurs. » Il faudrait donc étudier un programme spécial de l'instruction à donner dans les école primaires indigènes. Nous aimons à croire que ce vœu de Paul Bert et de M. Cambon recevra satisfaction.

98. On a pensé que l'*enseignement professionnel* offrirait plus d'utilité pratique que l'enseignement primaire classique; une demande en ce sens fut soumise par un certain nombre d'indigènes à M. Berthelot, ministre, lors de sa visite en Algérie. En fait, il existait une école des arts et métiers, dont on n'avait guère eu à se louer, car elle avait formé des élèves qui avaient apporté avec d'autant plus d'intelligence leur concours à l'insurrection de 1871. Quoi qu'il en soit, il est évident qu'il vaut mieux, par l'instruction, faire des jeunes indigènes, des agriculteurs, des maçons, des charpentiers, des menuisiers, des forgerons que des grammairiens, des mathématiciens, des historiens. Ce nouvel enseignement devra toujours comprendre comme base la connaissance de la langue française. Sera-t-il bien recherché des indigènes? C'est la question que se pose M. F. Charveriat, et à l'appui il cite

(1) M. Cambon, gouverneur général de l'Algérie, s'étonnait pareillement, devant le Sénat qu'à propos de Bernard Palissy on enseignât aux jeunes kabyles le français du xvi° siècle (*Off.* du 19 février 1894, p. 544).

d'après les rôles de contributions, ce fait curieux que les Kabyles résolvent ce problème de « savoir vivre vingt-cinq sur un champ où un seul Français mourrait de faim » (p. 156). On peut donc supposer que dans leur dédaigneuse indifférence, ils estimeront qu'ils en savent assez pour cultiver leur champ, et suffire à leurs besoins industriels. On voit combien encore la propagation de l'instruction est en Algérie une œuvre de discernement et de patience.

99. Il est intéressant de savoir ce qu'est l'enseignement congréganiste chez les indigènes. Nous empruntons au livre de M. Charveriat quelques renseignements sur l'œuvre du cardinal Lavigerie : les *Pères Blancs* et les *Sœurs Blanches* (p. 160 et suiv.).

Les Pères Blancs ont dix établissements, les Sœurs Blanches n'en ont qu'un. « Les Pères Blancs ne font aucun prosélytisme, dit F. Charveriat (p. 62). Il est très difficile de convertir les musulmans au Christianisme. Cela tient à ce que l'Islamisme, tout en satisfaisant certains des besoins religieux de l'homme, lui donne toute latitude pour s'abandonner à ses passions... A l'heure actuelle, les Pères Blancs cherchent uniquement à se concilier les Kabyles. Ils vont visiter les malades, et leur distribuent quelques remèdes. Dans les écoles ils enseignent aux enfants les éléments de la *propreté*, le français, l'arithmétique, un peu d'histoire. Jamais sous aucun prétexte ils n'abordent avec eux la question religieuse. Ils se bornent à leur rappeler les grands principes de la morale pratique. C'est la laïcité par des religieux. En évitant soigneusement de blesser le sentiment mahométan, les Pères Blancs tournent l'obstacle résultant de leur qualité de prêtres catholiques... Ils puisent néanmoins dans leur caractère religieux une grande force auprès des indigènes. Comme tous les musulmans, les Kabyles sont fort choqués de l'irreligion professée par la plupart des Français avec lesquels ils se trouvent en rapport. Aussi témoignent-ils un profond respect pour les marabouts français qui eux, au moins, savent prier Dieu. En tout cas, ils apprécient les services rendus par les Pères Blancs, et ils leur confient leurs enfants.

C'est par les mêmes moyens que les Sœurs Blanches réunissent autour d'elles (chez les Ouadhias) environ 150 élèves. Quelques-unes de celles-ci sont mariées et viennent à l'école avec leurs nourrissons. Les Sœurs Blanches, en leur apprenant le français, ne les initient pas à la syntaxe, mais elles leur enseignent « les différents usages du savon, la cuisine et le raccommodage. Elles forment des ménagères kabyles, elles s'efforcent de corriger les mauvais penchants de leurs élèves, particulièrement leur propension toute spéciale à la colère; aussi les anciennes élèves des Sœurs Blanches trouvent-elles sans difficulté à se marier » (Fr. Charveriat, p. 164).

100. Nous n'avons rien dit jusqu'à ce moment de l'instruction parmi les colons algériens. Elle est florissante. L'Algérie, suivant M. P. Leroy-Beaulieu, est au premier rang de tous les pays pour la fréquentation des écoles primaires.

Les établissements d'instruction secondaire y sont nombreux. Parmi eux, on peut citer aussi le collège des Pères Blancs du cardinal Lavigerie, qui donne l'instruction secondaire complète et reçoit les israélites.

Enfin, Alger possède un centre complet d'instruction supérieure, des écoles de médecine et de pharmacie, de droit, des sciences et des lettres. Il est désirable de les voir transformées en Facultés. L'Algérie posséderait ainsi une Université, présentant cette particularité qu'on y ferait une large place à l'enseignement de l'arabe, comme dans les écoles indigènes, on doit faire une part aussi complète que possible à la langue française.

101. C'est avec tous ces éléments d'ordre moral et matériel que la France peut avoir l'espérance d'accomplir, dans un temps indéterminé, l'assimilation progressive de l'Algérie; mais les illusions ne sont pas permises : la population indigène est réfractaire à cette assimilation. Elle hait la domination française; elle la supporte parce qu'elle cède à la force, et que si le sort des combats nous a été favorable, c'est qu'il en devait être ainsi : c'était écrit. Mais l'espérance de représailles n'est pas éteinte. Toutefois, notre autorité a sur les indigènes un prestige extraordinaire, précisément parce qu'elle procède de la force, et qu'ils savent qu'au besoin elle serait appuyée par les armes. Suivant un écrivain qui a vu de près l'islamisme, M. Léon Roches (*Trente-deux ans à travers l'Islam*, 2 vol. in-8°, 1885), il faut plus que jamais répéter les paroles du maréchal Bugeaud : « Soyons justes et cléments vis-à-vis des Arabes, occupons-nous de leur éducation, de leur bien-être, admettons-les aux bienfaits de notre civilisation, mais *restons toujours forts*. » Le sentiment de l'indigène, même en apparence le plus francisé, au fond n'est autre que celui qu'exprime ce proverbe arabe : « Baise la main que tu ne peux couper. »

CHAPITRE III.

LA TUNISIE.

1. Le territoire de la Tunisie, plus encore que celui de l'Algérie, a été le théâtre de péripéties multiples. Habité primitivement par des Berbères auxquels s'est mêlée une race aryenne, occupé par les Phéniciens, fondateurs de Carthage, subjugué par les Romains, sous la domination desquels, pendant les premiers siècles du Christianisme, il a été illustré par saint Augustin et d'autres pontifes de l'Église latine, il est retombé sous la barbarie avec les musulmans; il a été visité par saint Louis et les Français sous les croisades, vainement attaqué plus tard par Don Juan d'Autriche et les Espagnols; il a été le champ de guerres incessantes avec les régences d'Alger et de Tripoli, enfin soumis nominalement au joug du grand Turc dont il s'est affranchi au siècle der-

nier, il a formé un État indépendant sous la dynastie Hassé-
nite qui règne encore aujourd'hui avec le protectorat de la
France. Déjà la prépondérance française s'y était affirmée
sous Louis XIV par des traités de commerce, et en ce siècle
par deux traités de 1802 et 1830. Depuis lors, nos rapports
furent plus fréquents avec la Tunisie jusqu'aux faits récents
qui ont donné naissance à notre protectorat.

2. On sait comment le bey Sadock, qui fit ou laissa faire
par son premier ministre, Mustapha Khaznadar, des emprunts
à gros intérêts, fut, en 1869, obligé de déposer son bilan. La
France, l'Angleterre, l'Italie procédèrent au règlement de sa
banqueroute. Une commission internationale, dans laquelle
nous avions le rôle prépondérant, fut chargée d'administrer
les ressources du pays et de veiller au paiement des intérêts
de la dette unifiée. Mais une dette flottante nouvelle se formait
à côté de l'ancienne, et le Bey s'acheminait à une deuxième
banqueroute. La régence, abandonnée à elle-même, marchait
à sa ruine. Il lui fallait un tuteur. Les événements appe-
lèrent la France à remplir ce rôle.

Aux confins de la Tunisie et de l'Algérie se trouvait une
zone de tribus insoumises et belliqueuses perpétuellement en
guerre et en razzias les unes contre les autres, qui entrete-
naient dans ces contrées, d'un accès difficile, un foyer d'insur-
rections, de brigandages et de meurtres (Circ. de M. Barthé-
lémy Saint-Hilaire, 9 mai 1881), des violations de frontière
par la tribu des Kroumirs ayant eu lieu en février et mars
1881, une entrée en campagne pour les châtier fut décidée
par le gouvernement français. Trois divisions sous le commandement en chef du général Forgemol pénétrèrent sur le
territoire des tribus insoumises, et non sans de graves difficultés provenant des obstacles naturels rencontrés dans une
région montagneuse, accidentée et peu connue, elles parvinrent à dominer le pays et à obtenir au Kef la soumission de
l'unique citadelle de la Tunisie occidentale.

Pendant ce temps, M. Roustan notre consul qui, depuis dix

ans à Tunis était parvenu à reconquérir comme au temps des traités de Louis XIV « la prééminence sur tous les autres consuls » remplissait avec succès la délicate mission qui lui était échue : empêcher le Bey de se déclarer en guerre avec nous, obtenir au contraire la coopération des réguliers tunisiens pour pacifier le pays, prévenir tout mouvement insurrectionnel dans Tunis même.

D'autre part, de nouvelles troupes françaises débarquaient à Bizerte avec le général Bréart, le gouvernement français déclinait en termes courtois mais précis l'offre que l'Angleterre faisait à la France de sa médiation ; il laissait entendre au sultan Abdul-Hamid qu'aucune intervention de sa part ne serait tolérée dans les affaires tunisiennes, et comme il fallait se hâter d'y apporter une solution, on traita directement avec le Bey au palais du Bardo.

3. Ce traité du 12 mai 1881, un peu hâtif et dans lequel le mot de protectorat n'est pas même prononcé (V. le texte : Dalloz, 82. 4. 54) stipule pour la France le droit d'occupation militaire et celui de représenter la Régence à l'extérieur. En retour, elle s'engage à garantir l'ordre et la sécurité sur les frontières et le littoral, et à fixer, avec le Bey, les bases d'une organisation financière, de manière à assurer le service de la dette publique et à garantir les droits des créanciers de la Tunisie.

Le gouvernement français maintenait, conformément à ses engagements antérieurs avec les puissances, les traités qui unissaient celles-ci à la Tunisie. Les agents diplomatiques et consulaires de la France étaient chargés de la protection à l'étranger, des intérêts de la Régence, et de ses nationaux.

A la fin de mai 1881, l'action commune de nos colonnes et de l'armée régulière du Bey achevait de soumettre le pays ; la partie militaire de notre programme était remplie ; une fraction de nos troupes (10,000 hommes) fut rappelée en France. Ce rappel eut de fâcheux effets. Le bruit se répandit parmi les indigènes qu'un ultimatum du Sultan en avait été la cause et qu'une armée ottomane considérable allait débarquer en Tunisie pour se substituer à la protection de la France.

Dans cette expectative, et pour seconder cette intervention armée du Sultan, la ville de Sfax se mit en révolte ouverte; la rébellion s'étendit jusqu'à Gabès, à l'Arad, au Djerid. Des mesures énergiques étaient nécessaires. Notre escadre reparut et débarqua, le 16 juillet, à Sfax, après avoir, en respectant la ville, démantelé ses batteries, ses murs et sa citadelle. Le succès de notre assaut fut complet. La ville prise se soumit à une contribution de guerre de 5 millions de francs. Sousse, Djerba, Gabès, furent successivement occupées. Kerouan, la cité sainte, nous ouvrait ses portes le 29 septembre. Bientôt après le pays était entièrement pacifié.

4. Le 18 février 1882, M. Cambon, préfet du nord, était désigné pour succéder, comme résident général à Tunis, à M. Roustan, notre consul, dont la tâche diplomatique était terminée. Un décret du 22 avril 1882 définit les attributions du représentant de la République française en Tunisie. Les divers services ou établissements fonctionnant dans la Régence sont placés sous l'action de la France et rattachés aux départements ministériels qui y correspondent. Le résident général à Tunis est le représentant de tous ces services et, à ce titre, correspond avec les ministres français, desquels il recevra ses instructions (V. le rapport qui accompagne le décret, dans l'*Officiel* du 23 avril).

5. Une convention du 8 juin 1883, bien plus catégorique que le traité du Bardo, précise le caractère de notre occupation : « Afin de faciliter au gouvernement français l'accomplissement de son *Protectorat*, le Bey s'engage à procéder aux réformes administratives, judiciaires et financières que le gouvernement français jugera utiles (art. 1er). Celui-ci garantira, à l'époque et sous les conditions qui lui paraîtront les meilleures, un emprunt à émettre par le Bey, pour la conversion ou le remboursement de la dette consolidée (125 mil-

lions) et de la dette flottante, à concurrence de 17,550,000 francs. Le Bey s'interdit de contracter, à l'avenir, aucun emprunt sans l'autorisation du gouvernement français (art. 2).

Sur les revenus de la Régence, le Bey prélèvera : 1° les sommes nécessaires pour le service de l'emprunt garanti par la France; 2° sa liste civile, 2 millions de piastres, soit 1,200,000 francs. Le surplus des revenus devant être affecté aux dépenses d'administration et au remboursement des charges du protectorat (art. 3).

Cette convention nous donnait ainsi un plein pouvoir de direction dans les affaires de la Régence, tant à l'intérieur qu'à l'extérieur. Les moyens d'exercer cette intervention nous manquaient encore.

6. Il y a été pourvu par un décret du 4 octobre 1884, ainsi conçu : « Considérant que l'article 1er de la convention franco-tunisienne du 8 juin 1885 donne au gouvernement français la faculté de provoquer, dans la Régence, les réformes administratives nécessaires pour la bonne administration du pays. — Considérant qu'il y a lieu d'organiser, d'une manière régulière, le service du contrôle, vu l'article 1er de la loi du 7 avril 1884, décrète : Art. 1er. « Des contrôleurs civils seront nommés par décret du Président de la République, sur la proposition du ministre des affaires étrangères. Des contrôleurs suppléants pourront être nommés par le Résident du gouvernement à Tunis. »

7. Enfin, un décret du 23 juin 1885 porte que le représentant du gouvernement de la République française a le titre de résident général et relève du ministre des affaires étrangères. Il est le dépositaire du pouvoir de la République dans la Régence. Il a sous ses ordres les commandants des troupes de terre et de mer et tous les services administratifs concernant les Européens et les indigènes; il communique avec les divers ministres, par l'intermédiaire du ministère des affaires étrangères. Il a seul le droit de correspondre avec le gouvernement français. Par exception à cette règle, les affaires d'un

caractère purement technique et d'ordre intérieur peuvent être traitées directement avec les ministres compétents, par les chefs des divers services institués en Tunisie.

On voit, après ces décrets, avec quelle rapidité s'était transformé le traité du Bardo. Du consentement du Bey, l'administration française devenait maîtresse dans la Régence.

Il ne restait plus qu'à émanciper la Tunisie des servitudes diverses qu'elle subissait vis-à-vis de plusieurs puissances européennes. Ces servitudes étaient de trois sortes : financières, judiciaires et commerciales.

8. *Réforme financière.* — Nous avons vu que le Bey avait eu la faiblesse de céder aux sollicitations de la finance cosmopolite. Il avait contracté sans nécessité absolue, et employé sans profit des emprunts disproportionnés avec les ressources de la Régence. Encore avait-il reçu le montant de ses emprunts partie en espèces, partie en nature, c'est-à-dire en la valeur plus qu'hypothétique d'un navire hors d'usage et de canons prétendus rayés. On s'explique qu'il ait été dans la nécessité de se placer sous la curatelle d'une commission financière internationale qui devait gérer, pour le compte des créanciers européens, divers revenus de la Tunisie.

Le gouvernement français a obtenu du Parlement (13 oct. 1884) une nouvelle organisation financière. Moyennant la garantie de la France, donnée à la dette tunisienne, deux conversions de 5 en 4 p. 0/0 et de 4 en 3 1/2 p. 0/0 (en 1889) ont été réalisées, ce qui a procuré une notable réduction des arrérages à payer et permis de mettre à la disposition du gouvernement tunisien quelques millions pour l'exécution de travaux publics.

La commission financière internationale s'est donc dissoute, n'ayant plus de raison d'être devant la garantie de la France. Elle a fait place à l'administration financière de la Tunisie, remise entre les mains d'agents français. Au-dessus de la direction générale, une direction des douanes et une direction des contributions directes ont été créées. Les inspecteurs et contrôleurs sont pris en France ; une partie de l'ancien personnel subalterne a été conservé moyennant de modestes traitements et avec le retrait de la faculté qu'il avait précédemment de faire le commerce pour son compte.

Voilà une première forme de vasselage vis-à-vis de l'étranger, qui a disparu.

9. Une seconde servitude consistait dans les juridictions consulaires, et les *capitulations* en vigueur. Nous nous trouvons, en effet, en présence de tribunaux multiples : chaque consul, en vertu des usages, plus encore que des traités, jugeait ses propres nationaux, et demeurait en outre chargé de l'exécution des jugements rendus contre eux par les autres consuls. Ils agissaient comme de petits souverains : les jugements qui condamnaient leurs ressortissants n'avaient force de loi que si tel était leur bon plaisir. Ce régime plein d'arbitraire n'avait plus l'ombre d'un prétexte dans un pays de protectorat européen. Mais il fallait, en premier lieu, faire fonctionner la *justice française*.

La loi qui l'a organisée est du 27 mars 1883. Elle crée un tribunal civil de première instance à Tunis rattaché au ressort de la Cour d'Alger et six justices de paix, à Tunis, la Goulette, Bizerte, Sousse, Sfax et au Kef (art. 1er). Les nouveaux magistrats ont compétence sur les Français et protégés français en matière civile, commerciale et pénale et sur toutes autres personnes que désigneraient les décrets du Bey, c'est-à-dire sur les indigènes pour certaines natures d'action, et sur les Européens, au fur et à mesure de la suppression de leurs tribunaux consulaires. Les juges de paix ont une compétence « étendue, » c'est-à-dire le droit de juger en dernier ressort et en matière civile jusqu'à 500 francs, et à charge d'appel jusqu'à 1,000 francs. De plus, ils peuvent rendre des ordonnances de référé dont l'appel est porté au tribunal civil.

En matière répressive les juges de paix ont, comme tribunaux de simple police, la compétence de droit commun. En

matière correctionnelle, ils connaissent de tous les délits
n'emportant pas une peine supérieure à six mois de prison et
de 500 francs d'amende. On s'explique très bien l'extension
de la compétence des juges de paix relativement éloignés du
tribunal de Tunis.

Quant à la compétence de celui-ci (art. 4), elle est étendue
ainsi qu'il suit : Il statue en dernier ressort jusqu'à 3,000
francs ou sur les litiges concernant 120 francs de revenu
immobilier. En matière correctionnelle, il juge en premier
ressort les délits et contraventions dont la connaissance n'est
pas attribuée aux juges de paix. En matière criminelle, il
statue en dernier ressort sur tous les faits qualifiés crimes,
mais avec l'assistance de six assesseurs, ayant voix délibérative, tirés au sort sur une liste de notables dressée chaque
année. Le tribunal statuant au criminel est saisi par un arrêt
de renvoi de la chambre des mises en accusation de la Cour
d'Alger; il tient ses assises tous les trois mois (art. 5 et 6).

Rappelons qu'un régime analogue a existé en Algérie
pendant quarante ans. Ce sont les décrets des 24 octobre et
18 novembre 1870 qui ont institué en Algérie les cours
d'assises assistées du jury.

Quant aux *défenseurs*, ils sont chargés à la fois de la solli-
citation et de la plaidoirie comme ceux que le décret du 26
novembre 1841 avait créés en Algérie. Les décrets et arrêtés
concernant les huissiers en Algérie sont rendus applicables
en Tunisie.

Le tribunal civil de Tunis comprend aujourd'hui (Décr.
19 juill. 1886), un président, cinq juges, un vice-président,
deux greffiers.

Un tribunal de première instance a été depuis créé à
Sousse avec des défenseurs et des huissiers (Décr. 1er déc.
1887, et 17 avr. 1888).

La justice française ayant été organisée en Tunisie, les
négociations commencèrent pour la suppression des capitulations. Elles furent laborieuses avec l'Angleterre à raison

des nombreux maltais qui habitaient la Régence, et avec
l'Italie à cause de la proximité de la Sicile. Il fut seulement
stipulé, vis-à-vis de l'Angleterre, que certaines réclamations
de particuliers seraient soumises à un arbitrage. Deux affaires
seulement furent ainsi tranchées. Au 1er août 1884 tous les
tribunaux consulaires étrangers avaient cessé d'exister et la
juridiction française s'étendait à toute la population européenne en Tunisie.

10. La troisième forme de vasselage auquel la Tunisie
était soumise vis-à-vis de puissances européennes était relative au régime commercial. Il existe encore en partie aujourd'hui.

La Tunisie avait avec l'Italie et l'Angleterre des traités de
commerce qui leur assurent le traitement de la nation la plus
favorisée. Il s'ensuit que ces nations sont en droit de demander pour les produits italiens ou anglais importés en Tunisie
un traitement aussi favorable que celui qui régit les produits
français. Est-ce juste? Évidemment non, car depuis le protectorat, la France fait tous les frais du maintien de l'ordre,
et elle garantit la dette tunisienne.

Mais en vertu de l'article 4 du traité du Bardo, la France
a aussi garanti l'exécution des engagements pris par la Régence. Elle est donc obligée de subir les traités.

La convention douanière italo-tunisienne expirera en 1896.
On en sera quitte pour ne pas la renouveler.

Le traité anglo-tunisien a une durée indéfinie, mais quand
la question douanière avec l'Italie sera tranchée il y aura
lieu de négocier avec l'Angleterre en même temps que sur
la question de Terre-Neuve (V. *supr.*, liv. X, n° 12).

Il est désirable que la France recouvre toute sa liberté en
1896 pour déterminer, à partir de cette date, les bases de
l'union douanière franco-tunisienne.

11. *Caractère de la colonisation française en Tunisie.* —
L'œuvre de la France en Tunisie peut être à la fois agricole,
industrielle et commerciale. La Tunisie doit être une colonie

mixte comme tous les établissements qui ont été ou seront fondés dans les États barbaresques (Voy. P. L.-Beaulieu, *De la colonisation*, p. 480 et suiv.), comme l'ont été le Pérou et le Mexique, jadis pour l'Espagne. L'expérience prouve que ces colonies mixtes, dans lesquelles le pays colonisateur apporte ses capitaux, sa direction politique et économique, et où il respecte les mœurs des indigènes, présentent plus de difficultés que les colonies à caractère accentué, sont beaucoup plus lentes à se développer et demandent un certain temps pour qu'on y réalise l'unité et la pacification. Cependant la situation est déjà satisfaisante et l'on voit comment la colonisation s'y développera.

Les Européens se rendront en Tunisie les uns, comme directeurs de domaines ou d'usines, comme contre-maîtres, commis, ouvriers d'élite, avec l'esprit de retour; d'autres comme agriculteurs, colons, avec l'intention de s'y fixer.

Sur les 13 millions d'hectares de superficie qui y existent (soit le quart de la France, le tiers de l'Italie, le double de la Grèce), il y en a environ la moitié susceptible de recevoir des cultures analogues aux nôtres et dont la population qui s'élève environ à 12 ou 1,300,000 habitants en totalité, est loin de tirer toutes les ressources que le sol peut fournir.

12. C'est donc par l'œuvre agricole et par les industries connexes à l'agriculture que les Européens peuvent y exercer leur première, et peut-être leur principale influence.

La géographie et les ressources du sol de la Tunisie ont été décrites par plusieurs économistes et publicistes, notamment par M. Jacques Tissot (*France coloniale*, sous la direction de M. A. Rambaud, p. 158 et suiv.) et par M. P. Leroy-Beaulieu qui indique notamment par quels procédés de culture et de tenure de la terre, métayages arabes ou main-d'œuvre arabe, on peut obtenir un rendement rémunérateur en céréales et un élevage encore plus sûr du bétail auquel s'offrent de nombreux débouchés; et dont la proximité des côtes et des ports abaisse le prix de revient; puis des résultats en vignes de 40, 50, 60 hectolitres à l'hectare (V. p. 481, 482 et suiv.).

Ce qu'il importe de signaler en Tunisie c'est que la terre n'y manque pas, et que pour arriver à la posséder il n'est pas besoin d'exproprier les Arabes suivant la méthode sauvage appliquée pendant trop longtemps en Algérie.

13. La facilité de la transmission du sol, tient notamment à deux circonstances : à la constitution de la propriété privée, et au caractère spécial de la société tunisienne.

La propriété privée, individuelle ou familiale (dans la partie septentrionale et centrale) constitue le régime terrien habituel.

Dès l'origine du protectorat, des propriétaires d'immenses domaines étaient disposés à s'en dessaisir à prix d'argent. Les favoris du Bey avaient reçu de lui des concessions considérables, mais sa faveur était aussi précaire que prodigue, et des exils volontaires ou forcés ont rendu disponibles de nombreux domaines. On peut donc trouver des terres à vendre (suivant M. P. Leroy-Beaulieu, p. 483) à 100 ou 150 francs l'hectare, prix doublé par le défrichement.

Des Sociétés, telles que la Société foncière de Tunisie, la Société franco-africaine, la Société marseillaise ont acheté d'immenses domaines, notamment celui de l'Enfida, 130 hectares, appartenant au pacha Keredine, au sujet duquel eut lieu un procès curieux et retentissant. Ces sociétés ont pour but de revendre leur propriété en détail. La main-d'œuvre agricole se compose d'ouvriers Siciliens, Calabrais, Arabes, Kabyles, Marocains, Sahariens et d'un petit nombre de Français, la rémunération en est très peu élevée.

14. Une autre catégorie de biens s'offre aux acquéreurs, ce sont les biens de main-morte ou habous très étendus et qui ont trois origines distinctes : 1° biens religieux affectés au service des mosquées et à la rémunération du culte musulman; 2° biens affectés à des œuvres de bienfaisance de diverse nature : entretien de collèges arabes, bourse pour les

étudiants musulmans, établissements pour les malades, entretien de puits et de chemins; 3° biens individuels frappés de substitutions, sorte de majorats dont les possesseurs n'ont que la jouissance. Ces biens sont inaliénables; mais la jurisprudence a trouvé un moyen de les soustraire aux inconvénients de l'inaliénabilité. On peut obtenir la jouissance des biens habous moyennant une rente de 5 à 10 francs par hectare payée au titulaire. Or lorsqu'un bien de cette nature est, de la part de celui qui en jouit, l'objet de travaux qui lui profitent, un usage ancien reconnaît au possesseur une sorte de propriété superficielle sur les constructions et réparations qu'il a faites. Quelle que soit la plus-value que l'immeuble puisse acquérir, le titulaire du habous ne peut désormais en reprendre la jouissance; il n'a droit qu'au paiement de la rente perpétuelle qui grève la terre.

L'immeuble est dit tenu en *enzel*. L'enzeliste, débi-rentier, est en réalité le maître de la terre, et lorsqu'il transmet sa tenure à un tiers, il perçoit un prix représentant la valeur du domaine utile qui lui appartient (V. notice de M. Challamel, *Annuaire de législation*, 1886, p. 177. — Huc, *Cod. civ.*, t. IV, n° 46 *bis*).

La loi du 1er juillet 1885 sur la propriété foncière en Tunisie place au nombre des droits réels immobiliers l'enzel et la rente de l'enzel, et ces droits peuvent être transformés en propriété définitive. Toute personne a la faculté, en remplissant certaines formalités, et moyennant une consignation peu considérable, de demander la mise aux enchères du bien habous. Avec le temps, ce régime aura pour effet de transférer en pleine propriété les biens de main-morte.

Mais on a voulu faire plus. On a obtenu un décret beylical du 8 février 1892 dont voici l'économie : 1° les terrains propres à plusieurs cultures (céréales, vigne, tabac, plantes diverses) peuvent être divisés en plusieurs lots et mis en vente à prix réduits, et l'on accorde une réduction de moitié sur le prix de leur voyage aux personnes qui manifestent l'intention de se porter acquéreurs ; 2° dans la région de Sfax où l'État possède de grandes terres propres à la culture de la vigne, et surtout de l'olivier dont la plantation est d'un excellent rapport, ces terres spéciales sont offertes aux colons à raison de 10 francs l'hectare payables moitié comptant, moitié après l'expiration de la quatrième année. Dans sa demande en concession, le colon prend l'engagement d'effectuer la plantation totale conformément aux usages du pays et dans un délai de quatre ans, à l'expiration duquel une commission d'experts constate l'état des plantations. Le titre définitif de propriété n'est délivré que sur le rapport des experts. Si l'expertise n'est pas favorable, l'État reprend possession du terrain sans payer aucune indemnité au cultivateur, qui perd en outre les 5 francs par hectare qu'il a payés au début. On voit quel intérêt il a à bien conduire son entreprise. Pendant le cours des quatre premières années, le concessionnaire peut céder ses droits à un tiers avec l'autorisation de l'administration. On attend d'heureux résultats de ce procédé d'aliénation de terrains par l'État (V. le *Lyon Républicain* du 27 mars 1892).

15. On a tenté aussi de faciliter la transmission de la propriété foncière par l'application de l'Act Torrens. On sait en quoi consiste ce mécanisme imaginé en 1856 dans l'Australie du Sud par sir Robert Torrens, et qui porte partout le nom de son auteur bien que son véritable titre soit dans la loi anglaise *the Réal Property Act :* un propriétaire veut placer sa terre sous le régime de l'Act Torrens, il adresse au Directeur de l'enregistrement, *Registrar General*, une demande en y ajoutant son titre de propriété, avec description des droits et charges qui peuvent grever l'immeuble, et un plan détaillé.

Le directeur de l'enregistrement confie le dossier à un ou deux jurisconsultes (*examiners of title*) qui ont pour fonction d'examiner les pièces avec autant de soin qu'ils le feraient s'ils avaient à acheter le domaine pour leur propre compte. Les titres du propriétaire ne leur paraissent-ils pas suffisamment établis? La demande est rejetée. Les titres, au contraire, leur paraissent-ils irréprochables ? Les vérificateurs donnent un avis favorable au directeur de l'enregistrement, celui-ci fait alors insérer des annonces dans les journaux de la colonie, ou même des colonies voisines et de la métropole. Si dans un délai déterminé (de un mois à trois ans selon les cas) il n'y a pas d'opposition, le domaine est placé définitivement sous le régime du *Réal Property Act* et le propriétaire en devient propriétaire incommutable. Il ne reste plus qu'à procéder à l'*immatriculation*.

Cette opération s'accomplit de la manière suivante : Le directeur de l'enregistrement rédige *deux* certificats absolument identiques. Dans chacun il fait la description de l'immeuble en reproduisant en marge du certificat le plan annexé au dossier. De ces deux certificats, l'un est gardé par le directeur de l'enregistrement, qui l'insère à un folio numéroté d'un registre qui devient le grand-livre de la propriété foncière. L'autre certificat est remis au propriétaire pour lequel il devient le titre portatif de sa propriété. Ce certificat porte le numéro du volume et du folio matricule où se trouve annexé le certificat correspondant, afin de rendre les recherches promptes et faciles.

Du jour où le propriétaire a vu son titre immatriculé, et a reçu son certificat, son droit est désormais inattaquable et placé sous la garantie de l'État. Sa propriété est *purgée* de toute hypothèque et de tout droit réel autre que ceux qui y sont indiqués. Le propriétaire qui a son titre en main n'a donc à s'inquiéter de rien pour le passé, et ceux qui traitent avec lui comme acquéreurs ou prêteurs n'ont pas à s'inquiéter davantage. La sécurité est complète pour le propriétaire comme pour les tiers.

La transmission de la propriété se fait sous la condition par les parties de faire constater leur identité et la sincérité de leur signature. Le directeur de l'enseignement annule le certificat précédemment délivré au vendeur et délivre un nouveau certificat à l'acquéreur. Le trait caractéristique du transfert dans le système Torrens, consiste donc dans la *délivrance d'un nouveau titre destiné à remplacer l'ancien*. On voit quelle est l'erreur dans laquelle sont tombés les hommes les plus compétents (tels que M. Yves Guyot, et M. P. Leroy-Beaulieu) quand ils énoncent que le certificat de propriété est un titre qui passe de main en main par endossement, comme la lettre de change. Cette observation est parfaitement justifiée par M. Charles Gide dans son *Étude sur l'Act Torrens* (*Bull. de législ. comp.*, 1886) qui expose dans ses détails les plus minutieux, le système dont nous venons de présenter seulement les traits les plus essentiels. Il fait remarquer notamment avec beaucoup de justesse que les choses se passent, en somme, comme chez nous dans le transfert de rentes sur l'État. Le certificat du vendeur est annulé; un certificat nouveau est délivré à l'acheteur par le service des titres, et le transfert est inscrit sur le folio du grand-livre.

D'autres facilités résultent du système pour le cas où le propriétaire veut contracter un emprunt en l'hypothéquant sur sa propriété.

16. En résumé, ses traits caractéristiques peuvent se résumer dans les dix principes suivants que nous empruntons à M. Gide, toutefois en les abrégeant :

1° Caractère facultatif du système : liberté pour tout propriétaire de l'adopter ou de s'en tenir au droit commun.

2° Enregistrement exigé pour tous les droits qui peuvent affecter un immeuble, non seulement pour les rendre opposables aux tiers mais aussi pour les constituer entre les parties.

3° Garantie de l'État vis-à-vis des propriétaires immatriculés; il est pécuniairement responsable vis-à-vis des ayants-droit, en cas d'erreur commise dans l'immatriculation et la délivrance des titres.

4° Publicité *réelle*, et non personnelle consistant dans l'établissement d'un grand-livre foncier où se trouve ouvert un compte à chaque domaine.

5° Remise à tout propriétaire enregistré d'un certificat servant de titre, et renouvelable à chaque changement de propriétaire.

6° Facilité pour tout propriétaire d'emprunter sur gage par la simple remise de son titre.

7° Droit de vérification attribué au fonctionnaire chargé de l'enregistrement.

8° Concentration de toutes les opérations relatives à l'enregistrement dans la capitale.

9° Extrême modicité des droits d'enregistrement.

10° Suppression de toute solennité dans la rédaction des actes.

17. La loi du 1er juillet 1885 a déclaré le système Torrens applicable à la Tunisie. Il y est facultatif, il place le régime de la propriété foncière, sous la juridiction des tribunaux français, et il semble appelé à rendre de grands services.

Cependant les résultats en ont été assez restreints, si on en juge par le rapport adressé au Président de la République en 1890, au nom du ministre des affaires étrangères. De plus, la loi du 1er juillet 1885 a fait l'objet d'un examen critique dans le congrès de la paix sociale tenu en 1889 (Réf. soc., 16 nov. 1889).

Des documents produits, il résulte que du 1er juillet 1885 au 1er juillet 1889 il ne s'était présenté que 93 demandes de propriétaires voulant placer leur domaine sous le régime de l'Act Torrens (soit 56 Français, 20 Européens divers, 17 Tunisiens). Il y avait cependant 13 demandes nouvelles, nous avons lieu de croire que le nombre des adhérents s'est accru, doublé peut-être. Il faudra du temps pour qu'on se familiarise avec un régime si différent du nôtre.

En Australie sir Robert Torrens, fit table rase, sauf à Melbourne de la législation existante. En Tunisie on a placé le système nouveau à côté : 1° de la législation française en matière de transmission et de purge ; 2° des formalités et règles de transmission existant suivant deux rites.

On a dû exiger des justifications dont on a fait juge un *tri-*

bunal spécial, mixte, composé de juges français et d'assesseurs musulmans, mais ces formalités sont coûteuses. Une
commission réunie à Tunis en 1891 a dû reprendre « l'examen de l'ensemble du tarif pour en atténuer les bases de
perception. »

Mais si un trop petit nombre de propriétaires à eu recours
au système, et si à ce point de vue le résultat est médiocre,
cependant relativement à la sécurité des titres on a pu en
apprécier les avantages réels. Le rapport du ministre des
affaires étrangères, à ce point de vue en affirme le plein
succès.

En exécution du système Torrens a été rendu un décret du
17 juillet 1888 qui détermine la compétence des juridictions
françaises en Tunisie, en matière immobilière. Nous y voyons
que (art. 1er) : Les droits réels sur les biens *immatriculés* sont
régis par les lois tunisiennes spécialement édictées pour cette
catégorie d'immeubles, et les litiges y relatifs ressortiront aux
juridictions françaises dans la régence.

(Art. 2). Le titre dressé en suite de la décision du *tribunal mixte* prononçant l'immatriculation est *définitif* et
inattaquable.

Il formera, devant les juridictions françaises, le point de
départ unique de la propriété et des droits réels qui l'affectent
à l'exclusion de tous autres droits non inscrits.

Les inscriptions portées ultérieurement sur ces titres feront
foi, devant les mêmes juridictions, dans les limites fixées
par les lois qui régissent, en Tunisie, les immeubles immatriculés.

Plusieurs critiques ont été formulées sur les détails d'application du système Torrens en Tunisie (V. la notice de
M. Ch. Gide, *Bulletin de la société de législation comparée*,
1886). Il serait intéressant de les examiner, mais c'est surtout la pratique qui révèlera les modifications à apporter au
mécanisme de l'Act Torrens.

18. M. Gide estime que le moment serait opportun pour

l'application du système en Algérie. « La propriété y est encore dans un état d'indétermination dont on s'efforce à grand'peine et à grand frais de la dégager. » L'administration procède, nous l'avons vu, à la délimitation des domaines. Elle dresse des plans et délivre, à chaque ayant-droit, un titre, qui, comme le dit M. Dain (*Revue algérienne* d'oct.-nov. 1885) « constitue le point de départ d'une propriété dégagée désormais de tous les droits réels qui n'auraient pas été révélés en temps utile. » Pourquoi, dès lors, l'administration ne délivrerait-elle pas ces titres dans les formes exigées par la loi australienne? Pourquoi ne pas les rédiger en double expédition, dont l'une serait délivrée au propriétaire indigène, avec obligation de renouvellement à chaque mutation, et dont l'autre resterait déposée aux archives, pour constituer un grand-livre de la propriété foncière, dans lequel chaque fonds aurait son signalement et son état civil?

Ces mêmes vœux ont été exprimés avec beaucoup de clarté et d'autorité devant la société d'économie politique de Lyon, dans sa séance du 20 janvier 1893, par M. Pic, ancien professeur à l'École de droit d'Alger, professeur à la Faculté de droit de Lyon. Il s'est attaché, en outre, à démontrer que l'application du système Torrens, qui assurerait la mobilisation du sol algérien, et en augmenterait considérablement la valeur « pourrait être complétée par un système de mobilisation du crédit hypothécaire, analogue à celui qui fonctionne actuellement en Allemagne. En d'autres termes, le conservateur des registres pourrait, en remettant au propriétaire le double du titre, lui délivrer en même temps des bons fonciers, ou coupons d'engagement, rédigés à peu près comme les handfesten Brêmoises. Telles sont précisément les bases essentielles du projet de loi élaboré, en 1886, par la Commission extra-parlementaire chargée d'étudier la réforme du régime foncier algérien. Ce projet n'a pas été, jusqu'à présent, soumis au Parlement; mais la question est au point et pourrait être rapidement tranchée » (*Soc. d'écon. polit. de*

Lyon, vol. de l'année 1893, p. 259 et suiv.) [1]. Le projet, récemment voté par le Sénat, donnerait en grande partie satisfaction à ce vœu (V. *suprà*, liv. XI, n° 31 *bis*).

19. Le temps écoulé depuis le traité du Bardo jusqu'à ce jour permet d'apprécier le caractère et les effets de notre intervention en Tunisie.

L'expérience a démontré que le *protectorat* est la méthode de civilisation la plus économique, la plus fraternelle et la plus rapide pour les colonies d'exploitation, et les colonies mixtes, quand on se trouve en présence d'une organisation suffisamment cohérente. Ce n'était pas le cas de l'Algérie, dans laquelle la population se trouvait divisée et où n'existait aucun pouvoir central et stable.

Le protectorat a pour base des ménagements envers l'organisation indigène, une sorte de collaboration avec elle, permettant de réaliser des changements graduels et des réformes en évitant les froissements. Le protectorat n'est pas une

---

[1] Le système de mobilisation du crédit hypothécaire, réalisé en Allemagne et spécialement à Brême et en Prusse, par la constitution des handfesten et des bons fonciers, a été exposé dans la même séance de la société d'économie politique de Lyon, par M. Pic et par M. Ch. Brouilhet, avocat à la Cour d'appel, l'un des secrétaires de la société. On sait que la handfeste, ou lettre de gage, organisée par la législation de la ville de Brême, est un titre représentatif d'une fraction de la valeur de l'immeuble délivré au propriétaire, sur sa requête, par la commission chargée de la tenue des registres fonciers. Les handfesten d'un même fonds constituent une série de titres dont les bénéficiaires ne concourent jamais entre eux, attendu que chaque lettre de gage est rédigée de manière à faire connaître sa place dans la série. Tout propriétaire peut avoir ainsi en portefeuille une série de titres, qu'il lui est loisible d'engager dans l'ordre qui lui plaît et quand il le jugera à propos. Les *bons fonciers* de la législation prussienne présentent une assez grande analogie avec les handfesten de Brême. Faudrait-il, pour l'Algérie et la Tunisie, ajouter l'essai de ce système de mobilisation du crédit de la terre à l'application du système Torrens? La question, en l'état, serait bien complexe et, d'autre part, la facilité qui serait ainsi offerte au propriétaire d'engager et d'émietter en quelque sorte son domaine, ne donnerait-elle pas à la propriété une instabilité très dangereuse en elle-même et très nuisible à la culture?

immobilisation, mais un instrument de progrès d'une supériorité incontestable dans les contrées qui ont franchi l'époque
de la barbarie et sont dans un état de demi-civilisation.

20. La Tunisie continue donc à être gouvernée par son
Bey qui est Sidi Ali frère du Bey Sadoc auquel il a succédé
le 28 octobre 1882. Le Bey a, nominalement, un pouvoir illimité sur la personne, la vie, les biens de ses sujets, il est
leur juge suprême, mais cette puissance avait même avant
notre intervention reçu diverses atteintes par suite des conventions internationales. C'est ainsi que l'esclavage avait été
supprimé en vertu d'un traité avec la France du 8 août 1830,
les étrangers avaient été soustraits, par les capitulations,
pour toutes les actions mobilières et pénales aux juridictions
indigènes.

Mais les plus grandes restrictions au pouvoir du Bey ont
été apportées, comme nous l'avons vu, par la convention du
8 juin 1883 qui, amplifiant singulièrement le traité indécis
du Bardo, a conféré, au gouvernement français, la faculté de
provoquer dans la régence toutes les réformes nécessaires à
la bonne administration du pays.

Dès lors, et en vertu du décret du 23 juin 1885, le résident général, dépositaire de tous les pouvoirs du gouvernement français a, sous ses ordres tous les services administratifs concernant les Européens et les indigènes, et les
commandants des troupes de terre et de mer.

Le Bey a conservé ses droits souverains de législateur mais
ses lois ne sont exécutoires qu'après avoir reçu le « visa » du
résident général. Celui-ci est le ministre des affaires étrangères du Bey, il a la préséance sur le personnage tunisien
qui porte le titre de premier ministre.

Le ministère tunisien comprend, outre le résident général
et le premier ministre, un ministre de la guerre qui est le
général français commandant les troupes, un ministre des
finances, fonctionnaire français, un ministre des travaux
publics, ingénieur français, un ministre « de la plume »

personnage tunisien, et un secrétaire général du gouvernement tunisien qui est français. Le conseil est présidé par le
résident général. Voilà l'organisation centrale, elle consacre
la prépondérance absolue de la France, en la conciliant avec
une juste déférence pour les autorités indigènes.

21. Les organes de transmission de notre influence dans
les provinces sont les contrôleurs civils, institués par décret
du 4 octobre 1884; ils exercent auprès des autorités indigènes
les mêmes fonctions de direction et de conseil que le résident
général auprès du Bey. Mais ils n'administrent jamais par
eux-mêmes.

D'abord au nombre de six, ils dépassent aujourd'hui un
nombre double et sont assistés parfois de contrôleurs suppléants. On exige d'eux la connaissance de la langue arabe.

Leurs fonctions sont multiples. Il sont, en première ligne,
nos représentants auprès des autorités indigènes.

Au premier rang de celles-ci sont des Caïds (qu'il ne faut
pas confondre avec les Cadis ou juges de paix des indigènes)
et qui sont assistés de leurs Khalifats, c'est-à-dire lieutenants.
Ils ont la charge du maintien de l'ordre, et la perception de
certains impôts. On a établi en Tunisie, comme en France
l'usage des registres à souches où les cotes sont inscrites, de
manière à faire disparaître l'arbitraire, l'incertitude et les
exactions.

Les Caïds et les Khalifats qui, naguère, achetaient leurs
charges ne sont plus nommés par le gouvernement tunisien
que sur la proposition du résident.

En second lieu, sous la surveillance des Caïds se trouvent
les Cheicks, chefs de village ou de fractions de tribus. Leurs
fonctions variées sont déterminées par la coutume et répondent à celles d'un Maire patriarcal; ils encourent le reproche
de ne pas tenir d'actes de l'état civil, coutume européenne
qu'on ne pourra propager qu'avec beaucoup de ménagements.

C'est ce personnel administratif que nos contrôleurs civils
ont à surveiller, et à conseiller. On voit combien leur tâche

est délicate. Vis-à-vis de la population européenne ils remplissent les fonctions d'officiers de l'état civil, même de notaires, de juges de paix, et de consuls. Ils exercent ainsi cumulativement des pouvoirs administratifs et judiciaires, mais cette confusion d'attributions peut s'excuser dans une période de transition.

Les contrôleurs civils sont eux-mêmes, depuis 1890, soumis à une direction générale.

22. L'organisation judiciaire a été établie sur les bases que nous avons fait précédement connaître. Elle s'est complétée par l'institution de nouvelles justices de paix.

Serait-il opportun de créer une Cour d'appel à Tunis? La question est en suspens. Pour une solution affirmative on invoque l'éloignement de la Cour d'Alger, l'extension des frais, les difficultés de toute nature qui en résultent pour les justiciables. Mais en sens inverse, on redoute la dépendance des magistrats de la Cour qui seraient amovibles, et l'on a soutenu qu'il était préférable de porter devant la Cour d'Aix les appels des jugements rendus par les tribunaux tunisiens. Ce serait bien pire au point de vue de la distance. La création d'une Cour d'appel à Tunis doit rentrer dans le programme de notre colonisation en Tunisie.

23. Comme en Algérie, il y a en Tunisie des tribunaux musulmans. Les règles de compétence sont les suivantes : Les contestations entre Européens, ou entre Européens et indigènes sont jugées par les tribunaux français. Mais, par exception, les contestations en matière immobilière entre Européens et musulmans sont portées devant le tribunal mixte dont nous avons parlé. Il jouit d'une compétence étendue et statue en dernier ressort. C'est une juridiction de transition qui a l'avantage de soustraire les Européens pour les questions immobilières à la juridiction musulmane.

Les indigènes ont une juridiction spéciale, mais elle procède de deux rites religieux, le rite Hanéfi qui vient des Turcs, le rite Malleki, indigène, qui est le plus répandu. Au-dessus de ces deux juridictions un tribunal suprême, sous le nom de Chara siège à Tunis. Mais comme il statue suivant la loi religieuse formulée dans le Coran, et appliquée dans toute sa rigueur, on a constitué une sorte de juridiction prétorienne, l'ouzara, qui corrige par la coutume ce que la loi religieuse pourrait avoir de trop inflexible. Cette organisation doit être respectée : elle se rattache à des usages anciens.

Il y a enfin dans les tribus, la juridiction inférieure des Cadis qui, dans les litiges concernant les indigènes, statuent comme juges de police et juges de paix.

« En nous servant des Cheicks, des Caïds et des Cadis — dit M. P. Leroy-Beaulieu — en leur laissant une autorité réelle..., nous nous épargnerons bien des embarras et nous travaillerons plus efficacement que par des procédés violents à la francisation du pays. »

24. L'instruction publique présente dans la Tunisie cette particularité remarquable qu'elle y est plus recherchée et appréciée par les indigènes qu'en Algérie. Les documents de statistique sur cette matière signalent la grande mosquée de Tunis comme fréquentée par environ six cents élèves indigènes. Plus de cinq cents écoles primaires arabes existent dans la régence. Toute localité de quelque importance en possède plusieurs. La langue française s'y répand, paraît-il, avec succès. Deux créations indigènes récentes sont celles du collège Sadiki, très richement doté, et de l'école normale ou collège allaoui fondé en 1884.

Les institutions françaises d'instruction publique sont le collège Saint-Charles créé par le cardinal Lavigerie, acquis depuis par l'État, et transformé en lycée d'enseignement secondaire spécial, sept écoles primaires à Tunis pour les garçons, dont trois gratuites dirigées par les Frères de la Doctrine chrétienne, deux écoles pour les filles, l'une primaire, l'autre secondaire tenues par l'État, deux établissements d'instruction dirigés par les religieuses de Saint-Joseph.

A l'intérieur on compte environ quarante écoles de garçons, publiques ou privées, vingt écoles publiques ou privées, pour les filles, dont plus de la moitié est dirigée par des religieuses.

Une lutte est engagée entre l'instruction française et l'instruction italienne, jusqu'à ce jour, très libéralement subventionnée par le gouvernement italien dont les efforts sont manifestes pour nous disputer la jeune génération.

25. Au point de vue monétaire une réforme s'impose consistant dans l'adoption du système décimal de l'union latine, le franc devant être substitué à la piastre comme unité. De même, les besoins du crédit justifieraient l'extension à la Tunisie de la banque privilégiée d'Algérie.

La nouvelle conversion de la dette tunisienne en 1889, dont nous avons parlé (V. *sup.*, n° 8), a eu d'heureux résultats. Grâce à l'abaissement du taux de l'intérêt, le service actuel de la dette représente moins du tiers des recettes normales de la Tunisie. Le budget qui avant notre occupation était en constant déficit donne des excédents notables et à peu près réguliers. S'élevant à 18 millions de francs, il est d'une charge annuelle assez lourde pour une population d'environ 1,300,000 âmes. La Tunisie est donc, relativement, aussi lourdement chargée que l'Algérie. Cependant, sauf les sommes mises à la charge du budget métropolitain pour la garantie d'intérêts du chemin de fer de la Medjerdah (2 millions) et pour l'entretien du corps d'occupation (6 millions), elle se suffit à elle-même.

C'est surtout à l'amélioration des procédés de perception et de contrôle qu'est due la plus-value des recettes tunisiennes. Les fonctionnaires français n'interviennent que pour diriger, surveiller et encadrer les agents indigènes chargés des perceptions.

Nous ne suivrons pas M. P. Leroy-Beaulieu dans l'analyse et la critique très détaillée qu'il fait des impôts tunisiens (p. 500 et suiv.). On ne peut pour le moment songer à une refonte générale de ces impôts; il n'est loisible que de les adoucir graduellement, au fur et à mesure des recettes. Cependant le vœu récemment exprimé par le Sénat sur la réforme des impôts arabes algériens ne pourrait-il pas s'appliquer en partie aux impôts arabes tunisiens? (V. *sup.*, liv. X, ch. II, n° 83).

26. Le régime commercial de la Tunisie, nous l'avons dit, ne pourra recevoir une organisation satisfaisante qu'après l'expiration, en 1896, du traité italo-tunisien, et une convention à intervenir entre la France et l'Angleterre, à la même époque. Cependant le commerce extérieur, très faible avant l'occupation française, s'est notablement développé depuis (V. les chiffres énoncés dans le rapport de M. P. Cambon, *Douanes*, Tunis, 1886). Le régime auquel sont soumises les marchandises importées est fixé par les traités de l'ancienne régence avec les nations étrangères et par un décret du 3 octobre 1884. Il échappe donc complètement aux dispositions du tarif édicté par la loi métropolitaine du 11 janvier 1892.

L'administration des douanes tunisiennes fonctionne avec un personnel français. Les droits à l'importation sont, en général, perçus *ad valorem* à concurrence d'environ 8 p. 0/0. Divers articles sont admis en franchise (les céréales, les machines agricoles importées directement par les propriétaires pour leurs exploitations). L'importation de certaines denrées, le sel, le tabac, etc., est prohibée, dans l'intérêt des produits similaires indigènes.

Les principales marchandises importées sont les céréales, farines et semoules, les tissus de coton, toile, soie, laine, les denrées coloniales, bois de construction ou ouvrés, les vins, spiritueux, métaux bruts et ouvrés, les cuirs et chaussures, les modes et confections, machines et instruments. On voit par cette énumération que les droits sont inspirés aussi bien par un motif de protection pour la production indigène que dans un but fiscal.

Les exportations sont grevées de droits de sorties dans un

intérêt fiscal. Elles comprennent surtout le blé, l'alfa, l'huile d'olive, le tan, les bestiaux, la laine brute ou lavée, les tissus de laine, les éponges, légumes secs, dattes, etc., et enfin, depuis peu, des vins.

Depuis 1890, les droits exorbitants qui d'ancienne date frappaient les produits tunisiens à leur entrée en France ont été atténués. Le terrain ne sera libre, comme nous l'avons déjà dit, par la conclusion d'une union franco-tunisienne, qu'après 1896. Espérons qu'elle ne rencontrera pas les difficultés auxquelles s'est heurtée si longtemps l'admission en France des produits algériens.

27. Situation civile et politique des colons français et des indigènes.

Les colons français restent français et ont tous les droits que leur confère cette qualité. Nous avons vu qu'ils relèvent de la juridiction française et ne sont justiciables de tribunaux mixtes dans lesquels l'élément français domine, qu'au cas de contestations immobilières avec les indigènes.

La part qu'ils sont appelés à prendre dans l'administration consiste en ce qu'ils peuvent faire partie des municipalités qui partout sont mixtes, c'est-à-dire composées de Français et d'indigènes. Il est désirable que les étrangers ne soient admis dans aucune, et qu'en outre les emplois quelconques dans les services publics soient toujours réservés à nos nationaux. Les membres des municipalités sont partout nommés par le résident général, il ne peut encore être question d'électorat ni d'éligibilité.

Nos colons n'ont de moyens d'exprimer leurs idées ou leurs vœux sur leurs intérêts privés ou collectifs qu'au sein des chambres de commerce françaises, des syndicats agricoles, ou des sociétés d'agriculture, ou encore dans le comité consultatif institué en 1890, et dont quelques-uns d'entre eux sont appelés à faire partie. Les éléments de population de la Tunisie sont trop hétérogènes pour qu'on puisse de longtemps l'associer à la vie parlementaire.

Nous avons suffisamment indiqué les traits caractéristiques de tout protectorat en général, et du nôtre en Tunisie pour que nous ayons à insister sur les ménagements et les bons procédés dont nos colons, comme nos fonctionnaires, doivent user envers les habitants.

Les indigènes restent sujets du Bey. Ils gardent leurs coutumes, leur culte, leur organisation familiale, ils se rendent compte des réformes que nous avons introduites : notamment en matière d'impôts ils ne se voient plus pressurés à merci comme ils l'étaient jadis quand la perception en était faite sans contrôle par les Caïds. Ils savent que toutes les cotes sont inscrites sur des registres envoyés chaque année au Caïd qui note sur la souche la somme perçue, détache le reçu écrit en arabe et le remet au contribuable. Leur état d'esprit se manifeste aussi par leur désir de s'initier à la langue française, et par ces sympathies que les autorités religieuses musulmanes elles-mêmes ont montrées en faveur du développement de l'instruction dans nos écoles. Pour peu qu'ils veuillent venir à nous, la nationalité française leur est très accessible par les conditions faciles de naturalisation que leur offre le décret du 29 juillet 1887 (V. *suprà*, liv. III, n° 57).

Les résultats matériels, de notre protectorat, l'extension des importations et des exportations, le bien-être qui en découle, sont reconnus et appréciés par le Bey, et l'on peut croire que ce n'était point un langage officiel mais un sentiment sincère qui lui faisait dire dans les fêtes de Tunis au mois de mai 1893 : « Je vois chaque jour davantage le bien que la France fait ici sous tous les rapports, et je bénis Dieu d'avoir placé la Tunisie sous la protection de cette grande et puissante nation. »

CHAPITRE IV.

COLONIES FRANÇAISES DE L'AFRIQUE OCCIDENTALE. — SÉNÉGAL, SOUDAN, GUINÉE, CONGO.

———

1. La Restauration « avec ce zèle digne d'éloge, et cette singulière inexpérience dont on a vu déjà des preuves à la Guyane, » voulut donner à notre colonisation d'Afrique une grande et définitive impulsion. Nous n'avions réellement au Sénégal en 1818 que Saint-Louis, simple comptoir de traite à l'embouchure du fleuve, et l'île de Gorée sur la côte à 180 kilomètres plus au sud. On tenta des entreprises agricoles pour la culture du coton et de l'indigo. Le 8 mai 1819 fut passé avec le chef indigène du Oualo un traité par lequel il nous cédait en toute propriété moyennant des coutumes ou redevances annuelles les îles et le territoire de Oualo confinant à Saint-Louis sur la rive gauche du Sénégal.

On avait rencontré, non loin de la mer, des pieds de cotonnier venus spontanément. On avait conclu qu'on pouvait tirer un parti excellent d'une plante poussant ainsi naturellement dans le pays et sans s'occuper autrement de la nature du terrain et des conditions météorologiques, on se mit avec ardeur à la nouvelle culture. On entreprit aussi celle de l'indigotier; on fit venir du Bengale un agent spécial et on créa d'immenses plantations; mais après six ans on constata que si la qualité du produit était la même que celle de l'indigo des Indes, la

main-d'œuvre était plus chère, les exportations étaient insuffisantes (6,250 kilogr. seulement en six années), et l'entreprise se trouvait en perte.

La culture du coton n'aboutit pas à de meilleurs résultats ;
on les attribua à l'élévation du prix de la main-d'œuvre, aux
accidents provenant des débordements périodiques du fleuve,
à la rareté des pluies, à l'action desséchante du vent. On put
constater aussi que les cultivateurs recevant du gouvernement
des primes de culture y trouvaient leur principal bénéfice et
trompaient les agents du fisc inexpérimentés ou infidèles en
leur faisant accepter comme arbustes sains des pieds de
cotonnier desséchés et improductifs. Comment d'ailleurs
pouvait-on installer à 30 ou 40 lieues de Saint-Louis de
grandes cultures industrielles? Les primes très élevées qui
n'aboutirent qu'à un gaspillage considérable auraient été bien
mieux employées si elles avaient été affectées à l'amélioration
du fleuve.

2. On abandonna donc l'indigo et le coton pour se rejeter
sur le commerce de la gomme qui donna lieu à une spéculation effrénée. En 1841, une nouvelle culture fit son apparition, celle de l'arachide, et dès lors le commerce entra dans
des voies plus régulières.

Dans l'intervalle de 1819 à 1841 s'étaient produits plusieurs
faits d'une sérieuse importance : un traité passé avec les
chefs du territoire de la Casamance, la construction d'un
poste à Sedhiou, des négociations qui avaient empêché l'é-
tablissement des Maures sur la rive droite du Sénégal, la
mise en vigueur de quelques-uns des Codes métropolitains
(commerce, pénal, instr. crim.), l'organisation de la justice
et de la force militaire, l'ouverture de l'école des Frères à
Saint-Louis (4 nov. 1841). A partir de 1843, sous l'administration du capitaine de corvette Bouët-Villaumez, une mission remontait le fleuve jusqu'à Bakel, traversait Sénoudébou, visitait les mines d'or de Kéniéba et rentrait par la
Gambie, le 16 mars 1844.

De 1846 à 1854 des explorations étaient faites vers le Soudan et vers le Saharah occidental, nos possessions s'étendirent sur le territoire de Sénoudébou. Les indigènes furent admis à entrer dans le corps des spahis (1847), on créa un tribunal spécial pour les musulmans (1848), on rendit exécutoire la loi du 27 avril sur l'abolition de l'esclavage. Enfin, pour mettre fin aux actes de brigandage des Maures, des Ouolofs et des Toucouleurs, une colonne expéditionnaire établit un fortin à Podor et prit Dialmath, capitale du Dimar. Sur la demande des habitants de Saint-Louis, le commandant Faidherbe était nommé gouverneur de la colonie (16 déc. 1854).

3. La première période d'administration du nouveau gouverneur, promu bientôt au grade de colonel, s'étend de 1854 au mois de juin 1861 et peu. se diviser en trois parties : 1° guerre contre les Maures, de février 1855 à juin 1859; 2° guerre contre El Hadj Omar, chef des Toucouleurs, de janvier 1855 à août 1860 ; 3° actes administratifs.

Ne pouvant nous arrêter aux détails des expéditions difficiles, souvent sanglantes et enfin victorieuses de Faidherbe, nous constatons qu'il assura à nos traitants le droit de navigation tout le long du fleuve et le protectorat de la France sur les pays de Dimar, de Toro, de Damga, du Saloum, de la Casamance et de la Mellacorée. Le nombre des ports fortifiés qui s'étendaient le long du fleuve, outre celui très important de Médine, fut augmenté, et les territoires des villages de Dagoua, Bakel, Sénoudébou, N'diago, Gaé, etc., ainsi que diverses enclaves des environs de Saint-Louis, furent déclarés annexés à la colonie.

C'est pendant cette première période de l'administration du colonel Faidherbe que la ville de Saint-Louis fut assainie, embellie, pourvue d'un musée, de casernes, d'hôpitaux, d'écoles, d'une imprimerie, et d'un journal officiel local.

De 1861 à 1863, pendant que le colonel Faidherbe obtenait en France un repos momentané, après neuf années de séjour et de nombreuses campagnes au Sénégal, son successeur, le

R.

capitaine de vaisseau Jaureguiberry, infligeait plusieurs défaites aux Toucouleurs, toujours insoumis. De retour dans la
colonie avec le grade de général (14 juill. 1863) le gouverneur Faidherbe achevait la conquête du Cayor et consolidait,
sur divers points, la domination de la France. Son successeur, de 1865 à 1869, le colonel Pinet-Laprade, poursuivit
l'œuvre de son illustre prédécesseur; il dirigea surtout ses
efforts sur la contrée située au-delà de la Gambie, appelée
aujourd'hui les Rivières du Sud. Il établit le protectorat de la
France sur une grande partie des rivières (Casamance, Cassini,
Nunez, Pongo) et y fit construire des postes fortifiés, ainsi
que d'autres dans le nord et sur le Sénégal même, entre lesquels il établit une ligne télégraphique communiquant avec
Saint-Louis. Après vingt années de séjour dans le Sénégal,
le colonel Pinet-Laprade fut malheureusement enlevé en
quelques heures par le choléra.

4. Dans les dix années qui suivirent, la colonie jouit d'une
tranquillité relative, pendant laquelle son organisation intérieure se compléta par diverses créations : formation de deux
arrondissements à Saint-Louis et Dakar; création d'une chambre de commerce à Saint-Louis; institution de diverses communes, établissement d'une société d'agriculture, d'une caisse
de retraite, du conseil général, représentation au Parlement
(8 avril 1879). En 1880 et 1881 plusieurs corps indigènes
sont créés ou augmentés en vue d'une action sur le Haut-
Fleuve. Des lignes télégraphiques sont organisées. En 1885,
un chemin de fer établi dans le Cayor relie Dakar à Saint-
Louis. En 1886, Saint-Louis et Rufisque sont éclairés à l'é-
lectricité. De 1887 à 1890 plusieurs lois, décrets ou ordonnances, outre les Codes métropolitains depuis longtemps
promulgués au Sénégal, sont rendus applicables à la colonie
(notamment sur la police des chemins de fer, l'inscription maritime, l'expropriation pour cause d'utilité publique, ainsi que
la loi du 15 juillet 1889 sur le recrutement de l'armée, etc.).

La même période a vu l'extension de notre protectorat sur

le Fouta-Djallon et le Djolof. En sorte que, sans pouvoir entrer dans plus de détails, nous constatons, à l'heure actuelle, qu'il existe au Sénégal trois sortes de territoires : 1º les pays *possédés*, savoir : Saint-Louis, Dakar, Rufisque, avec leurs banlieues, l'île de Gorée, et divers territoires à Arguin, à Kaolack, dans la basse et la haute Casamance, dans le Nunez, dans la Mellacorée, le Kayor, les provinces de N. Diander, de Gankouné, etc.; 2º les pays *annexés*, Ouâlo, Cayor septentrional, Toro, Dimar, Damga, où les populations ont conservé leurs lois et leurs coutumes, mais dont les chefs sont nommés par le gouverneur de la colonie, et l'impôt perçu par l'administration française; 3º les pays *protégés*, dont les chefs, sans être choisis par l'administration, sont agréés par elle et reconnaissent notre prépondérance. C'est sous ce régime que se trouvent le Fouta central, le Djolof, le Ferlo, le Cayor méridional, le Sine, le Saloum et divers bassins des Rivières du Sud.

Il existe, enfin, des traités de commerce et d'amitié avec les rois Maures des Trarzas, des Braknas et des Douaïch (V., pour suivre ces indications, l'atlas de Schrader, Prudent et Anthoine, édité par Hachette et Cie).

5. Il en résulte que si nous jetons un coup d'œil d'ensemble sur toute la région sénégalienne, nous remarquerons qu'elle constitue ce que les géographes dénomment la Sénégambie française, divisée en trois parties distinctes :

1º La côte d'Arguin, au nord, près de l'Adrar mauritanien. Cette région commence au cap Blanc et va jusqu'à la rive septentrionale du Sénégal. Par sa nature elle appartient au Sahara et est habitée, y compris l'Adrar et le Tagant, par les Maures, qui sont liés avec nous par des traités de protectorat ou d'amitié. Leurs incursions et leurs pillages, jadis périodiques sur la rive nord du fleuve, y ont pris fin. Ils sont enfin contenus dans leurs limites; ils acceptent notre influence et ont intérêt à faire des échanges avec nous.

2º *Le Sénégal proprement dit*, où coulent le fleuve, le Séné-

gal, le Saloum et la Gambie. Cette contrée, par sa constitution géologique, n'appartient plus au Sahara, sans appartenir
proprement à la région des forêts, mais elle présente certains
caractères de ces deux régions.

3° Enfin les *Rivières du Sud* (Campony, Nunez, Pongo,
Dubréka et Mellacorée), qui appartiennent entièrement à la
région forestière. Leur territoire a été pacifié et soumis surtout à partir de 1887.

Sur ces derniers points, ce n'était pas seulement vis-à-vis
des indigènes qu'il y avait à assurer notre prépondérance. Il
était nécessaire de la soustraire aux prétentions de puissances européennes.

A cet égard, sont intervenues des conventions que nous
devons signaler.

6. Le 24 décembre 1885, la situation respective de la
France et de l'Allemagne, dans l'Afrique occidentale, était
réglée par un protocole, dont nous extrayons seulement ici
la partie relative aux Rivières du Sud dans la Sénégambie et
spécialement à la Dubreka. Il y est dit que « l'Empereur
d'Allemagne renonce à tous droits ou prétentions qu'il pourrait faire valoir sur les territoires situés entre le Rio-Nunez
et la Mellacorée, notamment sur le Koba et le Kabitaï, et
reconnaît la souveraineté de la France sur ces territoires. »
Les autres parties de cette convention traitent des possessions
françaises et allemandes : 1° sur la côte des Esclaves (territoire de Togo, des Popos et d'Agoué); 2° dans le golfe de
Biafra, relativement à la délimitation du Congo français et de
la colonie de Kameroun. Nous reviendrons sur ces clauses de
ladite convention quand nous traiterons de nos possessions du
Dahomey et du Congo. Ce qu'il faut retenir ici, c'est que
l'Allemagne n'a plus rien à prétendre sur nos possessions
sénégaliennes.

7. Un peu plus tard, une autre convention signée entre le
Portugal et la France (12 mai 1886-31 août 1887) délimitait
leurs possessions respectives dans l'Afrique occidentale.

L'article 1er de cette convention est relatif aux Rivières du Sud au Sénégal confinant au territoire de la Guinée portugaise. La ligne de démarcation est déterminée à partir de la rivière la Casamance, en suivant divers degrés de latitude et de longitude expressément mentionnés.

Par l'article 2, le Portugal reconnaît le protectorat de la France sur le Fouta-Djallon.

8. Enfin, nous devons signaler une troisième convention. Elle est intervenue entre la France et l'Angleterre, le 10 août 1889, et a été ratifiée le 12 mars 1890.

Les articles qui y sont relatifs au Sénégal et aux Rivières du Sud sont très étendus et comprennent différentes annexes, dans lesquelles on se réfère à la carte dressée par M. Monteil en 1886. Leurs dispositions, qui indiquent à la fois des degrés et des noms de localités diverses, tendent à établir la ligne de démarcation entre nos possessions sénégaliennes et le territoire de la colonie anglaise de Sierra-Leone.

Pour peu qu'on jette un coup d'œil sur la carte on remarquera que la colonie anglaise, dans sa partie située à l'est, confine aux territoires de Samory, ce chef indiscipliné, toujours impatient, toujours révolté contre notre protectorat et qui, dans ses conflits avec les nôtres, s'approvisionne d'armes et de munitions chez ses voisins les Anglais, qui les lui fournissent en échange de ses produits. Cette situation a donné lieu à de récentes et singulières méprises de la part des troupes anglaises de Sierra-Leone vis-à-vis de nos propres troupes. Il y aurait lieu de revoir, d'une manière plus précise, les confins de Sierra-Leone avec les territoires de Samory, qui ne sont nullement indépendants et ne forment pas, comme le prétendait le colonel Ellis (mars 1894), une sorte d'état tampon entre nous et Sierra-Leone, mais sont sous notre domination directe, sauf à nous à la rendre plus effective par la défaite définitive et la ruine de Samory. Les expéditions engagées contre lui se lient à notre conquête du Soudan, dont nous parlerons bientôt.

20*

9. Etant donnée cette étendue considérable, on comprend que le Sénégal, colonie importante, soit appelé à le devenir bien plus encore. Ses richesses naturelles sont nombreuses. Il n'y existe cependant pas de mines. La production minérale n'y est représentée que par les salines de Gandiole, au sud de Saint-Louis, d'où l'on tire presque tout le sel nécessaire à la colonie, ainsi qu'aux populations du haut fleuve et des Rivières du Sud.

Mais les richesses végétales sont considérables. Les noirs s'y livrent à la culture du mil, qui est la base de la nourriture indigène, soit à l'état naturel, soit mélangé avec le maïs, ce qui forme le couscous, auquel on ajoute de la viande et du poisson. Ils cultivent en outre l'arachide, dont on tire des huiles recherchées pour diverses industries. Le prix moyen de vente de l'arachide, à Marseille, est de 30 francs la barrique, qui est de 100 kilogr. Le rendement de l'arachide varie entre 30 et 35 pour un; autrement dit, 80 kilogr. de graines semées peuvent donner un rendement de 2,500 à 3,600 kilogr.

A part Bakel, qui fait partie du Soudan français, les principaux marchés d'arachides sont les stations de Cayor, Rufisque, Sedhiou, Carabane, enfin Boké, dans les Rivières du Sud. Les expéditions hors de la colonie sont presque toutes dirigées sur Marseille. Le Cayor, jadis en partie inculte, s'est trouvé mis en culture comme par enchantement, depuis qu'on a construit le chemin de fer de Dakar à Saint-Louis.

L'arachide ne fournit pas seulement des huiles; ses tourteaux sont très estimés et employés en Algérie, en Tunisie, même en Angleterre et dans l'Amérique du Sud.

Après le mil et l'arachide, la gomme arabique est le produit végétal le plus important. On en distingue environ dix sortes, qui trouvent des débouchés dans tous les pays, pour de nombreux emplois pharmaceutiques, industriels et alimentaires.

Le riz, le maïs, le coton, le café, le tabac, les graines oléagineuses, viennent ensuite avec des plantes médicinales, et le caoutchouc, dont il est exporté pour environ 650 à 700,000 francs par an. Les diverses essences d'arbre, dont quelques-unes sont très appréciées, nécessiteront une exploitation forestière spéciale qui, bien comprise, donnerait, paraît-il, d'importants bénéfices. Il serait question de créer au Sénégal proprement dit, et dans les Rivières du Sud, deux jardins coloniaux, comme pépinières pour les plantes du pays et comme terrains d'acclimatation et champs d'expériences pour les plantes de la métropole.

10. Cet aperçu permet d'apprécier, au point de vue colonial, le caractère du Sénégal. Il ne peut être pour nous une colonie de peuplement, mais une colonie d'exploitation agricole et de commerce. Nous devons y susciter, y commanditer des cultures. Ce qui, pendant longtemps, a empêché le développement agricole de ces régions, c'était les incursions et les pillages des Maures sur la rive droite du Sénégal, c'était l'esclavage, la tyrannie exercée par les chefs indigènes sur les territoires les uns des autres, c'était les razzias, les ravages de Samory. Cet état de choses a presque partout disparu et disparaîtra entièrement quand Samory, dont on a toujours lieu de craindre les retours offensifs et les dévastations qu'il inflige aux villages indigènes, sera définitivement réduit à l'impuissance. Avec la sécurité il faut la liberté des trafics. Des obstacles d'origines diverses entravaient jadis la circulation des marchandises. Sur le fleuve, c'étaient des droits appelés coutumes, perçus arbitrairement par les Maures et qui, aujourd'hui, ont disparu ou ont été abaissés.

11. Les importations échappent heureusement à l'application du tarif métropolitain du 11 juillet 1892 (V. *suprà*, liv. VIII, n° 22). Des droits locaux subsistent sur certains points et des octrois de mer ont été établis par des arrêtés ministériels (1873 et 1876), au profit des communes de Saint-Louis et de Gorée-Dakar. Ces mesures sont acceptables en tant qu'elles ont pour but de procurer des ressources à la

colonie. Ce n'est pas l'impôt direct qui peut leur en donner de suffisantes.

C'est dans ce même but que les produits exportés des dépendances de Gorée, comprenant la côte située entre le cap Vert, le cap Sangomor, et les rivières de Saloum, de la Cazamance, de Nunez, de Pongo et de la Mellacorée sont soumis à une taxe de 4 p. 0/0 au maximum (Décr. des 19 févr. 1868 et 20 juin 1872).

Le commerce du Sénégal est resté longtemps inférieur à ce qu'il était au siècle dernier, quand la traite lui fournissait son principal élément. Il comprend aujourd'hui environ 25 millions de francs, dans lesquels les importations dominent. Ce n'est qu'un commencement, nous sommes à peine sortis de la période militaire de la colonisation.

12. Comment devons-nous traiter les indigènes? Prétendre les plier à une assimilation serait une chimère, surtout quand on considère combien la population européenne est encore clairsemée. Mais nous pouvons les rapprocher de nous par les idées, par une sage direction donnée au travail agricole, par une initiation aux mœurs plus régulières de la civilisation, par le spectacle même et le fonctionnement régulier de nos institutions. Les écoles doivent aussi exercer une heureuse influence. Dès 1857, des écoles ont été ouvertes pour les indigènes. L'école de Saint-Louis, laïque, avait déjà, il y a vingt ans, plus de 200 élèves musulmans, sans compter un certain nombre d'élèves qui, « par les conseils des marabouts eux-mêmes, fréquentaient les classes des Frères. » Il y a environ trente écoles primaires de garçons et quatorze de filles, et deux écoles secondaires congréganistes, dont l'une est subventionnée (V. dans la collection Henrique la *Notice sur le Sénégal*, p. 96).

13. Nous avons mentionné les traits généraux que présente l'organisation de la justice dans les petites colonies, parmi lesquelles le Sénégal est placé (V. *sup.*, liv. V, nos 19 et suiv.). Outre les juges de paix à compétence étendue dont l'institution devra prendre plus d'extension, il y a les deux tribunaux de première instance de Saint-Louis et de Gorée, et la cour d'appel de Saint-Louis dont le ressort comprend tous les établissements français sur la côte occidentale d'Afrique. Elle est composée du procureur général, chef du service judiciaire du Sénégal, de un président, un conseiller, un conseiller-auditeur, un greffier (Décr. 31 janv. 1891). La justice répressive a été revendiquée à tous les degrés par l'autorité française. A Saint-Louis siège la cour d'assises composée de trois magistrats de la cour d'appel et quatre assesseurs, pris parmi les notables, sur une liste dressée chaque année. On y joint des assesseurs musulmans quand l'accusé est un indigène musulman.

La justice musulmane a été instituée en matière civile par décret du 20 mai 1857. Elle est rendue par un tribunal qui comprend un cadi, un assesseur suppléant, un greffier, et qui connaît de toutes les actions entre indigènes musulmans, concernant leur état civil, le mariage, les successions, donations, testaments, d'après le droit et les formes en usage chez les musulmans.

L'appel est porté devant un conseil spécial qui se compose du gouverneur, d'un conseiller de la cour d'appel, du directeur des affaires indigènes, du chef de la religion musulmane ou « Tamsir. »

Cependant les parties peuvent, d'un commun accord, porter leurs contestations devant le tribunal français qui est alors assisté d'un assesseur musulman, avec voix délibérative désigné par le gouverneur.

14. Nous avons implicitement indiqué l'organisation administrative et municipale du Sénégal, en traitant de cette matière pour les grandes et les petites colonies. Nous énumérerons simplement ici les dates des décrets les plus récents en ce qui concerne le Sénégal : décret du 10 août 1872 sur les *institutions municipales* de plein exercice au Sénégal; — décrets des 29 avril et 26 juin 1884 qui y rendent applicable la loi municipale métropolitaine du 5 avril précédent, et

règlent l'élection des membres du conseil, des maires et adjoints; — décret du 4 février 1879 instituant un conseil général et réglant en outre la composition du conseil d'administration qui assiste le gouverneur; — décret du 8 avril 1879 qui rétablit la représentation du Sénégal, à la Chambre et au Sénat.

15. Toutes ces institutions sont autant de rouages dans l'œuvre de la colonisation du Sénégal, et contribuent à assurer avec la justice et la sécurité notre suprématie sur les indigènes.

Mais M. P. Leroy-Beaulieu considère qu'une autre source d'influence doit se répandre plus largement, c'est le christianisme. « Dans le centre et à l'ouest, dit-il (p. 539), un des grands obstacles que rencontre la civilisation européenne ce sont les progrès de l'Islamisme. Il faudrait, en évitant tout trouble religieux, prévenir le développement de l'Islam dans cette région. Cela eût été facile il y a un quart de siècle. Il eût suffi de convertir au christianisme toutes les tribus encore payennes. Quant à essayer d'une propagande quelconque auprès des populations devenues, même d'hier, musulmanes, ce serait inutile et dangereux. Mais notre gouvernement devrait encourager les missionnaires à convertir au christianisme tous les païens; on éviterait qu'ils devinssent la proie du mahométisme. Cette œuvre, qui est pressante, exige de l'habileté et de l'esprit de suite. »

16. En résumé, « si nous savons tirer parti des avantages de situation — dit encore M. P. Leroy-Beaulieu — le Sénégal doit devenir un des grands établissements coloniaux du monde. Situé à 400 lieues de Tombouchtou et relativement voisin de notre grande colonie d'Algérie, conduit par des mains habiles, il est appelé à constituer un centre important de commerce et de civilisation. »

Cet horoscope se trouve justifié par les récentes conquêtes accomplies dans le Soudan. C'est une autre contrée qui vient se joindre au Sénégal et qui ouvre un nouveau champ à notre action civilisatrice en lui permettant, en effet, de se rapprocher de notre colonisation algérienne et tunisienne.

17. L'histoire du Soudan français ne commence réellement qu'en 1881, c'est-à-dire à partir de l'occupation de ce pays par nos troupes.

Il n'est pas sans intérêt cependant de signaler les principales explorations qui jusqu'à cette époque ont été tentées dans cette région divisée en un très grand nombre d'États, les uns indépendants, les autres vassaux ou tributaires des précédents. Après 1815, nous voyons Gaspard Mollien, l'un des survivants du naufrage de la Méduse, parent du ministre de Napoléon Ier, traverser les forêts du Ferlo, remonter le Sénégal jusqu'à Bondou, franchir la Gambie, découvrir ses sources, et celles du Sénégal, gagner au moyen du Rio-Grande les établissements portugais de Bissao, et rentrer par mer à Saint-Louis (1819).

Plus heureux encore, René Caillié, né en 1800 à Mauzé, dans les Deux-Sèvres, après une jeunesse aventureuse à la Guadeloupe et au Sénégal où il apprit la langue et les coutumes arabes chez les Braknas, partit de Freetown, colonie anglaise, le 22 mars 1827, arriva au Fouta-Djallon, atteignit le Niger à Kouroutsa, se joignit à une caravane qui allait à Kankan, arrivait à Timé, à Dienné, au lac Débo et par Kabara à Timbouchtou (20 avr. 1828) qui, suivant son estimation n'avait alors que 10 à 12 mille habitants et n'était qu'un amas de masures en terre. Il partait ensuite avec une caravane qui se dirigeait vers le Maroc, le 12 août il entrait à Fez, se présentait le 7 septembre au consul de France à Tanger qui lui donnait les moyens de rejoindre Toulon, de là René Caillié gagnait Paris où il recevait le grand prix annuel de la Société de géographie.

Son exploration ayant été critiquée, même contestée ultérieurement, fut défendue par M. Jomard, membre de l'Institut, et confirmée vingt-cinq ans plus tard par un autre explorateur, le hambourgeois Barth, qui, parvenu lui aussi à

Timbouchtou (1848), put vérifier l'exactitude du récit de Caillié, mort dans l'intervalle, et en souvenir duquel le général Faidherbe fit élever une colonne à Boké, sur les rives du Nunez.

En 1846, Anne Raffenel, officier du commissariat de marine, chercha à traverser le Soudan pour gagner le lac Tchad et atteindre les sources du Nil; mais arrêté dans le Kaarta, retenu à Fontobi, où se termina son exploration, il publia un ouvrage intéressant, sous le titre de *Nouveau voyage au pays des Nègres*.

De 1860 à 1866, nous voyons les explorations du lieutenant de vaisseau Mage et du chirurgien Quintin à Kita, à Segou, où ils furent retenus aussi par Ahmadon, successeur de El-hadj-Omar, son père, qui les relâcha sur les menaces de Faidherbe.

Paul Soleillet, quinze ans après, entreprenait le même voyage, avec l'intention d'étudier une voie de communication entre le Sénégal et l'Algérie; mais, comme les précédents, il fut retenu à Segou par Ahmadou qui, en l'entourant d'égards, l'empêcha néanmoins d'aller plus loin. Signalons encore deux autres explorations de Paul Soleillet : l'une au sud de l'Algérie, jusqu'à In-Salah; l'autre vers la mer Rouge, à notre colonie d'Obock, qui lui doit une partie de son extension territoriale.

Nous ne mentionnons pas diverses tentatives faites sur l'initiative de maisons de commerce, dans un but géographique et commercial; et nous signalerons pour mémoire les missions de MM. Jacquemart, Monteil, Bayol, Galliéni, Quiquandon, qui ont eu d'heureux résultats d'exploration et ont abouti à une dizaine de traités de protectorat. Mais ces traités, souvent fragiles, ou impatiemment supportés et mal exécutés, ont parfois besoin d'être consolidés et complétés par les armes. Tel fut le but des expéditions du colonel Borguis-Desbordes (1881-1883), du lieutenant-colonel Boilère (1883-1884), du commandant Combes (1884-1885), du lieutenant-colonel Frey (1885-1886), du lieutenant-colonel Galliéni, pourvu du titre de commandant supérieur du Soudan français (1887-1889), des commandants et plus tard lieutenants-colonels Humbert, Archinard, etc. (1889-1893). Nous ne pouvons oublier ni la malheureuse mission Flatters, ni les derniers voyages d'exploration Oberdorf, Liotard, Tautin et Quiquandon, Levasseur, Binger, etc., ni les expéditions topographiques qui, de 1881 à ce jour, ont à plusieurs reprises étudié le Soudan et dressé les cartes de diverses régions; ainsi a été préparée la carte générale divisée en seize feuilles.

18. Dans ce rapide tableau, nous avons conscience que beaucoup de noms devraient encore prendre place. Une plus ample histoire du Soudan rendra certainement justice à tous ceux qui ont contribué à donner à la France ce nouvel empire colonial. Nous nous reprocherions d'omettre le nom du commandant Monteil, dont l'odyssée heureuse montre ce que l'on peut espérer de l'avenir. Parti de Saint-Louis (Sénégal), le 9 octobre 1890, il se trouvait, après quelques semaines, à Segou, sur le Niger, à 1,600 kilomètres de la côte. Inclinant au sud-est, il gagnait le pays des Bobos, habité par une race de cultivateurs laborieuse et honnête, puis le Mossi, région pacifique où sévit le fétichisme. Contraint de quitter le Mossi, il se rendit à Dosi, puis à Saï, tête de ligne dont nous avons parlé plus haut (Liv. XI, n° 5) de la délimitation assez fictive qui, jusqu'au lac Tchad, fixe le point extrême de notre Hinterland algérien et tunisien. Nous le voyons s'arrêter à Kano, capitale du commerce et de l'industrie du Soudan, avec une population de 40 à 50 mille habitants, pénétrer dans le Barnou, toucher au lac Tchad et, enfin, laissant à grande distance Timbouchtou sur sa gauche, remonter à Tripoli, où il arriva le 12 décembre 1892. Par ce voyage véritablement féerique, accompli au milieu de difficultés sans nombre, le commandant Monteil est le premier explorateur, croyons-nous, qui, parti de l'Atlantique, ait pu rejoindre la Méditerranée en passant par le cœur de l'Afrique.

19. De ce que nous venons d'exposer, il résulte que le

Soudan est pour nous une colonie distincte du Sénégal, ayant sa physionomie, ses populations, ses éléments particuliers de commerce et d'industrie, devant lesquels s'ouvrira pour nous, avec le temps, un marché immense d'importations et d'exportations.

L'importance en a été reconnue et consacrée par les décrets des 18 août 1890 et 27 août 1892, d'après lesquels le Soudan français a été constitué en colonie indépendante, séparée du Sénégal dont jusqu'alors il faisait partie. Un troisième décret du 27 février 1893 a institué un conseil d'administration auprès du commandant supérieur, conformément aux dispositions du décret du 5 août 1881, concernant l'organisation et la compétence des conseils d'administration de la Martinique, de la Guadeloupe et de la Réunion (V. *Off.* du 1er mars 1893).

20. Après l'étude que nous venons de faire, si nous embrassons du regard le littoral occidental de l'Afrique, au sud du pays des Maures, nous voyons la domination de la France prendre naissance au cap Blanc et s'étendre, par Saint-Louis et Dakar, jusqu'à la Gambie anglaise, petite colonie que nous entourons, pour suivre de nouveau la mer jusqu'à la Guinée portugaise, bien plus importante. Après celle-ci, nous pénétrons dans nos possessions sénégaliennes des Rivières du Sud. Notre domination s'arrête à ce point du littoral, où se rencontrent successivement la colonie anglaise de Sierra-Leone, capitale Freetown, limitée à l'est par les États de notre protégé Samory et la république nègre indépendante de Libéria. Alors commence le littoral du golfe de Guinée, sur lequel s'échelonnent successivement la Côte d'Ivoire, la Côte de l'Or, la côte des Esclaves; nous y rencontrons, en premier lieu, nos possessions du grand Bassan et d'Assinie et, plus loin, celles de Porto-Novo et du Dahomey.

Le moment est venu d'en faire l'étude.

21. Ce n'est pas d'aujourd'hui que notre domination est apparue sur les côtes du golfe de Guinée. Mais nous ne mentionnerons que pour mémoire les premières expéditions des marins de Dieppe qui, ayant fondé au xiv° siècle des comptoirs au Sénégal, élevèrent sur la Côte d'Or le fort de la Mine. Les établissements créés dans ces tentatives aventureuses tombèrent en décadence. En 1700, la Compagnie d'Afrique essaya de relever le commerce de la Côte d'Or et établit non loin sur la Côte des Esclaves un fort à Widah qui resta occupé par la France jusqu'en 1797, et un comptoir à l'entrée de la rivière d'Assinie dont l'existence fut éphémère.

Pendant plus d'un demi-siècle, nos rapports avec ces régions furent interrompus. Le gouvernement du roi Louis-Philippe entreprit d'y rétablir notre influence. C'est à la suite d'une expédition poursuivie en 1838 jusqu'au cap Lopez que fut décidée la création des établissements d'Assinie, du Grand-Bassan et du Gabon.

Des traités conclus en 1842 avec les chefs indigènes ayant donné à la France la souveraineté de ces pays, trois expéditions partirent de Gorée en juin 1843 pour prendre possession des territoires cédés. Un nouveau traité conclu la même année avec le roi d'Assinie nous donna en toute propriété la presqu'île sur laquelle a été fondé notre nouvel établissement d'Assinie, et soumit à notre protection le territoire adjacent.

22. Sous le second Empire, notre établissement au Grand-Bassan se consolida. Une organisation judiciaire y fut établie ainsi qu'au Gabon (Décr. 11 sept. 1869). Elle a été complétée par décret du 1er juin 1878. Deux tribunaux d'arrondissement existent au Grand-Bassan et à Assinie, comprenant chacun un juge, un officier du ministère public et un greffier. Ils jugent sans préliminaire de conciliation en matière civile. Ils connaissent en premier et dernier ressort de toutes les matières attribuées aux juges de paix par la loi du 25 mai 1838, et des affaires civiles et commerciales en dernier ressort jusqu'à 1,500 francs et 60 francs de revenu immobilier. Les appels étaient portés d'abord devant la Cour du Sénégal. Depuis 1879, ils sont déférés à un tribunal supérieur situé à Grand-Bassan qui constitue la juridiction du second degré pour nos établissements de la Côte d'Or et de la Côte des Esclaves, aujourd'hui du Dahomey. Il est composé de un président, deux juges, un procureur, un greffier. Il connaît en matière criminelle de toutes les affaires d'assises avec l'adjonction de deux assesseurs désignés par la voie du sort sur une liste annuellement dressée par le commandant supérieur.

23. Dès 1868, pour seconder le développement commercial de nos établissements de la Côte d'Or, un décret (12 sept.) décida que les marchandises de toute nature et de toute provenance pourraient être importées par tous pavillons dans tous les établissements de la Côte d'Or et du Gabon. Pour donner des ressources au pays, la perception d'un droit de sortie de 4 francs fut autorisée sur les produits indigènes exportés.

Un décret en date du 3 septembre 1889 a frappé les marchandises de toutes provenances importées à Grand-Bassan et à Assinie des droits suivants : 10 à 15 francs par hectolitre de vin; 40 à 60 francs par hectolitre d'alcool; 20 francs par 100 kilogs sur les ouvrages en fonte, fer, acier, cuivre, divers autres produits de 15 à 20 p. 0/0 *ad valorem*, etc. (Voir la notice de la collection Henrique, p. 56).

Ce régime a été respecté par la loi du 11 janvier 1892 (V. *suprà*, liv. VIII, n° 22).

24. Nos possessions du Grand-Bassan et d'Assinie sont limitées à l'ouest par la République de Libéria, au nord par les territoires de Samory, par les États du roi-Tiéba notre protégé bien plus soumis que son turbulent voisin, et par les États de Kong, principal centre commercial et industriel de la région, enfin à l'est par la colonie anglaise de la Côte d'Or.

La République nègre de Libéria, originairement constituée en 1821 par une société philanthropique du nord des États-Unis avec des noirs affranchis, s'est rendue indépendante des États-Unis en 1848 en se donnant un gouvernement calqué sur le leur, nos relations avec cet État indépendant sont bonnes; cependant il serait question en ce moment même d'un traité avec la République de Libéria tendant à mieux définir notre frontière vis-à-vis d'elle. La même nécessité s'était imposée entre notre pays d'Assinie et la colonie anglaise de la Côte d'Or, avec laquelle nos limites ont été fixées par un traité que le gouvernement français a ratifié le 12 mars 1890.

Notre possession du Grand-Bassan et d'Assinie a passé par des phases diverses. Après les divers traités conclus avec les indigènes, on crut devoir maintenir une occupation militaire effective pour assurer la sécurité de nos traitants. Mais les troupes furent décimées par une mortalité énorme à laquelle contribuèrent leur oisiveté et les excès qui en étaient la suite. Après des vicissitudes sans nombre (évacuation en 1870, réoccupation, rattachement au Gabon, puis au Sénégal), nos établissements du Grand-Bassan et d'Assinie ont été placés, depuis le 1er janvier 1890, sous la haute autorité du lieutenant-gouverneur des Rivières du Sud, mais ils sont administrés par un résident qui a le droit de correspondance directe avec l'administration centrale des colonies (V. *suprà*, liv. IV, n. 5).

25. Les ressources offertes au commerce par le pays sont l'huile et l'amande de palme, dont l'exportation alimente en partie des stéarineries et des savonneries du midi de la France. Les gisements aurifères d'Assinie ne contiennent pas de filons mais de la poudre d'or qui est recherchée, exploitée et lavée par les indigènes avec un soin et une patience inexprimables. Son exportation est d'environ 5,000 onces par an. Assinie est un marché très connu des habitants de l'intérieur. De longues caravanes viennent s'approvisionner près de nos comptoirs et factoreries des produits européens qui leur deviennent de plus en plus nécessaires. Les principales marchandises échangées contre les produits africains sont des spiritueux, des étoffes, de la poudre, des armes, du tabac, des articles de quincaillerie et même de parfumerie. Les possessions françaises d'Assinie et du Grand-Bassan, n'ont pas une même importance. Le Grand-Bassan n'a pour solder ses achats que de l'huile et

des amandes de palme, mais Assinie est un centre d'approvisionnement d'une région dont les besoins comme les ressources sont illimités. Il ne s'agirait que de donner aux populations de l'intérieur et du nord, désireuses d'échanger leur
poudre d'or contre nos produits, un facile accès vers le littoral
dont elles sont séparées par des forêts souvent impénétrables
(V. la notice de M. A. Bretignière, publiée dans la *France
coloniale*, édition de M. A. Rambaud).

Les indigènes n'ont pas de cultures susceptibles de fournir
des articles d'exportation. Mais par l'initiative de factoreries
françaises on pourra arriver à une exploitation fructueuse du
sol. Déjà on cultive avec succès le palmier oléifère et le kola.
On sait que les graines du kola sont de plus en plus employées
en Europe à des usages pharmaceutiques. Les cultures du
café sur la Côte des Esclaves et sur la Côte d'Or, sont déjà
nombreuses. M. de Lanessan, dans son ouvrage sur les *plantes
utiles des colonies*, a donné des détails sur les opérations que
nécessitent la culture et la récolte du café appartenant à l'espèce
dite de Libéria. M. Verdier, chef d'une maison de La Rochelle,
qui possède plusieurs comptoirs sur la côte, et qui de 1871
à 1889 a été chargé des fonctions de résident de France à
Grand-Bassan et à Assinie, a créé de grandes plantations de
caféiers. Les produits de cette exploitation sont vendus à Paris,
au Havre, à Bordeaux, Nantes et La Rochelle.

Les autres productions indigènes sont : le riz, l'igname,
le manioc, le bananier, l'arachide, le sésame, le coton, l'indigo, le maïs, le citronnier et l'oranger. Mais les produits de
ces différentes cultures, qui se développeront avec le temps,
sont pour le moment cantonnés dans le pays.

L'importance de nos territoires du Grand-Bassan et d'Assinie ne se limite pas aux échanges commerciaux. Ces possessions nous ont ouvert un accès direct sur le Soudan français.

C'est ce qui résulte de deux traités conclus en 1888, l'un
avec le roi du Bondoukou qui a placé ses États sous le protec-

lorat de la France, après entente avec M. Treich, directeur
des exploitations agricoles de la maison Verdier; l'autre a été
signé à la même époque par le capitaine Binger avec le roi
de l'État de Kong (V. l'ouvrage du capitaine Binger, *Du Niger
au golfe de Guinée par Kong*).

26. Nous avons dit qu'à l'est nos possessions du Grand-Bassam et d'Assinie sont limitées par la colonie anglaise très importante de la Côte d'Or, divisée en 15 provinces ou districts
qui a subjugué au nord les indigènes appelés Achantis. Puis
vient le Togoland, colonie allemande sur les flancs de laquelle
du côté du Dahomey, nous avions des comptoirs à Porto-Sé-
guro, et à Petit-Popo. Nous en avons, par une convention du
26 décembre 1885, fait cession à l'Allemagne qui en retour a
renoncé à toute prétention sur divers points de nos possessions
sénégaliennes des Rivières du Sud (V. *suprà*, n° 6).

Nous arrivons ainsi au Dahomey dont la conquête par le
général Doods est présente à tous les souvenirs. Le Dahomey
se limite au sud par le littoral dénommé la Côte des Esclaves.
Nous y possédions déjà quelques comptoirs, notamment à
Widah que nous avons déjà occupé au siècle dernier. Les
Portugais s'y maintenaient encore il y a quelques années concurremment avec nous, mais ne pouvant malgré leurs tentatives
pénétrer dans le pays, ils ont évacué ce point en 1887.

Près de Widah, nous avons obtenu le territoire de Kotonou
par la cession que nous en a faite en 1878 le roi Gleglé, père
et prédécesseur de Behanzin. Tous les explorateurs considéraient que nous serions amenés à pénétrer dans le Dahomey,
soit pour y réprimer les épouvantables sacrifices humains qui
s'y accomplissaient comme autrefois chez les achantis soumis
aujourd'hui à la colonie anglaise de la Côte d'Or, soit pour
empêcher les Dahoméens de venir enlever des habitants, c'est-
à-dire recruter des victimes sur les territoires voisins soumis
à notre protectorat.

Le Dahomey était représenté d'ailleurs par tous les explorateurs comme étant un pays riche, et très-peuplé, pouvant

donner des quantités considérales d'huiles et d'amandes de palme si nécessaires à nos industries métropolitaines.

Le roi Behanzin ayant, au début de 1890, contesté le traité qui nous cédait Kotonou, puis retenu par force le représentant de la France, le lieutenant-gouverneur Bayol, en mission à Abomey, ces faits devinrent le point de départ de l'expédition dans laquelle le général Doods nous a rendus maîtres du Dahomey.

La conquête en est aujourd'hui définitive. Les opérations militaires y ont pris fin. Le territoire partagé entre deux chefs indigènes soumis à la France, sera placé sous la direction d'un gouverneur français, M. Ballot, et rattaché au ministère des colonies.

27. A l'est du Dahomey se trouve le royaume de Porto-Novo. En 1863 son souverain le plaça sous le protectorat de la France, mais ensuite de difficultés avec l'Angleterre, qui, encore à l'est, est maîtresse de l'importante colonie de Lagos, notre protectorat de Porto-Novo cessa de fonctionner; il était devenu purement nominal.

Après un abandon de plusieurs années il fut réorganisé par décret du 16 décembre 1883 et placé sous l'autorité du commandant particulier de notre colonie du Gabon. Le mouvement qui porte les principales puissances européennes à fonder des établissements en Afrique avait rendu cette réorganisation nécessaire, et nous avions, par ce même motif, accepté en 1883 la demande de protectorat adressée à la France par les chefs des pays de Petit-Popo et de Grand-Popo, desquels dépendaient aussi les villages de Porto-Seguro, d'Agovie et de Togo, situés à l'ouest du Dahomey. Au moment où nos droits venaient d'être reconnus (avril 1885), l'Allemagne avait saisi l'occasion d'un conflit entre un de ses nationaux et un chef indigène pour planter son pavillon sur Togo et à Porto-Seguro.

C'est alors que fut conclue, le 24 décembre 1885, la convention dont nous avons déjà parlé, et par laquelle on cédait à l'Allemagne nos droits sur Petit-Popo. Celle-ci reconnaît notre protectorat sur le Grand-Popo et Agoué, et accepte une délimitation entre sa colonie du Kameroun et le Congo français. — Cette délimitation vient d'être fixée par une loi du 24 juillet 1894 (*Off.* du 26).

Il restait à régler la délimitation du territoire français à Porto-Novo du côté de la colonie anglaise de Lagos. Le 11 août 1889 un traité très circonstancié est intervenu entre la France et l'Angleterre. Il détermine la ligne séparative entre les deux colonies dont les habitants jouiront de garanties réciproques pour pouvoir faire des échanges en toute liberté sur les deux territoires.

28. A Grand-Popo, et à Porto-Novo, le commerce français appartient notamment aux maisons Mante frères, Borelli de Regis, Cyprien Fabre, colonna de Leca et Maurel. Il y a en outre douze maisons créoles, cinq maisons allemandes, une anglaise, une portugaise et cinq brésiliennes. Le mouvement d'affaires de toute la région, y compris le Dahomey, ne s'élève pas à moins de 26 ou 27 millions de francs, dont plus de 21 millions pour les maisons françaises.

Les articles d'exportation consistent surtout en huile et amandes de palme, puis en noix de coco et en maïs. Les importations comprennent des articles de faïences, quincaillerie, chaussures, verroterie, comestibles (en grande partie français), puis des alcools, des tissus, des poudres, armes, tabac, etc., de diverses provenances.

Les maisons de commerce, qui tentaient depuis longtemps de faire parvenir leurs marchandises à Abomey, auront désormais toute facilité pour y arriver. Dans le même but, des traités de commerce avaient été signés pour faire des échanges à Abeokouta, ville principale du pays des Egbas, et dans le Yorouba, petit État situé au nord d'Abeokouta.

En résumé, ces contrées sont appelées à un important avenir commercial. Elles nous permettent, en outre, d'accéder du golfe de Guinée au Soudan français, et par celui-ci surtout

depuis la prise de Timbouchtou et de récents succès sur les
Touaregs, de pénétrer dans le Sahara, qu'a si heureusement
traversé le commandant Monteil.

29. §IV. *La côte de la Guinée méridionale.* — *Gabon et Congo*.
— Si après Lagos, descendant au sud, nous côtoyons le littoral
du Benin, nous retrouvons un protectorat anglais sur les pays
compris dans le delta du Niger, et sur les rives de son affluent
le Benoué. Rappelons que l'article 26 de l'acte général signé
dans la conférence de Berlin du 26 février 1885 déclara entièrement libre la navigation du Niger et de ses affluents. Plus
au sud encore nous sommes en vue du pays de Cameroun, colonie allemande de plus de 300,000 kilomètres carrés, avec
500,000 habitants, dont la capitale est à Cameroun sur l'estuaire du fleuve Onouri. Nous arrivons ensuite au Gabon et
au Congo français.

Dans ces parages, comme du reste au Dahomey sur la Côte
des Esclaves, s'exerçait avec les plus grands profits pour les
négriers la traite des noirs. Des traités furent signés entre les
cabinets de Paris et de Londres en 1831 et 1833 pour réprimer cet odieux trafic en exerçant sur les navires un droit de
visite. Ce régime, plus ou moins efficace, entraînait de graves
inconvénients pour le commerce. La répression de l'esclavage
ne pouvait être sérieusement tentée que par une occupation
de la côte. C'est ce qui avait déterminé l'Angleterre à se créer
la colonie de Sierra-Leone, dont elle forma sa capitale *free-
vown* en la peuplant de noirs libérés de l'esclavage.

C'est la même tâche qui nous est échue par l'occupation
du Gabon opérée en 1839. La rive gauche de l'estuaire du
Gabon nous fut cédée par le roi souverain de cette contrée,
moyennant une pension et quelques prérogatives, parmi lesquelles celle de porter des décorations et des costumes français d'ancien régime. La rive droite nous était cédée en 1841,
et en 1844, nous obtenions également par cession toutes les
terres, îles et presqu'îles baignées par les affluents du Gabon.
1849 vit la construction de *Libre-Ville* par des noirs que

nous avions rendus à la liberté. Alors commença une série
d'explorations dont l'histoire dépasserait le cadre où nous devons nous restreindre.

30. Il fut néanmoins question, par raison d'économie, d'é-
vacuer le Gabon après 1870. Mais bientôt commença la première mission que M. Savorgnan de Brazza obtint de tenter
en 1874. Avec des ressources de diverses provenances, auxquelles contribuèrent les ministères de la marine, du commerce, de l'instruction publique, et le patrimoine personnel
du jeune officier, il explora, jusque dans les derniers mois de
1878, le fleuve, les affluents et tout le territoire de l'Ogoué.

La seconde expédition, dirigée sur le Congo, détermina des
abandons de territoire par diverses tribus riveraines, et, en
définitive, la création d'un service de transport.

En juin 1880, fut fondée la station de Franceville. Un traité
conclu avec le roi Makoko concédait ensuite à la France un
territoire sur les bords du Congo et le protectorat de ses Etats,
bientôt suivi de traités d'amitié avec les populations riveraines
de l'Oubanghi. Plusieurs stations furent fondées, l'une recevant le nom de Brazzaville.

Une troisième expédition, accomplie par M. de Brazza avec
le titre de commissaire du gouvernement dans l'ouest africain, assure l'occupation de Loango et la prise de possession
des deux rives du Congo.

31. C'est alors que, ensuite des explorations de Stanley et
de l'association internationale qui, parallèlement aux expéditions de Savorgnan de Brazza, avaient été poursuivies dans
les parages voisins, il y eut lieu à une délimitation sur laquelle est intervenue, le 26 février 1885, la conférence qui
réunit à Berlin les représentants des puissances européennes
prétendant avoir des droits sur le continent africain.

Nous avons déjà fait connaître les clauses de cet acte général relatives à la liberté du commerce dans le bassin du
Congo, à la traite des esclaves, à la navigation du Congo et
du Niger, et à l'hinterland, c'est-à-dire à la zone d'influence

acquise, en raison de leur territoire, à chaque partie contractante (V. *suprà*, liv. XI, n° 2). En même temps était reconnue l'existence de l'État indépendant du Congo, appartenant à l'association internationale.

Ultérieurement, le 29 avril 1887, a été passée, avec l'État libre du Congo, une autre convention qui confirmait à la France le droit de préemption qui lui avait été précédemment accordé sur cet État, au cas où celui-ci voudrait réaliser ses territoires. Cette convention fixe en outre la frontière entre l'État libre et le Congo français.

32. Un décret du 11 décembre 1888 a réuni sans distinction et sous la même administration, la colonie du Gabon et le territoire du Congo. Ainsi a été constitué à la France, principalement par Savorgnan de Brazza, un domaine colonial immense sur le continent africain, le long de la côte dite de la Guinée méridionale.

Nous regrettons de ne pouvoir mentionner que les noms des principaux explorateurs qui ont été, dans une mesure diverse, les collaborateurs de cette œuvre : le lieutenant Mizon, le docteur Ballay, MM. de Lastours, Pleigueur, Crampel, Fourneau, notre compatriote lyonnais de Chavannes, etc.

L'administration du Congo français, réunie au Gabon par le décret du 11 décembre 1888, comprend, en vertu de ce même décret, un conseil d'administration ainsi composé : le commissaire général président, le lieutenant-gouverneur vice-président, le commandant de la marine, le directeur de l'intérieur, le chef du service administratif, le chef du service judiciaire et deux habitants notables désignés par le commissaire général. Ce conseil peut se constituer en conseil de contentieux administratif (1). C'est à Libreville que sont établis les différents services du gouvernement et le vicariat apostolique.

33. L'organisation de la justice au Congo est la même qu'à Grand-Bassam et à Assinie (Décr. 1er juin 1878). Le tribunal

_____

(1) Un décret du 13 juillet 1894 (*Off.* du 16) a détaché du Congo la région de l'Oubanghi et l'a placée sous le commandement du commandant Monteil.

civil siège à Libreville. Le greffier remplit les fonctions de notaire. Des justices de paix, à compétence étendue, ont été établies à Lambaréné, Franceville, Brazzaville et Loango. Les chefs de ces postes remplissent les fonctions de juges de paix (Décr. 8 nov. 1889). Le gouverneur commissaire général peut autoriser la tenue d'audiences foraines.

L'administration pénitentiaire est représentée par dix surveillants militaires, chargés de la garde d'une centaine de forçats annamites ou chinois qu'on emploie à des travaux de voirie ou d'assainissement.

Le service militaire, qui comprenait des troupes fournies par la colonie du Sénégal, est formé actuellement par un corps spécial de soldats indigènes. A l'intérieur, la défense de nos postes, de nos stations, des convois de ravitaillement, est confiée à des miliciens noirs, secondés au besoin par des indigènes recrutés dans les tribus qui nous sont le plus dévouées.

Le culte est représenté par deux prélats des missions africaines. L'un porte le titre d'évêque : évêque d'Archis, vicaire apostolique des deux Guinées, l'autre est le vicaire apostolique du Congo français. Ces prélats sont secondés par d'autres missionnaires. La notice publiée dans la collection Louis Henrique donne d'amples et intéressants détails sur les missions religieuses et les écoles tenues par les Pères du Saint-Esprit, ou par les religieuses de l'Immaculée-Conception de Castres. M. de Brazza, s'inspirant des idées du général Faidherbe, a voulu amener peu à peu chacun des villages de l'intérieur à envoyer des enfants indigènes aux écoles congréganistes pour les arracher au fétichisme et les soustraire à la propagande ultérieure du mahométisme dont M. P. Leroy-Beaulieu considère l'influence comme néfaste, pour le développement de la morale et de la civilisation.

34. Les maisons de commerce au nombre d'environ quarante disséminées dans les différents centres sont en majeure partie portugaises, hollandaises, françaises, anglaises, allemandes, et quelques-unes américaines et même indigènes.

Jusqu'ici nos commerçants n'ont pas été à la hauteur de nos explorateurs. Cependant les marchandises d'exportation ont de l'importance et consistent en huile de palme, caoutchouc, bois de teinture, santal, ébène et ivoire.

Les marchandises importées d'Europe sont les armes à feu, la poudre, les armes blanches, le sel, les étoffes, les vêtements même les plus bizarres, les spiritueux, le tabac, le sucre, la quincaillerie, les chaussures, la mercerie, les faïences, la chapellerie, etc. Le chiffre des exportations s'élevait récemment à 4,400,000 en chiffres ronds; celui des importations à 3,000,000. Le commerce français y est bien inférieur à celui des autres pays. Des droits d'importation sont perçus, avec une détaxe de plus de moitié pour les produits français. Un certain nombre de marchandises jouissent d'une franchise absolue des droits d'importation, notamment tout ce qui est destiné aux travaux ou approvisionnements du service de la colonie. Des droits de sortie sont perçus sur les produits d'une partie du littoral, surtout celle qui confine à la frontière portugaise. Enfin sont perçus des droits de patente et des licences sur les débits de boisson.

Grâce à la création d'un service maritime postal le littoral qui compte plus de 1,000 kilomètres d'étendue est entré dans une période de mise en valeur.

Le Congo est donc comme nos autres colonies de l'Afrique occidentale appelé à un avenir prospère pour peu que notre marine marchande et nos commerçants y portent leurs efforts. M. P. Leroy-Beaulieu compte aussi sur la persévérance de nos explorateurs, et pense qu'un jour venant ils pourront de la rivière Oubanghi, affluent de droite du Congo, atteindre le Chiari, affluent du lac Tchad, sur le cours desquels ils arriveraient à conclure des traités avec les populations qui entourent ce grand lac intérieur et n'ont encore aucun lien de vassalité envers une puissance européenne déterminée. Ainsi réparant les torts de la délimitation franco-anglaise signée en 1890 (V. *sup.*, liv. XI, chap. I, n⁰ˢ 4 et 5), qui a malheureusement restreint par la ligne droite de Say au lac Tchad, notre Hinterland algérien, nous pourrions réunir le Congo français à la Tunisie et à l'Algérie. « Nos possessions s'étendraient ainsi du 5e degré, à savoir de Tschi-Loango, jusqu'au 38°, c'est-à-dire à la Méditerranée. »

Ce serait surtout dans ces régions que pourraient s'établir les sociétés de colonisation préconisées par M. Leveillé, et dont nous parlerons plus loin (liv. XIV, n° 8).

CHAPITRE V.

POSSESSIONS FRANÇAISES DE L'AFRIQUE ORIENTALE ET DE LA MER ROUGE.

1. *Obock et Tadjourah.* — Historique de cette colonie.
2. *Administration.* — Service judiciaire. — Service pénitentiaire.
3. *Ressources locales.* — Commerce avec le Choa. — Avenir commercial.
4. *Cheïk-Saïd* sur la mer Rouge. — Son importance politique.

1. *Colonie d'Obock et Tadjourah.* — La colonie d'Obock se divise en deux parties : 1° la colonie proprement dite ou territoire d'Obock ; 2° les pays de protectorat.

Comment ces possessions sont-elles entre nos mains ? En 1857, le gouvernement français nommait agent consulaire à Aden M. Henri Lambert. Celui-ci intervenant dans un conflit entre deux chefs arabes de la baie de Tadjourah prit parti pour l'un d'eux Abou-Beker. Il obtint le concours du commandant Mequet venu à Aden sur un brick de guerre avec lequel il se proposait de parcourir la mer Rouge.

Ensemble ils firent triompher la cause d'Abou-Beker. Celui-ci reconnaissant offrit ses services au commandant du navire français, et lui proposa de céder à la France, moyennant 10,000 thalaris, les territoires de Bas-Ali, d'Ouano et d'Obock situés sur la grande route maritime de Suez aux Indes et placés en face d'Aden.

Cette cession fut ratifiée à Paris le 11 mars 1862. Elle nous assurait avec les îles des Frères à l'entrée du détroit de Mab-el-Mandeb, un littoral étendu sur la côte orientale d'Afrique. Diverses concessions y furent consenties à des colons français ou européens, surtout à partir de 1872. Toutefois, ce n'est qu'en 1883 que la France dut songer à tirer parti de ces territoires, afin d'assurer à notre marine entre Suez et Saïgon un lieu de refuge et de ravitaillement.

De 1885 à 1888, nous étendîmes notre protectorat sur la petite ville de Tadjourah et tout le golfe qui porte son nom et a une profondeur de cent kilomètres sur le continent africain.

2. Depuis 1886, la colonie d'Obock est placée sous l'autorité d'un gouverneur assisté d'un commis de marine (service administratif), d'un lieutenant des troupes de la marine (service militaire), d'un trésorier-payeur, de deux médecins de marine (1re et 2e classe), d'un conducteur des ponts et chaussées, d'un magasinier et de sept surveillants militaires.

Pour tous les services on se sert d'indigènes comme fonctionnaires français, aussi avons-nous de bonnes relations avec tous les chefs des pays protégés, et avec ceux de l'intérieur.

Le service judiciaire a été organisé par décrets des 2 septembre 1887 et 22 juillet 1889. Il consiste en une justice de paix à compétence étendue dont les fonctions sont remplies par le chef des services administratifs, et à son défaut par un officier ou un fonctionnaire désigné par le gouverneur.

Il s'agit pour nous de nous étendre et d'avoir dans ces parages un contre-poids à la domination anglaise ou italienne qui se sont établies dans les régions abyssiniennes, et une escale pour nos navires dans le golfe de Tadjourah.

Un décret du 7 octobre 1886 a prescrit la transportation à Obock des forçats d'origine africaine ou indienne qui sont habitués au climat tropical et peuvent fournir une main-d'œuvre utile et à bon compte pour des travaux de toutes sortes.

3. Les facilités d'alimentation sont assez amples. Il y existe de nombreux produits, et la culture comprend outre celle du cacaotier, du ricin, du dattier, du palmier, de l'eucalyptus, des légumes de toute espèce. Il en résulte qu'Obock peut faire une concurrence sérieuse à Aden, situé de l'autre côté du golfe de ce nom, port anglais où l'on ne trouve ni eau, ni vivres frais.

La création d'oasis sur certains points de l'intérieur et le long des routes commerciales peut donner à la colonie une prospérité et une importance appréciables. C'est du côté de Harrar, ville de 30 à 35,000 âmes à l'intérieur, et vers le pays des Gallas, dont les indigènes sont presque blancs, et où les populations sont chrétiennes, que doivent tendre nos efforts. Le reste du pays est musulman, mais non fanatique et assez accessible à notre influence.

Les produits et marchandises indigènes consistent dans l'ivoire, le café, la poudre d'or, le musc, les plumes d'autruches, l'encens. Jadis le commerce des esclaves était très florissant, on les vendait à Tadjourah.

Le sultan de Tadjourah, devenu notre protégé, supprima officiellement ce trafic dans ses États à la fin de 1889. Néanmoins notre représentant à Obock fait surveiller la côte et visiter les centres indigènes.

Nous sommes d'accord avec le roi Menelick, souverain du Choa qui a défendu ce trafic dans ses États. Nous avons eu d'ailleurs déjà, même sous le roi Louis-Philippe, de bonnes relations avec ses prédécesseurs. Menelick s'est fait couronner roi d'Ethiopie en novembre 1889. Un avenir nous est ouvert du côté de cette région par la création qui devra être entreprise de routes, et par la suite d'une voie ferrée. M. Paul Soleillet, dont l'expérience comme explorateur a une haute autorité, estime que « au Choa la France a une œuvre importante à accomplir : aider au développement économique d'un peuple qui a une civilisation analogue à la nôtre, puisqu'il est chrétien et régi par un Code inspiré du droit romain. »

4. Par les îles Soba et le cap Séjarn, dépendances de notre territoire d'Obock, nous possédions une des deux passes du détroit de Mab-el-Mandeb. En face de Périm, l'île anglaise située au milieu du détroit, et séparée seulement par un chenal étroit, se trouve le territoire de Cheik-Saïd qui comprend le cap Mab-el-Mandeb, à l'extrémité sud-ouest de l'Arabie. Ce territoire est devenu français depuis qu'il a été vendu en 1868 par un chef local indépendant à une maison de commerce de Marseille qui y fit construire une factorerie. L'intérêt commercial de cette possession est secondaire, son intérêt politique pour nous est considérable.

En occupant Cheik-Saïd, en le reliant par des forts dont les feux pourraient se croiser aux îles Soba et au cap Séjarn, nous devenons les maîtres de la liberté du canal de Suez. Dans aucune éventualité, nous n'aurions à craindre qu'on ne nous fermât le passage du canal, car nous tenons la clef de la mer Rouge à son extrémité vers le cap Mab-el-Mandeb.

LIVRE XII.

NOS COLONIES ET NOS PROTECTORATS
DANS L'OCÉAN INDIEN ET L'OCÉAN PACIFIQUE.

1. § I. *Iles de l'Océan indien.* — *Madagascar.* — Nous avons vu précédemment les causes d'insuccès de nos tentatives de colonisation à Madagascar au siècle dernier (V. *sup.*, liv. II, nos 48, 49, 53). Cependant de 1790 à 1804, des habitants de l'Ile de France et de la Réunion y avaient fondé des comptoirs et créé quelques plantations. Ces établissements parurent assez importants et assez nombreux au général Decaen, administrateur de l'Ile de France et de la Réunion pour qu'il les réunît sous la direction d'un agent commercial, avec Tamatave comme chef-lieu. Cette situation dura jusqu'à la prise de possession de l'Ile de France par les Anglais qui entraîna la décadence des petits établissements français de Madagascar.

Cependant par le traité de Paris du 30 mai 1814, les droits de la France sur la grande île furent reconnus par l'Angleterre.

En 1818, une commission française reprit possession de l'île Sainte-Marie et de Tamatave. Des péripéties diverses, trop nombreuses pour être étudiées ici, déterminèrent en 1845 une démonstration combinée de la France et de l'Angleterre contre le gouvernement des Hovas, et le bombardement de Tamatave pour venger les injures et les mauvais traitements infligés par les Hovas aux commerçants européens. Les résultats n'en furent pas heureux. Pendant huit années, Madagascar resta fermée au commerce français et anglais.

On put croire, en 1853, que deux de nos compatriotes qui étaient parvenus à prendre pied dans l'île et à y fonder de vastes établissements agricoles, MM. de Lastelle et Laborde réaliseraient leur rêve d'y faire pénétrer des capitaux et un personnel d'ingénieurs qui y auraient mis le sol en valeur.

Il fallait compter sans les menées anglaises qui y fomentaient des résistances locales et secondaient dans des vues intéressées les discensions existant entre les indigènes Sakalaves qui avaient accepté notre protectorat et les Hovas. L'avènement au trône du roi Radama II parut ouvrir une ère nouvelle à la colonisation de l'île. Par l'entremise d'un de nos compatriotes M. Lambert, que le nouveau roi prit pour son représentant en Europe, et qu'il nomma duc d'Ermine, une compagnie fut formée en France au capital de 50 millions, sous la présidence de M. de Richemont, sénateur. En même temps un traité allait être conclu avec la France qui aurait reconnu Radama II en qualité de « roi de Madagascar » tout en réservant les droits de suzeraineté et de protectorat de la France sur cette île. Mais une sédition populaire envahit son palais et mit à mort le nouveau souverain.

Le révérend Wiliam Ellis, pasteur anglican, circonvint sa veuve élevée au pouvoir sous le nom de Rasoherina. Celle-ci rompant la convention passée avec la compagnie française moyennant une indemnité légitimement exigée par celle-ci, se plaça sous l'influence anglaise.

En 1865 fut conclu entre le gouvernement britannique et le gouvernement Hova un traité qui, sous un prétexte de libre propagande religieuse accentuait dans l'île la prépondérance des missionnaires anglais. Une nouvelle reine, Ranavalo II, acquise comme la précédente à l'influence anglaise, consentit cependant avec la France le 8 août 1868 un traité qui reconnaissait certains droits aux Français, notamment celui d'acquérir des terres, mais presque en même temps la reine décrétait que tout indigène qui vendrait des terres à des étrangers serait puni de dix ans de fer. 1870 survient, les missionnaires anglais redoublèrent de prosélytisme en représentant la France comme étant désormais une puissance sans prestige et sans armes. Le gouvernement français exigea cependant la réparation d'injures faites à notre pavillon, et envoya en 1875 à Tamatave un représentant avec le titre de commissaire de la République française. En cette qualité, plusieurs fonctionnaires français se succédèrent en peu de temps. Cette instabilité ne contribua pas peu à entraver la solution de différentes questions (parmi lesquelles, celle de la succession de notre consul M. Laborde). Pendant ce temps, les missionnaires anglais, désignés sous le nom d'*indépendants*, continuèrent avec une grande ardeur leur propagande politique appuyée de distributions d'argent pour soulever contre nous les Sakalaves nos protégés.

Une intervention plus caractérisée de la France devint nécessaire. Le gouvernement de la reine Ranavalo II fut averti officiellement que « la France avait de sérieux griefs à lui reprocher, concernant principalement le droit de propriété à Madagascar, et l'empiètement progressif des Hovas sur la côte nord-ouest dépendant de notre protectorat. » — On lui signifiait en outre que nous entendions « soutenir nos droits sur la grande île, et faire appliquer dans leur intégrité nos anciens traités avec les Sakalaves (1882). »

2. La soumission du gouvernement Hova ne fut qu'apparente. La population indigène, entraînée par des excitations dont il est superflu d'indiquer l'origine, se livra à de sanglants excès. Pour conjurer les mesures énergiques qu'allait prendre notre marine, le gouvernement de Madagascar envoya en France des ambassadeurs, desquels, à la vérité, nous ne pûmes rien obtenir. Un ultimatum adressé à la reine Ranavalo II de « reconnaître nos droits sur l'île » et de satisfaire aux réclamations des héritiers de notre consul Laborde, demeura sans succès (7 juin 1883). Le lendemain, le contre-amiral Pierre bombardait Tamatave, et faisait arrêter le prédicant anglais Schaw qui s'était signalé par une complicité manifeste dans des tentatives de meurtre sur nos soldats. — Mais, hélas, sur les réclamations du gouvernement britannique ordre était donné à l'amiral Pierre de relâcher Schaw auquel le Par-

lement français allouait même une indemnité de 25,000 francs. Est-il besoin de dire quelle impression cet acte produisit? A l'amiral Pierre, rappelé en France et mourant en rade de Marseille, succédaient l'amiral Galiber, et bientôt après l'amiral Miot; des négociations furent reprises avec le gouvernement Hova. Elles aboutirent à un traité du 17 décembre 1885 entre la France et une nouvelle reine de Madagascar Ranavalo III. Il stipulait la soumission de l'île de Madagascar au protectorat de la France, représentée désormais à Tananarive par un résident qui présiderait aux relations extérieures. Des garanties étaient convenues pour assurer la liberté du commerce à nos nationaux, et leur droit de prendre à bail emphytéotique des propriétés immobilières. La tolérance religieuse et la liberté de conscience comprises dans le traité du 7 août 1868 étaient confirmées; enfin le gouvernement de la reine s'engageait à payer la somme de 10 millions de francs pour satisfaire à toutes réclamations et à tous dommages envers nos nationaux.

Aurions-nous dû ne pas nous contenter de ces conditions, marcher sur Tananarive et y fonder enfin un établissement durable? Telle est l'opinion de M. P. Leroy-Beaulieu. Cependant, le 27 février 1886, M. de Lanessan, rapporteur du projet de loi tendant à la ratification de ce traité, énonçait qu'il était sans doute défectueux mais que le repousser eût été reprendre les hostilités...

Notre situation à Madagascar n'est pas moins difficile actuellement que par le passé, et il semble inévitable que nous ne devions prochainement recourir à la force pour avoir raison de la mauvaise volonté et de l'inertie que le gouvernement Hova oppose à l'exercice de notre protectorat.

Il ne faut point oublier que la convention du 5 août 1880 qui reconnaît les droits respectifs de la France et de l'Angleterre sur leurs possessions africaines (V. *suprà*, liv. XI, n°. 5), a sanctionné de nouveau nos droits sur Madagascar; nous devrions donc compter sur la neutralité absolue du gouvernement britannique en ce qui concerne les conflits pouvant exister entre la France et la reine de Madagascar.

3. A l'extrémité nord de l'île se trouve, en dessus du cap d'Ambre la magnifique baie de *Diego-Suarez*. Le traité du 17 décembre 1885 nous a concédé le droit de l'occuper et d'y faire des établissements à notre convenance. Les voyageurs ont comparé cette baie à celles de Rio-de-Janeiro et de San-Francisco, mais elle a beaucoup plus d'analogie, paraît-il, avec le splendide port Jackson en Australie. Elle peut recevoir et abriter toute une flotte qui serait invisible du large.

C'est sur la côte méridionale de la baie que se sont fondés les établissements français, magasins, casernement, hôpital, etc. Tout le territoire avoisinant, mais non encore officiellement déterminé est annexé en toute propriété à la France.

L'administration en est confiée à un gouverneur qui réunit sous son autorité nos possessions de Sainte-Marie de Madagascar et de Nossi-Bé. Un chef d'escadron d'artillerie de marine dirige les services militaires.

Le commerce général ne dépasse guère 800,000 francs dont la plus grande partie pour les importations (fer, métaux, tissus, mercerie, riz, spiritueux, vins, etc.). Les exportations consistent en animaux divers, peaux, caoutchouc, écaille. Notre établissement de Diego-Suarez est compris dans le groupe des colonies auxquelles ne s'applique pas le régime douanier métropolitain du 11 janvier 1892 (V. *suprà*, liv. VIII, n° 22). Il est donc régi par des tarifs spéciaux.

La justice est rendue à Diego-Suarez par un tribunal composé de un juge, un lieutenant de juge, un procureur de la République, un greffier (Décr. 22 août 1887). — Une loi des 2-8 avril 1891, a statué en ces termes sur l'organisation de la justice dans notre protectorat de Madagascar (Dalloz, 91. 1. 112). « Des tribunaux français sont institués à Madagascar. L'organisation, la compétence de ces tribunaux, la procédure à suivre devant eux en matière civile et criminelle, seront déterminés par décrets. »

Cette organisation n'a pas encore été réalisée. Répondant à une question de M. de Mahy, le 2 avril 1892, M. le ministre Ribot a énoncé que la juridiction française devait en effet être substituée à la juridiction consulaire, mais la mise à exécution de la loi se heurte à la juridiction consulaire anglaise dont le gouvernement britannique a promis la disparition aussitôt que nos tribunaux seraient institués dans le protectorat.

4. Sur la côte orientale de Madagascar est située l'île de *Sainte-Marie* dont la possession qui ne nous est pas contestée aujourd'hui, nous a été longtemps disputée. Sa superficie est de 15,500 hectares, sa population de 6 à 7,000 habitants d'origine malgache, parmi lesquels on ne compte guère qu'une trentaine d'Européens; une partie de son sol est d'une très grande fertilité; l'autre partie est, au contraire, d'une complète stérilité. L'importance de Sainte-Marie dépend uniquement de notre situation à Madagascar. Suivant les circonstances, elle pourrait devenir un entrepôt général de marchandises, un port de relâche et de radoub, un refuge pour nos navires.

Après avoir été ratta.... à la colonie de la Réunion, Sainte-Marie est, depuis 1889, placée sous le gouvernement de Diego-Suarez.

5. Située dans l'hémisphère sud, un peu au-dessus de la ligne du tropique, l'*île de la Réunion* occupe dans la mer des Indes, comme un poste d'avant-garde à 140 lieues à l'est des côtes de la grande île de Madagascar. Elle se trouve sur la route que les premiers navigateurs ont dû suivre après avoir doublé le cap de Bonne-Espérance pour remonter au nord vers les Indes et les mers de l'Extrême-Orient.

Le percement de l'isthme de Suez a modifié, à certains égards, son importance géographique, mais l'a rapprochée de la métropole, puisque par la mer Méditerranée et la mer Rouge on peut, de Marseille, s'y rendre en vingt et un jours.

Nous avons précédemment fait l'historique de l'île de la Réunion, nous en avons étudié les productions, les débouchés, en examinant la situation des colonies de plantation.

Nous avons successivement indiqué son organisation au point de vue législatif, judiciaire, administratif, commercial, financier, etc., et les effets du régime douanier métropolitain de 1892 (V. *suprà*, liv. III, IV, V et suiv., et liv. X).

Le caractère de la Réunion, comme colonie de plantation, se révèle par ce fait que sur 60,000 hectares en culture, plus de la moitié, soit 34,000, y est affectée à la culture de la canne. On comprend par quelles péripéties cette intéressante colonie a dû passer avec les crises survenues sur la main-d'œuvre depuis l'abolition de l'esclavage, la concurrence du sucre de betterave, les variations de la législation sur les sucres, les fluctuations du régime douanier, les conséquences signalées plus haut de l'application du tarif général métropolitain, les malaises financiers dont elle souffre encore, sans parler des dévastations parfois produites par les cyclones. Son sort dépend donc des mêmes conditions que celui de nos autres colonies de plantation, et nous nous expliquons les vœux exprimés par M. A. Jacob de Cordemoy au cours d'une notice publiée dans la *France coloniale* : « Si, grâce à des mesures émanant de la métropole, ou à d'autres, les prix des terres se relevaient assez pour procurer aux propriétaires coloniaux des recettes qui les missent en mesure d'introduire dans leurs usines et leurs champs les récents perfectionnements sans lesquels la lutte industrielle n'est plus possible, la Réunion reverrait encore les beaux jours d'autrefois et redeviendrait la colonie modèle. »

6. A mi-distance entre Madagascar et le continent de l'Afrique est situé l'archipel des *Comores*, composé de quelques îlots et de quatre îles, dont la principale dénommée la Grande-Comore ou Angazyza, peuplée de 20,000 âmes, a pour capitale Moroni.

Le sultan de cette île, Saïd-Ali, après avoir vainement demandé le protectorat français, conclut un traité de commerce avec un de nos compatriotes, M. Humblot. Les sultans des îles voisines, ayant voulu s'opposer à l'établissement des

Français, l'aviso le *La Bourdonnais* fut envoyé pour protéger nos nationaux. Son commandant obtint la soumission des indigènes, avec le concours de Saïd-Ali, et l'archipel entier dut accepter notre protectorat (1886); depuis lors, nous y entretenons un résident. L'archipel a une grande importance stratégique par sa position au milieu du canal de Mozambique et sur le flanc de Madagascar.

7. *Mayotte* se rattache aux Comores par sa situation. Nous avons vu que, depuis 1843, elle est une véritable colonie française (V. *suprà*, liv. III, n° 17). Peuplée à cette époque de 3,500 habitants environ, elle en comptait plus de 10,000 en 1887. Sa principale culture est celle de la canne à sucre. Elle a subi les mêmes crises qui ont atteint nos colonies de plantation (V. *suprà*, liv. X, ch. II). Elle est soumise, comme elles, au tarif douanier métropolitain de 1892. L'immigration est pour Mayotte une question vitale, l'indolence des indigènes ne permettant pas aux planteurs de trouver parmi eux des travailleurs réguliers. Lorsqu'en 1860, l'immigration africaine fut interdite, la colonie recruta des travailleurs dans les Comores. Depuis 1881, ensuite de négociations avec le gouvernement portugais, Mayotte reçoit de Mozambique des travailleurs dont le recrutement régulier s'effectue sur la côte de la colonie portugaise sous la surveillance d'un agent du gouvernement français, avec le contrôle à Mayotte d'un consul portugais. Suivant un témoignage recueilli dans la notice consacrée à Mayotte dans la collection de L. Henrique sur les colonies françaises, « aucune colonie n'est mieux placée pour devenir, en peu d'années, le centre d'un commerce considérable... Elle est à peu près la seule escale de tous les caboteurs qui font la navigation de Madagascar et de la côte d'Afrique. Qu'elle soit approvisionnée des objets demandés par les populations malgaches et africaines, et la force des choses fera de Mayotte l'entrepôt obligé de toutes ces populations qui viendront y échanger les productions de leur pays contre nos produits européens. » Cet horoscope ne rencontrera-t-il pas

quelques obstacles dans les entraves apportées par le tarif général douanier auquel Mayotte a été soumise? (V. *suprà*, liv. VIII, n° 23, et liv. X, n° 36).

La justice est rendue à Mayotte par un juge unique (V. *suprà*, liv. V, n° 20), et l'administration est confiée à un gouverneur assisté d'un conseil d'administration composé des chefs de service, du juge-président, du chef de service de santé, etc. Mayotte est représentée par un délégué au conseil supérieur des colonies.

8. *Nossi-Bé.* — « Ile grande » située près de la côte ouest de Madagascar nous appartient, comme nous l'avons vu (*suprà*, liv. III) depuis 1841. Cependant, en 1849, elle faillit nous échapper lors d'un soulèvement des indigènes favorisé par l'abolition de l'esclavage. Son rôle est celui d'une sentinelle dans le canal de Mozambique.

Jusqu'en 1888, Nossi-Bé était administrée par un commandant particulier, depuis lors elle est rattachée au gouvernement de Diego-Suarez, et n'a plus qu'un administrateur. Elle a, en outre, un juge-président, un chef du service administratif (sous-commissaire de la marine), un médecin-chef du service de santé, et un trésorier-payeur. Sa population est d'environ 9,500 habitants sans y comprendre celle des petites îles qui sont ses satellites.

Les travaux publics, et les travaux militaires y sont dirigés par deux agents des ponts et chaussées. L'instruction y est donnée par des instituteurs laïques et congréganistes. Le service du culte y est assuré par un supérieur ecclésiastique et deux desservants. Nossi-Bé est l'entrepôt des marchandises de la côte d'Afrique, de Madagascar et de Bombay. Le commerce y est exercé par un grand nombre de petits commerçants, outre trois grandes maisons qui représentent trois nationalités la France, l'Amérique et l'Angleterre. Le mouvement commercial se chiffre par 7 à 8 millions, importations et exportations réunies.

Les produits d'exportation sont surtout le sucre, le rhum, la vanille, des tissus, parfois fort chers quand ils sont émaillés d'or et d'argent. Les importations comprennent des denrées alimentaires, des boissons, des tissus européens, du bétail, des cuirs, etc. Nossi-Bé n'est pas soumise au tarif général métropolitain (V. *suprà,* liv. VIII, nᵒ 22).

Cette intéressante colonie est malheureusement exposée à la dévastation des cyclones.

9. § II. *Colonies et établissements de l'Océan pacifique.* — Sous le titre d'établissements français de l'Océanie, on comprend les îles Marquises, nos établissements militaires et maritimes des îles de la Société, et des petites îles Gambier, et quelques archipels sur lesquels s'étend notre protectorat. La Nouvelle-Calédonie, qui a fait aussi partie de ces établissements, en a été séparée en 1860 pour former une colonie distincte.

La prise de possession des *îles Marquises,* au nombre de onze, dont sept sont habitées, a eu lieu en 1842 sans opposition des indigènes. Elle a été inspirée par une pensée plus politique que coloniale. Le gouvernement français voulut doter la France d'établissements échelonnés autour du globe pour servir de stations navales et de lieux de ravitaillement et de refuge.

10. L'établissement de notre protectorat sur les *îles de la Société,* rencontra plus de difficultés. Depuis 1797, des missionnaires anglicans avaient évangélisé ces îles et s'y étaient acquis une grande influence. Le gouvernement local, sous leur action, s'était transformé en une sorte de gouvernement représentatif dans lequel l'ordre était troublé par diverses factions. L'appui d'un pouvoir extérieur hors de toute contestation parut nécessaire aux indigènes eux-mêmes; — surtout aussi à raison des désordres auxquels se livraient les équipages étrangers qui venaient y relâcher.

Les chefs indigènes sur les conseils du consul des États-Unis, qui était aussi chargé des fonctions de consul de France, sollicitèrent le protectorat du gouvernement français (1841).

En 1842, l'amiral Dupetit-Thouars qui venait de prendre pos-session des îles Marquises, se rendit auprès de la reine Pomaré à Taïti, la principale des îles de la Société et accepta, au nom de la France, le protectorat des îles. Toutefois, il se heurta contre des intrigues anglaises, notamment contre celle du consul britannique, le ministre anglican Pritchard qui lui opposa toutes sortes d'obstacles. L'amiral français se crut autorisé à prendre possession militairement de Taïti et de ses dépendances. Mais notre gouvernement s'en tint à la conven-tion de protectorat primitivement conclue, au lieu de ratifier la prise de possession, et consentit même à payer une indem-nité au ministre Pritchard à raison d'un préjudice personnel. Ce fait eut en France, à la tribune et dans la presse, un reten-tissement considérable.

Les difficultés et les oppositions soulevées contre notre protectorat subsistèrent et compromirent même le pouvoir de la reine. En 1846, un vigoureux coup de main détermina la soumission des Taïtiens, et la reine put reprendre l'exercice de la souveraineté sous notre protectorat (1847).

L'archipel des îles de la Société se divise en deux groupes : celui du sud-est, îles du Vent; celui du nord-ouest, îles sous le Vent, dont la principale est Reïateïa. La diminution des chefs de Taïti s'étendait aussi sur les *îles Basses* ou *Tuamoty*, et les îles *Tubuai* qui sont en dehors de l'archipel de la So-ciété. Ces îles se sont ultérieurement rangées sous notre pro-tectorat. Il en est de même des îlots *Gambier* situés à l'extré-mité sud-est des îles Basses.

11. L'archipel des Tubuai (ou Tubouaï) se compose de quatre îles : Raïvavaé, Tubuai, Ruturu, Rimatara, et des petits îlots Maria. Notre protectorat sur ces îles et les divers archipels fut remplacé par une annexion en vertu d'un traité conclu le 28 décembre 1880 avec le souverain successeur de la reine Pomaré. L'article 2 du traité est ainsi conçu : « Taïti et tous les archipels qui en dépendent sont déclarés colonies françaises. » Ce texte comprenait évidemment l'archipel entier des Tubaï. Toutefois, lors de l'exécution de l'annexion en 1881, l'administration française omit, paraît-il, de faire les actes d'autorité nécessaire dans les îles de Ruturu et Rimatara. Cette omission fut réparée les 27 et 29 mars 1889. Un incident s'est produit en mars 1892, de la part d'une fraction d'habitants des îles sous le Vent qui refusaient de reconnaître notre pavillon. Cette insubordination a été réprimée par notre résident avec le concours même des indigènes soumis à notre domination.

Des agents du gouvernement français avaient été installés dans ces îles et archipels dès l'établissement de notre protectorat, un gouverneur, notamment, avait été institué aux îles Marquises, à Nouka-Hiva avec des pouvoirs très étendus (Ord. 18 nov. 1843). L'extension de notre protectorat sur Taïti, et plus tard sa transformation en annexion ont nécessité des modifications.

12. Le gouverneur des îles Marquises, est devenu le gouverneur-commandant des établissements français de l'Océanie (Décr. 14 janv. 1860). Le siège du gouvernement a été transféré à Papeete qui a été organisée régulièrement en commune (Décr. 20 mai 1890).

L'organisation judiciaire analogue à celle des petites colonies (Décr. 18 août 1868) comporte à Papeete : 1º un tribunal civil de première instance (un juge, un lieutenant de juge, un greffier) qui statue en dernier ressort jusqu'à 1,500 francs et 60 francs de revenu immobilier, et juge en appel des décisions des tribunaux de paix existant dans diverses villes des établissements ; 2º un tribunal de commerce composé de cinq notables commerçants, résidant depuis au moins un an, nommés chaque année sans rétribution, par le gouverneur qui désigne le président. Leur mandat est renouvelable; 3º un tribunal supérieur qui statue en appel sur les décisions du tribunal civil et du tribunal de commerce.

La justice répressive est rendue par le tribunal de première instance qui connaît des contraventions en dernier ressort, et des délits à charge d'appel devant le tribunal supérieur. Celui-ci fait fonction de cour d'assises : il se compose alors du juge-président assisté du juge du tribunal de première instance, d'un des membres du conseil de guerre désigné par le commandant, et de deux assesseurs tirés au sort sur la liste de dix membres notables dressée chaque année par le commandant.

L'île principale est Taïti avec Papeete pour chef-lieu. Un décret du 20 mai 1890 lui a rendu applicable, ainsi qu'à tous les établissements français de l'Océanie, les principaux articles de la loi municipale du 5 avril 1884 (V. *suprà*, liv. IV, nᵒˢ 32 et suiv.).

La population de Taïti et de ses dépendances paraît être de 25 mille âmes, on y a fait de sérieux essais de colonisation (comité d'agriculture, caisse agricole, caisse de dépôt et d'épargne, écoles, conseil de surveillance des écoles, etc.). Malheureusement, pendant longtemps des mesures administratives exagérées, des taxes excessives ont éloigné les pêcheurs et les navires de commerce ; cependant des relations assez régulières existent entre Taïti et San-Francisco.

Les principaux produits d'exportation sont le coprah, le coco, le coton, la nacre, les perles, la vanille. Les principaux produits importés sont les cotonnades, les tissus, les farines, les viandes salées, les conserves.

Taïti et ses dépendances ne sont pas soumises aux droits d'importation inscrits au tarif général du 11 janvier 1892 (V. *suprà*, liv. VIII, nᵒ 22). Cependant l'importation de la vanille dans la métropole est soumise à un droit fiscal égal à la moitié des droits inscrits au tarif métropolitain, soit 208 francs (V. *suprà*, liv. VIII, nᵒˢ 18-105, et le *Nouveau tarif*, par Rossignol, p. 130). Le commerce général qui a atteint près de 9 millions en 1884 est descendu à 6 ou 7 millions, par suite des crises locales. Malheureusement les 9/10 du commerce se font avec l'étranger ; la France qui a cependant une grande colonie voisine, la Nouvelle-Calédonie, y prend une part très restreinte.

13. *La Nouvelle-Calédonie.* — Le 4 septembre 1774, le célèbre navigateur anglais, capitaine Cook, quittant les Nouvelles-Hébrides, découvrit un nouvel archipel. Frappé de la ressemblance du pays qu'il avait devant lui avec quelques points des côtes d'Écosse, il lui donna le nom de *Nouvelle-Calédonie*, mais il ne s'y fixa pas et se rendit à la Nouvelle-Zélande.

Depuis lors, la Nouvelle-Calédonie reçut la visite de navigateurs de toutes nationalités, sans qu'aucun songeât à y fonder un établissement stable. Dumont-d'Urville, en 1840, en releva la position et, en 1843, une corvette y portait des missionnaires français. La Nouvelle-Calédonie était le théâtre de scènes terribles de cannibalisme et de carnages. Cet état de choses provoquait une intervention et un protectorat, c'est le nôtre qui s'imposa.

La France cherchait une terre salubre et lointaine, susceptible de recevoir des condamnés, qui la mettraient en culture, en même temps que nos navires y trouveraient des ports de relâche et de ravitaillement. Le 24 septembre 1853, l'amiral Février-Despointes prit possession de la Grande Ile, et peu après de l'île des Pins. En 1854, le capitaine de vaisseau Tardy de Montravel compléta la prise de possession, conclut des traités avec les chefs indigènes et choisit la baie de Nouméa pour y fonder le chef-lieu de nos nouveaux établissements.

De 1854 à 1860, la Nouvelle-Calédonie fut placée sous les ordres du gouverneur des établissements français de l'Océanie, qui résidait tantôt à Papeete, tantôt à Nouméa. Un décret, du 15 juillet 1860, érigea la Nouvelle-Calédonie en colonie avec un gouverneur. L'amiral Guillain y resta en cette qualité jusqu'en 1870, il eut à lutter contre des difficultés de toutes sortes et à réduire les indigènes, dont les soulèvements compromirent plus d'une fois la mise en culture du sol. Des postes militaires furent établis en 1862, 1865.

Les îles Loyalty, situées à l'est, où nos missionnaires s'étaient établis en 1859, ne furent occupées militairement par la France qu'en 1864.

Cette même année vit arriver à Nouméa un premier convoi de condamnés. Après les événements de 1871, l'île des Pins et la presqu'île Ducos furent choisies comme lieux de déportation, et reçurent 4,000 déportés.

Une insurrection indigène éclata le 25 juin 1878. Elle était occasionnée, en partie, par les vexations dont les naturels avaient été l'objet (violation de leurs sépultures, distribution de terres, qui leur étaient enlevées sans compensation). Le soulèvement fut comprimé mais laissa en ruine plusieurs établissements agricoles.

14. L'administration de la colonie est confiée à un gouverneur, qui a sous ses ordres un commandant militaire et les commandants des bât'...ments de la station locale. Il exerce l'autorité civile avec le concours d'un conseil privé, ou conseil d'administration (Décr. des 11 sept. 1866, 18 mars 1868) qui, comme ailleurs, en outre de ses attributions administratives, est chargé du contentieux administratif. Il lui est alors adjoint deux magistrats, désignés chaque année par le gouverneur. Le territoire est divisé en cinq arrondissements, sous la direction d'un fonctionnaire, qui a le titre d'administrateur. Les îles Loyalty forment un territoire spécial, sous la direction d'un administrateur résident.

Un arrêté du 3 mars 1874 a constitué, à Nouméa, un corps municipal composé de un maire, deux adjoints et neuf conseillers, nommés pour trois ans par le gouverneur. La loi métropolitaine du 5 avril 1885, sur les municipalités, a été rendue applicable à la Nouvelle-Calédonie (L. du 20 mai 1891). On ne lui a pas accordé de député, mais la colonie est représentée, en France, par un délégué au conseil supérieur des colonies, élu par le suffrage universel. Un décret du 2 avril 1885 a institué un conseil général électif.

L'organisation judiciaire de la Nouvelle-Calédonie analogue à celle de Taïti et des îles de la Société et des îles Marquises comporte un tribunal civil, un tribunal de commerce et un tribunal supérieur (Décr. du 27 mars 1879), qui connaît de l'appel des affaires civiles, commerciales et correctionnelles, et statue comme tribunal criminel sur toutes les affaires de la compétence des cours d'assises.

Nouméa possède une chambre de commerce (neuf membres élus pour trois ans et renouvelables par tiers); une chambre d'agriculture (trente membres dont quinze élus, et quinze désignés par le gouverneur). L'agriculture n'est pas encore très développée, les principales richesses de la colonie consistant dans son bétail et ses mines.

Le voisinage de l'Australie, terre de formation analogue, indique la voie où il faudrait entrer, et les ressources qu'on pourrait tirer de la Nouvelle-Calédonie et de son groupe. Elle est appelée à devenir une colonie agricole et pastorale, minière et industrielle. Il y a des centaines d'hectares disponibles pour l'élevage du bétail; mais la production exigerait une population plus dense et une exportation des viandes abattues, pratiquée selon les procédés de conservation des Anglais; enfin le terrain est propre au blé et à la vigne.

Ce sont les usines qui, jusqu'ici, ont donné le plus d'activité à la Nouvelle-Calédonie. Trois compagnies minières de Nickel occupaient récemment 1,075 hectares et des concessions de cobalt entre dix compagnies s'étendaient, en 1888, sur 3,227 hectares. Nous devons mentionner aussi deux mines de plomb argentifère et des concessions de chrome. Dans dix ou quinze ans on peut prévoir la possibilité d'un grand développement pour ces industries diverses, mais l'indispensable condition est l'extension du personnel d'exploitation. Nous sommes donc amenés à nous rendre compte de la population de la Nouvelle-Calédonie et du concours que l'organisation pénitentiaire pourrait fournir à l'œuvre de la colonisation.

15. Le beau climat de la Nouvelle-Calédonie, ses richesses minières, la fertilité d'une grande partie de son sol devraient la mettre au premier rang de nos colonies. Cependant tous ceux qui l'ont étudiée sont unanimes à dire que depuis plus de vingt ans elle n'a pas fait un pas vers le progrès, et que l'une des causes de sa stagnation est l'insuffisance de sa population.

Le dernier recensement lui attribue 41,606 habitants, soit 25,068 indigènes, 7,477 transportés, et 9,061 habitants forment la population libre (laquelle se divise en 8,186 français, 429 anglais et 446 personnes de nationalités diverses).

De ces divers éléments que peut-on tirer pour la colonisation libre, déduction faite des indigènes, des condamnés, des étrangers, des traficants, des fonctionnaires civils et de la force armée? environ 3,500 colons, femmes et enfants compris, soit peut-être 800 familles, ce qui est manifestement insuffisant. On a vainement offert des concessions gratuites à des soldats libérés du service. Sans plus de succès, le ministère a traité avec une société d'émigration pour envoyer, il y a deux ans, en Nouvelle-Calédonie, douze familles d'agriculteurs qui ne devaient être que l'avant-garde d'un plus nombreux essaim. L'entreprise a échoué. La colonisation libre est donc nulle dans la grande île des Canaques.

Peut-être est-ce parce que le travailleur libre redoute d'y rencontrer les 7 à 8 mille condamnés : quoi qu'il en soit, puisque la métropole ne peut fournir une main-d'œuvre de bonne volonté, c'est au bagne qu'il faut demander le travail indispensable à la mise en valeur de la colonie.

Un écrivain qui pendant cinq années a sur place étudié la question, l'a traitée et résolue en concluant à la régénération du criminel par un travail utile de colonisation et par la vie de famille dans la Nouvelle-Calédonie.

M. Paul Mimande dans ses études intitulées : *Au Bagne* (V. *Revue des Deux-Mondes*, nᵒˢ des 15 mai et 15 juill. 1893) est ainsi en parfait accord avec les vues émises par MM. Paul Leroy-Beaulieu et Leveillé sur la Guyane (V. *sup.*, liv. X, nᵒˢ 56 et 60).

16. Peut-on faire du forçat un être repentant, soumis, disposé à s'amender, désireux de se réhabiliter, capable d'apporter à la colonisation, et même au peuplement de la colonie un concours dont on n'ait pas à se repentir? Voilà le problème. Dans la première de ses études, M. Paul Mimande nous montre le forçat « à la Nouvelle » sous un jour bien différent de celui que nous supposions, et que supposent les criminels novices, qui de loin, dans les espaces du beau rivage et sous le beau ciel dont ils ont entendu parler, entrevoient un semblant de liberté. Tout au contraire la réalité est affreuse. Le forçat placé dès son arrivée dans la première classe, celle où les labeurs sont les plus durs, y restera bien des années dans un milieu ambiant épouvantable avant de passer à la seconde, et il n'arrive qu'après avoir subi la moitié de sa peine à la troisième d'où s'il s'est livré à des travaux utiles à la colonie, sans avoir encouru de punitions, il est classé pour obtenir une concession.

Mais le condamné candidat à une concession n'est point transformé tout à coup de prisonnier en propriétaire (concession rurale) ou en artisan (concession urbaine). On l'assujettit à une sorte de surnumérariat.

Ici deux systèmes ont été mis concurremment en pratique : l'un excellent et qui a donné de très bons résultats, c'est l'institution des « élèves concessionnaires; » l'autre, que M. Mimande condamne absolument, et qui est « l'assignation » chez les colons.

Dans le premier système, les forçats jugés dignes d'arriver à une concession sont réunis et chargés de préparer, sous la direction d'agents techniques, les terrains qui seront alotis, de bâtir les cases, de tracer les chemins, et en un mot de créer les villages qu'ils habiteront bientôt. C'est une transition heureuse entre le travail forcé et l'initiative individuelle.

Des notes mensuelles données au point de vue de la conduite et de la capacité professionnelle, déterminent la durée du stage imposé à chaque candidat.

Le second système mettant les condamnés à la disposition des habitants, a le tort d'établir entre ceux-ci et ceux-là une sorte de promiscuité, de familiarité, et parfois d'intimité complètes. « Le colon libre n'a plus, au degré nécessaire, la notion de la distance qui le sépare du forçat, et le forçat est bien près d'oublier son indignité. » Si, à un moment donné, le malfaiteur purifié par le baptème du repentir peut être réhabilité, conformément à l'article 10 de la loi du 14 août 1885 et reprendre un rang modeste parmi les honnêtes gens, c'est à la condition qu'il se sera efforcé de monter là où ils sont. Mais si c'est le contraire qui a lieu, si le condamné amène à lui au bas de l'échelle sociale l'homme libre pour fraterniser avec lui, la colonisation pénale au lieu d'être un puissant adjuvant risque de contaminer ce qu'elle touche. M. Mimande cite de nombreux et piquants exemples de cette promiscuité des colons, et des membres de leur famille, avec les condamnés mis à leur disposition, qui sont parfois leurs commensaux, leurs serviteurs familiers, les gardiens, même les éducateurs de leur progéniture. Des colons, dégagés de préjugés, s'estiment heureux d'avoir sous leur toit des condamnés (anciens voleurs ou faussaires, ou ayant expié des attentats aux mœurs), capables d'enseigner à leurs enfants la grammaire, le calcul, l'histoire, peut-être même de leur donner d'élémentaires leçons de morale.

Et c'est ainsi que des agriculteurs, des industriels, des débitants, au lieu de faire travailler les canaques qui sont mous et paresseux, ou les libérés qui demandent 3 francs de salaire quotidien, obtiennent la main-d'œuvre de condamnés qu'ils paient 12 francs par mois, qu'ils nourrissent plus ou moins bien, qu'ils tiennent à leur merci, dont ils font tantôt des commensaux trop familiers, tantôt de véritables esclaves, d'autant plus soumis et obséquieux que s'ils désertaient ou étaient renvoyés ce serait pour être réintégrés au bagne avec une punition.

On voit combien ce système est vicieux, combien est préférable l'institution des élèves concessionnaires.

17. En tous cas, lorsque le condamné candidat a terminé son stage, et qu'on a des lots de terrains disponibles, si, d'autre part il est âgé de moins de 50 ans, reconnu suffisamment valide, et s'il possède un pécule d'au moins 200 francs, il reçoit une concession de 4 ou 5 hectares située dans un des centres agricoles : Bourail, Fonwary, le Diahot, Pouembout. On lui donne un titre provisoire de propriété, les objets d'outillage indispensables, on lui assure des rations de vivres, et trente mois après il aura un titre définitif, ou bien il sera dépossédé, suivant que son lot sera reconnu en bon rapport ou mal cultivé.

D'ordinaire le concessionnaire réussit, mais à une condition; ne pas vivre seul, faire venir sa famille de France, ou se marier dans la colonie. Lequel vaut le mieux? On peut soutenir le pour et le contre. On affirmerait difficilement que les familles des forçats, fort suspectes pour la plupart, apportent de France avec elles une atmosphère de vertu. D'autre part, que valent les mariages entre forçats libérés et femmes ou filles réclusionnaires? Cependant M. Mimande affirme que, en dépit des lois de l'atavisme, depuis près de vingt ans, *pas un seul enfant d'origine pénale n'a été l'objet d'une poursuite correctionnelle.* La progéniture vaut donc mieux que les parents, et peut avec le temps fournir de nouvelles générations de gens honnêtes aptes à une bonne colonisation.

M. Mimande entre dans des détails très pittoresques sur le « Couvent, » autrement dit, en style officiel, la « maison de force et de correction pour les femmes » d'où sortent les épouses offertes aux hommes libérés. Il y a des chances pour que ces unions ne soient pas pires que beaucoup de ménages d'ouvriers dans la métropole. En tout cas, les conjoints se marient pour la vie, c'est-à-dire sans songer au divorce, avec la conviction qu'ils entrent dans une voie nouvelle, où ils ont tout intérêt à se rendre la vie commode, et à apporter tous leurs soins et leurs efforts pour se créer des moyens de libre existence et reprendre un certain rang social.

L'auteur donne les renseignements les plus intéressants sur le développement des villages créés par les libérés concessionnaires « urbains » et concessionnaires « ruraux » peuplant le bourg et le territoire environnant. L'établissement de Bourail, qui date de 1869, en est un spécimen très curieux, sauf le commandant, fonctionnaire qui a droit de haute et basse justice, deux médecins de marine, divers agents d'ordre secondaire et les congrégations qui ont ouvert d'excellentes écoles, toute la population se compose de libérés des deux sexes et de leurs enfants, en tout, près de 2,000 personnes, avec une église, un hôpital, des magasins ou boutiques de toute sorte. Détail à signaler, les crimes sont très rares parmi ces anciens criminels, et la gendarmerie réduite à l'inaction se livre à la chasse aux perruches et aux pigeons verts.

18. Abrégeons, et en quelques mots retenons le programme qui se dégage de l'étude substantielle de M. Mimande. Il faut : « employer les forçats au profit exclusif de l'État, les soumettre à une gradation raisonnée de sévères épreuves qui permette d'opérer parmi eux une sélection; transformer en colons tous ceux qui auront donné des témoignages irrécusables d'amendement, et qui satisferont à certaines conditions de capacité, d'âge, de vigueur physique; leur faciliter les moyens de se constituer un foyer; exercer le droit de tutelle sur les nouvelles familles; instruire les enfants et leur apprendre un métier. En un mot : garder une puissante main-d'œuvre en utilisant les 10 mille transportés maintenus au bagne, et par un large développement donné à la colonisation pénale, fournir au pays des habitants qui lui manquent. »

19. *Les îles Wallis.* — Le groupe des îles Wallis a été découvert en 1767 par le navigateur dont elles portent le nom. Il se compose d'une terre principale, Uvéa ou Namo et d'une douzaine d'États. Aucun document plus complet et plus précis n'a été donné sur ces îles, et sur le groupe des îles Futuna dont nous parlerons plus loin, que l'étude que leur consacre M. Louis Henrique dans sa collection des *Notices sur les colonies Françaises* (Paris, Quantin, 1890).

D'après cet auteur « toute l'histoire de la civilisation des îles Wallis se confond avec celle du P. Bataillon, missionnaire mariste (de Lyon), qui pendant quarante ans lutta contre les usages et les mœurs des naturels, et parvint à force de patience à les transformer complètement. »

M. Aylic Marin dans son ouvrage intitulé *en Océanie* (Bayle, éditeur, Paris, 1889), a raconté l'arrivée du P. Bataillon aux îles Wallis en 1837. Leur roi Lavélua était l'ennemi acharné des Européens; plusieurs équipages de navires baleiniers qui s'étaient aventurés à Uvéa avaient été massacrés par ses ordres. Des missionnaires protestants, venus de Tonga-Tabou avaient eu le même sort. Le P. Bataillon eut le courage de s'y rendre seul, n'ayant pour toute défense que sa profonde connaissance des dialectes de l'Océanie centrale, et sa grande habitude de la vie des indigènes, acquise dans la mission qu'il avait déjà fondée aux îles de Tonga. Il sut se faire accueillir par le roi Lavélua en lui annonçant qu'il venait pour apprendre aux Uvéens les secrets de la civilisation. On se croit en plein moyen-âge quand on lit les récits recueillis par les commandants Mallet et Pigeard des péripéties qu'a subies le P. Bataillon, de son ascendant et de ses succès sur les naturels, dont il obtint la conversion en masse. Peu après la mort du roi Lavélua qui avait lui-même renoncé au culte de ses ancêtres, le pouvoir revint à la jeune Amélia sa nièce, élève du P. Bataillon devenu évêque d'Enos. Son œuvre fut dès lors assurée.

Nous nous souvenons avoir entendu le P. Bataillon dans un des rares voyages qu'il fit à Lyon, où il décrivait avec une vivacité très pittoresque les progrès et les besoins de sa mission. Il la dirigea jusqu'à sa mort, survenue en 1867.

Quels ont été, relativement à notre pays, les résultats de son œuvre?

20. Il obtint du roi Lavélua une convention conclue le 4 novembre 1842, et recueillie à cette date par le capitaine de corvette commandant l'*Embuscade*, aux termes de laquelle :

Le roi et deux chefs indigènes constituent leur pays en un État libre et indépendant, en le plaçant, en raison de la communauté de religion, sous la protection du roi des Français. « Les bâtiments et les sujets du roi des Français seront reçus aux îles Wallis sur le pied de la nation la plus favorisée; ils y jouiront de la protection du roi et des chefs et seront assistés dans tous leurs besoins; — les marchandises françaises, ou reconnues de provenance française, ne pourront être prohibées, ni payer un droit d'entrée plus élevé que 2 p. 0/0 *ad valorem*, aucuns droits de tonnage ou d'importation ne pourront être exigés des marchands français; — les habitants des îles Wallis qui viendront en France... y jouiront de tous les avantages accordés à la nationalité la plus aimée et la plus favorisée. »

Ce traité d'amitié était accompagné d'un traité de commerce, et d'un règlement de police qui admettaient tous les étrangers à résider aux îles Wallis, pourvu qu'ils se conformassent à la religion et aux lois du pays. Ils pourront acquérir des terres avec l'autorisation du roi, et en disposer ensuite à leur gré. En 1844 l'amiral Bruat signifia au roi des Wallis l'acceptation par Louis-Philippe du protectorat stipulé dans le traité du 4 novembre 1842.

En 1870, la reine Amelia qui avait succédé à son oncle Lavélua, dans le but de se soustraire à la pression des Allemands établis aux îles Samoa et à des tentatives d'annexion de l'Angleterre, se rapprocha encore de la France, et renouvela en 1883 le désir de voir confirmée par nous la convention de 1842.

En 1886 (19 nov.) le contre-amiral Marcq de Saint-Hilaire, au nom du gouvernement français, signa avec Amelia un traité qui renouvela et compléta les déclarations du 4 novembre 1842. Un décret inséré à l'*Officiel* du 5 avril 1887 a confirmé ce traité et ratifié en tant que de besoin les traités précédents. En vertu de cet acte un résident français a son entrée dans le conseil des ministres de la Reine, et notre pavillon llotte aux îles Wallis, ce qui a une importance particulière dans cette partie du Pacifique où l'Angleterre et l'Allemagne exercent leur influence aux îles Fidji et aux Samoa. L'établissement de notre protectorat aux îles Wallis a été notifié à toutes les puissances.

Jusqu'en 1887 le gouverneur de Taïti était plus particulièrement appelé à surveiller les îles Wallis. Un décret du 27 novembre 1887 les a rattachées administrativement et financièrement à notre colonie de la Nouvelle-Calédonie.

La colonisation des îles Wallis a une physionomie toute particulière. Beaucoup d'habitants, élèves du P. Bataillon ou de la mission qu'il a fondée, parlent le français, et « un plus grand nombre encore s'expriment très facilement en latin. » Quelques-uns ont des notions d'anglais et d'italien. Grâce à l'éducation qu'ils ont reçue, ils sont beaucoup plus industrieux que les habitants des autres archipels de l'Océanie centrale. La mission y a établi une exploitation agricole considérable, elle y a introduit le bétail, elle a formé des menuisiers, des tailleurs de pierre, des maçons, des briquetiers, des chauffourniers, même des imprimeurs. Les importations aux îles Wallis consistent en cotonnades ou indiennes, en objets divers de quincaillerie. Les exportations portent sur certains produits exotiques : le coprah, le kava, les nattes fines, etc.

21. Le groupe des îles *Futuna,* situé au sud-ouest des îles Wallis, découvert en 1616, n'a jamais été régulièrement exploité.

En 1837 un missionnaire, né dans notre région, le P. Chanel, vint s'y établir comme initiateur d'une civilisation supérieure. Il tenta d'en évangéliser les habitants. Sa propagande entraîna un certain nombre d'indigènes qui formèrent le parti des jeunes parmi lesquels était le fils du roi. Le parti des anciens le fit saisir et mettre à mort (28 août 1841). Une corvette française, l'*Allier,* se présenta en janvier pour venger ce meurtre. Un missionnaire apostolique, très connu dans notre ville où il avait été aumônier d'une maison d'éducation,

M. Pompallier, s'interposa et amena le nouveau roi et les principaux chefs des tribus à reconnaître le protectorat de la France (1842). Les choses en restèrent là. En 1881 notre influence devint plus prépondérante grâce à un évêque d'Océanie, Mgr Lamage, et en 1887 les deux rois de Futuna firent des propositions qui ont été ratifiées par un décret du 16 février 1888. Depuis lors, l'archipel est très régulièrement placé sous notre protectorat.

La population, d'environ 5 à 6,000 habitants, est exclusivement catholique et d'une moralité exceptionnelle. Avant 1837, elle était anthropophage. Son gouvernement est une monarchie constitutionnelle avec deux rois élus. La terre y est très riche, bien cultivée. L'industrie locale consiste dans la fabrication de tissus fins en écorces d'arbres présentant des dessins originaux et élégants.

22. Les îles *Kuerguelen*, ou de la Désolation, furent découvertes en 1772 par un Français, de Kuerguelen, lieutenant de vaisseau, qui les annexa au domaine colonial de la France. Le capitaine Cook les visita plus tard; il y relâcha en des jours de tempête et les nomma terre de la Désolation. La notice de la collection Henrique qui leur est consacrée ne dit rien de leur population. L'archipel ne comprend pas moins de cent trente îlots autour de l'île principale de Kuerguelen. Le climat y est presque égal en toute saison, d'une température peu élevée. C'est là que du 15 novembre 1874 au 24 janvier 1875, fut établie une station astronomique où fut observé le passage de Vénus, notamment par M. André, professeur à la Faculté des sciences de Lyon, avec les membres d'expéditions anglaise, américaine et allemande, qui s'y étaient donné rendez-vous pour étudier ce phénomène d'un haut intérêt scientifique.

23. Les *Nouvelles-Hébrides*, découvertes en 1606 par les Espagnols, furent délaissées par eux. Visitées en 1768 par le navigateur français Bougainville, elles reçurent de lui le nom de Nouvelles-Cyclades, mais elles ont gardé la dénomination de Nouvelles-Hébrides que leur donna quelques années après le capitaine Cook.

Elles ont été explorées à diverses reprises par Lapeyrouse, d'Entrecasteaux, Dumont-d'Urville, Dupetit-Thouars; on les considérait comme faisant partie de droit des dépendances de la Nouvelle-Calédonie, lorsque des missionnaires presbytériens organisèrent en Australie des meetings pour déterminer un mouvement en faveur de leur annexion aux possessions anglaises (1877).

En fait, de nombreux colons anglais partis de l'Australie s'étaient établis dans ces îles très fertiles, très riches en produits divers, en bois propres à la teinture et en denrées d'un débit facile, et se mettaient en mesure de garantir leurs droits en inscrivant leurs propriétés suivant l'acte Torrens.

Sur l'initiative d'un Australien d'origine irlandaise, négociant dans la Nouvelle-Calédonie, plusieurs habitants de Nouméa résolurent d'occuper commercialement l'archipel des îles Hébrides. Ils formèrent en trois jours une société au capital de 300,000 francs et acquirent dans les principales îles du groupe plus de 500,000 hectares de terre appartenant soit aux indigènes, soit à des colons anglais. Ils conclurent en outre un traité d'amitié avec les trois principaux chefs dans l'île Mallicolo, qui se rangèrent sous le protectorat et le pavillon français (10 nov. 1884).

Les prétentions de l'Angleterre n'ont pas permis de maintenir définitivement cette situation. Une convention anglo-française du 24 octobre 1887 a abouti à une action protectrice simultanée des marines française et anglaise. Mais les colons de la Nouvelle-Calédonie et les indigènes des Nouvelles-Hébrides manifestent ouvertement leur désir de voir s'établir la prépondérance française sur ces îles. La convention de 1887 ne sera pas éternelle.

LIVRE XIII.

COLONIES D'ASIE, INDE ET INDO-CHINE.

~~~~~~~~~

CHAPITRE PREMIER.

INDE.

1. Vue générale sur l'Europe en Asie. — Possessions de l'Angleterre, de la Russie, du Portugal et de la France.
2. Etablissements français de l'Inde.
3. Administration.
4. Organisation judiciaire.
5. Organisation de l'instruction et du culte.
6. Situation commerciale. — Caractère et importance de l'Inde française.

1. Si nous avons le premier rang parmi les nations européennes sur le sol africain, il en est bien autrement en Asie malgré les colonies et les protectorats que nous y avons récemment acquis.

L'Angleterre depuis qu'elle nous a enlevé au siècle dernier la prépondérance dans l'Inde est devenue la première des nations européennes en Asie. Il importe cependant de voir par qui son pouvoir peut y être tenu en échec.

L'Inde anglaise est une immense colonie d'exploitation, peuplée de 250, les uns disent de 280 millions d'habitants faisant un commerce dont l'importance approche de 4 milliards. Elle a de plus pour annexes la Birmanie et les établissements des détroits. Enfin c'est la possession de l'Inde qui l'a conduite à occuper Singapour, à conquérir Hong-Kong et qui lui a permis de prendre en Chine une situation commerciale toute privilégiée.

La Russie est sa rivale en Asie. Elle y possède des territoires beaucoup plus vastes que l'Europe, près de 17 millions de kilomètres carrés, tandis que l'Europe n'en comprend que 10 millions. Elle ne compte, à la vérité, dans cet immense empire, guère plus de 17 millions d'habitants. Mais elle a la Sibérie tout entière, elle a enlevé des provinces à la Chine, elle étend son influence dans la Corée, elle peut par Vladivostok entretenir une flotte dans les mers du Céleste-Empire. D'autre part elle s'est annexé, ou a placé sous son protectorat les territoires sans limites des Kirghis et des Turcomans, elle étend ses postes frontières en avant de Merv et elle touche à la Perse. Sur un troisième côté, par la Transcaucasie, elle est aux sources de l'Euphrate et du Tigre, routes des Indes. Elle est à la fois une menace pour la Chine et pour l'Indoustan (L. Vignon : *Expansion de la France*, p. 210), sa prépondérance contrebalance, si elle ne dépasse celle de l'Angleterre.

Le Portugal qui nous avait jadis glorieusement précédés dans la carrière coloniale n'est resté possesseur que de quelques kilomètres carrés dans l'Indoustan (Ile Diu, Daman, Goa) et de la petite île de Macao sur les côtes de la Chine.

Nous venons donc après l'Angleterre et la Russie sur le continent asiatique, où la péninsule indo-chinoise que nous y occupons pourra avec le temps nous aider à oublier la perte de nos conquêtes du siècle dernier.

2. Dans l'Inde proprement dite il nous en reste des vestiges bien restreints. Les traités de 1814 et 1815 nous ont laissé cinq fractions de territoire, isolées les unes des autres, présentant une superficie totale de 50,803 hectares, savoir : 1° sur la côte de Coromandel : Pondichéry, et ce que l'on peut appeler sa banlieue; 2° sur la même côte : Karikal et les Maganons ou districts qui en dépendent; 3° sur la côte d'Orissa :

Yanaon, et les aldées ou villages qui l'entourent; 4° sur la côte de Malabar : Mahé et ses dépendances; 5° au Bengale : Chandernagor et son territoire. Toutes ces stations sont baignées par l'Océan Indien à l'exception de Chandernagor.

Les établissements français comptent encore certaines loges, ou places de commerce : celle de Mazulipatam sur la côte d'Orissa; celle de Calicut au Malabar; celles de Kassim-Bazzar, Zangdia, Dakka, Balassor et Patna au Bengale, et la factorerie de Surate.

L'ensemble de nos possessions comprend un peu moins de 300,000 âmes, dont un très petit nombre d'Européens et d'habitants de race croisée. Des esprits hostiles à la politique de colonisation ont pu sans soulever l'opinion en proposer l'abandon, la vente ou l'échange. Cependant au point de vue commercial et fiscal ce sont des établissements productifs, les seuls avec la Cochinchine qui donnent à la métropole des revenus supérieurs à leurs dépenses.

Le chef-lieu de nos établissements est Pondichéry (42,000 habitants) qui est entouré d'un territoire de près de 30 mille hectares divisé en quatre communes, sillonné de huit cours d'eau et de neuf grands canaux de dérivation et sur lequel se présentent aux regards des rizières, des champs de cotonniers et d'indigotiers, des bananiers, des bouquets de palmiers. Pondichéry avec laquelle, paraît-il, peu de cités anglaises dans l'Inde peuvent rivaliser d'élégance, est le premier de nos comptoirs commerciaux indiens.

La seconde ville, au point de vue de l'importance commerciale, est Karikal dont le port est parfois périlleux; son territoire de 15 mille hectares comprend trois communes. Arrosé par six petites rivières, il est d'une remarquable fertilité, et a été justement appelé le jardin de l'Inde méridionale.

Yanaon avec ses dépendances, dans la province de Golconde, est un reste direct des conquêtes de Dupleix et Bussy. Le sol en est très fertile mais l'activité commerciale en est entravée par la configuration sablonneuse et mouvante de la côte.

Mahé, ancienne ville indienne à laquelle Mahé de la Bourdonnais donna son nom patronymique lorsqu'il s'en empara
en 1726, est entourée d'un territoire de près de six mille hectares dont l'accès par la mer n'est possible qu'à la marée
haute. Enfin Chandernagor, vieille cité française, rappelle les
plus beaux temps de notre domination dans les Indes, c'est là
que se faisait tout le commerce du Bengale, mais elle a été
ruinée par les guerres, par l'envasement du Gange dans la
partie qui la baigne, et surtout par la fondation et le prodi-
gieux développement, plus près de la mer, de Calcutta chef-
lieu de l'Inde anglaise où s'arrêtent nécessairement tous les
navires. La superficie de son territoire n'est que de 940 hectares.

3. L'administration de nos possessions de l'Inde, dont nous
avons déjà indiqué les éléments (V. *sup.*, liv. IV, n°s 31 et
34), a passé par plusieurs phases. Depuis 1840 (Ord. organique du 23 juillet), le commandement et la direction en appartiennent à un gouverneur résidant à Pondichéry, assisté d'un
conseil d'administration ou conseil privé composé, en outre de
deux membres civils (V. *sup.*, liv. IV, n° 19), du directeur de
l'intérieur, du procureur général, du chef du service administratif de la marine, du chef du service de santé, et du trésorier
payeur.

On a reproché pendant bien des années à l'administration
de nos établissements de l'Inde d'avoir été trop personnelle,
arbitraire, hostile à la représentation collective des habitants,
à l'organisation communale et d'avoir négligé les grands travaux d'utilité publique.

Les habitants réclamaient leur participation à la gestion
des intérêts locaux, une représentation spéciale de l'agriculture, la réforme de l'impôt foncier trop lourd et mal assis,
l'amélioration des canaux, des irrigations, etc.

Depuis 1870, ils ont reçu satisfaction sur divers points, un
décret du 13 juin 1872, complété par un décret du 25 janvier
1879, a créé : 1° un conseil colonial à Pondichéry, faisant

fonction de conseil général, 2° des conseils locaux dans chaque établissement, enfin des conseils municipaux.

Le conseil colonial, chargé des attributions des conseils généraux comprend douze membres, cinq fonctionnaires de droit et sept membres élus par les conseils locaux, sachant parler, lire et écrire le français. Il tient une session ordinaire par an, il vote les dépenses obligatoires et facultatives du budget local, celles des travaux publics, les contributions autres que les droits de douane, etc.

Dans chacun des cinq établissements, un administrateur ou ordonnateur, au nom du gouverneur est le représentant du pouvoir exécutif, et exerce par délégation les attributions dévolues au gouverneur. En outre, il est l'agent d'exécution des chefs d'administration et de service qui n'ont pas de délégué dans les établissements, notamment du directeur de l'intérieur.

Les conseils locaux, présidés par l'ordonnateur, sont élus moitié par les Européens ou naturalisés, moitié par les indigènes. Ils émettent des vœux sur les matières agricoles, industrielles, commerciales et administratives.

Les deux listes électorales, l'une contenant les électeurs français ou européens naturalisés, l'autre les électeurs indigènes, servent également à l'élection des conseils municipaux et du conseil général.

Les élections législatives comprennent l'élection d'un député (Décr. du 15 sept. 1870 et loi du 13 févr. 1889, relative au scrutin d'arrondissement) et l'élection d'un sénateur (L. du 24 févr. 1875, art. 2).

Le régime municipal a été établi par décret du 12 mars 1880, qui a créé dix communes de plein exercice. Il y a donc dans l'Inde trois types de conseils soumis au régime du suffrage universel direct, et assimilés, autant que le comportent les circonstances locales (Décr. du 26 févr. 1884), aux institutions analogues de la France et des grandes colonies, savoir :

conseil général, cinq conseils locaux ou d'arrondissement, dix conseils municipaux.

4. Les règles générales de l'organisation judiciaire des colonies que nous avons fait connaître (*sup.*, liv. V) s'appliquent dans l'Inde. Nous n'avons donc ici qu'à en faire une mention sommaire. La justice est rendue (Ord. du 7 févr. 1842) par les tribunaux de paix, les tribunaux de première instance, les cours d'appel et les cours criminelles siégeant dans chacun de nos établissements (Décr. du 12 juin 1883).

Les tribunaux de paix de Pondichéry et Karikal, ont la même compétence que celle des tribunaux de paix de la métropole (Décr. du 31 mai 1873). Mais ceux de Mahé, Yanaon, et Chandernagor ont une compétence étendue (Décr. des 1er mars 1879, 28 juill. 1887, 31 mai 1890. V. l'*Off.* du 1er juin).

Des tribunaux de première instance siègent à Pondichéry et Karikal; leur compétence est réglée par le décret du 31 mai 1873. La Cour d'appel de Pondichéry a la même compétence que celles de la métropole. Elle connaît des faits de discipline conformément aux dispositions du chapitre IV du titre IV de l'ordonnance du 7 février 1842.

Trois notaires ont été successivement institués à Pondichéry. V. décret du 7 mai 1890, *Off.* du 8 mai.

5. Dans les établissements français de l'Inde, comme dans le reste de la Péninsule, trois religions sont en présence : le christianisme, l'islamisme, et le brahmanisme. La grande majorité des Indiens a conservé ce dernier culte auxquels se rattachent leurs diverses castes. Celles qui comprennent les agriculteurs, les commerçants, les artisans après lesquels viennent les parias se subdivisent en une infinité de classes qui correspondent aux professions diverses, et suivant les circonstances peuvent changer de rang. L'attachement des Hindous à ce fractionnement de la société en tant de groupes, a son fondement dans leurs croyances et leurs antiques traditions religieuses. Le contact des Européens en a sans doute adouci et modifié le caractère immuable et rigoureux. Toutefois, il peut être impolitique de heurter trop violemment leurs coutumes, et le respect qu'ils professent pour l'organisation religieuse et sociale qu'ils tiennent de leurs ancêtres. C'est pour avoir méconnu cette nécessité que l'Angleterre vit s'élever dans ses possessions indiennes un formidable soulèvement en 1857. Ce serait encore, paraît-il, pour avoir trop oublié le rôle que les castes jouent aux Indes, qu'elle se trouverait actuellement en présence de nouveaux symptômes d'insurrection.

Le service du culte catholique, dans nos possessions de l'Inde, a été réglé par un décret du 21 juin 1891, ensuite d'un accord (du 1er sept. 1886) avec le Saint-Siège. Le vicariat apostolique de Pondichéry a été converti en archevêché; quatre congrégations de religieuses d'origine indienne dirigent des orphelinats, des écoles, des maisons de refuge. La congrégation des sœurs de Saint-Joseph de Cluny dessert un hôpital et diverses œuvres à Pondichéry, Chandernagor, Karikal et Mahé.

Quant à l'instruction publique primaire et secondaire, on peut dire que les populations de l'Inde française trouvent des facilités égales à celles que leur offriraient la métropole.

Le collège de Pondichéry, subventionné par la colonie et dirigé par les Pères de la Congrégation des missions étrangères ensuite d'un traité intervenu entre l'archevêque et l'administration locale, enseigne l'instruction primaire, l'instruction secondaire classique, les arts d'agrément. Il existe aussi à Pondichéry un établissement d'instruction primaire supérieure, dit école Calvi, du nom de son fondateur, où l'on enseigne la langue anglaise et la langue tamoule. Enfin, pour les filles, plusieurs institutions fonctionnent avec succès, laïques et congréganistes.

Il en est de même à Karikal, Mahé, Yanaon et Chandernagor. En outre, dans toutes les localités de quelque importance se trouvent des écoles primaires, ou des écoles rurales, où des maîtres de français, d'anglais, de tamoul et de maléolum donnent l'enseignement élémentaire. Divers décrets (18 nov. 1863, 26 oct. 1871, 2 avr. 1875, 11 déc. 1880), complétés par des arrêtés locaux, ont réglé, conformément aux lois métropolitaines, les conditions d'obtention des diplômes de baccalauréat ès-lettres ou ès-sciences, et des brevets de capacité.

Une école de droit (Arr. 30 mai 1867, 24 févr. 1879) donne à Pondichéry un enseignement qui comprend les principales matières du programme des Facultés françaises, et des cours spéciaux de droit hindou et de droit musulman.

6. C'est à Pondichéry que se concentrent à peu près tout le commerce et les industries de l'Inde française. Les cotonnades teintes en bleu avec de l'indigo, dites *guinées*, y ont acquis une véritable renommée. Les guinées de Pondichéry se vendent particulièrement au Sénégal et sur les côtes d'Afrique.

Le grand commerce est presque exclusivement entre les mains de quelques maisons françaises, qui ont donné une grande extension à l'exportation des arachides. L'ensemble du mouvement commercial atteint 27 à 28 millions, dont 21 millions et demi en exportations. Le commerce avec la France est relativement restreint : il ne comprend que 10 millions et demi (environ) d'exportations en France, et 5 à 6 mille francs d'importation.

Pondichéry possède une chambre de commerce composée de quatorze membres élus, neuf Européens ou descendants d'Européens et cinq Indiens, dont le directeur de l'intérieur est de droit membre et président (Arr. 13 août 1879).

Les témoignages et documents concernant l'Inde française aboutissent à une conclusion unanime : créer à Pondichéry ou dans ses environs immédiats un port aisément accessible, et nous aurions non seulement une station de ravitaillement très précieuse pour nos navires allant à l'Extrême-Orient, mais, de plus, tous les produits susceptibles d'être exportés y convergeraient : « indigo, café, arachides, poivres, peaux de la province anglaise de Madras, viendraient y aboutir, grâce au raccordement des voies ferrées. Ce serait l'entrepôt central du Sud, et le lieu de transit de tout le riche commerce qui se distribue actuellement, faute de mieux, sur les rades ouvertes de Madras, etc., ou qui est même dirigé sur Bombay, Goa, Calicut, Kochin, malgré l'élévation des prix de transport par terre. » ... Notre colonie de l'Inde appelle de tous ses vœux la réalisation d'un projet qui, plus que toute autre conquête, en ferait une colonie de premier ordre (V. la notice de la collection Henrique, p. 93. — V. aussi la notice de M. Deloncle dans la *France coloniale*).

CHAPITRE II.

INDO-CHINE (Cochinchine, Cambodge, Annam, Tonkin, Siam).

1. § I. *Historique.* — Il semble que nous ayons voulu dans la seconde moitié de ce siècle compenser la perte que nous avions éprouvée de l'Hindoustan au siècle dernier par de grandes acquisitions dans l'Asie centrale. Nous y avons aujourd'hui comme colonies ou protectorats, la Cochinchine, le Cambodge, l'Annam et le Tonkin.

Nous devons faire en premier lieu l'historique de ces acquisitions, nous en examinerons ensuite l'organisation au point de vue de leur administration, de leurs institutions judiciaires, de leur régime douanier et de leur avenir commercial.

La Cochinchine est pour nous la première en date. Nos rapports avec cette contrée remontent à plus de cent ans.

Nous rencontrons à leurs débuts le nom d'un homme qui mérite une place dans nos fastes coloniaux, Pigneau de Béhaine né en France en 1741 aux environs de Laon, entraîné par une vocation généreuse s'était voué à l'apostolat en Cochinchine. Son but était tout à la fois religieux et patriotique. Il voulait faire prévaloir l'influence de la France dans ce pays christianisé en partie par des missionnaires portugais. Nommé évêque d'Adram il recueillit au milieu de guerres civiles l'héritier légitime du royaume d'Annam dont la Basse-Cochinchine faisait alors partie. Il vint en France avec le jeune prince et signa un traité par lequel le prétendant, en échange d'un corps auxiliaire français mis à sa disposition, cédait en toute propriété à la France la presqu'île de Tourane et les îles adjacentes (28 nov. 1787). L'histoire a conservé les noms des officiers français de terre et de mer qui allèrent prendre possession des pays cédés. A la mort de l'évêque d'Adram (1798) le roi dont il avait fait reconnaître les droits lui éleva un mausolée existant encore qui a été depuis quelques années déclaré monument historique.

Mais après la mort du roi en 1820 les droits de la France furent contestés par son successeur. Une démonstration navale française en 1847 n'eut qu'un résultat éphémère. Sous le roi Tu-Duc des persécutions furent exercées, dans lesquelles deux missionnaires français furent massacrés. En 1852 la France fit des réclamations. Elle n'obtint qu'une réponse évasive en 1856, bientôt suivie de nouvelles violences contre les Français, et les chrétiens de l'Annam qu'on estimait alors au chiffre de 600,000.

Un évêque espagnol, Mgr Diaz, vicaire apostolique du Tonkin, fut arrêté et massacré. Une expédition française à laquelle se joignit l'Espagne fut dirigée contre l'empire d'Annam (1858). Les opérations interrompues pendant la guerre avec la Chine furent reprises avec vigueur en 1861 et 1862.

Le roi d'Annam Tu-Duc, forcé de demander la paix, signa à Saïgon un traité par lequel il cédait à la France trois des six provinces qui composaient la Basse-Cochinchine, autorisant en outre les sujets de la France à commercer librement dans les trois ports annamites de Tourane, Balut, et Qang-An, et s'engageant à nous payer une indemnité de guerre de 20 millions (5 juin 1862).

2. L'année suivante le roi du Cambodge, empire limitrophe de la Basse-Cochinchine au nord, se plaça sous le protectorat de la France (Traité du 11 août 1863). Le roi Tu-Duc n'avait cependant pas perdu l'espoir de recouvrer les provinces cédées. Il envoya à Paris, en 1863, une ambassade chargée d'en obtenir la rétrocession. En France l'opinion déjà impressionnée par l'expédition du Mexique s'inquiétait des expéditions lointaines. De nombreux adversaires de notre colonie de la Cochinchine obtinrent du gouvernement que son occupation fît place à un traité de protectorat.

Ce n'est que justice de signaler les noms des personnages politiques qui résistèrent à cette décision. MM. de Chasseloup-Laubat, ministre de la marine, Duruy, de l'instruction publique, l'amiral Rigault de Genouilly, et MM. Thiers et Lambrecht obtinrent un contre-ordre du gouvernement et sauvèrent notre conquête. Mais les agitations, les soulèvements fomentés par le roi Tu-Duc rendaient nécessaire une occupation militaire. Elle eut lieu en 1867 et nous annexa, sans perte pour nos troupes, les trois autres provinces que le traité de 1862 avait laissées au souverain annamite. Notre conquête de la Cochinchine fut dès lors complète, et lui donnait ses frontières naturelles : au nord et au nord-est l'Annam séparé par des montagnes et des forêts; au nord-ouest le Cambodge, sous notre protectorat; à l'ouest, au sud et à l'est la mer. C'était un territoire de 5,945,000 hectares, peuplé (aujourd'hui) de 1,916,000 habitants (recensement de 1888).

Depuis cette époque quelques révoltes locales se produisirent; elles purent être réprimées par les milices indigènes; la Cochinchine accepta notre domination.

Cependant à la suite de nos revers de 1870, la Cour de Hué crut le moment opportun de nous faire de nouvelles propositions de rachat des provinces cédées, elles n'eurent aucune suite. C'est à l'amiral de la Grandière que revient l'honneur d'avoir organisé notre conquête et pacifié définitivement la Cochinchine.

Une ère nouvelle, celle du régime civil, a été inaugurée par la nomination de M. le Mire de Vilers comme gouverneur (7 juill. 1879).

3. Le Cambodge est la moins importante de nos possessions de l'Indo-Chine, mais elle est néanmoins intéressante à divers titres.

L'histoire très compliquée du Cambodge, très fertile en incidents dramatiques, sortirait de notre cadre. Egalement convoité par les rois de Siam et de l'Annam, le Cambodge, avant l'avènement du roi actuel, avait été le théâtre de douze années de guerre à la suite desquelles il dut reconnaitre à la fois la protection de l'Annam et celle du Siam.

En 1859, un nouveau roi âgé de vingt-quatre ans fut appelé au trône où il monta en prenant le nom de Norodom. C'est pour se soustraire à la domination de ses deux protecteurs qu'il sollicita de la France le protectorat qu'elle lui a accordé par le traité susmentionné du 11 août 1863.

Norodom n'eut pas moins à réprimer à main armée les soulèvements suscités successivement par deux prétendants, notamment par son frère Votha, qu'il défit avec un renfort français envoyé de Saïgon. Le protectorat qui le plaçait sous notre direction, mieux précisé, a été l'objet d'un second traité à la date du 17 juin 1884 conclu par M. Charles Thompson, gouverneur de la Cochinchine (Dalloz, 86. 4. 79).

Aux termes de ce traité, le roi du Cambodge, Dorodom I⁰ʳ accepte toutes les réformes administratives, judiciaires, financières et commerciales auxquelles le gouvernement français jugera utile de procéder pour faciliter l'exercice de son protectorat (art. 1ᵉʳ).

Les fonctionnaires cambodgiens continueront, sous le contrôle des autorités françaises, à administrer les provinces, sauf en ce qui concerne l'établissement et la perception des impôts, les douanes, les contributions indirectes, les travaux publics et en général les services qui exigent une direction unique ou l'emploi d'ingénieurs ou d'agents européens (art. 3).

Le résident chargé, aux termes de l'article 2 du traité du 11 août 1863, d'assurer l'exercice régulier du protectorat, a désormais le titre de résident général et a sous ses ordres des résidents, ou des résidents-adjoints placés dans les chefs-lieux des provinces (art. 4).

Les dépenses du royaume et celles du protectorat seront à la charge du royaume (art. 6).

Le sol du royaume, jusqu'à ce jour propriété exclusive de la couronne, cessera d'être inaliénable. Il sera procédé, par les autorités françaises et cambodgiennes, à la constitution de la propriété au Cambodge. Les chrétientés et les pagodes conserveront en toute propriété les terrains qu'elles occupent actuellement (art. 9).

La ville de Pnom-Penh sera administrée par une commission municipale, composée du résident général ou de son délégué, président; six fonctionnaires ou négociants français nommés par le gouverneur de la Cochinchine; de trois cambodgiens, un annamite, deux chinois, un indien, et un malais nommés par le roi du Cambodge sur une liste présentée par le gouverneur de la Cochinchine (art. 10).

L'esclavage est aboli sur tout le territoire du Cambodge (art. 8).

Postérieurement à ce traité, quelques révoltes se manifestèrent encore, pendant lesquelles fut décapité un missionnaire apostolique, M. Guyomard. Les rebelles furent châtiés (1886), et depuis cette époque le Cambodge a été soumis et pacifié à ce point qu'une garnison insignifiante y est seule nécessaire aujourd'hui.

4. Maîtres de la Cochinchine et protecteurs du Cambodge presque annexé, comment sommes-nous devenus protecteurs de l'Annam et par voie de conquête maîtres du Tonkin?

Les Anglais, possesseurs de l'Inde, cherchaient depuis longtemps dans la vallée de l'Irradouady une route qui ouvrirait à leur commerce les riches provinces du Céleste-Empire. La même préoccupation devait s'imposer à nous dès notre établissement en Cochinchine.

Tout d'abord nos explorateurs, le capitaine de frégate Doudart de Lagrée et les lieutenants de vaisseau Francis Garnier et Delaporte eurent pour mission de remonter le haut Mékong qui ne fut reconnu navigable que dans une partie de son cours. C'est pendant cette expédition que mourut le commandant de Lagrée. Francis Garnier ramena sa petite troupe à Saïgon après avoir parcouru près de 10,000 kilomètres dont 6,000 en embarcations. Il avait pu observer l'éclipse totale du 18 août 1868 dans des régions réputées inaccessibles.

Des routes terrestres furent alors recherchées du côté du Tonkin, région qui, longtemps indépendante, était depuis un siècle sous la dépendance de l'Annam, bien que la Chine y prétendît des droits de suzeraineté. C'est dans le cours de cette exploration toute pacifique qu'un de nos compatriotes, Jean Dupuis, fut molesté par les mandarins en 1873. Francis Garnier fut envoyé avec 175 hommes pour régler ce conflit, il s'empara de la citadelle d'Hanoï et des places voisines du Delta, mais il périt dans une embuscade.

La cour de Hué fut contrainte de signer à Saïgon (5 janv.-

14 mars 1874), un traité qui nous donnait la navigation libre du fleuve Rouge, et l'ouverture au commerce des ports de Qui-Nhon en Annam, de Haïphong et d'Hanoï au Tonkin. Nous avions ainsi accès dans cette région septentrionale de l'Annam. Mais le gouvernement annamite n'ayant pas respecté ses engagements et favorisant les agressions contre nous des bandes chinoises de Pavillons Noirs, une expédition fut jugée nécessaire (1882). Le commandant Rivière y trouva la mort (19 mai 1883). La cour annamite n'en devint que plus arrogante et notre représentant à Hué, capitale de l'Annam, dut se retirer.

Il fallait en finir avec l'Annam et maîtriser le Tonkin. Une plus ample expédition fut décidée, nos troupes avaient à vaincre la résistance des Annamites, maîtres du pays, et des Chinois qui prétendaient intervenir dans les affaires de l'Annam et du Tonkin en qualité de suzerains. De 1883 à 1885 sous le commandement successif des généraux Bouet, Brière de l'Isle, de Négrier, Millot, de Courcy et de l'amiral Courbet se sont accomplis : la prise de Hué, de Son-Tay, le bombardement de Fou-Tchéou, les opérations contre Formose, la prise des Pescadores, etc.

5. Les opérations contre le Tonkin et l'Annam, dont les péripéties sont connues, amenèrent les traités suivants : 1° traité de Hué du 25 août 1883, auquel par voie de rectification fut substitué celui du 6 juin 1884 négocié par M. Patenôtre qui consacrait notre protectorat sur l'Annam et le Tonkin ; 2° le traité de Tien-Tsin du 11 mai 1885, par lequel la Chine reconnaissait les conventions intervenues entre la France et le roi d'Annam et s'engageait à retirer ses troupes du Tonkin.

Tout semblait terminé, mais la mort du roi Tu-Duc, les intrigues qui la suivirent à la cour de Hué avec l'élévation au pouvoir successivement de trois jeunes princes, créatures des mandarins qui refusèrent de se soumettre à la France ravivèrent les résistances. Les hostilités se rouvrirent avec des in-

cidents divers au cours desquels, notamment le commandant
Dominé avec quelques centaines d'hommes dut soutenir pendant quarante jours à Tuyen-Quang, l'effort de toute une armée.
La paix avec la Chine fut de nouveau conclue le 4 avril 1885. Il
fallut encore marcher sur Hué où les mandarins, régents du
jeune prince, troisième successeur de Tu-Duc, persistaient
à méconnaître le traité du 6 juin 1884. Sous la direction du
général de Courcy, la citadelle de Hué fut prise (5 juill. 1885)
et les régents s'enfuirent dans les montagnes avec leur jeune
roi Nam-Ghi.

Reconstituant le gouvernement avec l'aide de la reine-mère
et des princes de la famille royale, le général de Courcy fit
monter au trône le frère de Nam-Ghi, qui régna sous le nom
de Dong-Khanh.

Nos troupes eurent encore à dompter la rébellion organisée
par Thuyet l'un des régents ; enfin le prince Nam-Ghi tomba
entre nos mains vers la fin de 1888 et fut envoyé prisonnier
à Alger. Mais le roi Dong-Khanh, récemment par nous élevé
au trône et dévoué à l'influence française, périt subitement.
Il a eu pour successeur (31 janv. 1890) le jeune roi qui règne
sous le nom de Than-Taï.

Depuis la fin de 1885, le pays était considéré comme pacifié.
Nous avions enfin conquis le Tonkin, et soumis étroitement
l'Annam à notre protectorat. Le traité de paix avec la Chine,
du 4 avril 1885, a été complété par une convention commerciale du 25 avril 1886, négociée par M. Cogordan, notre compatriote lyonnais. Nous n'y trouvions pas encore des satisfactions suffisantes. M. Constans fut envoyé avec une mission
spéciale en Chine, en qualité de ministre plénipotentiaire,
pour apporter à cette convention les modifications que réclamaient nos intérêts commerciaux. Il réussit dans sa tâche et
accepta à son retour comme mission temporaire le gouvernement général de l'Indo-Chine. Des clauses de la convention
conclue avec la Chine, il résulte que trois points de pénétration dans le pays nous ont été concédés avec des réductions

sur le tarif général de douanes du Céleste-Empire de 3/10 pour
les marchandises de pénétration en Chine, et de 4/10 pour
les marchandises chinoises de pénétration au Tonkin; or,
comme les droits inscrits au tarif de la Chine sont de 5 p. 0/0
(*ad valorem*) à l'entrée et à la sortie, il en résulte que nous
ne payons que 3 p. 0/0 au lieu de 5 que paient nos rivaux
pour les ports de Shangaï, Canton, Tien-Tsin.

M. Ulysse Pila analysant cette convention devant la Société
d'Economie politique de Lyon (vol. de 1888, p. 210 et suiv.),
estimait que les intérêts commerciaux de la Chine et de notre
pays seraient la plus sûre garantie d'une pacification réelle et
permanente entre les deux pays.

Des révoltes individuelles, des actes de brigandage, de piraterie au Tonkin étaient encore à craindre, et se sont fréquemment produits. Nous examinerons plus loin quelles
peuvent en être les causes d'ordre administratif et économique. Mais au point de vue politique, la soumission du pays,
et celle de la cour d'Annam permettaient de substituer un
régime civil au commandement supérieur militaire. C'est ce
qui a eu lieu par l'envoi au Tonkin, en 1886, de M. Paul Bert
comme gouverneur civil. Après sa mort prématurée (11 mars
1887), le gouvernement français a jugé à propos de grouper
nos quatre possessions de l'Extrême-Orient, le Cambodge, la
Cochinchine, l'Annam et le Tonkin, sous la haute direction
du gouverneur général. Nous exposerons plus loin le caractère
de cette union indo-chinoise (*infr.*, nᵒˢ 7, 11 et 13.)

L'organisation administrative et judiciaire de chacune de
nos possessions doit d'abord appeler notre attention.

Mais cet exposé historique ne serait pas complet si nous ne
faisions connaître notre situation vis-à-vis du royaume de
Siam. Nous devons donc rappeler les faits récents qui ont
amené un traité franco-siamois, et suscité les prétentions de
l'Angleterre à la création d'un « État-Tampon. »

6. Nous avions, il y a deux siècles, de bonnes relations
avec le royaume de Siam qui avait envoyé deux ambassades

en France en 1683 et 1684. Malheureusement, l'influence française ne sut pas s'y maintenir et laissa se rétablir l'influence primitive des Hollandais.

Plus tard, la compagnie anglaise des Indes, maîtresse dans la Birmanie de territoires sur lesquels le Siam avait exercé jadis des droits de suzeraineté, ne dissimula pas ses vues d'ambition, et le Siam se tourna de nouveau vers la France, avec laquelle il conclut un traité d'amitié en 1856.

Nous avons vu que le Cambodge resserré entre le Siam et l'Annam qui se livraient à des incursions constantes sur son territoire, les appelait alternativement à son secours l'un vis-à-vis de l'autre et que, pour se soustraire à leurs usurpations, il se plaça, le 11 août 1863, sous notre protectorat; d'autre part, l'Annam à son tour reconnaissait notre tutelle par le traité, signalé plus haut, du 25 août 1883.

Le Siam, dans l'intervalle, redoutant peut-être que nous lui fissions rendre au Cambodge, notre protégé, les terres qu'il lui avait usurpées, avait, par un traité avec la France du 24 novembre 1867, ratifié le 20 mars 1868 (*Moniteur universel* du 21 mars), reconnu notre protectorat sur ce royaume.

Mais ce traité n'avait pas nettement délimité la puissance territoriale siamoise sur la rive gauche du Mékong. Le Siam affirmait ses droits de propriété sur le territoire situé entre le fleuve et les montagnes de l'Annam. La France prétendait, au contraire, que le Siam s'étendait sans droit sur la rive gauche, alors que le fleuve devait être considéré comme la limite naturelle entre le Siam et l'Annam. Quelques publicistes contestaient même les droits du Siam sur une partie de la rive droite. Une commission de délimitation franco-siamoise ne put, de 1886 à 1888, aboutir à une entente. Le Siam en attendant une solution qu'il semblait retarder par des atermoiements calculés, proposa la création d'une zone neutre de 50 kilomètres formée sur le territoire contesté. Il demandait, en outre, que jusqu'au règlement définitif rien ne fût changé dans les conditions administratives et politiques existantes. C'était le maintien du fait accompli. Le gouvernement français refusa, et par l'organe du ministère des Affaires étrangères, il affirma énergiquement les prétentions françaises sur la rive gauche du Mékong. Le prince Devawongse, ministre des Affaires étrangères du Siam, proposa de déférer la question à des arbitres.

Mais deux incidents vinrent précipiter les événements. Le capitaine français Thoreux se trouvant dans l'île de Kon avec des soldats sous ses ordres fut surpris et fait prisonnier par des troupes siamoises (3 mai 1893), sa mise en liberté immédiatement ordonnée par la cour de Bangkok ne reçut son exécution qu'à la fin de juillet.

D'autre part, un français, l'inspecteur de police Grosgurin, ayant enjoint au mandarin siamois, Phra-Yot, d'abandonner un poste qu'il occupait sur la rive gauche considérée comme dépendance de l'Annam, crut devoir le reconduire jusqu'au fleuve par mesure de sécurité pour sa personne. Mais avant même d'y arriver, M. Grosgurin est massacré avec son escorte. Pour protéger nos nationaux contre l'éventualité d'un mouvement populaire, une canonnière française s'avança jusque devant Bangkok. Notre gouvernement apprend l'arrivée de trois navires britanniques, des ordres de temporisation et d'expectative son adressés à l'amiral Human, mais ils lui arrivent trop tard; l'amiral avait déjà fait franchir la barre à deux autres canonnières qui furent immédiatement accueillies par les feux des forts siamois. Cette attaque, en dehors de toute déclaration de guerre, était incompréhensible. Elle était accompagnée d'une entreprise nocturne des Siamois sur l'un de nos bâtiments dont l'équipage fut fait prisonnier, et les papiers de bord soustraits. Nous passons sur divers incidents, et nous constatons qu'après un énergique ultimatum et un échange de correspondance, le gouvernement de Siam, reconnaissant ses torts, a signé, le 3 octobre 1893, le traité qui lui était présenté par M. le Myre de Vilers notre plénipotentiaire.

Ce traité, qui a été ratifié par une loi française du 2 février 1894 (V. *Off.* du 11 février), est ainsi conçu :

Art. 1er. Le gouvernement siamois renonce à toute prétention sur l'ensemble des territoires de la rive gauche du Mékong et sur les îles du fleuve.

Art. 2. Le gouvernement siamois s'interdit d'entretenir ou de faire circuler des embarcations ou des bâtiments armés sur les eaux du Grand-Lac, du Mékong, et de leurs affluents situés dans les limites visées à l'article suivant.

Art. 3. Le gouvernement siamois ne construira aucun poste fortifié ou établissement militaire dans les provinces de Battambung et de Siam-Keap, et dans un rayon de 25 kilomètres sur la rive droite du Mékong.

Art. 4. Dans les zones visées par l'article 3, la police sera exercée, selon l'usage, par les autorités locales avec les contingents strictement nécessaires. Il n'y sera entretenu aucune force armée régulière ou irrégulière.

Art. 5. Le gouvernement siamois s'engage à ouvrir, dans un délai de six mois, des négociations avec le gouvernement français, en vue du règlement du régime douanier et commercial des territoires visés à l'article 3 ; d'après la conclusion de cet accord, il ne sera pas établi de droits de douane dans la zone dudit article 3. La réciprocité continuera à être accordée par le gouvernement français aux produits de ladite zone.

Art. 6. Le développement de la navigation du Mékong pouvant rendre nécessaires sur la rive droite certains travaux ou l'établissement de relais de batellerie et de dépôts de bois et de charbons, le gouvernement siamois s'engage à donner toutes les facilités nécessaires à cet effet.

Art. 7. Les citoyens, sujets ou ressortissants français peuvent librement circuler et commercer dans les territoires visés à l'article 3, munis d'une passe délivrée par les autorités françaises. La réciprocité sera accordée aux habitants desdites zones.

Art. 8. Le gouvernement français se réserve d'établir des

consuls, où il le jugera convenable, dans l'intérêt de ses ressortissants (notamment à Korat et à Muang-Van).

Art. 9. En cas de difficultés d'interprétation, le texte français fera seul foi.

Le même jour, une convention complémentaire a été signée, stipulant l'évacuation des postes militaires siamois sur
la rive gauche, la destruction de certaines fortifications siamoises, le jugement des auteurs des attentats dont nous avons
eu à nous plaindre, et la remise aux autorités françaises de
tous les sujets français, annamites, laotiens de la rive gauche,
et des cambodgiens détenus au Siam à un titre quelconque, etc.

Nous avons ainsi obtenu satisfaction. Quelques incidents
ont surgi relativement au jugement du mandarin Phra-
Yot, qui finalement a été condamné à vingt ans de travaux
forcés.

Tels sont les faits. Nous n'avons pas à examiner si les prétentions de la France sur la rive gauche du Mékong et sur
une partie de sa rive droite étaient fondées. Cette question,
qui a donné lieu à une controverse, vient d'être traitée et résolue affirmativement par M. A. Mérignhac, professeur de
droit international public et privé à la Faculté de droit de
Toulouse, dans une très importante étude (*Revue de droit public et de la science politique en France et à l'étranger*, n° de
mars-avril 1894).

Resterait à savoir quel fondement peuvent avoir les prétentions que l'Angleterre a élevées avant et après la conclusion du traité du 3 octobre 1893. Elle considère que l'extension de l'influence française sur les deux rives du Mékong est
un danger pour les 13 ou 1,400 sujets anglais établis au
Siam et même pour l'Inde anglaise. « Si les Français prenaient les territoires qu'ils réclament, ils seraient les maîtres
de la grande route des caravanes qui mène dans les provinces
du sud-ouest de la Chine. Il ne faut pas permettre aux Français de s'emparer de cette route. Le succès des Français aurait pour conséquence d'établir des tarifs commerciaux prohi-

bitifs. Ce serait la ruine de Manchester au profit de Marseille, etc. »

En conséquence, elle estime qu'il conviendrait de créer dans la vallée du fleuve un Etat neutre ou zone neutre, un « Etat-Tampon » pris en dehors du Siam sur le haut Mékong, fixé à une largeur d'environ 80,000 kilomètres.

M. Mérignhac discute d'après les principes du droit international les quatre types d'Etat-Tampon, dont on trouve l'exemple dans la situation de la Belgique ou de la Suisse, ou dans l'institution d'une zone soumise au *condominium* de deux puissances, ou d'une zone neutralisée divisée en deux parties. Nous ne pouvons entrer dans l'examen de cette question qui appartient plus particulièrement au droit international, et nous nous bornons à constater qu'avec une grande puissance de logique, l'auteur démontre que l'Etat-Tampon demandé par l'Angleterre ne serait ni justifié, ni même d'une utilité réelle dans la circonstance. La question, néanmoins, reste pendante devant une commission spéciale dont les conclusions ne semblent pas devoir être formulées avant un temps assez long.

7. § II. *Organisation politique, administrative et financière de l'Indo-Chine.* — L'administration primitivement instituée à la Cochinchine a dû être modifiée lorsque ensuite d'une mesure touchant au système commercial et douanier dont nous indiquerons plus loin le caractère, elle a formé avec le Cambodge, l'Annam et le Tonkin, ce que l'on a appelé l'*union indo-chinoise.*

Nous verrons comment l'agglomération politique de ces divers pays résultant d'abord de la loi de finances du 27 février 1887, a été complétée par un décret du 1er juillet suivant. Elle forme aujourd'hui un ensemble colonial dont les divers éléments constituent l'*Indo-Chine.*

Son organisation politique, administrative, financière est réglée ainsi qu'il suit (Décr. 17 oct. 1887. V. *Off.,* 18 oct. 1887).

L'Indo-Chine est placée sous la direction supérieure d'un

gouverneur général qui a sa résidence officielle à Saïgon, avec la faculté de séjourner dans toute autre ville selon les besoins du service (art. 1er).

Il a sous sa direction cinq chefs d'administration : le commandant supérieur des troupes; le commandant supérieur de la marine; le secrétaire général; le chef du service judiciaire; le directeur des douanes et régies (art. 2).

Un trésorier-payeur est chargé sous les ordres immédiats du gouverneur général, de la direction du Trésor pour les services indo-chinois (art. 2). (Tout ce qui est relatif aux fonctions du trésorier-payeur pour l'Indo-Chine, et spécialement pour le Tonkin, fait l'objet de deux décrets du 26 décembre 1887, *Off.* du 28 décembre. V. Sirey, 89. 4. 89.)

Le gouverneur général a aussi sous ses ordres un lieutenant gouverneur en Cochinchine, un résident général au Cambodge, au Tonkin et dans l'Annam. Ils y représentent l'autorité métropolitaine et assurent l'exécution des instructions du gouverneur général par les officiers et fonctionnaires appartenant aux diverses administrations (art. 3, Décr. 17 oct.).

Toutes les dépenses des troupes de terre et de mer, françaises ou indigènes du gouvernement général, des postes et télégraphes, des contributions indirectes et des douanes sont supportées par le budget de l'Indo-Chine (art. 8).

Le budget est proposé par le gouverneur général, et délibéré par le conseil supérieur de l'Indo-Chine, composé du gouverneur général, président, du lieutenant gouverneur de la Cochinchine, du résident général en Annam et au Tonkin, du résident général au Cambodge, des cinq chefs d'administration mentionnés plus haut (art. 10) (1).

(1) Nous ferons remarquer que la partie de cet article concernant l'institution d'un conseil supérieur, et sa composition est toujours en vigueur. Il en est autrement des dispositions de l'article 8 et dudit article 10, relatives à l'institution d'un budget unique de l'Indo-Chine. Nous voyons, en effet, un décret du 11 mai 1888 (*Off.* du 13 mai), abroger ces dispositions et déclarer : « *Art.* 1er : Le budget général de l'Indo-Chine est supprimé; les

Des emprunts peuvent être contractés, soit pour l'Indo-Chine, soit pour la Cochinchine, ou l'un des pays de protectorat.

Les différents services financiers en Indo-Chine sont soumis aux inspections métropolitaines (art. 7 et 12).

Enfin le gouverneur général correspond directement, avec le ministre de France en Chine, et avec les consuls et vice-consuls de France, à Batavia, Hong-Kong, Singapour, Siam et Luang-Prabang (art. 6).

Un décret du 12 avril 1888, a réglé la solde du personnel politique et administratif de l'Indo-Chine (Voir le tableau annexé au décret. *Off.* du 14 avr. 1888).

Un autre décret du 12 novembre 1887 (*Off.* du 14 nov.), confère au gouverneur général le pouvoir de nommer tous les fonctionnaires, à l'exception de ceux auxquels il est pourvu par décrets, ou par nominations ministérielles.

7 bis. *Le service administratif propre à la Cochinchine* est dirigé, comme nous venons de le voir, par le lieutenant gouverneur agissant sous l'autorité du gouverneur général de l'Indo-Chine.

Il est assisté d'un *conseil privé* qu'il ne faut pas confondre avec le conseil supérieur dont nous avons parlé plus haut, ce conseil privé se compose (Décr. 16 juill. 1888. *Off.* du 20 juill.) : du gouverneur général de l'Indo-Chine, président, du du lieutenant gouverneur, vice-président, du commandant supérieur des troupes de Cochinchine, du procureur général près la cour de Saïgon, du chef du service administratif, de deux conseillers privés, choisis parmi les notables habitants

recettes qui le composent sont restituées aux budgets particuliers qui les ont fournies. *Art.* 2 : Le budget de l'Annam et du Tonkin comprend en recettes outre ses ressources propres : 1° la subvention de la métropole ; 2° le contingent dû par la Cochinchine à la métropole. Ce contingent, fixé par la loi annuelle des finances, est appliqué exclusivement aux dépenses militaires de l'Annam et du Tonkin. »

C'est là un des exemples de l'instabilité de notre législation coloniale si confuse et compliquée de tant de décrets, parfois contradictoires.

de la colonie et nommés par décret, de deux suppléants également nommés par décrets.

Le conseil privé a des attributions administratives et contentieuses analogues à celles des conseils privés des autres colonies (V. *suprà*, liv. IV, n° 18, et liv. V, n. 25).

Quand il se constitue en conseil du contentieux administratif, il est alors régi, en vertu d'un décret du 7 septembre 1881, par les dispositions du décret du 5 août 1881, lequel règle la compétence des mêmes conseils, à la Martinique, à la Guadeloupe, à la Réunion (V. l'*Off.* du 10 août 1881. *Vide suprà*, liv. V, n°s 26 et suiv.).

Les fonctions du ministère public près le conseil privé, siégeant comme conseil du contentieux administratif, sont remplies par l'inspecteur des services administratifs et financiers.

Le conseil général de la Cochinchine, constitué par décrets des 8 février 1880 et 12 septembre 1888, se compose de seize membres dont six annamites. Ses pouvoirs sont très étendus et participent à la fois de ceux des autres conseils coloniaux que nous avons indiqués plus haut (*suprà*, liv. IV, n° 25), et en matière financière des pouvoirs d'un parlement local, sauf les restrictions apportées par la loi du 11 janvier 1892 à leur autonomie en matière de tarifs douaniers (*suprà*, liv. VIII, n°s 20 et 21).

Dans chaque arrondissement est un administrateur assisté d'un conseil local d'arrondissement (Arrêté du 12 mai 1882), nommé par les notables indigènes, et présidé par lui. On affirme que ces conseils, composés d'indigènes, s'occupent avec intelligence des intérêts de leur région et ont consenti des sacrifices pour l'instruction publique et pour l'ouverture de voies de communication.

Les administrateurs des vingt et un arrondissements sont encore assistés d'agents auxiliaires français ou indigènes, et d'interprètes, dont le nombre varie suivant l'importance de la circonscription.

Au moment de la conquête, nous avons trouvé la commune

annamite fortement constituée. Il y a dans chaque centre deux classes d'habitants ; les uns *inscrits* sur le livre de population, possèdent seuls le droit de vote pour la nomination du conseil des notables chargés de l'administration de la commune, les autres *non inscrits* forment la plèbe. Nous avons respecté cette autonomie communale. Le même président du conseil de gestion, véritable conseil municipal, est nommé par l'administration.

La ville de Saïgon est administrée par un maire et deux adjoints nommés par le gouverneur, assistés de quinze conseillers municipaux, dont onze français et quatre indigènes. A Cholon existe un conseil municipal composé d'un président, maire, de trois Européens présentés par la chambre de commerce, et nommés par le gouverneur, de quatre membres annamites et de quatre membres chinois élus (V. Décr. 8 janv. 1877, 29 avr. 1881, et *suprà*, liv. IV, n° 34).

Depuis 1881 la Cochinchine a un représentant à la Chambre des députés, nommé par les électeurs français.

8. Au début de notre établissement en Cochinchine tous les pouvoirs judiciaires furent concentrés entre les mains du gouverneur représentant de l'empereur des Français, qui, par le traité du 5 juin 1862, se trouvait substitué aux anciens souverains nationaux. Dans les arrondissements la justice fut rendue aux indigènes conformément au Code de leur ancien souverain Gia-Long. Les Européens furent soumis à la législation française (Code civil, pénal et de commerce), en vertu d'un décret du 25 juillet 1864, qui institua à Saïgon un tribunal de première instance et un tribunal supérieur.

Celui-ci fut transformé en cour d'appel (7 mars 1868) avec faculté de se constituer en cour criminelle pour juger les faits qualifiés crimes. La cour de Saïgon fut investie (L. 28 avr. 1869) de la connaissance des décisions des tribunaux consulaires de la Chine, du royaume de Siam et du Japon, et des crimes commis par des Français dans les mêmes contrées.

Cette organisation, qui avait té complétée par l'institution d'une justice de paix à Saïgon (15 mai 1875) a été reconstituée par décret du 25 mai 1881 (*Off.* du 31 mai. V. le rapport du ministre sur l'organisation primitive et les motifs de l'organisation nouvelle). En voici les principales dispositions :

La justice est rendue dans les possessions françaises en Cochinchine par des tribunaux de paix, de première instance, de commerce et une cour d'appel.

Un tribunal de paix existe à Saïgon. Ailleurs, à défaut de justices de paix, les attributions en sont conférées aux présidents des tribunaux de première instance.

Sept tribunaux de première instance existent. Ils sont établis à Saïgon, Bin-Hua, Mytho, Bentié, Ving-Long, Chandor et Sostrang. Ils se composent : à Saïgon de un juge président, un lieutenant de juge, quatre suppléants, un procureur de la République, un substitut; dans les autres sièges, du même nombre de magistrats titulaires, mais avec un seul suppléant à Bin-Hua, Mytho et Bentié, et l'absence de suppléant dans les trois autres sièges.

La cour de Saïgon comprend deux chambres, dont le service est assuré par un président, un vice-président, cinq conseillers titulaires, cinq auditeurs, un greffier assisté de commis-greffiers, un procureur général chef du service de la justice, un premier substitut et deux autres substituts. L'une des chambres est plus particulièrement affectée à la connaissance des affaires concernant les indigènes.

La cour criminelle de Saïgon se compose de trois conseillers (dont l'un président), deux assesseurs tirés au sort sur une liste de vingt notables dressée par une commission composée du directeur de l'intérieur, ou du secrétaire général de la direction de l'intérieur, d'un inspecteur ou administrateur des affaires indigènes, du président du tribunal de première instance, d'un membre du conseil municipal, d'un membre du conseil colonial.

Dans les autres arrondissements, la cour criminelle se compose de un conseiller à la cour d'appel, de deux magistrats du siège et de deux assesseurs tirés au sort (Voir le décret précité sur les règles de discipline, les congés, les conditions d'âge et de capacité, et le tableau des traitements et des conditions d'assimilation aux magistrats métropolitains).

Quelques modifications ont été apportées à cette organisation par les décrets des 5 juillet 1888 et 17 juin 1889 (V. *Off.* des 20 juill. 1888 et 21 juin 1889).

9. § III. *Organisation administrative et judiciaire du Cambodge.* — Avant l'établissement de notre protectorat sur le Cambodge, l'administration de ce pays ainsi que celle de toutes les parties de l'Indo-Chine était entre les mains des mandarins qui obéissaient au roi et à ses ministres. En fait, leur pouvoir était arbitraire et absolu. Les bonzes avaient de leur côté une certaine autorité échappant à tout contrôle; il en était de même d'un nombre considérable de dignitaires et de princes issus de la famille royale. La population était divisée en cinq classes, dont la dernière seule constituait la véritable population, travaillant, se livrant au commerce et payant les impôts.

La convention du 17 juin 1884 régularisant notre protectorat a eu pour conséquence de simplifier l'administration du pays. Désormais le roi s'est contenté d'attributions analogues à celles d'un monarque européen dans un pays constitutionnel [1]. Le pays a été divisé en huit provinces subdivisées elles-mêmes en trente-deux arrondissements. A la tête de chaque province est placé un résident français, chargé de la direction politique et administrative et de la surveillance des autorités cambodgiennes. Il reçoit les instructions du résident général placé au chef-lieu du protectorat (V. *sup.*, n° 7). Par la même convention l'esclavage a été aboli.

[1] M. P. Leroy-Beaulieu estime que nous avons eu tort de transformer ainsi la société féodale du Cambodge en société démocratique « oubliant qu'il avait fallu une demi-douzaine de siècles pour arriver à cette transformation en France et que les orientaux professent un culte tenace pour les traditions et les *mores majorum* (*De la colonisation*, p. 565).

Toutefois, il était tellement dans les mœurs et les lois du pays, qu'il subsiste encore de fait. Beaucoup d'individus pour s'assurer des moyens d'existence, ou la protection d'un homme riche ou puissant se placent volontairement sous ses ordres comme serviteurs, mais ils peuvent aujourd'hui reprendre leur liberté.

Le Code cambodgien, seul appliqué aux sujets du Cambodge, comportait des supplices qui ont en partie disparu depuis notre protectorat.

Les principaux impôts sont la corvée, l'impôt foncier fixé à un dixième de la production du pays, des droits de douane et des impôts de consommation, prélevés sur le coton, le tabac, l'indigo, le mûrier, le sucre de palmier et diverses denrées, et sur les produits forestiers.

La perception des impôts qui donne lieu à de nombreux abus, a été régularisée et améliorée sous l'influence de nos résidents.

Les sujets cambodgiens restent soumis aux lois et aux tribunaux de leur pays.

La justice est rendue aux Français et aux Européens, à quelque nationalité qu'ils appartiennent : 1° par un tribunal de première instance siégeant dans la capitale à Pnom-Penh; 2° par des tribunaux établis aux sièges des résidents de France (Décr. des 15 nov. 1887, *Off.* du 16 nov., et du 8 nov. 1889, *Off.* du 11 nov.).

Les Annamites sujets français résidant au Cambodge, devront, pour être justiciables des tribunaux français, justifier de leur qualité par la production de leur carte d'inscription, conformément à l'arrêté du gouverneur de la Cochinchine du 2 janvier 1882.

Les autres sujets français, et les sujets des nations européennes, ou assimilées doivent également justifier de leur nationalité devant les tribunaux français.

La circonscription du tribunal de Pnom-Penh comprend la province de ce nom. Dans les résidences, les circonscriptions judiciaires sont les mêmes que les circonscriptions administratives.

Le tribunal de Pnom-Penh se compose d'un juge, un procureur de la République, un greffier et des commis dont le nombre est déterminé par le gouverneur général de l'Indo-Chine.

Le tribunal de Pnom-Penh est assimilé aux tribunaux de deuxième classe de la Cochinchine institués par le décret du 17 juin 1889.

Les résidents et vice-résidents sont investis des attributions des consuls et chanceliers de consulats : Ils reçoivent et délivrent les actes de l'état civil, les actes du ministère du notariat, les certificats de vie, les passeports, les légalisations, etc. (V. décr. des 8-20 févr. 1886; — Dalloz, 87. 4. 24).

Les tribunaux des résidences sont composés du résident comme juge, du commis de résidence greffier, et d'un fonctionnaire exerçant les fonctions du ministère public : il est désigné par le gouverneur général, sur la proposition du résident supérieur et du procureur général. — Les tribunaux des résidences ont la même compétence civile, commerciale, pénale que les tribunaux de l'Indo-Chine. La procédure suivie est celle en vigueur devant les tribunaux consulaires français en Extrême-Orient (même décret du 8-20 févr. 1886).

10. § IV. *Organisation administrative et judiciaire de l'Annam.* — Nous avons vu qu'en vertu du décret du 17 octobre 1887 (*sup.*, n° 7), l'union indo-chinoise est placée sous l'autorité du gouverneur général qui a sous sa direction un résident général en Annam, au Cambodge, au Tonkin.

Le résident général en Annam a sa résidence à Hué, mais il peut séjourner dans toute autre ville à raison des besoins du service, ses pouvoirs ont été déterminés ainsi que ceux du personnel des résidences de l'Annam et du Tonkin par les décrets des 27 janvier et 20 février 1886 (*Off.* du 26 janv., V. Dalloz, 1887, 4, p. 23 et 24).

Nous en signalons les dispositions que le décret du 17 octobre 1887 a laissé subsister. Le protectorat de l'Annam et du Tonkin constitue au regard de la métropole un service spécial, autonome, ayant son organisation, son budget et ses moyens propres. C'est la France seule, qui de même qu'en Tunisie, représente l'Annam dans toutes ses relations extérieures. Sous la direction du résident général, qui relève lui-même du gouverneur de l'Indo-Chine se trouvent des résidents locaux à Qui-Nhon, à Tourane, à Xuan-Day lesquels, dans ces ports ouverts au commerce de toutes les nations, protègent nos intérêts et ont une tâche de surveillance et de direction vis-à-vis les autorités annamites.

A l'intérieur du royaume, depuis la frontière de la Cochinchine, jusqu'à celle de Ninh-binh l'administration a été laissée aux fonctionnaires annamites. Mais les douanes, les travaux publics, et en général les services qui exigent une direction unique sont entre les mains d'agents français.

Ceux-ci sont aussi chargés de la police des ports, du service de pilotage des phares, des sémaphores (Arr. 17 oct. 1886).

Les lois et règlements concernant les contributions indirectes, le régime et le tarif des douanes, le régime sanitaire de la Cochinchine sont applicables aux territoires de l'Annam. Les taxes perçues sont celles du tarif général métropolitain.

Des conventions ultérieures sont venues élargir le champ de notre action (V. la notice de la collection L. Henrique sur l'Indo-Chine, p. 228). Une partie de la fortification et de la citadelle de Hué a été concédée à nos troupes. Le port et la ville de Tourane ont été érigés en possessions françaises, nos nationaux sont admis à fonder des établissements à l'intérieur. « En dehors des trois ports ouverts au commerce en vertu du traité de 1884, nous avons pu placer des agents sur d'autres points de la côte, et l'obligation pour nous d'assurer la sécurité, a porté notre occupation militaire et civile dans plusieurs autres villes... L'une d'elles, Dong-Hoï, par l'étroit défilé qui fait communiquer le corps de l'Annam avec le reste du royaume, est un point stratégique des plus importants, la clef des communications terrestres avec le Tonkin. » Nous avons dit que l'administration du royaume est restée sous notre surveillance entre les mains des indigènes. Le roi a un pouvoir politique absolu. Il gouverne par l'organe de ses ministres, mais un conseil des censeurs est chargé de contrôler l'administration dans tous ses détails et peut présenter au roi des observations quand il le juge convenable.

Au point de vue administratif, le royaume se divise en douze provinces situées le long du littoral. Elles ont à leur tête des gouverneurs de différentes classes qui correspondent directement avec le roi et les ministres. Les provinces se subdivisent en cantons et en communes. Les cantons comprennent plusieurs communes et ont pour administrateur un chef élu par les délégués des communes, lequel doit recevoir du gouverneur la confirmation de ses pouvoirs. Les communes s'administrent librement selon des coutumes locales qui sont susceptibles de toutes les modifications. La gestion de leurs intérêts appartient à un conseil composé des habitants notables; il choisit un maire, dont la nomination est soumise à l'approbation du gouverneur. L'État n'intervient d'ailleurs dans l'administration des communes qu'en ce qui touche les intérêts généraux.

Les impôts se composent de contributions personnelles et foncières. Les rôles en sont établis ou revisés tous les cinq ans par des envoyés royaux.

L'administration de la justice dans l'Annam a été régularisée par la rédaction d'un précis de la législation annamite, en exécution d'un décret du 3 octobre 1883. Nous en avons signalé les règles principales sur les différentes matières qui se rapprochent de notre Code civil (V. *suprà*, liv. III, n°ˢ 65 et suiv.).

Les litiges qui n'ont pas été tranchés en conciliation par

les chefs de famille ou les notables, peuvent être déférés aux mandarins, chefs des arrondissements, qui sont ainsi administrateurs et juges. Une haute cour examine les affaires en appel et les soumet à la décision royale.

En matière pénale, les affaires jugées au premier degré par les mandarins, sont, lorsqu'elles comportent l'application d'une peine corporelle portées en appel devant un lieutenant criminel placé dans chaque province à côté du gouverneur. Ses décisions, après approbation du gouverneur, sont encore soumises à un tribunal suprème et enfin, dans certains cas, au roi qui, seul, prononce les sentences de mort.

L'organisation administrative et judiciaire, dont nous venons de donner un aperçu succinct, est ainsi appréciée dans la publication de M. L. Henrique, p. 239 : « Assez bonne en elle-même, elle donnerait de meilleurs résultats s'il y avait un peu plus de contrôle, et si le roi qui en est le moteur initial exerçait plus activement son impulsion. Les fonctionnaires provinciaux trop livrés à eux-mèmes, abusent parfois de leur immense autorité; les distances et les difficultés de correspondance empêchent le plus souvent les manifestations de l'opinion publique de parvenir à la cour... Il faut dire cependant que les institutions communales, et celles de la famille, fort sages et libérales, fonctionnent admirablement et satisfont presque tous les besoins d'un peuple chez lequel il y a encore peu d'intérêts généraux, et dont l'existence tout entière s'écoule dans le cercle restreint du village et du foyer. » (Une étude très détaillée de l'administration intérieure de l'Annam a été publiée dans les *Pandectes françaises*, t. VI, v° *Annam*.)

11. § V. *Organisation administrative et judiciaire du Tonkin.* — Le traité du 6 juin 1884 qui consacre l'établissement du protectorat de la France sur l'Empire d'Annam établit une différence de traitement entre les provinces de l'Annam proprement dit et celles du Tonkin.

L'organisation administrative résulte tant dudit traité du

juin 1884, que des décrets des 27 janvier, 20 février 1886,
et de celui du 17 octobre 1887 qui, comme conséquence de
l'union des pays d'Indo-Chine a placé le résident général, ou
supérieur de l'Annam sous l'autorité du gouverneur général
de l'Indo Chine qui siège à Saïgon (V. *suprà*, n°ˢ 7 et 10).

Ces décrets ont été encore complétés et modifiés par ceux
des 12 novembre 1887 et 11 mai 1888 (V. *suprà*, n° 7 en note).

Le dernier décret sépare le budget de l'Annam et du Tonkin de celui des autres pays de l'union indo-chinoise. Le
budget préparé par le gouverneur général et délibéré par le
conseil supérieur de l'Indo-Chine est approuvé par un décret
rendu en conseil des ministres. Les recettes qui le composent
sont : 1° les ressources propres du Tonkin ; 2° une subvention de la métropole ; 3° un contingent fourni par la Cochinchine.

De ce même décret et des précédents résulte l'organisation
administrative proprement dite, qui peut se résumer ainsi :
le résident général du Tonkin, siégeant à Hanoï, assure, sous
la haute direction du gouverneur général, l'exercice de notre
protectorat sur tout le territoire. Des résidents ou vice-résidents sont placés, par le gouvernement français, dans les
chefs-lieux où leur présence est reconnue utile. Il leur est
donné, s'il y a lieu, une escorte française ou indigène. Les
fonctionnaires annamites de tout ordre continuent à gouverner
et à administrer sous leur contrôle ; mais ils peuvent être
révoqués sur la demande des autorités françaises.

Les résidents centralisent, avec le concours du Quan-Bo,
c'est-à-dire du mandarin chargé de l'administration et de
l'impôt, le service des anciens impôts, dont ils surveillent la
perception et l'emploi.

Actuellement, il y a cinq circonscriptions pourvues d'un
résident, savoir : Hanoï, Haï-Phong, Nam-Dinh, Son-Tay,
Bac-Ninh ; dans les autres provinces il y a des vice-résidents.
Tous relèvent du résident général ou supérieur, qui est en
relation directe avec le gouverneur général.

Les mandarins conservent toutes leurs anciennes attributions administratives et judiciaires vis-à-vis des indigènes, conformément aux lois et coutumes de l'Annam, que nous avons précédemment exposées. Nos résidents ne prennent donc pas une part directe à l'administration des provinces, qui sont au nombre de quatorze (cinq grandes et neuf petites), renfermant environ 9 millions d'habitants. Ils exercent seulement un contrôle, surveillent les mandarins et sont les intermédiaires entre les autorités annamites et les fonctionnaires français de tout ordre, pour ce qui concerne les autres services civils et militaires. A l'égard des Européens, ils remplissent des attributions analogues à celles des consuls.

Nous n'exercions d'abord qu'un protectorat, la souveraineté continuant à appartenir, en principe, au roi de l'Annam. Mais des concessions de territoire, accordées par ce souverain, ont permis d'ériger les villes de Hanoï et Haïphong en communes entièrement françaises. Des municipalités ont été établies dans ces deux villes. Les conseillers sont nommés par le résident général, et les fonctions de maire sont remplies par le résident local.

Les autres villes et les villages sont constitués en communes, ainsi que nous l'avons vu pour l'Annam, et la réunion de plusieurs communes constitue un canton, administré par un délégué, chef du canton.

12. La justice est rendue aux indigènes, en matière civile et commerciale, par les chefs de famille ou les anciens du village. Les décisions de ces tribunaux de conciliation sont sujettes à appel devant le mandarin, mais l'affaire se correctionnalise, en ce sens que le perdant paie sa témérité de plaideur d'une amende, ou même d'une correction corporelle. Les affaires d'ordre criminel sont directement portées devant les mandarins. Nous avons déjà constaté que c'est sur cette organisation de la commune et de la famille que repose tout le système de l'administration annamite.

Les tribunaux français établis au Tonkin sont institués en

vertu d'une législation assez complexe (Décr. du 17 août 1881, portant organisation de la juridiction française en Annam; — décr. du 27 janv. 1886, portant organisation du protectorat de l'Annam et du Tonkin, *Off.* du 28 janv. 1886; — décr. des 8 sept. 1888 et 28 févr. 1890, *Off.* du 1er mars et Codes Rivière, p. 1129; — décr. du 17 juin 1889, réglant l'organisation du personnel de l'Indo-Chine).

Un décret du 28 février 1890 compléta l'organisation judiciaire au Tonkin. Les considérations qui ont motivé ce décret sont exposées dans le rapport qui le précède. Le décret du 8 septembre 1888, qui avait créé au Tonkin des tribunaux français, n'avait pas déclaré justiciables de ces juridictions les Chinois habitant le protectorat. Or, le traité du 6 juin 1884 avec l'Annam, porte que « les étrangers de toutes nationalités seront placés sous la juridiction française et que l'autorité française statuera sur les contestations, de quelque nature qu'elles soient, entre Annamites et étrangers, de même qu'entre étrangers. » Il résulte de ces textes que les Chinois devraient relever de la justice française. De plus, aux termes de l'article 1er du traité du 9 juin 1885 avec la Chine, ils peuvent se prévaloir de ce droit pour « jouir, pour leurs personnes et leurs biens, de la même sécurité que les protégés français. »

Le décret du 28 février 1890 a donc pour but : 1° de remédier à cette situation; 2° de délimiter (ainsi que le prévoit l'art. 8 du décr. du 8 sept. 1888) les circonscriptions respectives des tribunaux du Tonkin, et de déterminer au mieux des intérêts des justiciables et de notre protectorat leur compétence *ratione materiæ* et *personæ*, tout en se conformant au traité.

En conséquence, le décret du 28 février 1890 règle ainsi qu'il suit l'organisation de la justice au Tonkin :

La justice y est rendue : par deux tribunaux de première instance, l'un à Hanoï, l'autre à Haïphong; par les tribunaux des résidences et par une cour criminelle.

En matière de simple police, les mêmes tribunaux d'Hanoï et de Haïphong et, dans les autres circonscriptions, les résidents ou vice-résidents connaissent des *contraventions* (art. 10).

La cour criminelle siège à Hanoï, et statue sur les infractions qualifiées *crimes* (art. 11).

La composition des tribunaux et de la cour criminelle est réglée par le second titre du décret. Les tribunaux d'Hanoï et de Haïphong sont composés d'un juge-président, un juge-suppléant, un greffier et un ou plusieurs commis-greffiers, suivant les besoins du service (art. 12).

La cour criminelle comprend un conseiller de la cour d'appel, président, deux magistrats pris parmi les juges-présidents ou les juges-suppléants des tribunaux du Tonkin, deux assesseurs tirés au sort sur une liste de vingt citoyens notables, dressée chaque année par le gouverneur général sur les propositions du procureur général et du résident supérieur; enfin un greffier ou l'un des commis-greffiers de l'un des tribunaux (art. 13 et 15).

Le gouverneur général peut, sur la proposition du procureur général, appeler comme juges à la cour criminelle, à défaut des magistrats ci-dessus désignés, des fonctionnaires en service au Tonkin, et pourvus du grade de licencié en droit (art. 1 et 2). Les provinces sont divisées, au point de vue judiciaire, en deux circonscriptions ressortant, l'une du tribunal d'Hanoï, l'autre de celui d'Haïphong (art. 3).

Ces tribunaux jugent les affaires civiles et commerciales entre Européens et assimilés, étrangers de toute nationalité, Européens et assimilés et tous étrangers et annamites (art. 4). Les fonctions tutélaires confiées en France aux juges de paix sont exercées par les juges-présidents là où les tribunaux existent, et par les résidents dans les provinces où il n'y a pas de tribunaux (art. 6). Les appels des jugements des tribunaux de Hanoï et Haïphong étaient portés devant la cour de Saïgon, mais un décret du 18 janvier 1894 a créé, à Hanoï, une *cour d'appel* composée du procureur général, chef du service, de un président, un conseiller, un substitut, un conseiller auditeur, un greffier et un commis-greffier (*Off.* du 27 janv. 1894). Les résidents ou vice-résidents des provinces autres que celles ressortissant aux tribunaux de première instance statuent en matière personnelle, mobilière et commerciale jusqu'à 150 francs en dernier ressort (art. 8).

En matière *correctionnelle* les tribunaux d'Hanoï et de Haïphong connaissent de tous les délits commis sur les territoires concédés à la France quelle que soit la nationalité du prévenu ou de la partie civile (art. 9), à défaut des magistrats ci-dessus indiqués, des fonctionnaires en service licenciés en droit peuvent les remplacer.

Les fonctions du ministère public sont remplies par le procureur général ou son substitut ou par le procureur de la République d'Hanoï (art. 16).

La cour criminelle tient une session tous les quatre mois, et, s'il y a lieu, des sessions extraordinaires autorisées par le gouverneur général (art. 19).

Enfin les tribunaux civils de première instance et la cour criminelle se conforment à la législation civile et criminelle en vigueur à la Cochinchine, qui est déclarée applicable au Tonkin.

13. § VI. *Régime douanier et commercial de l'Indo-Chine.* — Jusqu'en 1887 aucun tarif de douane n'existait en Cochinchine depuis la conquète. Les marchandises françaises ou étrangères y étaient importées libres de tous droits. Un droit d'octroi de mer atteignait cependant trois ou quatre articles quelle que fût leur provenance. Les articles anglais et allemands vendus à prix moins élevé que les nôtres avaient conquis le marché.

Nos industriels métropolitains réclamèrent; au lieu de s'ingénier de manière à ne pas produire plus chèrement que leurs concurrents étrangers, et à se mettre en état de leur faire concurrence sur les marchés de l'Indo-Chine, ils considéraient qu'il leur était bien plus commode de repousser les produits étrangers par des droits d'entrée.

On se plut à répéter que l'expédition indo-chinoise avait eu lieu surtout « pour assurer à notre industrie de nouveaux débouchés » et à force d'affirmer que tel avait été le but étroit et exclusif de nos efforts, on fut amené à dresser une barrière douanière destinée à exclure les produits étrangers, et à imposer les nôtres à nos consommateurs des pays conquis.

C'est ainsi que le 1ᵉʳ juillet 1887 les territoires de la Cochinchine, du Cambodge, de l'Annam et du Tonkin formèrent l'*Union indo-chinoise*, dont nous avons déjà parlé, dans laquelle les produits français de la métropole ou des colonies entreraient seuls en franchise ; — les produits étrangers étant désormais soumis aux droits édictés par le tarif général métropolitain — c'était alors le tarif du 7 mai 1881. Cet état de choses fut consacré même avant le décret du 1ᵉʳ juillet 1887 par l'article 47 de la loi de finances du 26-27 février 1887 (Dalloz, 87.4.84. V. aussi les décr. des 8 sept. 1887 et 9 mai 1889, qui apportent certaines modifications au tarif). En même temps des droits de sortie, dans un but fiscal, ont été établis sur les riz de Cochinchine et du Tonkin exportés en pays étrangers, mais non sur ceux exportés en France.

14. Ces dispositions assuraient aux marchandises françaises une large protection. La plupart des négociants établis en Indo-Chine, étrangers ou français, qui avaient l'habitude d'y introduire des marchandises étrangères, protestèrent contre l'établissement du régime protecteur de 1887. Ils firent remarquer que les droits établis renchérissaient tous les produits, changeaient les conditions du commerce, entravaient son développement et pesaient lourdement sur les consommateurs.

« Ces plaintes sont assurément fondées, » dit M. Louis Vignon (*Expansion de la France coloniale*, in-8°, 1891, p. 241). « Il importe toutefois, ajoute-t-il, de poursuivre l'application de notre tarif général en Indo-Chine ; c'est, peut-on dire, *une expérience qui est tentée.* Ce tarif est, en effet, établi pour permettre à nos industriels de s'assurer en Indo-Chine la place qu'ils devaient occuper, il convient de leur accorder au moins les quelques années nécessaires pour se préparer à la lutte et l'entreprendre. Le marché qu'il s'agit de conquérir est considérable : Ce n'est pas seulement chez les 20 millions d'habitants de l'Indo-Chine que les industriels français, — s'ils profitent du *régime de faveur* qui leur est assuré pour *apprendre à fabriquer et à vendre dans les conditions de bon marché nécessaires*, — pourront trouver des consommateurs, c'est aussi pour les 120 millions d'individus qui habitent le Quang-si, le Yunnan, le Koueïthchéou, le Se-tchuen, provinces méridionales de la Chine.... Il est à peine utile d'ajouter que si nos fabricants ne répondaient point aux *mesures de protection prises en leur faveur*, s'ils ne faisaient pas les efforts et les sacrifices nécessaires pour remplacer les marchandises étrangères par les leurs, dans la consommation des annamites, le devoir du gouvernement, comme l'intérêt de notre empire indo-chinois, exigeraient que les entraves apportées à la liberté commerciale fussent levées. »

Le tarif général n'est entré en vigueur en Indo-Chine, comme nous l'avons dit, qu'au 1er juillet 1887. — « Cinq à six années sont nécessaires suivant M. L. Vignon (p. 259-260), pour que les articles français puissent se substituer peu à peu aux similaires étrangers auxquels sont habitués les vendeurs chinois et les consommateurs annamites. » M. L. Vignon s'applaudit du résultat qui a immédiatement suivi. « Dès l'année 1888 les importations françaises ont augmenté de 2,343,000 francs, alors que les importations étrangères baissaient sensiblement, et qu'en Cochinchine nos importations en cotonnades sont passées de 140,000 francs, chiffre de 1847, à 1,246,000 francs. »

15. M. P. Leroy-Beaulieu estime au contraire que l'application à l'Indo-Chine de notre tarif général des douanes est une *colossale erreur* (p. 563-564). Il en est résulté des souffrances et de l'irritation pour les populations indigènes, une diminution du commerce, un accroissement de la contre-bande et du brigandage qui en est une des formes, « un régime très protectionniste, est aussi funeste à la colonie que, avec le temps, à la mère-patrie. » Les pauvres habitants de l'Extrême-Orient, excellents cultivateurs, font parfaitement la différence de quelques centimes sur un mètre de terre... Ils n'admettent aucun changement, fût-il mieux, dans les vête-ments que leur ont légués leurs ancêtres. C'est de ces idées que doivent s'inspirer le commerce et l'industrie de la France; « tout ce qu'on devrait accorder à l'industrie métropolitaine, ce serait des droits de 10 à 15 p. 0/0 au maximum, à la va-leur, sur les principales marchandises étrangères. »

Il ne faut pas oublier, suivant le même auteur, que les principaux profits de la colonisation ne consistent pas dans le commerce direct de la métropole avec la colonie, mais dans la distribution et l'exercice du commerce par les métropoli-tains à l'intérieur de la colonie; il y a tout le mouvement et le placement des capitaux, la commandite de banque, les sociétés anonymes, les entreprises industrielles ou agricoles à l'intérieur (V. *sup.*, liv. Ier, n° 23).

Ces observations sont antérieures à l'application à l'Indo-Chine du nouveau tarif général du 11 janvier 1892, elles sont absolument corroborées par d'autres témoignages que nous allons citer, et il y a d'autant plus lieu de les prendre en con-sidération depuis que le nouveau tarif a été appliqué à l'Indo-Chine (*Vid. sup.*, liv. VIII, n° 23).

16. Ainsi la chambre de commerce de Lyon, parfaitement édifiée sur la situation commerciale de nos colonies, et pro-tectorats de l'Extrême-Orient émettait, dans une réunion publique tenue le 28 mai 1890, lors de la réception de M. de Lanessan qui venait d'être nommé gouverneur de l'Indo-Chine, l'avis par l'organe de M. Duc, son vice-président, que cette contrée est avant tout un pays de production, appelé à devenir pays industriel où les capitaux européens, où nos

ingénieurs, nos contre-maîtres, nos employés de commerce
doivent trouver des emplois fructueux, mais avec la liberté
commerciale permettant l'importation en franchise de tout ce
qui est nécessaire aux consommateurs.

Suivant M. Ulysse Pila, qui depuis trente ans connaît ces
régions, les populations asiatiques, et particulièrement du
Tonkin et de l'Annam sont sans fortune, vivant du produit
de leurs champs, sans luxe, ni besoins, gardant leurs mœurs
séculaires. Leurs deux éléments de commerce sont les produits d'existence et de vêtements qui s'échangent entre pays
voisins. Pour le vêtement, c'est la soie produite par le pays
qui fait l'habit de la classe aisée, et le coton qui couvre le
pauvre. Le coton se file dans la maison; dans chaque foyer
de l'Annam et du Tonkin se trouve un métier primitif où se
tisse la cotonnade nécessaire aux besoins de la famille, mais
le coton produit dans l'Annam ou au Tonkin ne suffit pas
aux besoins locaux, ce sont les cotons étrangers filés, les
moins chers, qui soient au monde, et des plus gros numéros
qui forment l'appoint. On voit, les jours de marché, le paysan
venir acheter son paquet, ou ses trois paquets de coton, juste
ce qu'il lui faut pour ses besoins du moment. Jadis c'étaient
les cotons anglais, aujourd'hui ce sont les cotons filés des
Indes, de Bombay; or, notre industrie ne peut ni les produire,
ni les livrer qu'à un écart de prix énorme.

Par l'application de notre tarif général, c'est-à-dire par la
perception des droits sur les fils de coton étranger, il arrive
que nous enlevons aux habitants le produit auquel ils sont
habitués; — ou nous le leur vendons 20 ou 25 p. 0/0 plus
cher, dans l'intérêt de nos filateurs français. Nous enlevons
donc à nos nationaux et protégés de l'Annam et du Tonkin
leurs moyens d'action et de travail; — or sans travail nos
protégés deviennent contrebandiers et pirates.

Le Tonkin et l'Annam sont par excellence des pays industriels. Tous les éléments du sol sont propres à l'industrie. Les
textiles et tous les minerais possibles s'y trouvent. La popu-

lation est laborieuse, mais il y a un premier outillage à créer. Il faut y introduire des machines à décortiquer et à distiller le riz, à extraire et broyer le minerai, puis y établir des filatures de coton, de soie, de jute.

Il y a donc, il y aura de plus en plus des éléments de production, des emplois nombreux et fructueux de capitaux. Mais le grand besoin du pays est de pouvoir se procurer à bon marché les machines, les engins, etc. Peu importent les provenances pourvu que la qualité des objets soit bonne. Donc astreindre les habitants à payer des droits sur les objets venant de l'étranger c'est absorber une partie du capital, si difficile à trouver dans l'Annam et le Tonkin. « Appliquer à ce pays un tarif restrictif c'est étouffer son essor dans l'œuf; c'est amener le désarroi dans le trafic indigène. »

17. Mais des fautes plus grandes ont été commises. La parcimonie des Chambres, une répartition injuste des charges, la négligence à former un capital de premier établissement ont forcé l'administration locale à se créer des ressources sur place. En quoi faisant? en vendant, affermant toutes les branches de commerce qu'elle avait sous la main, en rendant le pays tributaire de monopoles. Deux faits principaux peuvent être cités : La ferme de l'opium et la régie de la cannelle.

Fumer l'opium est peut-être une passion ou un vice invétéré, peut-être une nécessité du climat; mais c'est par dessus tout une habitude impossible à supprimer. Le seul devoir du législateur est de réglementer ce vice asiatique en enchérissant les moyens de le satisfaire et en en tirant des ressources financières. Avant notre arrivée un énorme droit était perçu sur l'opium, c'était le revenu royal. P. Bert l'a trouvé établi, il s'est borné à l'abaisser pour enlever une marge à la contrebande. Ce droit produisait encore 1,100,000 francs. Or, postérieurement, le gouvernement français imagina de concéder le monopole d'importation et de vente de l'opium pour dix ans moyennant 2 millions de francs. L'administration locale au Tonkin était, paraît-il, hostile à ce traité, mais c'est à Paris

qu'il fut décidé et signé ! Or, c'était un traité désastreux,
parce que le Tonkin était limitrophe de pays (comme le Yun-
Nan, le Quang-Si, le Quang-Toun), qui peuvent cultiver le
pavot et produire l'opium. Cette substance est devenue l'objet
de la plus vaste contrebande. Il s'en est fait une importation
considérable par des contrebandiers venant de la Chine, mar-
chant en bandes armées. C'est nous qui assurons ainsi une
prime à ces contrebandiers, contre lesquels nous envoyons nos
soldats.

La liberté du commerce donnerait, au contraire, au Tonkin,
la sécurité, la pacification et la prospérité. Le Tonkin offre
au Yun-Nan ses cotonnades, des objets d'alimentation de toutes
sortes, et principalement du sel, etc. Il en reçoit du thé, des
plantes médicinales, du cuivre, de l'étain; il en pourrait recevoir, et il en recevait jadis de l'opium. Or, « l'opium étant le
produit le plus précieux du Yun-Nan, représentant la plus
grande valeur d'échange, et ne pouvant pas entrer à cause du
monopole de la Ferme, le commerce avec le Yun-Nan se trouve
fatalement barré, et l'opium rentre en contrebande par un
commerce illicite et à main armée. »

Depuis l'administration de M. de Lanessan la Ferme de
l'opium a été rachetée par l'Etat, mais elle n'en a pas moins
été, dans l'opinion de M. Ulysse Pila, une des causes de la
contrebande, et de la mort de bon nombre de nos soldats,
de même que le tarif général est « la mort de notre commerce. »

18. Parmi les fautes commises, il y a encore celle qui concerne le commerce de la cannelle. C'est l'article le plus important, le plus riche du commerce du Tonkin. Son débouché est
en Chine sur le marché de Hong-Kong et dans d'autres villes.
Qu'est-ce que les Chinois donnent en retour? Des tissus, des
cotons filés, de l'opium, des objets de culte, des articles de
ferblanterie, de cuisine, etc. Les Chinois reçoivent la cannelle
en écorce, ils la trient, et la classent, puis elle est séchée,
empaquetée, etc. Ainsi préparée et débitée, elle constitue une

marchandise si précieuse qu'elle paie à la douane chinoise un droit de sortie qu'elle peut d'ailleurs très bien supporter.

Qu'a fait l'administration française? Elle a eu l'idée de se substituer à la Chine, de se faire le seul acheteur de la cannelle. C'est la douane française qui a été instituée unique acheteur de la cannelle, et qui a évincé le client habituel : la Chine. Les Chinois se sont retirés de deux villes, Tranir et Féo-Foo que M. Pila avait connues prospères, et qu'il a revues depuis à l'état de villes mortes.

Cet accaparement a eu d'autres conséquences. La Régie française nécessairement inexpérimentée a fait des achats sans connaissance suffisante de l'article, sans méthode, elle a mélangé les qualités et livré des marchandises mal préparées, mal assorties, dépréciées et d'un coût élevé. Il lui en est resté un stock qu'elle n'a pu vendre qu'en faisant des appels désespérés à la quatrième page des journaux. Les indigènes, les Moïs producteurs ou vendeurs de cannelle dérangés de leur commerce sont descendus de l'autre côté de leur plateau pour porter leurs produits dans le Siam sur le marché de Bangbock où ils ont été reçus avec empressement. Nos nationaux et les indigènes, également touchés par les fautes de l'administration, ont pu dire que le plus grand ennemi de l'Annam et du Tonkin a été le régime fiscal et l'inexpérience de l'administration.

Toutes ces considérations ont été présentées au nom de la Chambre de commerce de Lyon en 1891 à M. de Lanessan par M. Ulysse Pila qui a conclu que le besoin de la liberté commerciale au Tonkin se justifie d'autant plus, quand on considère les ressources naturelles du pays, et ce qu'on pourra en tirer. Il a signalé la richesse des mines de houilles déjà exploitées dans deux concessions, des mines d'antimoine, de cuivre, de fer, de plomb argentifère, de zinc, etc.

Au surplus, M. Ulysse Pila avait présenté à la société d'économie politique de Lyon deux études très étendues, l'une sous ce titre : *Le Tonkin et la colonisation* (séance du 11 janv. 1884, vol. de 1884, p. 224), la seconde, encore plus documentée, intitulée : *Organisation politique et administrative présente du Tonkin et son avenir commercial* (séance du 10 févr. 1888, vol. de 1888, p. 199 et suiv.), nous devons encore mentionner les communications de M. Ulysse Pila au congrès colonial et national de Paris sur les effets de l'application du régime douanier en Indo-Chine (Lyon, in-4°, 1890, Imp. du *Salut public*).

De ces documents divers qui sont du plus haut intérêt, nous tirons les constatations ou conclusions suivantes :

19. On a trop envisagé le Tonkin comme un débouché pour nos produits métropolitains. « Il ne faut pas considérer l'expansion coloniale à un point de vue si étroit. Nous avons le tort en France, chaque fois que l'on parle de commerce lointain, de nous demander exclusivement : que pouvons-nous y vendre? et parce que nous ne trouvons pas le placement de nos *calicots* et de notre *quincaillerie*, nous préjugeons de suite que le pays est sans intérêt pour nous. Un commerce d'outre-mer se fait de toutes pièces; si nous n'y vendons pas, nous pouvons y acheter des produits utiles à la vie, ou à l'industrie de la métropole. Le Tonkin sera riche en produits du sol quand on le voudra... Le charbon, les cours d'eau y sont abondants, — avec la soie, le coton, des minerais de toutes sortes, l'industrie pourra y donner l'existence, la fortune, à nos ingénieurs, à nos contre-maîtres, aux employés, etc.

« Il faut aussi considérer le placement avantageux des capitaux : Voilà aujourd'hui un grand article d'exportation... c'est grâce au placement avantageux de ses capitaux en pays d'outre-mer que l'Angleterre retrouve sa balance du commerce. »

Enfin, dans cette même séance publique du 28 mai 1891 de la chambre de commerce de Lyon, M. Ulysse Pila et M. de Lanessan ont été unanimes à constater que le sol du Tonkin peut donner tous les produits des pays tempérés et des pays les plus chauds.

Rappelant l'exemple de Java qui, grâce au système des

cultures riches, suscité par le général Van den Bosch, arriva à partir de 1830 à une remarquable prospérité, ils ont tracé en quelque sorte le programme des industries agricoles de toute nature auxquelles le Tonkin peut se prêter, et à côté desquelles devront naître une foule d'industries locales.

20. Chose à remarquer, M. P. Leroy-Beaulieu a formulé des conclusions analogues presque dans les mêmes termes, « quoique par la nature des choses, elle ne doive pas être une colonie de peuplement, notre possession de l'Asie orientale, dit-il, pourra attirer et retenir chez elle un certain nombre de Français, commerçants, industriels, commis, contre-maîtres, chefs d'exploitation, directeurs de cultures, maîtres artisans. On ne devrait pas s'étonner que, dans un demi-siècle, il se trouvât autant de Français en Cochinchine, au Cambodge, dans l'Annam, au Tonkin, qu'il se rencontre aujourd'hui de Hollandais à Java, ou d'Anglais dans l'Inde » (p. 567).

Nous voudrions restreindre les citations. Il y a cependant, dans le même sens que les documents que nous venons d'analyser, un témoignage que nous ne pouvons passer sous silence, c'est celui du prince Henri d'Orléans, auteur du récent ouvrage : *Autour du Tonkin*.

Il déplore, qu'à peine maîtres du pays, nous l'ayons entouré d'une grande muraille de tarifs douaniers. « Pour satisfaire quelques marchands de France, nous arrêtons le développement commercial de la colonie, sans songer que dans une colonie naissante il faut le plus de liberté possible » (p. 32). Nous avons cependant l'exemple de Saïgon, qui a dû sa prospérité à son libre commerce jusqu'à ce que des droits protecteurs soient venus la compromettre. C'est aux tarifs douaniers, comme à certains monopoles, que la contrebande doit sa raison d'être, et de la contrebande à la piraterie il n'y a pas loin. « Ces considérations et d'autres, dit l'auteur, ont sans doute échappé à nos représentants lorsqu'ils ont appliqué à nos colonies le régime douanier. N'a-t-on pas été jusqu'à reprocher au sous-secrétaire d'Etat, d'avoir dégrevé de leurs droits les machines anglaises achetées pour les charbonnages de Haï-Phong? »

L'auteur, enfin, trace un tableau très détaillé des ressources du pays, de son avenir industriel et commercial, il montre que notre marine marchande peut se faire facilement une large place dans les mers de la Chine.

Les témoignages sont donc unanimes, et permettent de conclure, comme on a pu le faire pour l'Algérie (V. *sup.*, liv. XI, nᵒˢ 61 et suiv.), que malgré les fautes commises, et les sommes dépensées, le Tonkin, et toute notre colonisation de l'Indo-Chine, seront, dans notre histoire, une aussi fructueuse que glorieuse affaire.

Mais, de même que nous avons aussi constaté pour l'Algérie qu'il serait temps d'augmenter les ressources qu'elle peut obtenir de ses propres efforts, de même il serait temps de voir la fin des fautes commises et des dépenses excessives en Indo-Chine.

Les fautes commises ont été plusieurs fois relevées. Elles ont consisté dans l'inconsistance de notre politique, l'absence de plan, la surabondance, le choix irréfléchi et la mobilité de notre personnel. Sans parler du nombre de résidents et sous-résidents, et de leurs changements multiples, il suffit de relever ce fait signalé par M. le sénateur Boulanger dans son rapport sur le budget de 1891, que le Tonkin et l'Annam n'avaient pas eu à cette date depuis la conquête moins de dix-sept administrateurs successifs. Avec le régime nouveau, que M. de Lanessan développait devant la chambre de commerce de Lyon, il y a lieu d'espérer que l'Indo-Chine qui recevait de la métropole un subside annuel de 30, puis seulement de 10 millions, pourra en peu d'années, moyennant toutefois quelques concessions de terres, de forêts et de mines, pourvoir par ses propres ressources à l'établissement des chemins de fer, des tramways et des canaux. C'est encore ce que M. de Lanessan assurait, dans sa conférence à la société de géographie citée par le prince Henri d'Orléans. « Bien plus, écrivait aussi en 1891 M. P. Leroy-Beaulieu (p. 566), dans quinze ou vingt ans l'Indo-Chine devrait payer, comme le font actuellement les Indes anglaises, tous ses frais d'occupation militaire et de défense maritime. » Mais, ajoutait-il, il ne faut pas oublier que : « Les colonies s'enfantent dans la douleur et ont de pénibles commencements qui découragent les caractères faibles et les esprits enfermés dans le temps présent, c'est là la règle générale qui ne souffre que de bien rares exceptions. » Nous avons vu plus haut sur le budget des colonies (liv. IX, n° 5) que seule la Cochinchine, qu'on peut considérer comme une colonie faite et absolument prospère, paye une contribution annuelle à l'État, qui l'applique au Tonkin. « Il faudrait d'ici à cinq ou six ans, dégager de toute dépense la métropole. On peut y arriver par l'augmentation des recettes, la cessation du gaspillage et aussi par certains agencements utiles » (Voyez un discours de M. Étienne, sous-secrétaire d'État aux colonies, cité par M. P. Leroy-Beaulieu, p. 566). Enfin « nous devrions étendre notre protectorat sur le Laos et le Siam et devenir franchement les alliés de la Chine. Sans doute, il faudra du temps pour exploiter un champ si vaste, vingt-cinq années, cinquante années peut-être, même une centaine au pis aller. Le succès de nos colonies d'exploitation est à ce prix. » Pourquoi serions-nous moins entreprenants, moins courageux, moins persévérants que nos voisins? La constitution du magnifique domaine qui s'appelle l'Inde-Britannique a exigé une plus longue période encore d'efforts et de travaux.

LIVRE XIV.

LES MOYENS DE COLONISATION ET DE CIVILISATION.

~~~~~~~~~

1. Après avoir fait l'historique de nos colonies antérieurement au XIXᵉ siècle, nous avons étudié la législation qui les régit au point de vue politique, civil, administratif, commercial, judiciaire, criminel, financier; nous les avons ensuite envisagées dans leur développement économique et leur situation actuelle en signalant les vœux et les principes suivant lesquels elles doivent se mouvoir et assurer leur prospérité.

Il nous reste à examiner les moyens de colonisation et de civilisation, qui semblent devoir être le plus efficacement employés. Nous avons ainsi à préciser ce que l'on peut demander à l'initiative privée, soit par les compagnies privilégiées, soit par les entreprises individuelles, le rôle du pouvoir militaire, l'action de l'État, celle des missions religieuses et des conventions internationales anti-esclavagistes.

2. § I. *Des compagnies de colonisation souveraines.* — Dans l'étude de la colonisation antérieure au XIXᵉ siècle, nous avons sommairement tracé l'historique des anciennes compagnies de colonisation. On ne peut nier qu'elles n'aient eu une influence sur le développement de l'industrie et du commerce dans le monde. D'une part, les industries métropolitaines étaient peu développées, resserrées dans les corporations, privées de débouchés, localisées sur les petits marchés, limitées par l'insuffisance des ressources et du crédit. — D'autre part, le commerce extérieur était entravé sur terre par les douanes, et sur mer par l'insécurité des transports et le petit nombre des navires. Il fallait, pour que le commerce s'étendît au loin, que le monde européen disposât d'une force nouvelle, capable de braver les dangers des routes maritimes, et les difficultés sans nombre des entreprises.

Cette force on la trouva dans l'institution des compagnies privilégiées. Par la division de leur capital en parts ou actions, elles ont pu centraliser des sommes énormes et les jeter dans le commerce maritime. Elles l'ont pourvu de tous les instruments dont il avait besoin pour se développer.

La piraterie commença à disparaître le jour où les navires voguèrent en flotte sous une direction unique, et non isolés comme auparavant. L'effort individuel fut remplacé par l'effort collectif. Une grande effervescence enflamma les esprits. Certains peuples ne connurent plus de limites à l'emploi des compagnies. Elles prirent, en peu de temps, une extension inouïe.

Il faut distinguer, et à divers points de vue, leurs effets sur le continent et dans les pays lointains.

1° Au point de vue politique, elles ont poussé dans la voie de la navigation presque tous les gouvernements. Si elles ont suscité entre eux des rivalités, elles leur ont fait reconnaître certains principes de droit maritime international. Les rapports entre les nations furent dès lors moins étroits, empreints d'un sentiment de respect réciproque, de loyauté et de justice. Les liens entre la marine marchande et la marine d'État se resserrèrent. Les flottes militaires reçurent plus de développements. Les agents supérieurs des compagnies, pourvus de droits souverains, traitèrent de puissance à puissance avec les pays lointains, y négociaient la paix, la guerre, les traités et, à des milliers de lieues de la métropole, la représentaient, la faisaient connaître, craindre et respecter, et ramenaient des peuples barbares à l'observation de la foi jurée.

Dans l'ordre économique, elles ont donné l'essor aux grandes maisons de commerce; elles ont créé et formé un personnel maritime nouveau, dans lequel on vit, en France surgir les Duquesne, les Duguay-Trouin, en Angleterre les Drake, les Davis, en Hollande les Ruyter. Elles ont alimenté l'Europe de produits exotiques, denrées, matières premières, qu'elle ne connaissait pas.

Dans les pays lointains, au point de vue de la morale et de la civilisation, et bien qu'il y ait eu des actes nombreux de cupidité, d'exactions et de violences, elles ont cependant propagé les principes sur lesquels sont basées les sociétés modernes, en ouvrant des débouchés aux richesses naturelles de l'Asie, de l'Afrique et de l'Amérique, en donnant l'exemple du travail et de l'initiative individuelle.

Elles ont donc exercé une influence considérable et utile sur le développement de l'industrie et du commerce dans le monde. Comment donc expliquer leur ruine, leur discrédit et leur disparition? Il faut remarquer qu'elles étaient nées dans des circonstances tout à fait particulières au xvi° siècle. Plus tard devait venir une époque où les idées et les situations sociales seraient différentes, et en désaccord avec une organisation commerciale créée en vue de besoins primitifs. On vit, en effet, les compagnies, devant les légitimes demandes des consommateurs, se retrancher derrière l'omnipotence et la routine de leurs privilèges, qui devenaient leur seule force; s'attacher à en obtenir le renouvellement, comme le faisaient d'autre part les corporations pour leurs monopoles; recourir, dans ce but, à tous les moyens : tentatives de corruption des hommes d'État, offres de prêts d'argent aux gouvernements dont les finances étaient embarrassées.

Puis on vit leurs nombreux agents disséminés dans les pays lointains, profiter de l'absence de tout contrôle pour se livrer au commerce personnel, aux déprédations, aux spéculations aventureuses, et se partager le fruit de leurs malversations.

Leur ruine est venue de leur propre désordre, et elles sont

tombées victimes de leur exclusivisme, de leur obstination à vouloir subsister dans un milieu qui n'était plus le leur, au détriment de populations et de gouvernements assez éclairés pour pouvoir se passer désormais de leur concours.

D'autre part, les gouvernements avaient trouvé commode d'avoir, dans des pays lointains, des colonies dont la formation, en apparence, ne leur coûtait rien. En laissant toutes les dépenses à la charge des compagnies, il leur paraissait juste de leur assurer l'éventualité de tous les profits, de leur maintenir des privilèges, et néanmoins, maintes fois, les gouvernements se voyaient obligés d'intervenir pour secourir les compagnies.

On s'explique donc leur naufrage. Elles ont été victimes de leur propre absolutisme, des irrégularités de leur administration, des méfaits ou des fautes de leurs agents, et des désastres financiers dont elles ont elles-mêmes creusé le gouffre.

Lors de leur disparition successive, il n'y avait, de la part des consommateurs, qu'un seul cri contre leur régime oppressif, et de la part de leurs actionnaires que des récriminations contre leur désordre et leur improbité.

Les moralistes et les philosophes leur reprochaient d'avoir ouvert à l'humanité l'ère de la fraude et de la contrebande. « La situation qui résultait de cet état de choses était bien faite pour rendre impopulaire un système qui amoncelait tant de pertes dans sa chute et semblait si bien mériter toutes les accusations formulées contre lui » (Aug. Falcouz, *Étude sur les compagnies privilégiées*, Soc. d'éc. pol. de Lyon, année 1885, p. 337).

Il ne faut pas chercher plus loin les causes de la sévérité avec laquelle cette institution a été blâmée par la plupart des historiens et des économistes; ils ont parlé d'après les impressions que les dernières phases de l'histoire ont laissées dans leur esprit, mais qui ne doivent pas détruire la juste appréciation des services rendus à l'origine. M. P. Leroy-

Beaulieu a montré la raison d'être, à un moment donné, des compagnies privilégiées, et il ajoute : « Les écrivains contemporains qui blâment avec tant de sévérité l'institution des compagnies privilégiées au XVIIᵉ siècle oublient que, malgré le développement de l'initiative privée et les progrès de la science économique, nous perpétuons des établissements qui prêtent autant à la critique, nos compagnies de navigation subventionnée, par exemple. Bien plus, l'Angleterre et l'Allemagne viennent de reconstituer, à la fin du XIXᵉ siècle, en Afrique, en Nouvelle-Guinée, à Bornéo, des compagnies jouissant non seulement de privilèges territoriaux, mais de droits administratifs et politiques, et reproduisant absolument les compagnies privilégiées d'autrefois » (*De la colonisation*, 4ᵉ édit., 1891, p. 67).

3. En effet, n'a-t-on pas dit que l'histoire recommence sans cesse? depuis quelques années il semble qu'on assiste à la résurrection des compagnies privilégiées. L'Angleterre est revenue avec une sorte de prédilection à son vieil outil d'envahissement et d'exploitation des contrées qui sont tout à fait barbares. Elle a conféré des chartes à plusieurs compagnies de capitalistes; quatre surtout ont une grande importance : 1º la compagnie du Niger; 2º la compagnie du nord de Bornéo; 3º celle de l'Est africain; 4º celle du Sud de l'Afrique dont la charte représentant le dernier état de la méthode anglaise en cette matière est du 29 octobre 1889.

L'Allemagne concurremment a autorisé des sociétés à charte : celle de l'Afrique orientale, celle de l'Afrique occidentale, celle de la Nouvelle-Guinée, toutes les trois exerçant des droits de souveraineté outre un grand nombre de sociétés de colonisation allemande qui ne jouissent pas de privilèges politiques.

Le Portugal a également créé des sociétés de ce genre, entre autres la compagnie de Mozambique. Enfin l'État neutre du Congo n'est, à proprement parler, qu'une grande compagnie privilégiée.

4. En présence de ce retour à des institutions que l'on croyait

26*

définitivement condamnées, il faut se demander ce que la France doit faire.

Si l'on tient compte des faits et de l'opinion d'économistes importants, on peut dire que « les anciennes compagnies ne doivent être jugées, ni condamnées en dehors du temps et de l'époque dans lesquels elles ont vécu (Flotard, *Soc. d'écom. polit. de Lyon*, 1885, p. 351).

Il faut d'ailleurs ne demander à un organisme économique que les avantages qu'il est susceptible de fournir dans un temps donné. « Le privilège d'une compagnie est justifiable, dit Jean-Baptiste Say, quand il est l'unique moyen d'ouvrir un commerce tout neuf avec des peuples éloignés ou barbares. Il devient alors une espèce de brevet d'invention dont l'avantage couvre les risques d'une entreprise hasardeuse, et les frais d'une première tentative, mais de même que les brevets d'invention, ce privilège ne doit durer que le temps nécessaire pour indemniser complètement les entrepreneurs de leurs avances et de leurs risques » (*Traité d'Ecom. pol.*, t. I, p. 313).

Aux yeux de M. Paul Leroy-Beaulieu, les compagnies de colonisation ne doivent pas être l'objet d'un verdict absolu. L'opinion est trop portée à considérer comme définitivement disparus des organes qui souvent se reconstituent là où ils sont appropriés avec certaines modifications. La grande compagnie souveraine considérée en elle-même, paraît être un instrument incomparable de colonisation au point de vue de la pénétration, de la prise de possession, et de la mise en valeur des *pays inorganisés* (P. Leroy-Beaulieu, *De la colonisation*, p. 803 et suiv.).

Ses avantages sont la simplicité et la souplesse des ressorts. Elle n'engage ni ne compromet le gouvernement métropolitain, elle agit sans que le Parlement retentisse de demandes de crédit. En fait, le gouvernement l'encourage et lui accorde les privilèges qui lui paraissent nécessaires ; si la compagnie conduit mal son entreprise, c'est à ses risques et périls, le gouvernement peut la désavouer. De toutes façons, il échappe aux difficultés diplomatiques ; au cas de succès, après une durée convenue quand l'œuvre de civilisation est suffisamment avancée, le gouvernement métropolitain a le droit d'intervenir ; il déclare le privilège éteint et le territoire annexé ou protégé.

C'est ainsi que la Grande-Bretagne use de cet instrument. Pour elle c'est un rideau, un écran (*a screen*), qui permet d'ajourner au moment opportun l'action gouvernementale. Celle-ci n'apparaît que lorsqu'il n'y a plus d'abus. C'est ainsi que l'Angleterre n'a accepté qu'au moment voulu le protectorat de la compagnie de Bornéo, et s'est substituée en 1854 à la compagnie des Indes.

« Tel est, dit M. Paul Leroy-Beaulieu (p. 804), le double rôle politique et économique des principales Sociétés privilégiées instituées depuis une douzaine d'années. » Le droit d'octroyer des chartes est, en Angleterre, un des attributs essentiels de la commune. C'est le ministre des Affaires étrangères qui seul, en dehors de l'intervention du parlement, les accorde aux compagnies. C'est devant lui qu'elles sont responsables. Les chartes, qui ne diffèrent guère de celle de l'ancienne compagnie des Indes-Orientales, ont pour effet de conférer à des sociétés commerciales la personnalité civile et politique. Elles ont la souveraineté et le droit de propriété sur les territoires qu'elles occupent. Elles y rendent la justice, elles y établissent des impôts, des droits de douane, etc. Leur concession a une durée variable, ordinairement de vingt-cinq ans avec tacite reconduction de dix en dix ans, « à moins qu'avant l'expiration de ces délais la commune ne juge opportun de faire entrer sous sa souveraineté les territoires concédés. » Les sociétés ne continuent pas moins à exister, mais comme simples sociétés commerciales et immobilières. On peut voir avec intérêt les indications données, à titre d'exemple, par M. P. Leroy-Beaulieu, sur la célèbre compagnie de la Baie d'Hudson, qui, depuis que sa charte a pris fin, a continué le commerce des fourrures et possède une énorme quantité de terres (*De la colonisation*, p. 602 et 809).

Il est à remarquer que ces nouvelles compagnies de colonisation diffèrent des anciennes en ce qu'elles doivent admettre et respecter la liberté commerciale sur leurs territoires, donner des garanties en faveur des indigènes, assurer le respect des personnes, des biens, des coutumes, des lois locales en tant qu'elles ne sont pas contraires aux principes de la civilisation.

Ces compagnies modernes, ne sont donc que sous certaines modifications très précises, la résurrection de celles d'autrefois, susceptibles de réussir dans les contrées nouvelles et inorganisées, telles qu'en Afrique et dans ces îles de l'Océan indien dont l'état social rappelle assez celui de l'Amérique et des Indes il y a deux ou trois siècles.

5. Ensuite d'un rapport de M. Wadington, ambassadeur de France à Londres, adressé au ministre des Affaires étrangères, le conseil supérieur des colonies a pensé que : « En présence de l'activité déployée par les autres nations pour l'occupation des pays nouveaux, il était à craindre que la France ne se laissât distancer, » et il a émis l'avis que l'essai du système de colonisation par des compagnies privilégiées est la conséquence naturelle de la participation de la France au grand mouvement d'expansion des peuples européens vers des pays nouveaux.

En conséquence, le gouvernement a saisi le Sénat (19 juill. 1891) d'un projet de loi conçu en ces termes :

Art. 1er. Des compagnies privilégiées, formées en vue de coloniser, et de mettre en valeur les territoires situés dans les possessions françaises, ou placées sous l'influence de la France peuvent être constituées par des *décrets* rendus dans la forme des règlements d'administration publique.

Art. 2. Ces décrets détermineront pour chaque cas particulier, la durée de la concession, les causes de déchéance, ou de résiliation, le territoire concédé à la compagnie, les avantages et privilèges qui lui seront accordés, et les obligations qui lui seront imposées, notamment, s'il y a lieu, en ce qui concerne l'exécution des travaux publics. »

6. Ce projet a été combattu avec une grande vigueur par M. Cauwès (*Revue d'Économie politique* de janvier 1892). Voici le résumé de ses objections :

1° L'Angleterre a réussi grâce à la puissance des capitaux engagés, et à de fortes traditions habilement renouées. Les allemands, les portugais, les belges, etc., ont suivi de près, mais avec des résultats très variables et très douteux. La situation de presque toutes les compagnies allemandes est embarrassée... l'une d'elles, la plus importante, a dû abdiquer ses droits entre les mains de l'État pour éviter la faillite.

2° Les compagnies privilégiées ne peuvent jouir que d'une souveraineté très imparfaite et illusoire. Elles n'ont, à aucun degré, la souveraineté du droit des gens. Elles ont besoin de faire sanctionner par le gouvernement métropolitain les traités qu'elles concluent, sans quoi un conflit est possible avec d'autres États ou d'autres compagnies venant aussi conclure des traités. Il est donc inexact de dire qu'elles sont un instrument souple, agissant comme un écran qui masquerait l'intervention possible de l'État.

3° Si les compagnies privilégiées n'ont pas la souveraineté extérieure, internationale, ont-elles, du moins, la souveraineté intérieure par rapport à l'État qui leur donne une charte? En quelles formes, et par qui peuvent-elles recevoir une délégation de la souveraineté qui appartient à l'État? Le projet de loi a déclaré que cette délégation serait concédée par un décret rendu en la forme de règlement d'administration publique. On comprend qu'il en soit ainsi dans des États monarchiques (Angleterre, Allemagne, Portugal, Belgique) où la concession d'une charte fait partie de la prérogative royale, mais dans un État démocratique comme la France où il faut une loi pour concéder un tronçon de chemin de fer, est-il admissible qu'on dispose par décret d'une possession coloniale? On comprend d'ailleurs la délégation d'une partie de la souveraineté à titre de fonction, pour une tâche déterminée. Mais une délégation générale des attributs de la souveraineté est chose exorbitante, exclusivement du domaine législatif.

4° Quelle serait l'utilité réelle des compagnies privilégiées? Serviraient-elles à appeler le capital vers la colonisation, à obtenir les ressources du crédit? mais il arrive souvent que ce sont les compagnies privilégiées, par exemple les compagnies de chemin de fer, qui demandent à être soutenues pécuniairement par l'État; elles auraient d'ailleurs inévitablement besoin de recourir à l'État pour les dépenses militaires, en cas de résistance armée des indigènes. Le conseil supérieur l'a bien reconnu quand il déclare ne vouloir leur accorder que « le droit de constituer une police intérieure, européenne ou indigène, dont le commandement appartiendra exclusivement à des Français, et dont l'organisation sera soumise à l'approbation du gouvernement. »

5° Quels privilèges leur accordera-t-on? Ce ne sont pas les privilèges commerciaux; les monopoles ont fait leur temps, tout le monde est d'accord que l'attribution d'un privilège général de commerce et d'exploitation à une compagnie serait aussi funeste que peu justifiée. Il ne s'agirait donc que de privilèges spéciaux. D'après le conseil supérieur ce serait : le monopole du commerce de l'ivoire, du corail, des nacres, des perles... si cette énumération n'est pas limitative, le pouvoir indéterminé des décrets sera un péril pour le commerce de concurrence. L'indétermination du projet est donc de nature à éveiller l'attention du Parlement.

6° M. Cauwès se demande enfin dans quelles possessions de notre empire colonial, les compagnies privilégiées pourraient avoir une raison d'être. Il répond : dans aucune. Ce ne serait ni dans nos possessions africaines de l'ouest équatorial où l'initiative privée n'a pas fait défaut, et où l'on voit des missions subventionnées par des chambres de commerce, par des sociétés, et par le comité de l'Afrique française, ni dans l'Hinterland africain où les compagnies ne seraient armées ni pour se défendre contre les attaques, ni pour l'envahissement par conquête.

Il n'y aurait d'admissibles que les privilèges de certains travaux publics, et ici M. Cauwès se rencontre avec M. Leveillé dont nous ferons tout à l'heure connaître les vues. Il estime d'ailleurs que si on se rattache aux compagnies privées comme au seul moyen de mettre en valeur notre domaine colonial, c'est l'effet d'une double et injuste défiance : l'une à l'égard des initiatives individuelles ou collectives, l'autre à l'égard de l'État. « La campagne entreprise en faveur des compagnies privilégiées part de la condamnation prononcée contre la colonisation par l'État et contre la colonisation libre. » M. Cauwès fait appel à l'une et à l'autre... « On peut être d'avis que la colonisation est une œuvre d'État sans pour cela pallier les abus du fonctionnarisme colonial, sans prendre la défense d'un système d'administration qui de l'avis de tous appelle une réforme urgente..., il n'y a qu'un sentiment sur la nécessité de simplifier les rouages, de faire plus de place aux libertés locales, d'exiger des fonctionnaires de tout ordre une sérieuse éducation coloniale » (vœux exprimés par les différentes sections du congrès colonial de 1890)... « Ainsi transformée, l'action administrative de l'État sera plus féconde..., mais avant d'administrer, il faut préparer le terrain, accomplir l'ensemble des travaux préparatoires. L'État a sous la main pour cette tâche deux forces, l'une mal utilisée jusqu'ici, la main-d'œuvre *pénale*, l'autre trop délaissée la *colonisation militaire*. »

Plus hostile encore à la résurrection des compagnies privilégiées, M. Alexandre Bérard, aujourd'hui député, a publié une étude très documentée dans laquelle il conclut que ce retour, même mitigé, à une institution du passé, serait une violation de tous nos principes de liberté et d'égalité, et que c'est de l'association libre et de l'initiative individuelle seules que nous devons exposer le développement de nos colonies (*Les compagnies de colonisation*, 1891. Extrait du *Bulletin de la Société de géographie de l'Ain*).

7. Enfin M. Leveillé, dans un mémoire dont nous allons faire connaître la substance, adressé en 1890 à la commission chargée d'élaborer l'avant-projet relatif aux compagnies de colonisation, s'est attaché à établir : 1° qu'il ne faut pas ressusciter les grandes compagnies souveraines d'autrefois ; 2° que le gouvernement peut atteindre le but élevé et patriotique qu'il vise, par des moyens plus modernes.

Si le Parlement autorisait les ministres à relever les grandes compagnies d'autrefois, les résultats de cette résurrection seraient déplorables. Les faiseurs d'affaires, quémandeurs de concessions, ne manqueraient pas, non plus que les courtiers. Ce serait une belle occasion pour les habiles qui s'occupent de lancer des titres. Les compagnies seraient disposées à tout faire, leur préoccupation serait d'exploiter, hâtivement, de récolter de prompts bénéfices, cultiver le dividende plus que le sol, poursuivre la hausse des titres ; un jour ou l'autre, le gouvernement aurait à intervenir pour racheter les concessions et réparer les scandales et les désastres de ces procédés de vampire.

8. Il y a des moyens plus précis et plus sûrs pour pourvoir à la mise en valeur, et à l'administration de nos nouvelles possessions d'outre-mer. Nos anciennes compagnies détenaient des territoires immenses en propriété et en seigneurie. Elles étaient simultanément investies d'une fonction économique et d'une fonction politique. La fonction économique seule doit appartenir à la compagnie. Son but étant la mise en valeur d'un territoire, le type de société auquel tous les esprits sont accoutumés, c'est la compagnie de chemin de fer. L'État lui concéderait l'exécution d'une immense voie ferrée à exécuter par tronçons successifs, l'État pourrait aussi bien concéder autre chose : une ligne d'eau à établir, une série de puits à forer, une route de terre à créer. La compagnie aurait une double tâche, transporter les produits du sol, et créer le trafic. C'est ainsi que les Russes colonisateurs admirables, ont agi dans le Turkestan, et M. Leveillé a apprécié sur les lieux les résultats qu'ils ont obtenus en attaquant dès le premier jour ces questions connexes : la pose des rails et la poursuite d'un fret ultérieur. Pour atteindre ce double but, la compagnie serait concessionnaire d'une large bande de terrain limitrophe qu'elle peuplerait de colons avec attribution de lots en pleine propriété sous l'obligation d'y planter des produits d'exportation; et ainsi le chemin de fer de pénétration deviendrait le perforateur des continents inconnus, le vrai colonisateur des pays inorganisés. Il ne s'agirait plus, comme le firent nos ancêtres, de courir à travers les plaines et les vallées. Il faudrait occuper la région pas à pas, en assurant par une série d'ouvrages, ou par la voie ferrée, la production locale, le transport et l'écoulement des produits.

9. Quant à l'administration, il faut réduire au strict minimum la fonction gouvernementale, la rendre efficace avec le moins de frais et de personnel possible.

Il y a à gouverner une population de deux éléments : l'élément indigène et l'élément européen. Vis-à-vis du premier, il ne s'agit plus de refouler, de détruire, mais d'exercer le *protectorat*, cette nouvelle forme d'action inconnue au siècle dernier. Il faut, vis-à-vis de ces populations primitives, représenter toutes les supériorités, celle de la science, de la justice, de la moralité, en même temps que les initier au travail et au bien-être, respecter tous les droits, tous les intérêts, même les plus humbles, « nous abstenir à tout prix des actes de violence et garder l'épée volontairement au fourreau; » agir sur les indigènes par l'intermédiaire de leurs chefs naturels dont nous ferons ultérieurement le triage.

Vis-à-vis l'élément européen, la tâche est plus difficile. Il faut distinguer l'administration courante et la haute administration, ou le gouvernement.

Quant à l'administration courante autour des principales stations de la voie ferrée, ou de la ligne de canalisation ou de puits, ou de la voie de terre, il faut amener un certain nombre de familles de la métropole, pour peu que le climat s'y prête;

dans chaque centre, il faut des écoles, une église (les Anglais y ajoutent une caisse de dépôts et de comptes-courants), un juge de paix à compétence étendue, civile, commerciale, répressive, dans certains cas, assisté de deux assesseurs, un médecin militaire ou civil ayant la triple clientèle de la commune, des indigènes, de la compagnie qui, au besoin, lui assurerait une rémunération convenable, puis un maire, un conseil municipal votant les taxes destinées à couvrir les frais des services et des travaux publics utiles à la communauté. La compagnie de chemin de fer deviendrait aisément le trésorier des communes. Elle devrait en outre, avec celles-ci, posséder et entretenir des forces de police capables d'assurer la sécurité des personnes et des lieux. M. Leveillé ne réclamerait pas d'institutions provinciales, ayant constaté que sauf d'honorables exceptions les conseils généraux des colonies ont plus d'une fois compromis les intérêts de l'État sans mieux servir les intérêts locaux.

En ce qui concerne *la haute administration*, c'est ici qu'il importe de réprimer l'idée d'une délégation de souveraineté totale ou partielle à une compagnie, à un syndicat. C'est l'État qui, seul doit être maître et doit gouverner, mais en réduisant au minimum strict le nombre et les attributions de ses représentants. Ses prérogatives consisteraient dans la protection vigilante des indigènes, et leur initiation à la justice, et vis-à-vis des pouvoirs locaux dans le droit de ratifier ou non le choix du maire, du juge de paix, de l'instituteur désigné par la commune, d'approuver ou non les taxes, les emprunts, les budgets, les tarifs de transports, les conditions de remise des terres aux colons, de régler l'organisation des forces de police rassemblées par les municipalités et la compagnie.

L'État seul représenterait la colonie vis-à-vis de l'étranger; réserve lui serait faite du droit d'établir ultérieurement des impôts nationaux, et réserve du droit d'appel des sentences du juge, devant la cour la plus rapprochée.

Ce programme est surtout applicable à nos possessions les

plus récentes. Il nous semble répondre aux vœux du capitaine
Binger, à la constitution et au but des compagnies qu'il dési-
rerait voir s'établir dans les nouvelles vallées de la Côte d'Or, à
Grand-Bassan, Assinie, etc. (V. *Du Niger au golfe de Guinée*,
par le capitaine Binger, 2 vol. in-8°, Paris, Hachette, 1892) [1].

10. § II. *Emploi de la main-d'œuvre pénale.* — Une des
forces que M. Leveillé signale comme devant s'ajouter aux
moyens de mettre en valeur nos possessions lointaines, c'est
la main-d'œuvre pénale « pourvu qu'elle soit dirigée avec
vigueur, avec esprit de suite, avec intégrité. » La participation
à l'exécution des chemins de pénétration qui sont le meilleur
instrument pour entamer les régions nouvelles est la thèse
qu'il soutient depuis des années, et pour l'étude technique
de laquelle il s'est rendu successivement à Ain-Sefra, à Tug-
gurt et à Merw. Aussi les exemples qu'il emprunte à la colonisation russe lui donnent une autorité particulière quand il
expose comment la main-d'œuvre pénale devrait contribuer à
la mise en train du chemin de fer transsaharien.

Il propose aussi, bien qu'avec une certaine réserve, un
projet complet de colonisation par les vétérans de nos armées
sur les territoires salubres comme ceux de la Nouvelle-
Calédonie, de manière à opérer « avec des matériaux de
choix une colonisation de fond, et non plus une colonisation

---

[1] Dans un récent article de l'*Économiste français* du 9 juin 1894, M.
P. Leroy-Beaulieu insiste sur la nécessité, pour la colonisation du Congo
français, de créer des « compagnies coloniales jouissant de certains privilèges et de divers droits spéciaux comme ceux de police, d'établissement
de taxes et de redevances, de justice, etc. » Pendant que nous hésitons
à accorder quelques droits de police, de pénalité et d'administration à des
compagnies françaises la *British South africa Company*, la célèbre *Char-
tered* comme on l'appelle par abréviation, ayant à sa tête le fameux Cécil
Rhodes, réalise son rêve. Il vient de joindre le cap à l'Égypte, la mer
australe à la Méditerranée par le récent traité (anglo-congolais) qui fait
tant crier... » L'auteur adjure les adversaires de la création de compagnies
de colonisation de faire quelque chose en suivant l'exemple des Anglais,
des Russes et des Belges.

de surface. » Il y a une classe de Français qu'il importe
surtout de rallier au drapeau de l'expansion coloniale. C'est
la bourgeoisie métropolitaine et surtout ses enfants. Il faudrait la convaincre qu'elle peut trouver dans la colonisation
plus d'une opération rémunératrice pour ses capitaux, et
plus d'une carrière utile et fructueuse pour ses fils.

Enfin pour certaines régions africaines, M. Leveillé compte
sur les Français de race noire pour aider par eux-mêmes à
l'émancipation graduelle de leurs frères du Soudan et du
Congo non civilisés. Mais cette campagne civilisatrice devrait
être dirigée par des chefs qui en comprennent la grandeur et
qui soient d'une capacité et d'une droiture éprouvées.

La conclusion de M. Leveillé est donc toute en faveur de
la colonisation par l'initiative privée au moyen de sociétés de
droit commun pourvues de certaines concessions à l'exemple
de nos compagnies de chemins de fer, et autour desquelles
viendraient s'ajouter le complément de main-d'œuvre et
d'action que pourraient fournir les vétérans de nos armées,
et enfin des contingents qu'on demanderait à l'administration
pénitentiaire.

11. § III. *De l'action militaire.* — La colonisation peut
rarement s'accomplir sans l'action militaire, celle-ci est
presque indispensable au début de la main-mise d'une puissance européenne sur les territoires lointains. Mais sa nécessité et sa durée varient suivant les événements qui amènent
la soumission des peuples encore barbares ou inorganisés.
Toutes les fois qu'au contact de la civilisation européenne,
ou par l'ascendant des explorateurs et par le besoin même
de protection qui entourent les indigènes des traités peuvent
être conclus, il ne s'agit plus que d'asseoir et maintenir sur
des bases solides, la domination ou le protectorat accepté
par les races inférieures. Les procédés de subordination, de
mise en tutelle depuis plus de trente années diffèrent absolument de ce qu'ils étaient jadis. La conquête et l'asservis-
sement sont répudiés aujourd'hui, ou ne s'imposent qu'à

titre exceptionnel vis-à-vis de peuples sauvages qu'il faut
réduire ou châtier.

Les ressentiments des vaincus, leur refoulement perpé-
tuent les difficultés de la colonisation. La force doit donc de
plus en plus faire place à la persuasion et au sentiment de
leur intérêt propre, chez les peuples lointains, qui ont besoin
d'une initiation à la civilisation.

Le rôle des expéditions militaires est donc plus restreint,
et de plus courte durée qu'autrefois. Le Dahomey en est un
exemple. Mais la défense des colonies et protectorats et la
sécurité à y maintenir, tant contre les soulèvements possibles
de l'intérieur, que contre les éventualités de l'extérieur, exigent la constitution d'une force armée coloniale permanente,
régulière, appropriée au climat des pays soumis ou protégés,
et aux caractères de leur population.

Nous avons vu que, hiérarchiquement, l'élément militaire
doit rester subordonné au gouvernement civil dont le rôle
est d'assurer, par des actes de sage administration, l'organisation de la justice, la sécurité et les divers services (travaux
publics, finances, etc.). La création d'une armée coloniale
ne reste pas moins un problème compliqué, et de premier
ordre.

12. Il a été reconnu que toute nation qui veut coloniser
doit se garder, autant que possible, d'employer à la défense
de ses colonies et protectorats des éléments empruntés à son
armée métropolitaine. Elle ne doit recourir qu'à des corps de
troupes spéciaux avec un mode de recrutement tout particulier.

Elle doit comprendre deux éléments distincts : en premier
lieu l'élément indigène, dont les faits ont démontré et justifié
l'utilité (les turcos et spahis en Algérie, les régiments annamites, etc., en Indo-Chine, les laptots au Sénégal). En second
lieu, des Européens recrutés par voie d'engagements volontaires, stimulés par des primes. La cherté de ces primes étant
compensée par la durée du service des engagés volontaires,

et par l'économie des frais d'hôpital, de rapatriement, de
remplacement que nécessitent les troupes métropolitaines régulières composées d'hommes de vingt et un à vingt-deux ans.
Il y a en France trois ou quatre dizaines de milliers d'hommes
qui n'ont pas de goût pour la vie civile, et qui peuvent faire
de bons soldats pour dix, douze ou vingt ans, s'ils y sont sol-
licités par les polices d'engagement, par la perspective de
petites pensions, et de vie assurée plus tard par quelques
emplois sédentaires, ou des concessions comme celles que
signale M. Leveillé. On peut ainsi transformer en sujets utiles
des hommes que leurs goûts portent aux aventures, et éloignent des cadres trop réguliers de la vie civile dans la métropole. Il faut, en un mot, suivant l'observation de M. P. Leroy-
Beaulieu, faire de l'armée coloniale un corps professionnel
spécial de mercenaires, c'est une condition de sécurité pour la
puissance colonisatrice. Il faut agir ainsi, même vis-à-vis des
indigènes, en évitant de leur imposer, aussi bien qu'aux métropolitains, un service militaire obligatoire qui les indispose,
et qui a un autre inconvénient, celui de donner à la généralité
des habitants une pratique et des goûts militaires qu'ils n'ont
pas, et qu'il n'est pas rationnel de leur inculquer.

Un projet paraît être à l'étude en ce moment (V. *suprà*,
liv. VI, n° 9) sur l'incorporation dans l'armée coloniale de
contingents pris sur place.

13. § IV. *Du rôle de l'État.* — Le rôle de l'État dans la
colonisation peut se résumer en trois mots : sécurité, salubrité, viabilité.

La sécurité exige un déploiement de force armée qui varie
suivant le caractère des colonies. S'agit-il d'un protectorat ou
d'une conquête? L'exemple de la Tunisie et de l'Algérie nous
montre combien est différente, et plus ou moins onéreuse, la
tâche de l'État consistant à pourvoir à la sécurité et à la défense. Il ne saurait donc y avoir de prévision ni de règle
absolue, si ce n'est en ce qui touche la constitution d'une
armée coloniale.

La salubrité et la viabilité dépendent des travaux préparatoires dont nous avons vu en plusieurs pages de notre précis l'indispensable nécessité. L'État, pour résoudre la difficulté des travaux préparatoires, et même celle de l'organisation du travail, a la ressource de la transportation des criminels dont on peut faire les véritables pionniers de la civilisation.

La colonisation nationale a donc, dans l'enfance souvent si longue des colonies, des avantages non discutables sur la colonisation privée. L'État peut, mieux que les compagnies privilégiées les plus puissantes, exécuter les travaux préparatoires indispensables qui se ramènent toujours à ces trois services : la viabilité, l'arpentage et la délimitation géométrique des lots de terrain, qu'il est toujours préférable, comme nous l'avons vu, et conformément au système de Wakefield de mettre en vente plutôt que d'en faire des concessions gratuites; enfin, les travaux des ports.

Quant au défrichement (à l'exception de certains terrains immédiatement voisins du centre initial de civilisation, et qu'il peut y avoir une grande utilité à faire mettre en état dès l'origine par des convicts, ou des soldats), il faut en laisser le soin aux colons qui s'y livreront avec d'autant plus d'ardeur et d'intérêt, si l'État a accompli les œuvres préalables de viabilité, d'arpentage et de délimitation des parcelles, etc. C'est en ce sens, après que l'État aura rempli cette tâche, qu'il sera vrai de dire, avec Jules Duval (*Colonies de la France*, p. 453), que : « l'art de coloniser consiste, pour une nation, à mettre à la portée des colons ou des émigrants la libre disposition des forces naturelles dont les principales sont le sol, les eaux, les forêts, les carrières, les mines. »

Il est donc incontestable que les colonies imposent tout d'abord à la métropole de lourdes charges, pendant la période si inégale de leur enfance. Si les frais de sécurité, de défense, d'organisation administrative et de premier établissement, que la métropole doit inévitablement supporter, sont

considérables, et ne sont presque jamais remboursés directement par les colonies parvenues à l'âge adulte, nous avons
vu que ces frais ne constituent pas moins un placement avantageux, qui rentre, par voies détournées, avec des intérêts
considérables (*Vid. suprà*, liv. XI, n° 61). Il faut considérer,
d'ailleurs, que, dans les métropoles, les gouvernements emploient des sommes importantes à faire des canaux et des
routes, pour l'usage desquels ils n'exigent aucune réclamation. On n'a jamais contesté sérieusement l'opportunité des
dépenses qu'a occasionné en France le rachat des canaux
dont on a rendu le parcours gratuit. Mieux que tous les canaux
et toutes les routes, la colonisation ouvre des débouchés et des
marchés nouveaux. Les dépenses initiales faites par l'État, et
celles qu'il continue à supporter pour la défense et pour l'administration des colonies sont donc, en définitive, des dépenses réellement productives et profitables à la mère-patrie.
M. P. Leroy-Beaulieu montre que les colonies anglaises, pour
la plupart, du moins, ne coûtent plus rien aujourd'hui à la
métropole (p. 741).

14. On a espéré, par le système Wakefield, soustraire les
métropoles au fardeau des dépenses préparatoires; mais il a
trahi les espérances qu'il avait fait concevoir. Son auteur, qui
publiait en 1829 son ouvrage sur l'*art de la colonisation*, reconnaissait l'indispensable nécessité pour l'État d'exécuter les
travaux de préparation; mais il estimait que, si d'une part
on avait soin que le personnel des colons fût composé judicieusement de deux éléments, l'un agricole, l'autre comprenant des artisans, des commerçants, des agents de transport, etc., et si, en second lieu, on prenait pour règle de ne
livrer des terres aux colons qu'à titre onéreux, moyennant
un prix de vente élevé, dont le produit serait employé au
soutien de l'immigration, on parviendrait à faire de la colonisation une œuvre presque gratuite pour l'État, et due exclusivement à la spontanéité individuelle. Wakefield estimait
que la colonie nécessairement prospère, grâce à la composition

variée de son personnel et à l'intérêt qui pousserait les colons à tirer un excellent parti des terres qu'ils auraient payées, pourrait sans imprudence faire les emprunts nécessaires aux dépenses des travaux préparatoires. D'où la conséquence que les colonies, ainsi méthodiquement organisées, pourvoieraient elles-mêmes à leurs frais de premier établissement.

Mais les faits ont démontré que le système de Wakefield, appelé par des partisans le *Self supporting principle* n'avait pas la valeur pratique qu'on lui attribuait. S'il a donné de bons résultats dans quelques colonies anglaises (Nouvelle-Galles, Nouvelle-Zélande), il a été absolument fatal à l'Australie du Sud. Donc, malgré des controverses déjà anciennes, il reste acquis que l'État ne peut échapper à l'obligation de faire les premiers frais d'établissement des colonies. Il se pourrait cependant que sa tâche fût allégée par la constitution de sociétés privées, formées dans les conditions qu'a indiquées M. Leveillé (*Vid. sup.*, nº 8).

15. Nous avons, croyons-nous, suffisamment indiqué les obligations qui incombent à l'État, en dehors desquelles tout le surplus de la colonisation, c'est-à-dire la culture, le commerce, les industries diverses, les échanges entre les colonies et leurs métropoles doivent rester l'œuvre de l'initiative privée.

L'État a toutefois deux autres obligations, dont la justification résulte de l'étude que nous avons faite individuellement de nos colonies. Il doit leur laisser la plus grande liberté, ne pas les assujettir, dans des intérêts particuliers métropolitains à des tarifs de douane restrictifs, qui gênent leur expansion naturelle; enfin, leur donner un personnel d'administrateurs judicieusement choisis et compétents.

Nous ne croyons pas utile de relever, sur ce point, toutes les critiques que MM. P. Leroy-Beaulieu, Leveillé, et bien d'autres non moins autorisés, ont formulées sur la composition du personnel administratif de nos colonies.

Nous ne citerons qu'un exemple, dans les hautes sphères

du gouvernement colonial, tiré du rapport de M. le sénateur Boulanger, présenté au Sénat sur le budget de 1891, dans lequel il constatait que, depuis la conquête, le Tonkin et l'Annam n'avaient pas eu moins de dix-sept administrateurs successifs. Cette instabilité, jointe à une incompétence plus marquée, a caractérisé aussi, et presque partout, la composition du personnel administratif secondaire. Nous n'insistons pas davantage, le fait est acquis.

Il ne donne que plus d'importance à la création d'une école coloniale appelée pour l'avenir à devenir une pépinière sérieuse d'administrateurs et de magistrats coloniaux. Pareillement se trouve justifiée aux yeux de M. P. Leroy-Beaulieu la création d'un ministère spécial des colonies, dont l'exemple nous est donné par l'Angleterre, la Hollande et l'Espagne (P. Leroy-Beaulieu, p. 834) et dans lequel on ferait rentrer la direction des protectorats qui appartient actuellement au ministère des affaires étrangères.

La subordination des colonies à la direction simultanée des ministères de la marine et de la guerre a été trop souvent la cause des entraves et des indécisions apportées à la direction de nos établissements coloniaux. Bien avant que la question d'un ministère spécial eût été posée, on avait très sagement rattaché en 1881, pendant la courte durée du cabinet Gambetta, les colonies au ministère du commerce.

16. Le désir de pourvoir les colonies d'un personnel d'administrateurs et de magistrats particulièrement préparés à leurs fonctions justifie la création d'un enseignement spécial.

C'est dans ce but qu'a été créée, par décret du 23 novembre 1889, une école coloniale dont un second décret (23 novembre 1889) a réglé l'organisation administrative et financière (V. Dalloz, 90. 4, p. 102).

Instituée à Paris, elle relève du ministère des colonies; elle est administrée par un conseil nommé par le ministre. Le budget de ses recettes comprend : 1° des dons et legs; 2° le produit des biens appartenant à l'école; 3° le produit des

pensions et droits d'inscription; 4° les subventions qui pourraient lui être versées par l'État ou par les colonies. Les droits
d'inscription (120 fr. par an) sont fixés par décret rendu en
Conseil d'État (L. 28 juill. 1889, D. 90. 4, p. 74).

Elle est divisée en deux sections :

I. SECTION INDIGÈNE destinée à donner à de jeunes indigènes
des colonies et des pays de protectorat une *éducation française* et une instruction *primaire supérieure*. Il est pourvu à
leur entretien, soit par leur famille, soit par les colonies, ou
pays de protectorat auxquels ils appartiennent. Le taux de la
pension est fixé par arrêté ministériel. Pour être admis, les
élèves indigènes doivent avoir quatorze ans au moins, vingt
ans au plus, et justifier d'une connaissance suffisante de la
langue française. La durée des études est de deux ans, après
lesquels il leur est délivré un certificat d'études primaires
coloniales, indiquant avec les notes obtenues le degré d'aptitude pour un emploi, ou art, ou métier déterminé.

II. SECTION FRANÇAISE destinée à donner l'enseignement des
sciences coloniales et à assurer le recrutement des différents
services coloniaux. Elle ne reçoit que des externes. On exige
pour l'admissibilité la qualité de français, un diplôme de
baccalauréat (sciences ou lettres), l'âge de dix-huit ans au
moins à vingt-cinq ans au plus, un certificat de bonne vie et
mœurs.

La durée des études est de trois ans; de deux ans seulement
pour les licenciés en droit. Le programme de l'enseignement
est fixé par arrêté ministériel. Il comprend un cours spécial
que doivent suivre les élèves qui voudront concourir pour le
commissariat colonial. Ceux qui auraient l'intention de faire
leur carrière dans l'Indo-Chine sont astreints à suivre les
cours de langue indo-chinoise.

Les jeunes gens qui ont satisfait aux examens de sortie
reçoivent un brevet d'élève de l'école coloniale.

Les carrières auxquelles peuvent être appelés les élèves
brevetés sont les suivantes : — administration centrale des

colonies; — magistrature ou commissariat sous la réserve que le candidat sera licencié; — service des bureaux du secrétariat général du gouvernement de la Cochinchine, si l'élève a suivi avec succès le cours des langues indo-chinoises; — personnel des résidences au Cambodge, en Annam ou au Tonkin (sous la même réserve); corps des administrateurs coloniaux — administration des directions de l'intérieur; — administration pénitentiaire à la Guyane et en Nouvelle-Calédonie (V. au surplus l'indication très détaillée des divers emplois. Dalloz, 1890. 4. 102).

Le décret du 23 novembre 1889 n'avait prévu aucune limitation du nombre des élèves à admettre chaque année. L'entrée de l'école était donc libre, sous les conditions d'admissibilité déterminée. Le nombre des candidats s'étant accru chaque année dans de grandes proportions des mesures ont paru nécessaires pour éviter des désillusions aux jeunes gens qui sortiraient de l'école avec le brevet, sans obtenir une situation. Dans ce but, le nombre des candidats admis à passer en deuxième année a dû être limité. Il est actuellement de soixante chaque année, dont cinquante pris parmi les élèves de première année ayant satisfait aux examens de passage et dix parmi les candidats nouveaux, licenciés en droit, classés à la suite d'un concours d'admissibilité (Décr. du 2 févr. 1894, Off. du 9 févr. — Voir aussi un décr. du 24 juill. 1894, Off. du 26, qui étend les emplois conférés aux élèves brevetés).

L'école coloniale offre des perspectives qui, on le voit, ont déjà tenté beaucoup de jeunes gens. Ce succès est d'un excellent augure. Toutefois son fonctionnement a laissé prise à quelques critiques. Suivant un avis émis par la chambre de commerce de Lyon, les élèves qui en sortiront auront des connaissances bien théoriques. D'autres écoles existent déjà (écoles de commerce) dont le programme est tout aussi satisfaisant et peut-être plus pratique.

Il aurait fallu ne pas supprimer l'école des stagiaires, créée en 1872 en Indo-Chine et de laquelle sont sortis plusieurs administrateurs vraiment dignes de ce nom. Les conseils locaux de l'Indo-Chine ont regretté cette suppression et désireraient son rétablissement.

Nous devons enfin signaler dans le même sens le témoignage de M. le député Aynard, président de la chambre de commerce de Lyon, qui, lors de l'inauguration de l'exposition lyonnaise, a dit : « Nous demandons que les places coloniales soient soumises au concours; que les élèves de nos écoles coloniales puissent les acquérir mais au concours seulement. Ce n'est pas dans les rues de Paris que l'on peut juger ce qui peut réussir au fond du Tonkin et de l'Annam. »

17. § V. *De l'action des missions religieuses.* — Après avoir mentionné ce que l'initiative privée s'exerçant par l'action individuelle, ou par des compagnies, privilégiées ou non, peut réaliser en matière de colonisation, et le rôle que l'action militaire et l'action gouvernementale ont à remplir, nous devons voir ce qu'il faut attendre des missions religieuses. « Trop louées peut-être il y a trois siècles, trop discréditées aujourd'hui » (P. Leroy-Beaulieu, p. 818).

Tous les écrivains qui ont étudié les colonies sont unanimes à reconnaître l'influence considérable qu'elles ont exercée dans l'expansion de la civilisation chez les peuples primitifs.

En ce qui concerne la France, il suffirait pour s'en convaincre de parcourir les notices publiées d'après les documents officiels sur les ordres du sous-secrétaire d'État par M. Louis Henrique, commissaire de l'exposition coloniale en 1889. Elles démontrent que c'est à l'action des missionnaires français qu'est due la création par annexion ou protectorat de la plupart de nos établissements océaniens. D'autre part, l'importance de notre protectorat religieux en Orient, dans l'Inde, l'Indo-Chine et la Chine a été décrite par M. Louis Vignon, dans son livre sur l'*Expansion de la France* (Paris, Guillemin, 1891, p. 309-323, etc.). Il invoque sur cette intéressante question des témoignages importants (Charmes,

Politique extérieure et coloniale, Calman-Lévy, éditeur; — Paul Deschanel, discours à la Chambre, *J. off.*, séance du 29 févr. 1888; — Gaston Deschamps, l'*Influence française dans le Levant*, *Revue bleue*, nº du 16 mars 1889). Ce n'est pas seulement par l'apostolat, par l'exercice du culte, c'est surtout par l'école que les congrégations religieuses françaises propagent la civilisation. « On peut évaluer à 400 le nombre des écoles françaises en Orient, à 40,000 le nombre de leurs élèves, dit M. Louis Vignon... Ces écoles congréganistes tenues par les Lazaristes, les Dominicains, les Jésuites, les Capucins, les Frères de la doctrine chrétienne, où se coudoient les enfants de toutes les religions vivent de subventions religieuses et laïques. *Les premières* sont fournies par la Congrégation de la Propagande (fondée à Rome il y a trois siècles). Elle exerce son action dans tous les pays où la hiérarchie catholique n'est point organisée en diocèses réguliers; c'est ainsi que « les vicariats apostoliques » du monde entier relèvent d'elle... *Les secondes* sont fournies par le ministère des Affaires étrangères qui a la disposition d'un crédit annuel de 520,000 francs, et par « *L'alliance française*, » société dont le but est la propagation de notre langue dans nos colonies et à l'étranger. »

M. Louis Vignon déclare insuffisant le crédit dont dispose le gouvernement français, à côté des sommes que l'Italie et l'Autriche, sans parler de la Russie qui protège les « orthodoxes, » consacrent chaque année à leurs missionnaires. L'Italie a porté jusqu'à 1,400,000 francs le crédit qu'elle affecte aux siens. Il est donc indispensable que la France s'engage plus largement dans la même voie. « Cette politique, traditionnelle, religieuse, éducatrice, hospitalière, poursuivie par tous les régimes, assure à la France en Orient, une « popularité et une autorité particulière. »

On pourrait se demander si les missions religieuses françaises apportent dans leur tâche un esprit de haute impartialité, ou quelques tendances d'exclusivisme susceptibles de critiques. La réponse a été donnée par le journal *le Temps* (n° du 13 janv. 1883) que cite encore M. L. Vignon : « Les congrégations ont le bon esprit de ne pas s'occuper de politique, et de se vouer exclusivement à leur tâche religieuse et éducatrice. Pour tout dire, avant d'être romaines, *elles sont françaises*, et, tout en enseignant notre langue à leurs élèves elles leur apprennent aussi à aimer la France. Sœurs de charité, Frères de la doctrine chrétienne, Lazaristes, Capucins…, etc., luttent de zèle dans leurs écoles, et leurs bonnes œuvres. Ils sont généralement estimés et, parmi eux, les défaillances sont rares. Leurs sœurs de charité sont au premier rang pour les soins à donner aux malades, pour les distributions de vivres, pour les fourneaux économiques, sans distinction de religion et de nationalité. »

Le général Faidherbe n'a pas moins loué le concours qu'ont apporté les missions religieuses à la colonisation du Sénégal, et ses vues ont inspiré celles de M. de Brazza (V. *sup.*, liv. II, n° 33).

Le fait d'ailleurs n'est pas nouveau. Il y a un contraste frappant dans l'histoire des colonies, d'une part la colonisation réaliste et toute positive des anglo-saxons, dont les prédicants sont généralement doublés d'un trafiquant, n'a guère su aux États-Unis, en Australie, à la Nouvelle-Zélande qu'exterminer les races indigènes ; — d'autre part, les espagnols aidés des missions ont pu en partie dans le nord du Mexique, du Pérou, du Paraguay faire franchir à des tribus barbares ou sauvages quelques-unes des étapes si longues qui séparent la sauvagerie et la barbarie de l'état industriel ou civilisé (V. leur historique par P. Leroy-Beaulieu, p. 15 et suiv.). Ce qu'il faut retenir c'est que, suivant Heeren, « l'autorité de l'Espagne tenait essentiellement au succès de ses missions. » Les établissements trop primitifs créés par Lascazes pour l'île Sainte-Marie, imités au Paraguay et en Californie ont pu manquer d'une organisation économique, ferme et pratique, d'une autorité, d'une police assez actives, pour ménager une fusion heureuse des divers éléments de population, surtout devant le flot d'aventuriers avides qui se jetaient sur ses régions nouvelles pour les exploiter avec une cupidité sans frein. Quoi qu'il en soit, ce qu'on peut dire des missions religieuses espagnoles c'est qu'elles ont créé des colonies longtemps prospères, et productrices au delà de leur consommation personnelle.

18. Pour déterminer quelle action les missions peuvent exercer, il faut bien discerner, suivant l'observation de M. P. Leroy-Beaulieu, l'état moral et social des peuples; distinguer les sauvages et les barbares : Les sauvages, le plus souvent nomades, vivant de la chasse et de la pêche, les barbares qui sont plus stables, avec une propriété collective ou peut-être déjà individuelle ou encore familiale, mais précaire, et changeante. Il faut se garder de confondre avec ces deux groupes les peuples du sud ou de l'orient de la Chine, indo-chinois, annamites, chinois, japonais, depuis des siècles en pleine civilisation mais ne connaissant ni nos arts mécaniques avec nos méthodes scientifiques, ni nos institutions politiques. Il y a lieu de respecter leurs croyances, leurs coutumes, leurs cultes, sans laisser cependant sans force et sans prestige, l'action religieuse que les missions s'efforcent de remplir et qui exige de leur part autant de dévouement que de lumières et de tact.

Mais c'est surtout dans les pays dont les habitants sont encore sauvages ou barbares, dans les îles du Pacifique, dans l'intérieur de l'Afrique et de l'Amérique, que les missions religieuses sont appelées à remplir une tâche plus décisive d'instruction morale, d'éducation et de tutelle bienveillante pour laquelle sont inhabiles et impuissants nos commerçants, nos administrateurs, nos instituteurs. « Le contact des peuples civilisés avec les sauvages et les barbares est plein de difficultés, de périls et de tentations... La religion chrétienne, avec sa douceur, son élévation, son amour des humbles (nous ajoutons, avec sa morale tirée du Décalogue) est la seule éducatrice qui puisse faciliter le contact entre les Européens d'une part, et les sauvages et les barbares de l'autre... La religion, qui a été la grande éducatrice du genre humain a, près de ces hommes si voisins de la nature, une influence considérable (p. 820)... Aussi les puissances européennes colonisatrices devaient-elles protéger les missionnaires et leur faciliter leur œuvre chez tous les peuples sauvages ou barbares, chez tous ceux surtout qui ne sont pas encore en proie à l'islamisme... surtout les peuples qui sont encore païens ou fétichistes. Il faut les disputer au mahométisme... Il y a dans l'Afrique 80 ou 100 millions d'habitants peut-être qui sont encore païens... musulmanes, la moitié de ces tribus deviendrait pour nous, soit ennemies, soit du moins réfractaires. Chrétiennes, elles pourront se fondre avec nous, comme les Indiens du Mexique et du Pérou se sont fondus avec les Espagnols. » Enfin dans ce but précis M. P. Leroy-Beaulieu exprime le vœu que les missions françaises concentrent leurs principaux efforts sur les contrées du Sénégal, de la boucle du Niger, du Bas-Congo, de l'Oubanghi et de ses affluents. « Il n'y a pas une année à perdre — dit-il — il y a là plus d'une dizaine de millions d'hommes à conquérir au christianisme, avant que, l'islamisme y ayant pénétré, il soit trop tard » (p. 823).

19. § VI. *De la suppression de l'esclavage.* — Aux bienfaits divers de la civilisation se rattache la suppression de l'esclavage. Tous les documents sur l'histoire de l'esclavage, et sur sa suppression successivement décrétée au cours de ce siècle par tous les peuples civilisés, ont été exposés ou analysés par M. Pradier-Fodéré dans son *Traité de droit international public et européen* (t. IV, n°° 2516 et suiv.). Nous y renvoyons nos lecteurs. L'esclavage a donc disparu dans les colonies des puissances européennes chrétiennes et dans les États américains. Il s'est formé en Europe et en Amérique un droit public qui exclut la propriété de l'homme sur l'homme, et qui condamne l'esclavage comme contraire à la loi de la nature et aux droits de l'humanité.

20. Malheureusement, il en est autrement en Afrique et en

Asie. L'esclavage est absolument enraciné dans les mœurs musulmanes. L'islam enseigne que l'humanité forme deux races distinctes : celle des croyants destinés à commander, celle des maudits condamnés à servir. Des marchés d'esclaves existent au Maroc, dans les régions intérieures qui avoisinent le Niger, le lac Tchad, et les sources du Nil. Tous les souverains de l'Afrique, petits ou grands, pratiquent l'esclavagisme. Tous les musulmans sont prêts, lorsqu'ils le peuvent sans péril, à acheter et à vendre des esclaves. La Turquie elle-même ne l'empêche que pour la forme, et très imparfaitement dans les provinces d'Afrique et d'Asie; les interprètes du Coran ne condamnent pas l'esclavagisme; les juges musulmans qui jugent d'après le Coran ne se prononcent jamais contre lui (V. Pradier-Fodéré, t. V, p. 937 et suiv., les détails saisissants qu'il emprunte notamment à l'ouvrage de Stanley : *Cinq années au Congo;* à celui de Cameron : *A travers l'Afrique*, au *Journal manuscrit* du capitaine Joubert, et au dernier *Journal de Livingston*, p. 943 et suiv.).

La traite maritime a disparu avec l'esclavage colonial, frappée par l'établissement des croisières européennes et américaines. Mais tout le centre de l'Afrique est encore livré à la chasse et à la vente des noirs.

21. Cependant la conférence de Berlin du 26 février 1885, a été le point de départ d'un mouvement anti-esclavagiste, bien qu'elle ait eu pour but principal, comme nous l'avons vu (V. *suprà*, liv. XI, n° 2), de régler les prétentions des diverses puissances sur l'Afrique. L'entente européenne anti-esclavagiste remonte particulièrement à l'association internationale africaine due à l'initiative du roi des belges Léopold II : c'est lui qui a convoqué les puissances à la conférence tenue le 18 novembre 1889 à Bruxelles. S'il faut en croire certains renseignements, la Turquie et la Perse, parties à la conférence, auraient déclaré qu'elles n'entendaient pas renoncer à l'esclavage des noirs chez elles, que ces noirs étaient d'ailleurs traités avec la plus grande bienveillance et

que leur affranchissement serait un malheur pour eux (Pradier-Fodéré, p. 951). On se heurte donc à des difficultés nombreuses. Il faut compter avec les intérêts auxquels est lié le
maintien de l'esclavage et « avec les défiances réciproques
cachées derrière les protestations de confiance mutuelle des
puissances européennes, qui prétendent rester seules juges
de la manière dont il sera opportun d'appliquer, dans l'intérieur de leurs possessions les mesures propres à y faire ger-
mer la civilisation. »

22. Quoi qu'il en soit, l'association internationale africaine
anti-esclavagiste est née de la conférence de Bruxelles. Elle a
été aussi préparée, puis secondée dans ses résultats par une
lettre éloquente du pape Léon XIII, aux évêques du Brésil
(8 mai 1888) et par la mission qu'il a donnée au cardinal Lavigerie de prendre une part active au mouvement anti-esclavagiste africain. Il faut rappeler aussi le meeting tenu à Londres (31 mai 1888) sous les auspices de l'*anti-slavagery society*
et sous la présidence de lord Gran le où fut entendu un
grand et éloquent discours du cardinal Lavigerie. Ce meeting
a abouti à une nouvelle entente entre tous les pouvoirs européens exerçant une influence territoriale en Afrique, pour
activer l'abolition de l'esclavage.

Plusieurs sociétés poursuivant ce même but, se sont simultanément constituées en Angleterre, en Belgique, en France,
en Allemagne, en Autriche, en Italie, en Suisse, en Espagne,
au Portugal, et à Haïti. Notons aussi la motion adoptée le 5
décembre 1888 par le Reischtag allemand dans le but :
1° de christianiser l'Afrique, 2° d'y réprimer la traite des
nègres, et la chasse aux esclaves. Enfin les diverses conventions internationales dont le texte est transcrit ou analysé par
M. Pradier-Fodéré (p. 971-973), et desquelles ressort
l'adoption en principe des moyens qui ont été proposés par
les différentes puissances pour poursuivre l'abolition de l'esclavage (Pradier-Fodéré, n° 2531, p. 988).

Ces moyens peuvent se résumer ainsi : 1° action morale

des missions religieuses en Afrique; 2° influence du développement de l'instruction, du commerce, et de l'exploitation pacifique des richesses du sol; 3° à côté de cette influence nouvelle et intellectuelle, lente de sa nature, l'action plus prompte de la force là où elle est possible, soit de la part des gouvernements européens, soit de la part de chefs particuliers, aidés par les indigènes eux-mêmes, en enlevant leurs armes aux esclavagistes, ou en les empêchant d'en recevoir; 4° organisation de corps volontaires, peut-être même sur quelques points, de corps religieux; 5° création de proche en proche d'asiles fortifiés comme jadis il en a existé sur les grandes voies de communication, en Espagne, en Hongrie, en Orient, dans le but de protéger les caravanes, et de faire avancer peu à peu, la vie, le commerce européen et la civilisation aux limites extrêmes du Soudan; 6° action pacifique mais ferme sur les États musulmans, pour les amener à supprimer en fait la vente des esclaves; 7° expulsion des marchands d'esclaves dans toutes les dépendances, colonies, les protectorats et zones d'influence des États européens; — leur assimilation aux pirates quant à la pénalité; 8° l'interdiction de l'entrée du territoire de l'État et de ses colonies aux produits des pays où la traite des esclaves ne serait pas abolie; 9° enfin l'établissement d'une police des mers, efficace se pratiquant au moyen de la visite des navires de commerce rencontrés en pleine mer, — soit ensuite d'un droit conventionnel de visites réciproques, — soit que chaque État se réserve exclusivement le droit de surveiller l'usage ou l'abus de son pavillon. Mais ces derniers moyens soulèvent de graves questions de droit international et maritime (Pradier-Fodéré, p. 990). Il en est de même de l'application à la répression de la traite de ce qu'on appelle les trois règles de Washington (Voy. Pradier-Fodéré, p. 989), et de l'appel à faire à une croisade de tous les États anti-esclavagistes qui pourvoieraient à l'organisation de flottilles neutres, etc.

Quoi qu'il en soit, le bon vouloir des puissances est attesté par ces conventions. Elles établissent entre elles une certaine solidarité dans l'œuvre de civilisation des pays sauvages ou barbares. Elles sont, ainsi que les conférences internationales qui les préparent, des moyens nouveaux d'entente et même de conciliation sur les conflits que fait naître si souvent la colonisation.

23. Nous avons examiné tous les moyens par lesquels les peuples supérieurs peuvent agir sur les peuples inférieurs, pour les initier aux connaissances d'ordre moral, économique et pratique susceptibles de les transformer en peuples civilisés.

Si, en apparence, nous avons restreint l'action de l'État, c'est que l'initiative privée est indispensable à la propagation des idées, des mœurs, des usages, des arts industriels européens chez les populations primitives et ignorantes ou anciennes, mais retardataires ou décrépites.

Quand on songe aux espaces immenses détenus par ces peuples en regard des territoires trop étroits où les nations civilisées mal à l'aise se heurtent, se disputent le sol, et ne trouvent plus d'emplois fructueux à leurs capitaux et à leur activité, on doit conclure que l'heure est venue où le vieux monde souffrant sur place est appelé à prendre du large dans ces mondes africains et asiatiques dont les habitants ou clairsemés ou artificiellement groupés ne savent quel parti tirer de richesses naturelles qu'ils foulent aux pieds sans les connaître.

A cette œuvre, qui entraîne dans un mouvement général toutes les nations anciennes, il est difficile d'opposer une force de résistance ou d'inertie. Vouloir s'y soustraire, rester à l'écart insensible et inactif, laisser résolûment accaparer, peupler et diriger le monde par un peuple ou deux de l'Europe, serait pour nous un aveu d'impuissance, une abdication qui, devant nos descendants humiliés et appauvris, pèseraient sur notre mémoire.

Que nous le voulions ou non, notre pays ne peut répudier

la tâche que les événements lui ont faite. Partout où dans l'œuvre de la colonisation il y aura périls, honneur et succès, nous devons avoir une place égale à celle des autres peuples et, s'il se peut, prépondérante.

Nos ancêtres ont eu tous les courages, toutes les audaces, toutes les initiatives, il leur a manqué la discipline, le frein dans les ambitions, l'esprit de suite, la méthode. Etudions donc l'histoire, la législation, l'économie coloniale, pour savoir mieux nous conduire. Modérons nos impatiences, tâchons d'acquérir le sang-froid, la possession de nous-mêmes, la supériorité morale qui conviennent aux peuples civilisateurs. Restons convaincus qu'à ce prix le succès nous sera assuré, parce que, de même qu'en toute chose : tant vaut l'homme, tant vaut l'œuvre; on peut dire aussi : tant vaut la mère-patrie, tant vaudront ses colonies.

FIN.

ANNEXE.

SUR LA COMMISSION SÉNATORIALE D'ÉTUDES
DES QUESTIONS ALGÉRIENNES.

Le 6 mars 1891, le Sénat « pour assurer le développement de la colonisation algérienne » nommait une Commission de dix-huit membres, à l'effet de rechercher et proposer, de concert avec le Gouvernement, les modifications qu'il y aurait lieu d'introduire dans la législation et les divers services de l'Algérie (V. *sup.*, p. 300).

Les résultats de cette enquête nous ont été révélés par le rapport de M. Jules Ferry, président de la Commission (*sup.*, p. 301), par les discussions et les votes du Sénat, de 1893 et 1894, que nous avons analysés (p. 264 et suiv., et 304-305), et par le rapport de M. Jonard, lors de la discussion du budget de l'Algérie, les 6 et 7 février 1889 (V. *sup.*, p. 305). Mais une nouvelle source de renseignements et d'études vient de s'ouvrir par la publication d'un ouvrage d'une importance considérable. Nous y trouvons la confirmation des vues que nous avons signalées ou émises sur les réformes à introduire en Algérie. Nous regrettons néanmoins que notre travail, déjà imprimé, n'ait pu s'appuyer sur ce document. Il s'agit de l'ouvrage publié par M. Henri Pensa, avocat, secrétaire de la délégation sénatoriale en Algérie, sous ce titre : *L'Algérie*, voyage de la délégation de la Commission sénatoriale d'études des questions algériennes présidée par Jules Ferry, avec une préface par E. Combes, vice-président du Sénat, membre de la délégation sénatoriale en Algérie (in-8°, Paris, Rotschild, éditeur, 1894).

Cet ouvrage, que M. Henri Pensa fait précéder d'une très-

intéressante introduction, présente le compte-rendu intégral
des dépositions recueillies au cours du voyage de la délégation, dans les trois départements de l'Algérie, du 19 avril au
4 juin 1892. L'auteur y a joint deux pièces : d'une part, une
lettre d'Abd-ul-Rhaman, traducteur au ministère des Affaires
étrangères, neveu de l'émir Abd-el-Kader; d'autre part, le
relevé des centres de colonisation, créés ou agrandis de 1891
à 1894 et des centres à créer ou à agrandir en 1894 et
1895.

Le premier de ces documents est l'expression des revendications des notables indigènes de l'Algérie, soumises à la
Commission d'enquête.

Le second forme le programme de la colonisation de 1891
à 1895, dont la réalisation est poursuivie par M. le Gouverneur général de l'Algérie. On comprend combien ce relevé
complète l'ouvrage de M. Pensa. Sans ce document, on n'a
qu'une idée imparfaite de l'effort tenté depuis quarante ans
par la France. Les critiques adressées à la colonisation officielle, auxquelles nous nous sommes rendu, mais qui donnent
lieu dans l'enquête à des dépositions très-divergentes, semblent devoir provoquer un nouvel examen. Cependant, le
relevé que nous signalons montre que M. le Gouverneur général ne s'en tient plus seulement au système des concessions
gratuites. « La vente de concessions, fait observer M. Pensa
(p. 31), la création de fermes, l'établissement de villages de
pêcheurs français, ont donné à la colonisation algérienne la
souplesse nécessaire pour tirer le meilleur parti de la variété
infinie des lieux et des situations économiques. »

La partie principale de l'ouvrage consiste dans les dépositions que M. Pensa a recueillies avec un tel soin qu'on les
dirait sténographiées. Elles présentent cependant, dans leur
variété, une originalité, une vivacité d'allures, un intérêt,
qu'une simple reproduction sténographique n'aurait pu leur
imprimer. Il fallait, en effet, un discernement et un tact particulier pour retenir, jusqu'en leurs moindres détails, les té-

moignages essentiels, en laissant dans un demi-jour les déclarations d'ordre secondaire.

C'est donc une œuvre très-personnelle qui fait le plus grand honneur au secrétaire de la délégation sénatoriale, en offrant en même temps les éléments les plus sûrs et les plus précieux d'information.

Le programme de la Commission sénatoriale était très-ample. Il peut se résumer ainsi :

§ Ier. *Propriété et état civil des indigènes.* — Ce qui comprend : la constitution de la propriété ; le sénatus-consulte de 1863, les lois de 1873 et 1887, le régime des expropriations ; l'organisation de l'état civil, la loi du 23 mars 1882 et ses résultats ; l'usure chez les Arabes ; l'organisation du crédit.

§ II. *Peuplement français et européen.* — Colonisation officielle ou libre ; concessions gratuites ou ventes de terres.

§ III. *Budget.* — Impôts arabes, impôts français ; domaine public, aliénation ; forêts, cautionnement et mise en valeur ; travaux publics, chemins de fer, ports, chemins vicinaux.

§ IV. *Instruction publique, justice et cultes.* — Ce qui comprend l'enseignement primaire, professionnel, supérieur, et l'organisation de la justice, indigène ou française, le code de l'indigénat, la naturalisation des indigènes.

§ V. *Constitution administrative de l'Algérie.* — Soit : 1° la question des rattachements, l'assimilation des départements algériens aux départements français, etc.; 2° la représentation des indigènes dans les conseils municipaux (Kabylie). les conseils généraux, leur participation aux élections des sénateurs et des députés, leur admission dans le conseil supérieur; le régime des décrets, des arrêtés et des lois.

Nous avons précisé et étudié, avec plus ou moins de détails, presque toutes ces questions, et nous avons lieu de croire que si les opinions que nous avons émises ne peuvent être considérées comme absolues et définitives, nous avons cependant mis nos lecteurs en situation d'en saisir les éléments et d'explorer avec discernement l'enquête de la Commission sénatoriale.

Cette exploration est facilitée dans l'ouvrage de M. Pensa par une table alphabétique et, surtout, par une table des matières, où sont groupés, sous des rubriques alphabétiques, des renvois permettant de rapprocher, sur chaque sujet, toutes les dépositions et documents adressés à la Commission sénatoriale.

On peut donc aisément se diriger à travers ces témoignages multiples, qui seraient un labyrinthe, sans cet index indispensable qui y fait pénétrer la lumière et permet au lecteur de diriger à son gré ses recherches.

Mais, malgré le service que la publication de M. Pensa rendra à tous ceux que captive l'étude de la colonisation algérienne, la question ne sera complètement à jour, ainsi qu'il le reconnaît lui-même, que lorsque seront publiés les rapports, au nombre de neuf, qui doivent être déposés par divers membres de la Commission.

M. Pensa fait remarquer que lorsque tous ces rapports auront été mis à la disposition du Parlement, « la fonction préparatoire de la Commission sénatoriale sera terminée, et l'œuvre féconde et durable de la réorganisation normale des services publics en Algérie pourra être entreprise aisément par le Gouvernement. »

A ces documents, venant s'ajouter les rapports de MM. Burdeau et Jonard sur les budgets algériens, les législateurs, les publicistes, l'opinion publique enfin, pourront « découvrir la vérité et la dire, — suivant les expressions de M. le sénateur Combes, — avec la volonté de servir la cause de la France et de l'Algérie, en conciliant sur les bases d'une justice commune et d'une bienveillance réciproque les intérêts des colons et ceux des indigènes. »

TABLE DES MATIÈRES.

LIVRE PREMIER.

PRINCIPES.

—

CHAPITRE PREMIER.

Définitions, classification des colonies.

CHAPITRE II.

Utilité des colonies.

LIVRE II.

L'HISTOIRE. — LES COLONIES FRANÇAISES AVANT LE XIX° SIÈCLE.

—

CHAPITRE PREMIER.

Colonies françaises de l'Amérique du Nord.

CHAPITRE II.

Les Antilles françaises avant le XIX⁹ siècle.

LIVRE III.

ORGANISATION CIVILE DES COLONIES.

—

CHAPITRE PREMIER.

Aperçu historique sur le gouvernement et la législation des colonies.

CHAPITRE II.
Régime législatif des colonies.

CHAPITRE IV.

Législation commerciale et industrielle.

CHAPITRE V.

Législation criminelle.

LIVRE IV.

ORGANISATION POLITIQUE, ADMINISTRATIVE ET MUNICIPALE DES COLONIES.

—

CHAPITRE PREMIER.

Organisation intérieure.

LIVRE V.

ORGANISATION JUDICIAIRE.

—

CHAPITRE PREMIER.

Justice civile et criminelle dans les grandes colonies.

LIVRE VII.

ORGANISATION DES CULTES ET DE L'INSTRUCTION PUBLIQUE.

—

CHAPITRE PREMIER.

Les cultes.

CHAPITRE II.

L'instruction publique.

LIVRE VIII.

DU RÉGIME COMMERCIAL ET DOUANIER.

LIVRE IX.

ORGANISATION FINANCIÈRE DES COLONIES.

—

CHAPITRE PREMIER.

Finances des colonies. — Administration. — Budget. — Comptabilité.

CHAPITRE II.

Institutions de crédit. — Banques coloniales.

LIVRE X.

LA COLONISATION FRANÇAISE AU XIXᵉ SIÈCLE EN AMÉRIQUE.

CHAPITRE PREMIER.

Colonies françaises de l'Amérique du Nord. — Saint-Pierre et Miquelon. — Pêcheries de Terre-Neuve.

CHAPITRE II.

Colonies de plantation. — Martinique, Guadeloupe, Réunion.

CHAPITRE III.

La Guyane.

LIVRE XI.

COLONIES D'AFRIQUE.

CHAPITRE PREMIER.

L'Europe en Afrique.

CHAPITRE III.

La Tunisie.

CHAPITRE IV.

Colonies françaises de l'Afrique occidentale. — Sénégal, Soudan, Guinée, Congo.

CHAPITRE V.

Possessions françaises de l'Afrique orientale et de la mer Rouge.

LIVRE XII.

NOS COLONIES ET NOS PROTECTORATS DANS L'OCÉAN INDIEN ET L'OCÉAN PACIFIQUE.

LIVRE XIII.

COLONIES D'ASIE, INDE ET INDO-CHINE.

—

CHAPITRE PREMIER.

Inde.

LIVRE XIV.

LES MOYENS DE COLONISATION ET DE CIVILISATION.

FIN DE LA TABLE DES MATIÈRES.

TABLE ALPHABÉTIQUE.

DUC   IMPRIMERIE CONSTANT-LAGUERRE.

www.ingramcontent.com/pod-product-compliance
Lightning Source LLC
Chambersburg PA
CBHW060907220326
41599CB00020B/2877